21世纪通识教育系列教材
21st Century Textbooks of General Education

新编大学应用文写作教程

XINBIAN DAXUE YINGYONGWEN XIEZUO JIAOCHENG

主　编◎王　凤　金清子　韩　雪

中国人民大学出版社
·北京·

前言

“应用文写作”既是高等院校开设的一门公共基础课，又是文秘专业的一门专业课。它在学生的学习、求职、工作中起着至关重要的作用。

当前，我们的国家已经进入到全面建设和谐社会、加速推进现代化建设的新的历史阶段。高效率的管理工作，日益重要的信息交流，都需要有较强写作能力的高素质人才。为了满足非师范类本科学生毕业后走上工作岗位的需要，我们结合多年的教学实践，本着知识性、实用性的原则编写了这本教材。编写过程中，我们在借鉴同类教材中的新成果、新知识的同时，也融入了自己的教学理念。本教材主要具有以下几方面特色：

一是突出重点，照顾全局。各章节包括理论知识、例文、综合训练三部分。理论知识部分力求简明扼要，主要包括基础知识（定义、种类、特点等）和文体的结构、写法；例文力求新颖，实用性、指导性强，有的例文后有简析，指导学生掌握应用文的写作技巧；综合训练由易到难，注重理论与实践相结合。教学实践也证明，例文的阅读、评析与仿写比理论的讲授更为重要。所以，我们所选编的例文注重规范性和权威性，通过对例文的评析，引导学生进行仿写训练，使理论和实践能够有机结合起来，从而达到不断提高学生应用文写作能力的目的。

二是高起点，高质量。本教材的教学对象以非师范类本科学生为主。选择文体时，以学生毕业后在工作岗位上的需要为出发点和立足点，重点突出适用性和可操作性，以使学生的写作能力有一个较大的提升空间。编者根据多年的一线教学经验和对高等院校毕业生的跟踪调查发现，学生在日常的学习、求职和工作中，经常会用到的应用文包括“自荐信”“求职信”“计划”“总结”“调查报告”“演讲稿”“述职报告”“申论”“开幕词”“闭幕词”“通知”“通报”“请示”“会议纪要”等。因此，我们在本教材中加大了对这些文体写作的学习力度。

三是文种齐全，应用广泛。本教材在结构安排上共分八编二十二章，囊括了机关、团体、企事业单位常用的行政公文、日常事务文书和专业性较强的业务文书（经济类、法律类、财经类文书），还包括各类科技论文。在文体的选取上，我们充分考虑了专业设置的实际需要，力求满足理、工、农、医及工商、管理等各类专业的不同需求，教师在教学中可根据专业特点有针对性地进行选取。

四是信息量大，博采众长。一部好的教材，不仅仅可以满足教学的需要，更重要的是向学生传达更多的信息。21 世纪是一个高度信息化的时代，我们在教材中通过“资料来源”向学生提供了一定量的信息网站，可有效开阔学生的视野，增强学生的求知欲。

本教材在编写过程中，参考和借鉴了已出版的同类教材的优点，融会和吸纳了应用文写作研究的成果，特别是21 世纪初期应用文写作的最新成果。在此向有关作者深表谢意。

经过一年多的修改，在中国人民大学出版社的大力支持下，本教材终于问世了。作为主编，我深深地感受到了各位参编教师在编写过程中所付出的艰辛和努力，所表现出的高度责任感，我从心底里感谢他们对我的支持和鼓励。

同时，本教材从策划到出版的整个过程，与学院领导的关怀和支持是分不开的。

本教材如有错误、疏漏之处，敬请读者批评指正。

主　编

2016 年 4 月

目　录

第一编　应用文概述

第二编　党政机关公文

第三编　事务文书

第四编　传播文书

第五编　财经文书

第六编　科技论文

第七编　礼仪公关文书

第八编　申论

第一编
应用文概述

第一章

应用文概述

第一节 应用文的概念与沿革

一、为什么要学习应用文写作

应用文是一个应用非常广泛的文体，我们在日常生活中见到的广告、信函等，在工作中经常使用的通知、总结、计划、述职报告等都是应用文。掌握应用文的写作规律，对我们以后的生活和工作都有极大的帮助。比如说：你毕业入职了，厂长有意考验你或有心提拔你，因而给你提供一些材料或者是让你根据厂里的实际情况写一份报告。如果你写得非常漂亮，那么会在领导的心目中留下好的印象，对你的发展会有好处。但是如果你写得一塌糊涂，那么领导可能会认为你是能力不够，从而对你印象不好而不重用你。从这一点来看，学好应用文写作不仅可以干好工作，而且能得到领导的青睐。即使你不为工作或自己的前途着想，我们的日常生活也离不开应用文写作。例如，我们要写一封信，开头怎样写，是否顶格，怎样问好、落款如何祝愿等，都有一定的写法或明确的规定，如果弄错了或不懂格式就会被人耻笑，说你连常识都不懂。

现在已经进入21世纪。有人说21世纪是知识经济的时代，也有人说是高科技迅速发展的时代。也就是说，在这个新世纪中，社会将有更大的进步，经济会高速发展，随之而来的，是社会对就业人才有更高的要求。尽管办公现代化将彻底改变传统的工作模式，计算机将帮助人们解决大量的数据处理问题，使得办公效率得到前所未有的提高，但人们从事管理工作、经济工作、司法工作、科技工作，在具体办理事务时，还是离不开应用文。

社会各方面发展的速度越快，信息量越大，用人单位对撰写应用文的能力就越重视。能否得心应手地撰写应用文，已经成为衡量工作能力高低的重要标准之一。

应用文的写作水平不仅是衡量个人能力的标准，也在相当大的程度上反映着管理部门或单位处理日常工作的质量和效能。我们不能设想，一个单位发出的公文，表述不准确、格式不规范是管理中的小事，也不能设想财务部门写的经济状况报告让人理不清头绪是小事。这些不合格的文书，小则误事，大则误国。三国时，魏主曹丕在《典论·论文》中说："盖文章，经国之大业，不朽之盛事。"他把文章的功用提高到治理国家的高度来认识，这无疑是正确的，给后世留下了好的传统。

我们今天为振兴中华而学习、工作，就应该从思想上真正重视应用文写作，真正意识到它对工作的重要意义。我们必须认真学习应用文写作的理论，自觉进行写作训练。只有这样，才能真正提高应用文的撰写能力，满足日常学习和工作的需要，适应现代社会高速发展。

二、应用文的概念

应用文也称实用文，是指人民群众或国家机关、社会团体、企事业单位经常使用的，具有自身写作规律和惯用格式、惯用语体的一种文体。它是人们交流思想、办理事务、开展工作必不可少的文字工具。换句话说，应用文就是为达到某种实际目的，具有直接应用价值的文章。

应用文有广义和狭义之分。广义的应用文泛指机关、单位和个人在工作、生产、学习、交往中使用的格式固定的能够办理公私事务、传播信息、表达意愿的实用性文章；狭义的应用文则指人们在日常生活中所使用的格式不那么固定的实用性文章。

三、应用文的产生与发展

应用文伴随着人类的生产劳动而产生，伴随着社会的发展而发展。它是基于人类的需要而产生的，又直接为人类生活的实际需要而服务。

应用文写作具有悠久的历史。殷商时期的甲骨卜辞中有国家、政治、军事等方面的记载，有帝王生活活动的记载。陈梦家在《殷墟卜辞综述》中，把所记载的各方面内容归为祭祀、天时、年成、王事等六大类。随着历史的发展，应用文的使用频率增高，种类和范围不断增多扩大。春秋时期，《尚书》中的诰、命、誓就是最早的应用文。据《尚书》记载，周代就有了"诰"，这是一种训诫勉励的文告，如《汤诰》《大诰》《康诰》《酒诰》。

例如，《酒诰》是周王室对聚众酗酒者的劝告。"厥或告曰'群饮'，汝勿佚，尽执拘以归于周，予其杀！"意思是如果有聚众喝酒的，全部给我抓回来，我要砍他们的脑袋。"誓"是周王朝在兴师作战时对士兵发布的文告。"勖哉夫子！尔所弗勖。其于尔躬有戮！"这是周武王讨伐商纣王的出师誓词。他命令战士们勇敢作战，若要后退，便施刑戮。

早在春秋战国时期，各国统治者就为了本国权益而十分重视应用文写作。那时的郑国写一篇外交公文，先要由大夫裨谌拟一份初稿，再叫大夫世叔去考究典故、讲论义理，然后由担任外交官的子羽大夫修改，最后还要让子产大夫润色。一篇外交公文，要经过四个重要人物层层把关，经过草拟、讨论、修改、润色几道程序，最后才能成文，可见两千多年前的古人是多么重视公文的撰写。

到了现代，应用文的分类愈加精细繁多，体式也愈加固定。现代的应用文，许多是从古代的应用文演化而来的，并随着生活的不断丰富而日益发展，其将在和谐社会建设中发挥更加重要的作用。

四、怎样学习应用文写作

学习应用文写作，应当注意以下几个问题。

(一) 学习一般写作规律和公文写作规律，打好基础

要写好应用文，对基础写作的学习尤为重要，必须掌握写作的规律，达到最基本的写作水准，这是必须具备的能力。由于应用文随处可见，人们习以为常，也许会认为撰写应用文很简单。其实不然。即使有了语文基础，也不一定就具备了写作应用文的能力。有的大学生毕业后到了单位，领导布置工作，要他们写一些文书，任务接到手时不觉得有什么难，但到了动笔时却不晓得从何处下笔。这说明应用文写作能力同其他技能一样，只有通过学习和实践才能获得。

(二) 在加强实践的同时，要努力提高写作能力

提高应用文写作水平的根本途径是实践。这种实践的含义有二：一是要多看多练。只有勤学苦练，才能得心应手。学习应用文写作需要经历模仿、熟悉、自如三个阶段，尤其在各类文种的体式训练中，阅读例文、模仿格式是第一步；熟悉应用文的格式，领悟各类文种的写作思路是第二步；反复训练，最终达到写作自如是第三步。因此，对例文的分析和模仿是学习应用文写作的重要途径，典型例文可以帮我们拓宽思路、掌握最基本的写作方法；瑕疵例文可以使我们避免类似的毛病，从而总结经验、吸取教训。多读是有益的，但只是借鉴，要想彻底掌握应用文的写作技巧，必须自己动手起草、修改、成文，即必须以训练为中心。也就是说，只有将应用文写作知识转化为写作能力，依靠有目的、有计划的写作训练，方可到达成功的彼岸。那种只想听听课，不想动手练习的人，永远也不会有提高。二是要提高认识能力，广泛积累知识。清人袁守定在《占毕丛谈》中说："得之在俄顷，积之在平时。"这就要求我们在以理论为指导的情况下，应该多积累语料，多了解各种情况，多掌握信息，并善于提出问题和解决问题，这样方有助于应用文写作能力的提高。

(三) 必须全面提高个人修养，做到德、才、学、品的统一

《红楼梦》中有一副对联——"世事洞明皆学问，人情练达即文章"。这说明了一个道理：文章功夫不全在文章内，也在文章外。做文首先要做人，只有自己的修养提高了，使德、才、学、品得到了有机的融合，才可做出优秀的文章来。其实这四方面不是孤立的，而是相互联系的。

“德”指加强道德修养。具有高尚的共产主义情操、无私奉献的精神，不为自己的私利而损公肥私，只有这样方可站得高望得远，对问题的分析才能透彻、有深度。

“才”指增长才干。人并不是生而知之的，是后天的学习使人类具备了各种各样的知识和才干，故而应在工作中不断增加自己的才干，热爱本职工作、积累经验，以成就自己的事业。

“学”指加强学习。在总方向正确的前提下，学习多样化的知识，同时形成自己的知识系统，培养多方面的能力。

“品”指人的品行。只有人品令人信服，写出的文章才具有可信度，才具有真实性。

这四点不仅是提高应用文写作水平的根本途径，也是做好一切工作的根本途径。

第二节　应用文的特点、作用和种类

一、应用文的特点

把握应用文的特点，对写应用文是有必要的。根据应用文的特点来把握写作目的、内容表达、思维方式等，有利于提高应用文的撰写水平。所有的应用文体有其共同的特点，但各类应用文又具有自己的具体特点。每一文种的具体特点在后面的章节中陆续介绍。应用文的共同特点如下。

（一）直接功用性

一切文章都是现实生活的反映，都是为现实服务的，从这个意义上说，所有的文章都是具有功用性的，但应用文有着更为强烈、更为鲜明、更为直接的功用性。

应用文因事成文，有具体的实际应用的目的。也就是说，应用文的内容必须有明确的现实针对性，不管是对谁行文，也不管是哪一类文种，都必须因事成文，绝不能不顾实际和有关背景，想什么写什么。有实用目的的文章才是应用文，否则就不属于应用文。

应用文明显不同于文艺作品，也不同于一般叙事、写景、抒发情感、发表议论的文章。应用文是要根据它来办事的。例如一张条据，就是一个凭证；一张便条、一封书信便传递了信息；一项书面的规章制度，便要求有关单位按照执行；一份报告、一份调查材料，常常会成为机关单位制定措施、处理问题的依据。因而，这种据以做出决定、解决实际问题的直接功用性，就成为应用文的首要特点。

应用文的“直接功用性”是与记叙文、议论文等相对而言的。记叙文一类的文章，主要是“以事感人”，意在使人受到感动，因而需要描写、抒情或细腻刻画人物性格等艺术加工；议论文则主要“以理服人”，意在叫人懂得道理，因此需要理论上的旁征博引或反复论证；应用文则是“以实告人”，意在务实办事，让人解决实际问题。它虽然也有叙有议，但它的叙述多是概括的，论说也只是为提出意见措施、办法而作必要的说明或证明，这就表明它的叙述或论说也是为“务实”、为“办事”。

（二）有特定的对象

应用文既然是文章的一种，当然就有特定的对象。例如，书信是写给某人的；通知是用于通知某人或某些人的；公函是写给某一团体的；请示是向上级行文的；法律文书和军事文书的约束力就更强了。因而，写作应用文一定要有明确的对象，到底向谁说话，非搞清楚不可。应用文一旦落笔，就有个称谓问题，道理就在于此。如果连称谓都搞不准确、弄不清楚，就一定写不好应用文。

（三）有比较固定的格式

各类应用文在长期的使用过程中逐渐形成了各自比较固定的格式和写法，并且还有某些约定俗成的习惯用语。例如：合同写作要求的体式是很固定的，往往按《中华人民共和国合同法》规定的样式进行制定；公文行文时一般得有主送机关及发文机关；等等。

这种格式和惯用语的产生，自然是为了应用方便，看起来清晰醒目。在长期写作实践中形成的格式，逐渐为大家所接受，约定俗成，就称为惯用格式，并相沿袭用，最终成为应用文区别于其他文体的显著特点。

（四）内容的真实性

应用文的内容必须是真实的，绝不能进行艺术的虚构和大胆的夸张，它的真实性特点完全排斥虚构和杜撰，要求所依据的材料真实、准确，内容实事求是。比如写会议通知必须交代清楚会议的时间、地点、参加的人员等；国务院发布的国内外重大事件的公告、布告、命令，是决不允许主观臆造的；写会议纪要，不能张冠李戴、移花接木，张三的发言决不可安到李四的身上。

内容的真实性特点也体现在应用文的表述上，特别是语言表达，要求有一说一、有二说二，不用易产生歧义的语言。一般来说，文艺性较强的表现手法和修辞手法，在应用文中不宜采用，应用文的表达要明白易懂、简单明快。

（五）有比较紧迫的时限

应用文总是针对生活中的具体事务而发的，有的是对某些重大事情做出决策，有的是对已经出现的各种问题提出解决办法和处置措施。因而，应用文的写作时间性强，要求快办快发。

应用文的这个特点，要求应用文写作中不能出现逻辑混乱、言不及义、表达不明等情况，否则收文对象会因理解上的模棱两可、捉摸不定而延误执行或产生处理上的差错。例如：水果购销合同时间性很强，倘若含糊其辞，不写明接货时间和地点，就可能导致水果的腐烂变质，给签订合同的双方带来不可估量的损失。

二、应用文的作用

应用文在不同的历史时期有不同的作用，当前，它的作用主要有以下几点。

（一）应用文有助于规范人们的行为

应用文中的法律、法令和行政法规，起着规范人们行为的作用，是人们一定要遵守的。要是有人违反了法律、法规的规定，就要受到相应的制裁。此外，机关常用应用文中的章程、准则、守则等，也起着规范和准绳的作用。

（二）应用文有助于加强上下级之间、不同单位之间、不同人们之间的联系和团结，能够推动各项工作顺利进行

随着知识经济时代的到来，信息不断发展和更新，整个世界的联系在不断加强，人与人之间的联系和交往日益频繁。通过应用文的使用，可以加强彼此的联系，增进团结，互相鼓舞，相互促进，推动生产和工作的顺利进行。

（三）应用文有助于丰富生活情趣，增强思想修养

人们的日常生活离不开应用文，机关的文件、报纸上的新闻、电视中的广告等都是应用文。借助于应用文，人们可以获得信息，同时还可以陶冶情操、愉悦心情、增强思想修养，于人于己都是有利的。

（四）应用文有助于积累和提供历史资料

应用文反映单位和个人的种种活动，记载各个历史时期政治、经济、文化等方面的情况，无论是公务文书还是私人文书，留存下来都可以为国家积累和提供大量历史资料，作为有关部门研究问题的参考。

三、应用文的种类

应用文种类繁多，按其功用归属可分为如下种类。

（一）通用类

1. 行政公文类

2012 年 4 月 16 日，中央办公厅、国务院办公厅印发《党政机关公文处理工作条例》（中办发〔2012〕14 号）。该《条例》分为总则、公文种类、公文格式、行文规则、公文拟制、公文办理、公文管理、附则共 8 章 42 条，自 2012 年 7 月 1 日起施行。1996 年 5 月 3 日中共中央办公厅发布的《中国共产党机关公文处理条例》和 2000 年 8 月 24 日国务院发布的《国家行政机关公文处理办法》停止执行。

公文的种类主要有以下 15 种：

（1）决议。适用于会议讨论通过的重大决策事项。

（2）决定。适用于对重要事项作出决策和部署、奖惩有关单位和人员、变更或者撤销下级机关不适当的决定事项。

（3）命令（令）。适用于公布行政法规和规章、宣布施行重大强制性措施、批准授予和晋升衔级、嘉奖有关单位和人员。

（4）公报。适用于公布重要决定或者重大事项。

（5）公告。适用于向国内外宣布重要事项或者法定事项。

（6）通告。适用于在一定范围内公布应当遵守或者周知的事项。

（7）意见。适用于对重要问题提出见解和处理办法。

（8）通知。适用于发布、传达要求下级机关执行和有关单位周知或者执行的事项，批

转、转发公文。

(9) 通报。适用于表彰先进、批评错误、传达重要精神和告知重要情况。

(10) 报告。适用于向上级机关汇报工作、反映情况，回复上级机关的询问。

(11) 请示。适用于向上级机关请求指示、批准。

(12) 批复。适用于答复下级机关请示事项。

(13) 议案。适用于各级人民政府按照法律程序向同级人民代表大会或者人民代表大会常务委员会提请审议事项。

(14) 函。适用于不相隶属机关之间商洽工作、询问和答复问题、请求批准和答复审批事项。

(15) 纪要。适用于记载会议主要情况和议定事项。

2. 通用事务类

如调查报告、总结、计划、述职报告、简报、条例、规章制度、工作研究、会议材料等。

3. 个人事务类

如日记、读书笔记、私人信函、自荐信、求职信、请柬等。

(二) 专用类

1. 科技类

如毕业论文、学术论文、专利申请书、实验报告、科普作品等。

2. 经济类

如市场预测报告、市场调查报告、经济合同、商标文书、注册申请、审计报告、招标书、投标书、进出口检验申请单等。

3. 司法类

如诉状、辩护词、公证书、判决书、授权委托书等。

4. 传播类

如新闻、广告、启事等。

5. 外交类

如涉外商函、涉外合同等。

6. 军事类

军事文书、军事信函等。

(三) 信函类

1. 一般书信

如私人信件、感谢信、表扬信、慰问信、推荐信、贺信等。

2. 公务信函

如函、便函、介绍信、证明信、商调函等。

3. 专用书信

如商务信函（咨询、订货、问价、报价、争议、索赔、协商、保险、答复等）、申请书、请愿书、志愿书、决心书、检讨书、倡议书等。

4. 变异信函

如电报、电传、传真、电子信函、手机短信、微信等。

(四) 礼仪文书

如贺词、祝词、致辞、赠言、祭悼文、志、碑文、题词、柬帖、贺卡、贺联、欢迎词、开幕词、闭幕词等。

四、应用文的发展趋势

(一) 中心内容经济化

现在日常常用的应用文大多是有关经济方面的，而且我们接触最多的也是经济方面的文种，如章程、合同、进出口单证、资产评估、广告、专利申请等。

(二) 使用范围国际化

各类应用文的文种无论在格式还是在使用范围方面，都日趋国际化、标准化，特别是在中国加入WTO之后，中国的经济正在全面向世界开放，国外的企业纷纷把投资的目光投向中国，国际贸易不断升温，要求应用文的发展和国际接轨。订购合同、进出口单证、各种条例、申请、信用证等都在日趋国际化，以满足全世界经济发展的需要。

(三) 语言表达双语化

英语是国际通用语言，现在汉语也逐渐得到世界的承认，学习汉语的人越来越多，在应用文写作方面出现了“双语”趋势。英语和汉语并用不仅提高了汉语的国际知名度，也有利于我国经济的发展。

(四) 书写技术、传播技术现代化

如今的应用文写作不再是简单地用笔书写，而是运用了大量的高科技成果，如运用复印机、缩微机、图文传真机、电子信箱、语音信箱等。个人信函更是如此。

第三节　应用文写作的一般过程

一、应用文写作的准备

(一) 广义的准备

这种准备，主要是要求应用文的撰写者，应当具有对问题的分析能力，要有调查研究的能力，要有对材料进行综合和文字表达的能力。广义的准备主要是要求每一个人都要做有心人，这个有心人应该平时多留心身边发生的每件事情，对身边发生的事情都要动动脑筋思考一下：这件事为什么会发生？为什么会是这样？这是分析能力的培养。此外，还要

有“打破砂锅问到底”的劲儿，也就是这件事的来龙去脉是怎样的，有什么背景，和自己有什么利害关系。我们在把一件事的前因后果都搞清楚之后，才能动手创作。这个创作就是把自己的调查材料进行综合，这需要有文字综合能力和文字表达能力。这两个能力只有在平时的多看和多写中才能得到训练和培养，这就是我们所说的广义的准备。

（二）狭义的准备

从具体的写作过程来分析，应当在下笔之前，做好材料的准备、思想观点的准备、思想格局的准备。

写应用文必须有一定的知识做基础，而这基础越扎实越好。知识面宽，就能触类旁通，思路开阔，文思泉涌。否则，临时搜肠刮肚，就会有“书到用时方恨少”的感叹。正如没有颜料，再好的画家也画不出画；没有食材，再好的厨师也做不出美味佳肴。同样，让一个没什么知识的人写应用文终究是写不好的。

思想观点是应用文的灵魂。思想观点的准备是和搜集、筛选材料同时进行的。它主要是指写作的目的性、针对性和各种不同观点的比较、认定。这就要求我们：

第一，弄清写作的目的。例如，写请示时，就必须明确要向上级请示什么事项，要求上级批复什么问题；写通知时，就要明确通知的事情，要让哪些人知道。这些都得事先弄清楚。因为不同的目的、不同的应用范围，在使用材料、阐述问题方面是大不相同的。只有写作目的明确了，主题提炼得好，材料的使用才能有所遵循，写起来才能不走或少走弯路。如果目的不明确，偏离了写作的主旨，就可能出现成文被推倒重来的后果。

第二，要根据不同的需要，正确地使用文体和格式。不同的应用文有不同的格式要求，应符合其格式要求，所以写应用文必须一看材料（适合写什么样的文体）；二看读者对象（是上级就用请示、报告等上行文，是下级就用命令、决定等下行文）；三要选择格式。

二、应用文写作的主要环节

应用文写作既不像文学创作那样是一种严格意义上的创作过程，也不是简单地记录、复述领导意图的抄转过程。它是通过撰写者的思想加工，把上级指示和本部门具体实际完美结合的写作过程。一般说来，这个写作过程应分为准备阶段、写作阶段、审核修改阶段。准备阶段前已有所论述，下面简要分析其他两个阶段。

（一）写作阶段

这一阶段的主要任务是拟写应用文的文稿。拟稿，也叫起草，是写作的基础程序。草稿质量如何，对定稿的效能和权威有着潜在的影响，因此起草不能草率、马虎。

（二）审核修改阶段

审核修改是写作应用文不可缺少的组成部分，它既是写作者在用文章反映事物的过程中，认识不断深化的外部表现，又是使反映的形式不断周密、完善的手段。

三、应用文的写作规范

（一）关于名称

（1）名称在文稿中第一次出现时用全称，如果太长后文需要用简称，应在第一次出现后用括号说明。例如：在签订合同时双方当事人的名称可以简称为“甲方”“乙方”，“供货方”“需货方”，“借方”“贷方”等。

（2）不能用过时的或不规范的名称，例如：“苏联十月革命”应改为“俄国十月革命”，“满清”应改为“清朝”，“蒙族”应改为“蒙古族”；不能用旧称，如“洋灰”“洋火”“洋钉”“洋油”；不能用方言土语，如“苞米棒子”“长果（花生）”等。

（3）名称并用时应按由大到小、由高到低的顺序来排列。例如：“各省、市、直辖市、自治区、县、乡”应改为“各省、自治区、直辖市、市、县、乡”。

（4）译名要统一，均以新华社译名为准。

（5）有两个或两个以上通用名称，在同一篇文稿中前后要统一。

（二）关于时间

（1）使用时间名词要顾及到文稿发表以后的情况，在前后文无具体时间的情况下，尽量不要使用今年、明年、今天、明天、昨天、本月、上月、中旬、下旬等。使用时间时不能以起草文稿时间计算，应以发表时间为准，特别是年头岁尾、月尾月初，以免造成时间错误。

（2）参考旧资料或进行摘引时应对时间进行处理，以免误解。如原稿中“今年”，可引用该资料时已经过去了好几年，就应写具体的年份。

（3）避免交代不清，如“本月中旬”“六月份以后”“不久前”等，尤其是重要的时间一定要写清楚。

（4）年份要用全数，不能省略。“1989 年”不能写成“89 年”，“2000 年”不能写成“00 年”。

（5）历史年份应写公历年份，如“民国三十年”应写成“1941 年”。

（三）关于数字

（1）表示数量、长度、高度、面积、体积、重量、速度等各种计量的数字应用阿拉伯数字。例如：“四十五里”应为“45 里”；“二百九十二人”应为“292 人”；“五千六百三十八吨”应为“5 638 吨”。

（2）五位以上的数字，尾数零多的可以万、亿为单位。一般情况下，不得以十、百、千为计量单位（千米、千克、千瓦、兆赫等法定计量单位中的词头不在此列）。例如：“567 000 000 千米”可以写成“5.67 亿千米”或“56 700 万千米”，不能写成“5 亿 6 千 7 百万千米”或“5 亿 6 700 千米”。

（3）四位或四位以上的数字，采用国际通行的三位分节法，节与节之间空一个阿拉伯数字的位置，用“，”号分解不符合国际标准，应废止。例如：“98,123 美元”或“98123

美元”应改成“98 123 美元”。

(4) 百分比、编号应用阿拉伯数字。例如：“百分之五十六”“百分之三十九点二五”应为“56%”“39.25%”；“国办第四十八号文件”应为“国办第 48 号文件”。

(5) 用阿拉伯数字书写的多位数不能移行。用阿拉伯数字表示数值的范围时，使用连接号“—”或波浪式连接号“～”。例如：2000 年—2015 年；30 元～50 元；500 米～1 000米。

(6) 公文编号、统计表、计划表、序号、专业术语等中的数字为阿拉伯数字。例如：“F-5 战斗机”“学号：45”。

(7) 为防止涂改的数字、年份可写成汉字，甚至采用汉字大写。例如：合同中的数量总计、价款总额。购房款为 178 000 元人民币，为保险起见，要写成：壹拾柒万捌仟元整。

(8) 计量单位应使用国际通用单位或国际符号。

(9) 固定词、词组、惯用语、缩略语或有修辞色彩语句中的数字用汉字。例如：“三大纪律八项注意”“八国联军”“十万八千里”“五四运动”“三八妇女节”。

(10) 概数和约数的表达。

1) 邻近的两个数字并列连用表示概数，连用的两个数字之间不用顿号隔开，要用汉字书写。例如：“三五天”“三十六七岁”“四五十种”“五六万套”。

2) 带有“几”字的数字表示约数，必须使用汉字。例如：“二十几天”“几十年”“一百几十次”“几万分之一”。

3) 整数一到十。如果不是出现在具有统计意义的数字中，也可以用汉字，但要注意照顾到上下文的统一。例如：“两个人”“五本书”“十辆车”“九个百分点”“读了七遍”。

(11) 标题涉及数字时，可以根据版面实际的需要和可能，灵活使用阿拉伯数字和汉字。

(12) 提倡横排书写，如果确需竖排，除必须保留的阿拉伯数字外一律用汉字，字母或阿拉伯数字以顶右底左的方向横置。

(13) 公文中的结构层次序数，要段落分明、前后一致。要求第一层为“一”，第二层为“(一)”，第三层为“1”，第四层为“(1)”，第五层为“①”。个别情况下也有以英文字母 A、B、C、D 或罗马数字Ⅰ、Ⅱ、Ⅲ为序数的。还有的不使用序数，而在各层标题中用不同的字体或字号居中排列。

(四) 关于用笔、文字、字体的规定

文件一律用打印稿，签字必须手写，需用墨水质量好的蓝黑、黑碳素水钢笔或毛笔书写（会计单据用红色笔冲账、填表需用圆珠笔复写等特殊情况除外）。签字要位置准确，便于识别，不得涂改。

打印稿一律用宋体字和国务院公布实行的简化字（广告除外）。民族自治区的自治机关可汉语和当地通用的民族文字并用。有涉外业务的可使用英语、汉语双语文字。

第四节　应用文的语言

一、应用文语言的表达要求

总的说来，应用文语言的表达要求为准确、恰当，不能使记载与传递的信息发生错误或使接收者产生理解上的歧义，从而导致工作无法正常进行。应用文的语言表达，根据不同文体，须遵循下列要求。

（一）严谨庄重

应用文中的公文代表机关行文，具有法定的权威性；各种经济活动中签订的合同，同样具有法定的权威性，因此语言是相当严谨、庄重的，既不可用口语，也不能用文学色彩较浓的词语，以体现行文的严肃性。具体要求如下。

1. 用规范化的书面语

规范化的书面语有利于人们对应用文的理解。由于我国是一个多民族的国家，方言土语众多，如果应用文行文时不使用规范化的语言，就有可能影响工作的正常开展。比如不知道“长果”是“花生”的土语，“地果”是“草莓”的土语，在购销合同中说购买“长果”或“地果”若干吨，有可能要耽误合同的按时履行。

2. 选用含义单一且明确的词语，在容易产生歧义的地方必须加入限定的词语

比如一份购销合同这样约定：甲方向乙方购买黑白芝麻2 000千克。结果双方在交货的时候发生了纠纷，原因为不知道是一个品种的芝麻还是两个品种的芝麻，歧义发生在“黑白”两个字上。如果按当初的约定，就应该在“黑白”二字的后面加“相间”两个字，这样就不会产生纠纷了。

3. 使用专用词语

应用文在长期的行文过程中已经形成了许多约定俗成的惯用语，且多是人们习以为常的，这有利于对应用文所传递信息的理解和接收。另外，称谓、数字、格式等的使用也一定要合乎规范。

（二）客观准确

准确地记载与传递信息是应用文语言的最基本要求。颁布的法令、签订的合同等，一定要符合客观实际、符合逻辑，这样才能为人们接受。此外，应用文中使用的概念、做出的判断和推理必须是正确的，否则会影响信息的传递与理解。

（三）朴实无华

应用文是处理事务、沟通业务的实用工具，它要求信息的准确性，虚构和夸张的语言是禁用的，故而要求语言朴实无华。直接使用实实在在的语言，不用华丽的辞藻进行修饰，否则应用文所传递的信息会大打折扣。同时还要求应用文的语言要有分寸、适度，针

对不同的受文对象使用适合其身份的语言。对上级行文和对下级行文的语言使用是有区别的，对同一级别的单位或个人行文使用的语言又和对上级行文、对下级行文不同，应注意用语的礼貌、尊敬、权威等特点。

(四) 简明精练

在应用文的写作过程中应该用尽量少的语言来传递尽可能多的信息，做到简明扼要、言简意赅，同时要合乎语体格式，以便于接收者查阅。

二、应用文写作中的语病及其防治

(一) 空

“空”就是空话连篇、言之无物。其表现有：在一篇文章中看法多，但依据少，让人无法信服。有时只举了几个实际的例子却没有做法，缺乏逻辑性，仍然难以使人信服。“空”的文章就好比只有骨架，没有肌肉一样。这种问题在写总结时容易出现。我们在撰写应用文时一定要根据其语言朴实无华及思维富有逻辑性的特点，认真检查应用文的观点和材料是否统一、和谐。

(二) 冗长

这里所说的“冗长”并不等于长，只有不该长而长的文章才叫“冗长”。其表现为：内容面面俱到，主次不分；材料堆砌在一起，不忍割爱；语言过于啰唆，废话太多，具体过程太细，一个意思反复解释，唯恐对方不明白。这就要求我们在写作时或写完后，一定要仔细检查是否滥用了形容词或堆砌成语、俗语、歇后语。平实是应用文的语言特色之一，如果对用语不细细斟酌，不仅效果不好，反而会弄巧成拙。

(三) 不准确

写作应用文时，语言必须准确、恰如其分，不说过头话。例如：经济作物的收成究竟是“丰收”“特大丰收”还是“比较好的收成”；认识水平是“显著提高”还是有“一定的提高”等都要字斟句酌、一丝不苟，不能用模棱两可的词语。有这样一个例子：有一年，某市卫生局接到顾客对某个饭店卫生的投诉：“饭店卫生不合格，饭内有两只苍蝇。”卫生局是这样答复的：“反映某饭店内的苍蝇一事，经查基本属实。”这一句中的“基本属实”一词实在让人不好理解。莫非是查明了苍蝇是有的，但是是一只还是多只没搞清楚，所以是“基本属实”？应用文在语言的运用上一定要准确无误，特别是签订合同时更应慎重，否则极易产生法律纠纷，当事人是要负法律责任的。

(四) 枯燥

文章写出来就是要给人看的，应用文同样如此。枯燥乏味会削弱文章的说服力，因此写文章讲求生动形象也是很有必要的。有的人在写应用文时，不自觉地写成了“八股”调，不生动，不形象，或是照抄文件，这样的文章一看就让人厌烦，简直读不下去，这也就使应用文失去了传递信息的作用。所以我们写作应用文时，在保持其平实、准确、真实、简练的同时，也要力求清新和有生气。

（五）介词使用不够恰当

在应用文中，往往用“根据、本着、依照”等介词表示依据；用“对、将”等介词表示对象、关联；用“关于”表示范围或起提示作用；用“按照”表示状态、方式；用“为了”表示目的；用“自、起”表示时间；用“从、在”表示处所；等等。但稍一疏忽，就会出现差错。例如，在一份简报中有这样一句话：学院党委定期对申请入党的教师讲党课。这句话是不通的，原因是误用了介词“对”，把“对”改成“为”或“给”就行了。

值得注意的是，应用文特别是公文标题中常用的介词不多，只有“关于”“对于”“在”“给”这四个介词常用，其他如“为”“让”用得很少。对于这类介词方面的语病，只要根据不同的语言环境，严密地辨析词性和词义，慎重地选择，精心地检查和修改，是可以防止出现错误的。

（六）实词误用

实词误用常见的问题是词性误用。例如，“该公司出品的十种产品，已进入国际市场。”“出品”是名词，而本句中应该用动词，应改为“出产”或“生产”。为了避免类似的语病，我们必须细心琢磨每个实词的含义，也可以用增减词语的办法来消除歧义。

综合训练

一、简答题

1. 应用文写作有哪些特点？
2. 关于数字的书写，什么情况下应该用阿拉伯数字？该怎样正确书写？
3. 应用文的语病有哪些？应如何防治？

二、请指出下列句子的不当之处，并进行修改

1. 他们到该木器厂地下室检查时发现，里面陈列着很多套顾客退还的不合格的组合柜、写字台、转角沙发、皮转椅。
2. 参加安全生产知识竞赛的只是该厂职工中的一部分工人。
3. 翟教授今天早上刚刚甫抵达上海。
4. 工人们克服了天气干燥、风沙较大、饮水缺乏等问题。

第二编

党政机关公文

第二章
党政机关公文写作

第一节　党政机关公文的概念和作用

一、党政机关公文的概念

党政机关公文是党政机关实施领导、履行职能、处理公务的具有特定效力和规范体式的文书，是传达、贯彻党和国家的方针政策，公布法规和规章，指导、布置和商洽工作，请示和答复问题，报告、通报和交流情况等的重要工具。

党政机关使用的公务文书共 15 种，包括命令（令）、议案、决议、决定、意见、公报、公告、通告、通知、通报、报告、请示、批复、函、纪要。

二、党政机关公文的作用

公文是能够逾越时间与空间的限制，有效传递公务活动所需信息的重要工具，这一功能主要表现在下述四个方面。

（一）指导作用

公文用于传达、贯彻党和国家的方针政策与各项指令，在公务活动中发挥领导和指导的作用，是加强集中领导、维护政令统一、保证工作步伐整齐一致的有效形式。

（二）宣传作用

公文具有较强的政策性和理论性，在各项事业中发挥着阐明事理、启发觉悟和提高认识水平的宣传教育作用，是教育干部和群众的好教材。

（三）联系作用

公文是机关之间横向联系的纽带，它比其他信息沟通形式具有更强的精确性、权威性与凭证性。通过公文，机关之间能够相互交流信息、商洽事务，在工作中取得协调与配合。

（四）凭证作用

公文用于发布行政法规与规章制度，在国家行政管理与维护社会主义建设秩序方面发挥着规范作用。它使国家各项管理活动有法可依、有规可循，从而逐步实现法制化、规范化。

第二节　党政机关公文的特点和种类

一、党政机关公文的特点

（一）由法定作者制发

公文的法定作者，指依法成立并能以自己名义行使职权和承担义务的国家机构与其他社会组织（以下统称为机关）。公文必须以这些机关的名义或其法定代表人的名义制发。发文机关必须依照法定权限和职能制发公文，不能越权行文、违法违章行文。

（二）法定的现实执行效用

执行效用指信息对有关方面行为的强制性影响。公文直接形成于内容所针对的现实公务活动中，对受文者及其他有关方面的行为将产生由法律法规所规定的不同程度的强制性影响，如在规定的时间、空间范围和机构、人员范围内，强制执行内容，强制阅读、办理，强制复文等。

（三）具有规范的体式

为了维护公文的权威性、准确性与有效性，方便公文的写作与处理，国家有关机构以法规、标准等形式，对公文的文体、结构、格式进行了统一规范，公文制发者必须认真遵守这些规范。

（四）履行法定程序

为保证公文的有效性，国家有关机构规定了各类公文的生成程序，只有履行这些程序，公文才能产生法定效用。

二、党政机关公文的种类

党政机关公文从不同的角度来看，可以有多种分类方法，不同的分类从不同的方面揭示了公文的特征或属性。

（一）按适用范围划分

2012年7月1日起施行的《党政机关公文处理工作条例》（以下简称《条例》）规定，我国现行的公文种类主要有15种：命令（令）、决定、决议、公告、公报、通告、通知、通报、议案、报告、请示、批复、意见、函和纪要。

（二）按行文方向划分

行文方向指发文与收文的关系。公文可分为上行文、下行文和平行文。

上行文是指下级机关向上级机关呈送的公文，如请示、报告等；下行文是指上级机关发给下属机关的公文，如决定、通知等；平行文是平行机关或不相隶属机关之间的往来公文，如函等。

（三）按缓急程度划分

公文可分为特急件、急件、一般文件三类。这是从公文的办理时限来说的。特急件应当在接到来文后一天之内办理完毕；急件应当在接到来文后三天之内办理完毕；一般文件没有时限要求，但是要尽快完成。

（四）按保密级别划分

保密级别简称密级，应在公文首页注明。公文可分为四个密级：绝密、机密、秘密和一般。

绝密文件指涉及党和国家最核心机密的文件；机密文件指涉及党和国家重要机密的文件；秘密文件指涉及党和国家一般秘密的文件。这些不同等级的保密文件，一旦泄露会使国家的安全和利益遭受不同程度的损害。

第三节 党政机关公文的结构和行文规则

一、党政机关公文的结构

公文是具有规范格式的文体，从文面到内容，都有比较固定的格式和结构。《条例》第三章第九条规定：公文一般由份号、密级和保密期限、紧急程度、发文机关标志、发文字号、签发人、标题、主送机关、正文、附件说明、发文机关署名、成文日期、印章、附注、附件、抄送机关、印发机关和印发日期、页码等组成。

公文格式由版首、主体、版记三个部分组成。

（一）版首

在公文首页的上端，用横隔线与下文分开，约占页面的三分之一。版首部分包括份号、密级和保密期限、紧急程度、发文机关标志、发文字号、签发人等内容。

1. 密级

秘密公文应当分别标明密级，一般分为“绝密”“机密”“秘密”三级。密级位于文头部分左上角，顶格书写。

2. 紧急程度

紧急程度是对公文印刷、送达和办理的时限要求。一般列于密级下方，顶格书写。《条例》规定：紧急公文应当根据紧急程度分别标明“特急”“加急”。

3. 发文机关标志

一般由发文机关名称（全称或规范化简称）和“文件”二字组成。在版首部分的正中，用红色大号宋体字排印，表示郑重，俗称“红头文件”。

4. 发文字号

由发文机关代字、年份、序号组成。年份不能简写，应置于六角括号内。如“国发〔2015〕1号”表示国务院2015年第1号发文。发文字号一般标注在发文机关标志下正中位置。联合行文的，只标明主办机关发文字号。

5. 签发人

《条例》规定：上行文应标明签发人、分签人姓名。其中，“请示”应当在附注处注明联系人的姓名和电话。签发人在发文字号后空两格标注，发文字号相应适当左移。

有文头的公文多为领导机关使用。

（二）主体

主体部分包括标题、主送机关、正文、附件说明、成文日期、印章等内容。

1. 标题

标题应当准确简明地概括公文的主要内容，通常由发文机关名称、事由和文种三部分组成。一般位于文头横隔线下方的正中间，字号小于发文机关标志、大于正文。标题中除法规、规章名称加书名号外，一般不用标点符号。

2. 主送机关

指公文的主要受理机关，应当使用全称或规范化简称、统称。一般写在标题之下，正文的左上方，顶格书写。主送机关后面用冒号。有的公文可不写主送机关，如公告、通知等。

3. 正文

正文是公文的核心，要写明公文主要内容，通常由导语、主要内容和结语三部分构成。

导语是正文的开头语，它主要点明公文行文的目的、意图、任务、缘由、依据等。导语要开门见山，简明扼要，引人注目。

主要内容是正文的中心部分，它的主要任务是说明或阐发观点、看法、对问题的处理决定及措施等。这部分要求内容充实，纲目清晰，逻辑严密。

结语是正文的收束部分。这部分用语不多，表述多样，可以总括内容、突出主题，也可以对读者对象提出要求和希望。

公文的正文部分要做到观点鲜明，材料具体，层次清楚，结构严密，符合文种规格和工作实际，用语要简练、得体。

4. 附件说明

附件说明是对附在正文之后的文件、材料的说明文字。如果没有附件，就不必写附件说明。附件说明位于正文左下方，下起两行空两格书写。应说明附件的具体名称和件数，如果附件种类较多，应标明其顺序号。

5. 成文日期

成文日期以负责签发的日期为准，联合行文以最后签发机关负责人的签发日期为准。成文日期应位于正文的右下方，用数字完整写出年、月、日，不得省略。

6. 印章

除会议纪要外，公文都要加盖发文机关印章。印章的位置在落款与日期上，要求“上不要压正文，下要骑年盖月”。

（三）版记

版记部分在末页的下方，包括附注、主题词、抄送机关、印发机关和印发日期等内容。

1. 附注

附注用以说明公文中需要说明的其他事项，如公文传送范围、名词术语解释等。附注一般加括号，标注在印章、成文时间的左下侧。大多数公文没有附注。

2. 主题词

主题词是经过规范化的、用以代表公文内容特征及归属类别的词或词组。“主题词”三字顶格书写，后面用冒号，位于文件末尾与抄送机关分隔的横隔线上。主题词一般由三到五个词构成，按类别词、类属词、区域、文种的顺序由左到右排列，词与词之间空一格，空格间不用标点符号。

3. 抄送机关

抄送机关指除主送机关外需要执行或知晓公文的其他机关，可写全称、简称或统称。位置在与主题词分隔的横隔线下，顶格书写。

4. 印发机关和印发日期

用以说明文件签发单位名称和签发日期等。位置在公文末页的下端，由横隔线与抄送机关隔开。印发机关靠左，印发日期靠右。如需注明印发份数，可标注在印发日期之下，用横隔线隔开。

二、党政机关公文的行文规则

行文是公文制发过程中的重要一环。《党政机关公文处理工作条例》明确规定：行文应当确有必要，讲求实效，注重针对性和可操作性。行文关系根据隶属关系和职权范围确定，一般不得越级行文，特殊情况需要越级行文的，应当同时抄送被越过的机关。

（一）向上级机关行文应当遵循的规则

（1）原则上主送一个上级机关，根据需要同时抄送相关上级机关和同级机关，不抄送下级机关。

（2）党委、政府的部门向上级主管部门请示、报告重大事项，应当经本级党委、政府同意或者授权；属于部门职权范围内的事项应当直接报送上级主管部门。

（3）下级机关的请示事项，如需以本机关名义向上级机关请示的，应当提出倾向性意见后上报，不得原文转报上级机关。

（4）请示应当一文一事，不得在报告等非请示性公文中夹带请示事项。

（5）除上级机关负责人直接交办事项外，不得以本机关名义向上级机关负责人报送公文，不得以本机关负责人名义向上级机关报送公文。

（6）受双重领导的机关向一个上级机关行文，必要时抄送另一个上级机关。

（二）向下级机关行文应当遵循的规则

（1）主送受理机关，根据需要抄送相关机关。重要行文应当同时抄送发文机关的直接上级机关。

（2）党委、政府的办公厅（室）根据本级党委、政府授权，可以向下级党委、政府行文，其他部门和单位不得向下级党委、政府发布指令性公文或者在公文中向下级党委、政府提出指令性要求。需经政府审批的具体事项，经政府同意后可以由政府职能部门行文，文中须注明已经政府同意。

（3）党委、政府的部门在各自职权范围内可以向下级党委、政府的相关部门行文。

（4）涉及多个部门职权范围内的事务，部门之间未协商一致的，不得向下行文；擅自行文的，上级机关应当责令其纠正或者撤销。

（5）上级机关向受双重领导的下级机关行文，必要时抄送该下级机关的另一个上级机关。

（6）同级党政机关、党政机关与其他同级机关必要时可以联合行文。属于党委、政府各自职权范围内的工作，不得联合行文。党委、政府的部门依据职权可以相互行文。部门内设机构除办公厅（室）外不得对外正式行文。

三、公文撰写的注意事项

撰写公文时必须注意下列事项：

第一，公文的内容必须符合党和国家的方针政策及有关法律、法规的规定。

第二，公文反映的情况要真实可靠，要有充分的事实作依据，否则会给工作造成严重的损失，因此拟稿人必须深入调查，掌握第一手材料，并实事求是地反映真实情况。

第三，要做到观点明确，条理清晰，层次分明，语言精练，用词准确，书写工整，标点正确。在使用简称时应先用全称，并加以说明。篇幅力求简短。

第四，公文中使用的人名、地名、数字、引文要准确。引用公文应先引标题，后引发文字号。时间应写具体的年、月、日。

第五，公文中的数字，除成文时间、结构层次序数、词组、惯用语、缩略语、具有修辞色彩的语句中作为词素的数字必须使用汉字外，应当使用阿拉伯数字。

四、公文版式

表一

<table>
<tr><td>份　　号
密　　级
紧急程度

发文机关标志

发文字号　　　　　签发人：</td></tr>
<tr><td>标　　题
主送机关：
正文：____________________________________
____

附件：
1. ______________
2. ______________

发文机关（印章）
××××年×月×日

（附注）

主题词：××××　××××　×××××</td></tr>
<tr><td>抄送：××××　××××××</td></tr>
<tr><td>印发单位：××××××　印发日期：××××××××</td></tr>
<tr><td>印发××份</td></tr>
</table>

表二

×××××学校
关于××××××的报告

××发〔××××〕×号

×××××教育局：
（正文）____
____。

附件：
1.
2.

发文机关（印章）
××××年×月×日

（附注）

主题词：××　×××　×××××　×××××

抄送：××××　×××　×××××　××××
印发单位：××××××　印发日期：×××××××××
印发××份

 综合训练

1. 在公文行文过程中，如果几个单位联合行文，单位的公章如何签盖才是合理的？

2. 查找以往国家主席发布的令或命令，比较一下发文机关标志、发文字号和其他种类的公文有何不同。

3. 公文的格式分为几个部分？每个部分都有哪些具体内容？

第三章 几种常用党政机关公文的写作

第一节 通知

一、通知的概念

通知是运用广泛的知照性公文，用来发布法规、规章，转发上级机关、同级机关和不相隶属机关的公文，批转下级机关的公文，要求下级机关办理某项事务等。

通知的应用范围极为广泛。下达指示、布置工作、传达有关事项、传达领导意见、任免干部、决定具体问题，都可以用通知。上级机关对下级机关可以用通知；平行机关之间有时也可以用通知。

二、通知的特点

（一）使用范围广

在各种法定公文中，通知的使用范围最广。

（二）使用频率高

在各类公文中，最常见的就是通知。

（三）时效性强

通知对时效性有严格要求，它所传达的事项，往往要求受文者及时知晓或迅速办理。

三、通知的种类

根据适用范围的不同，通知可以分为以下六大类。

（一）发布性通知

用于发布行政规章制度及党内规章制度。

（二）批转性通知

用于上级机关批转下级机关的公文给所属人员，让他们周知或执行。

（三）转发性通知

用于转发上级机关和不相隶属机关的公文给所属人员，让他们周知或执行。

（四）指示性通知

用于上级机关指示下级机关如何开展工作。

（五）任免性通知

用于任免和聘用干部。

（六）事务性通知

用于处理日常工作中带有事务性的事情，常把有关信息或要求用通知的形式传达给有关机构或群众。

四、通知的结构

（一）标题和主送机关

1. 标题

通知的标题一般采用公文标题的常规写法，由发文机关＋主要内容＋文种组成，如“中共中央办公厅、国务院办公厅关于严禁用公费变相出国（境）旅游的通知”。也可以省略发文机关，由主要内容＋文种组成，如“关于印发《规范国有土地租赁若干意见》的通知”。

发布规章的通知，所发布的规章名称要出现在标题的主要内容部分，并使用书名号。

批转和转发文件的公文，所转发的文件内容要出现在标题中，但不一定使用书名号。如“国务院办公厅转发教育部等部门关于进一步加快高等学校后勤社会化改革意见的通知”。

2. 主送机关

通知的发文对象比较广泛，因此，主送机关较多，要注意主送机关排列的规范性。如人事部《关于解除国家公务员行政处分有关问题的通知》的主送机关：各省、自治区、直辖市人事（人事劳动）厅（局）、监察厅（局）；国务院各部委、各直属机构人事（干部）部门、监察局（室）。

由于级别、名称不同，主送机关的称法和排列非常复杂，这个序列显然是经过深思熟虑后确定下来的。

（二）正文

1. 缘由

发布指示、安排工作的通知，缘由部分的写法跟决定、指示很接近，主要用来表述有关背景、根据、目的、意义等。

晓谕性的通知，也可参照上述写法。如《国务院关于更改新华通讯社香港分社、澳门分社名称问题的通知》，采用了根据与目的相结合的开头方式；《国务院办公厅关于成立国家信息工作领导小组的通知》，采用的是以“为了”领起的“目的式”开头方式。

批转、转发文件的通知，根据情况，可以在开头表述通知缘由，但多数以直接表达转发对象和转发决定为开头，无须说明缘由。

发布规章的通知，多数情况下篇段合一，无明显的开头部分，一般也不交代缘由。

2. 事项

这是通知的主体部分，所发布的指示、安排的工作、提出的方法、措施和步骤等都在这一部分中有条理地组织表达，内容复杂的需要分条列项。

晓谕性通知，有时需要列出新成立的组织的成员名单，以及改变名称或隶属关系之后职权的变动等。

3. 执行要求

发布指示、安排工作的通知，可以在结尾处提出贯彻执行的有关要求。如无必要，可以没有这一部分。

其他篇幅短小的通知，一般不需有专门的结尾部分。

（三）落款

落款部分一般由发文机关和发文日期组成，标题中已经提到发文机关的也可省略，日期要写全，形成文件的通知要加盖公章。

［例文 3—1］

关于举办广州市第三届名城名人运动会的通知

各区、县级市人民政府，市府直属各单位：

为了迎接“九运”会，进一步推动全民健身活动，促进我市体育事业发展，促进社会主义精神文明建设，经市人民政府批准，定于 2000 年 6 月 24 日至 25 日，在广州市天河体育中心举办广州市第三届名城名人运动会。现将本届运动会的有关事项通知如下：

一、组织机构

本届赛事由市政府办公厅、市体委主办。设立广州市名城名人运动会组织委员会，主任由陈传誉副市长担任，副主任由市政府办公厅副主任吴家华、市体委副主任关渭贞、方达儿担任。办公室主任林芝德（市政府办公厅）、余卫新（市政府办公厅）、吴东（市体委），副主任谭光志（市体委）、邓扬威（名城传播中心）。办公室下设秘书组、竞赛组、宣传组和后勤组。

二、比赛内容

本次运动会设有乒乓球、网球、保龄球、中国象棋、围棋、桥牌共6个比赛项目。

三、参赛人员

广州地区副局级以上领导，正教授或相当职称人士及各界知名人士（知名企业家、劳动模范、杰出青年、三八红旗手、艺术家等），每人限报一项比赛。

四、报名时间及要求

请各单位指定一名联络员负责填写报名表，并于6月9日前送市名城名人运动会组织委员会办公室，报名额满为止。组委会办公室地址：市政府4号楼西座501室（府前路1号市政府大院内）。联系人：刘璋、张文波、王伟翔。联络电话：83126796、87534404、87572991。

附件：

1. 广州市第三届名城名人运动会竞赛规程（略）

2. 报名表（略）

（广州市人民政府办公厅印）

二〇〇〇年五月九日

［例文3—2］

关于加强铁路道口整治确保行车安全的通知

各市、县、自治县人民政府，省府直属有关单位：

铁路道口关系到人民生命财产和铁路运输的安全。我省管内铁路道口多、密度大，道口事故发生频繁。根据全国铁路统一部署，从2000年10月21日起，我省部分铁路干线将实施列车提速。为做好提速后铁路道口的安全管理工作，有效防止道口事故，确保人民生命财产安全和铁路运输畅通，根据省人民政府意见，通知如下：

一、铁路沿线各地和有关部门要对广大群众加强遵守道口交通秩序的宣传教育，利用各种宣传方式，开展形式多样的道口安全宣传教育活动。让广大群众了解铁路运输安全的有关规定，增强道口安全意识，提高遵章守纪、维护铁路道口安全的自觉性。

二、省经贸委、广铁集团、省铁集团要就列车提速后人民群众应注意事项联合发通告，做好宣传教育工作。公安、交通、城建、农机等有关部门和单位要教育好机动车司机，自觉遵守交通规则，服从道口看守人员的指挥，决不违章抢行。铁路部门要完善道口警示标志，负责教育火车司机加强瞭望，通过铁路道口之前按规定鸣笛示警。

三、铁路部门要加快铁路平交道口改立交步伐，加大对铁路既有平交道口的改造力度，铁路沿线各级政府及有关部门要给予积极支持和配合。有关建设费用，可参照国家建委、国家计委（81）建发交字532号文的有关规定执行。

四、对一公里内或一个村庄的多处道口以及一条道路在铁路同一个区间（两个车站之间）穿越两次及以上的道口，原则上只保留一处。对设置过密和沿线村民私自铺设的道口，由铁路部门会同当地有关部门予以强制拆除或合并。沿线各地要积极配合，并做好当地村民的思想工作。

五、暂时保留的铁路无人看守道口，由铁路部门会同道口所在地的有关部门组织力量实行监护。监护人员由当地有关部门负责选聘和管理，并签订安全责任协议，明确职责和作业纪律。铁路部门要配合做好监护人员的培训上岗工作。对已监护的铁路道口，各地也要加强检查、监督，确保道口安全。

六、各地公安机关和铁路公安部门要加强对铁路道口交通治安的巡查，加大力度打击盗窃、破坏铁路道口及其他运输设施的犯罪活动，保证铁路运输的安全。

（广东省人民政府办公厅印章）

二〇〇〇年九月二十九日

第二节　通报

一、通报的概念

通报是上级把有关的人和事告知下级的公文。通报的运用范围很广，各级党政机关和单位都可以使用。它的作用是表扬好人好事，批评错误和歪风邪气，通告应引以为戒的恶性事故，传达重要情况以及需要各单位知道的事项。其目的是交流经验，吸取教训，教育干部、职工群众，推动工作的进一步开展。

二、通报的特点

（一）告知性

通报常常把现实生活当中一些正、反面的典型或某些带倾向性的重要问题告诉人们，让人们知晓、了解。

（二）教育性

通报的主要目的是让人们知晓内容之后，从中接受先进思想的教育，或警戒错误，引起注意，接受教训，这就是通报的教育性。这一目的，不是靠指示和命令的方式来达到的，而是靠正、反面典型的带动。

（三）政策性

政策性并不是通报独具的特点，其他公文也同样具有这一特点。不过，对于通报，尤其是对于表彰性通报和批评性通报来说，政策性会显得更强一些。因为通报中的决定（即处理意见），直接涉及对具体单位、个人或事情的处理，还会牵涉到其他单位、部门效仿执行的问题。决定正确与否，影响颇大。因此，通报必须讲究政策依据。

三、通报的种类

（一）表彰性通报

表彰性通报，就是表彰先进个人或先进单位的通报。这类通报，着重介绍人物或单位的先进事迹，点明实质，提出希望、要求，然后发出学习的号召。

（二）批评性通报

批评性通报，就是批评典型人物或单位的错误行为、不良倾向、丑恶现象和违章事故等的通报。

这类通报，通过摆情况、找根源，阐明处理决定，使人从中吸取教训，以免重蹈覆辙。这类通报应用面广，数量大，惩戒性突出。

（三）情况通报

情况通报，就是上级机关把现实社会生活中出现的重要情况告知所属单位和群众，让其了解全局，与上级协调一致、统一认识、统一步调，克服存在的问题，开创新的局面的通报。这类通报具有沟通和知照的双重作用。

四、通报的结构

（一）标题

通常有两种构成形式：一种是由发文机关名称、事由和文种构成，如“国务院办公厅关于对少数地方和单位违反国家规定集资问题的通报”；另一种是由事由和文种构成，如“关于给不顾个人安危勇于救人的王××同志记功表彰的通报”。此外，有少数通报的标题是在文种前冠以机关单位名称，如“中共××市纪律检查委员会通报”；也有的通报标题只有文种名称。

（二）主送机关

除普发性通报外，其他通报应该标明主送机关。

(三) 正文

1. 主要事实

这一部分一般要写明通报事件或问题的基本情况和基本事实。表彰性通报一般是先把时间、地点、人物、事件、背景交代清楚，再指出其意义、学习要点及如何学习等。以经验介绍为主的表彰性通报，其正文的内容一般包括：工作的基本情况（如工作的大体进展，取得的成效）；做法、经验（要突出重点，把主要的做法、经验写进来，避免面面俱到）；存在的不足之处（此处不可多用笔墨，以防喧宾夺主）。批评性通报按其内容又可分为事故通报和反面典型通报两种。事故通报先交代具体事故的情况，再叙述事故发生的原因；反面典型通报由情况介绍、原因分析等部分组成，主要是通报事实，一定要实事求是地反映情况，材料可靠、典型、有代表性且具有普遍意义。

2. 分析评议

分析评议是指对通报的时间及问题进行分析和评论。这种分析和评论代表着组织的态度和看法，具有严肃性。因此，要掌握好分寸，务求客观。表彰性通报要分析先进事迹的意义和人物的可贵精神、主要经验。批评性通报应着重分析和评论事件、问题产生的原因、教训。总之，不论是哪种通报，分析评论都要有针对性，明确具体、恰如其分、中肯、不夸大、不缩小、不说过头话。

3. 贯彻要求

这一部分是通报的目的、价值所在，十分重要，具有指示性。因此，这部分文字要力求简洁、确切，以宜于正确贯彻执行。

总的来说，表彰性通报的正文一般包括概述事实、组织评价、表彰决定、希望和要求四个方面的内容。批评性通报的正文一般包括概述错误事实、指出错误的性质和后果、批评教育和处分、警示及要求等。

五、通报与通知的区别

(一) 内容范围不同

通知可以发布行政法规和规章，批转和转发公文，传达需办理和周知的事项等；通报则是表扬先进，批评错误，传达、交流重要的情况、信息。两者虽然都有告知的作用，但通知告知的主要是工作的情况，以及共同遵守执行的事项；通报则是告知正、反面典型，或有关重要的精神或情况。

(二) 目的要求不同

通知的目的是告知事项、布置工作、部署行动，内容具体，要求受文机关了解要办理什么事、该怎样办理、不能怎样办理，有严格的约束力，要求遵照执行；通报的目的，或是交流、了解情况，或是通过正、反面的典型去教育人们，宣传先进的思想和事迹，提高人们的认识。

(三) 表现方法不同

通知的表现方法主要是叙述，告知人们做什么、怎样做，叙述具体，语言平实；通报的表现方法则常兼用叙述、说明、分析和议论，有较强的感情色彩。

六、通报的写作要求

(一) 注意时效性

发通报要抓住时机，或及时将先进典型和经验向社会宣传推广，或及时对反面典型予以揭露，引起警戒，或及时通报某些重大事项和重要情况，以起到交流情况、信息，指导工作的作用。错过时机的通报，就失去了其时效性，也就没有行文的意义了。

(二) 注意指导性

不能事无巨细都发通报，要选择对工作有普遍指导意义的事项来发通报。通报要有普遍的指导意义，就应选择典型。先进的典型要能反映事物的本质特征，能揭示时代的本质，体现时代的精神。反面的典型应有一定的代表性，能体现警戒作用。所以，只有选准、选好典型，通报才能起到激励教育、推动工作和批评警戒的作用。

(三) 注意真实性

通报中所涉及的事例，必须是客观存在的，必须是真实可靠的，绝不允许捏造和虚构。同时，事例的表述要准确，不能夸大或缩小，要实事求是。通报在结尾提出的希望和号召，也必须切合实际，要有一定的针对性，使读者能够接受或受到启示。

[例文 3—3]

××××学校关于××同志上课迟到的通报

各处、室、组：

我校青年教师××同志，××××年×月×日上午第一节课迟到，使初二（1）班的物理课耽误20分钟。据查，××的迟到是由于他前一天晚上打牌过度，第二天晚醒所致。

××同志身为教师，对工作、对学生不负责任，其迟到造成的后果是严重的，影响是很坏的。

经学校研究决定，除批评教育，给予取消当年评选先进教师资格的行政处分外，并通报全校。

希望全校教师从××同志的错误中吸取教训，热爱教育事业、热爱学生，为人师表、严守纪律，杜绝类似事情的发生。

××中学

××××年×月×日

第三节　报告

一、报告的概念

报告是下级机关向上级机关汇报工作、反映情况、答复上级机关询问的陈述性公文。

报告的应用范围很广。按照上级的部署和工作计划，汇报工作进度，反映工作中的基本情况、工作中取得的经验教训、工作中存在的问题及希望取得上级部门的指导等，都需要写报告。在党、人民代表大会、政府、军队的公文规定中，报告适用于向上级机关汇报工作、反映情况、提出意见和建议、答复上级机关的询问这四种情况，但由于在政府公文中没有“提出意见和建议”这种情况，故增加了“意见”这一文种来承担提出意见和建议的功能。

二、报告的特点

（一）内容汇报性

报告是下级机关向上级机关或业务主管部门汇报工作，让上级机关掌握基本情况并及时对自己的工作进行指导的一种载体，因此报告具有汇报性。

（二）语言陈述性

因为报告具有汇报性，即向上级讲述做了什么工作，或工作是怎样做的，有什么情况、经验、体会，存在什么问题，今后有什么打算，对领导有什么意见、建议，所以行文上一般采用叙述方式。

（三）行文单向性

报告是下级机关向上级机关行文，是为上级机关进行宏观指导提供依据，一般不需要受文机关的批复，属于单向行文。

（四）成文事后性

多数报告都是在事情做完或发生后，向上级机关作出汇报，属于事后或事中行文。

（五）双向沟通性

报告虽不需批复，却是下级机关取得上级机关的支持和指导的桥梁；同时，上级机关也能通过报告获得信息、了解下情，是上级机关进行决策指导和协调工作的依据。

三、报告的种类

（一）按时间和内容分

（1）例行报告，如日报、周报、旬报、月报、年报等。此类报告要随着工作进度反映新情况、新问题，应写出新意。

（2）综合报告，适用于全面汇报工作的情况。

（3）专题报告，关于某一情况的专项报告，要求报告迅速及时、一事一报。

（二）按目的分

（1）回复性报告，如“根据××××××的指示（或要求），我们进行了××××××处理，现报告如下：”。

（2）反映性报告，简述基本情况，提出写作目的。

（3）汇报性报告，简述基本情况，说明进度。

四、报告的结构

（一）标题

报告的标题一般由事由和文种构成，如“关于加强群众渔港建设的报告”。

（二）正文

正文一般由开头、主体和结尾三部分构成。这三大段基本定型，每一大段视具体内容和行文目的安排层次。

1. 开头

总提发文依据，可以是全文提要，也可以是基本情况，还可以是主要背景和缘由；然后用“现将有关情况报告如下”“为此，提出如下安排意见”或“为此，建议做好以下几项工作”之类的惯用语过渡，领起下文，转入主体部分。

2. 主体

阐述报告的具体内容，内容较多者，可采用分条或分题的方式。

如果是汇报工作，要侧重于写明做了哪些工作，进度如何，采取了哪些措施和方法，收到了怎样的效果。

如果是反映有关问题，要侧重于分析问题产生的原因，问题的危害性，以及解决问题的方法和途径。

如果是总结经验、体会，要侧重干写出基本规律、主要做法或体会。

如果是答复上级询问，要侧重于写明调查、处理的结果，或表明态度和意见。

如果是进行安排、处理或提出建议，则应针对存在的普遍性问题或在一定范围内需要处理的问题，或提出具体的安排、处理意见，或建议做好哪些方面工作。

3. 结尾

也称尾语，有的用一个小自然段，回扣正文，或补充主体内容未尽之意。大多数情况下，报告的结尾用习惯性尾语，如“特此报告”“以上报告，如有不当，请指示”等。

五、报告的写作要求

第一，陈述事实要完整清楚。由于报告以陈述事实为主，因此要把事件的来龙去脉交代清楚。

第二，材料要真实，重点要突出，反映的情况要真实可靠。

第三，报告中不得夹带请示事项。

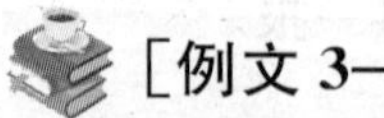
[例文 3—4]

海南省邮政局关于亚洲论坛首届年会邮政通信服务工作的报告

海南省人民政府办公厅：

根据“海南省人民政府办公厅关于做好亚洲论坛年会工作的通知”精神，我局精心筹划，上下密切配合，较好地完成了年会的邮政通信服务任务。现将有关情况报告如下：

一、领导高度重视，把搞好年会邮政服务当作一项重要工作来抓。接省政府办公厅的通知后，我局专门召开会议，传达贯彻省政府的通知精神，对做好年会服务工作提出具体要求。同时成立由省局×××副局长为组长的亚洲论坛首届年会邮政服务工作领导小组，明确服务内容和各单位的协调分工，制定服务工作方案，并向全省邮政部门发出“关于做好亚洲论坛年会邮政通信服务工作的通知”，要求各单位把搞好亚洲论坛年会的邮政服务工作作为当前头等大事来抓，确保邮政通信迅速、准确、保密、安全。我局先后两次召开会议，统一思想，周密部署年会的邮政服务工作，对邮政营业、邮件报刊投递、环境整治、安全保卫、宣传等工作进行具体部署，将各项工作落实到单位和个人，为年会邮政服务工作做了充分的准备。

二、认真按照省政府有关部门要求，准确及时将报纸投送到位。根据省政府有关部门对参加年会的中央领导所需报纸种类和数量的要求，我局对所需报纸的提取、分发、投送等工作做了明确分工：海口局负责《人民日报》《参考消息》《海南日报》《海口晚报》的要数和专袋封发；省报刊发行局负责香港《文汇报》《大公报》的联系取报，及时交海口局合封；省邮运局每天凌晨 3 时就派专人专车赶往报社运递报纸，后赶运琼海、五指山等地；琼海局、五指山局、海口局等单位专人专车，负责将报纸准确及时投送到位，确保参会领导在早上 8 点之前看到所需报纸。据统计，4 月 9 日至 13 日，我省邮政共提供报纸 6 种 880 份。省报刊发行局等单位还为年会会务组专程取送由北京空运来的报纸 10 000 份。同时，我们增加会议期间的零售报纸，仅《海南日报》就增加零售 23 700 份，对宣传年会发挥了积极作用，产生了良好的影响。

三、设立邮政服务点，提供方便快捷的现场服务。为使年会人员享用方便快捷的邮政服务，琼海市邮政局分别在年会代表驻地博鳌金海岸酒店大堂商务中心、博鳌锦江酒店和水城会场三处各设一个邮政服务点。服务内容包括特快专递、平常函件、包件、印刷品、给据邮件等邮件收寄、邮品出售和报刊投送等，该局×××局长坐镇指挥，处理各种事务，使各邮政服务网点工作有条不紊地进行，参加现场服务的邮政工作人员早出晚归、不言苦累、忘我工作，为年会提供了优质服务，保证了年会人员的用邮需要，展示了良好的邮政服务和海南形象。

四、发行《博鳌亚洲论坛》等邮品，为扩大宣传海南做贡献。为迎接首届年会的召开，我局精心策划，成功开发了《博鳌亚洲论坛》邮册、《博鳌亚洲论坛》画轴邮品、《博鳌亚洲论坛首届年会纪念封》，受到年会代表以及有关部门好评。全省各市县邮政局抓住年会的有利时机，开展年会邮品的营销活动，宣传海南，扩大海南在国内外的影响，特别是海口、三亚、琼山、琼海和洋浦五地的邮政局发挥各自优势，加大年会邮品和其他邮品的营销力度，仅琼海市邮政局就销售年会邮品1万余件，直接地宣传了年会、宣传了海南，取得了双赢效果。

特此报告。

××××年四月十九日

简 析

该报告的基本内容是向上级机关汇报工作，行文简明有序是其突出特点。开头简要概括工作依据、进行情况及成效，语言精练。随后用“现将有关情况报告如下”过渡到主体部分。主体部分由四个方面的内容组成，通过每段开头的总括句（段首句）领起本段内容，这是公文写作常用的手法。四个总括句恰当、准确、凝练，虽属概括却不显空泛。每段均有典型例证，以充分支持总括句。同时，在各段结尾处均采用评议性语句，贴切自然，如“为年会邮政服务工作做了充分的准备”“对宣传年会发挥了积极作用，产生了良好的影响”“为年会提供了优质服务，保证了年会人员的用邮需要，展示了良好的邮政服务和海南形象”“直接地宣传了年会、宣传了海南，取得了双赢效果”。

本文属专题报告，在汇报完有关情况后即以“特此报告”收束全文，意尽言止，毫不拖沓。

第四节 请示

一、请示的概念

请示是下级机关向上级机关请求对某项工作、问题作出指示，对某项政策界限给予明确，对某事予以审核批准时使用的一种请求性的公文。

二、请示的特点

（一）请求性

请示是向上级机关请求指示和批准的公文，行文内容是呈请上级对某件事作指示或批复，具有请求性。

（二）期复性

请示的行文目的是请求上级指示或批准，要求作出明确答复，具有期复性。

（三）超前性

请示行文具有超前性，必须在事前行文，等上级机关作出答复之后才能付诸实施。

（四）单一性

请示事项具有单一性，要求一文一事，不拖泥带水。

三、请示的种类

请示根据不同的内容和写作意图，可分为以下三类。

（一）请求指示的请示

此类请示一般是政策性请示。下级机关需要上级机关对原有政策规定作出明确解释，对变通处理的问题作出审查认定，对如何处理突发事件或新情况、新问题作出明确指示等的请示就属此类。

（二）请求批准的请示

此类请示是下级机关针对某些具体事宜向上级机关请求批准的请示，主要目的是解决某些实际困难和具体问题。

（三）请求批转的请示

下级机关就某一涉及面广的事项提出处理意见和办法，需各有关方面协同办理，但按规定又不能指令平级机关或不相隶属部门办理，需上级机关审定后批转执行，这样的请示就属此类。

四、请示的结构

（一）标题

请示的标题一般由“发文机关＋事由＋文种”构成，如“××省人民政府关于增拨防汛抢险救灾专款的请示”。发文机关有时可以省略，如“关于××列为省级重点风景名胜区的请示”。写标题时要注意，不能将“请示”写成“报告”或“请示报告”，缘由中也不要重复出现“申请”“请求”之类的词语。

（二）主送机关

请示的主送机关是指负责受理和答复该文件的机关。每份请示只能写一个主送机关，不能多头请示。

（三）正文

其结构一般由开头、主体和结语等部分组成。

1. 开头

主要交代请示的缘由。请示的缘由是请示事项和要求的理由与依据。要先把缘由讲清楚，然后写请示的事项和要求，这样才能顺理成章。缘由很重要，关系到事项是否成立、是否可行，直接影响上级机关审批请示的态度。因此，缘由常常十分完备，依据、情况、意义、作用等都要写上。

2. 主体

主要说明请求事项，包括办法、措施、主张、看法等。请示的事项，要符合法规、符合实际，具有可行性和可操作性。因此，事项要写得具体、明白。如果请示的事项内容比较复杂，要分清主次，一条一条地写出来，条理要清楚，重点要突出。注意：事项简单的，往往和结语合为一句话。如《关于××列为省级重点风景名胜区的请示》的最后一句话："现申请把××列为省级重点风景名胜区，请审批。"请示事项应避免不明确、不具体，避免把缘由、事项混在一起。否则，就写得不得要领，上级机关不知要求解决什么问题，不便给予批复。

3. 结语

请示的结语比较简单，在主体之后另起一段，按程式化语言写明期复请求即可。常见的期复请求用语有"当否，请批示""妥否，请批复""以上请示，请予审批""以上请示如无不妥，请批转有关部门执行"等。结语是请示必不可少的一项内容，不能遗漏，更不能含糊其辞。

(四) 落款

一般包括署名和成文时间两项内容。标题写明发文机关的，这里可不再署名，但需加盖单位公章。

五、请示的写作要求

(一) 一文一事

一份请示只能写一件事，这是便于上级工作的需要。如果一文多事，可能导致受文机关无法批复。如果确有若干事项需要同时向同一上级机关请示，可以同时写出若干份请示，它们各自都是一份独立的文件，有不同的发文字号和标题；而上级机关则会分别对不同的请示作出不同的批复。

(二) 单头请示

请示只能主送一个上级领导机关或者主管部门。受双重领导的机关向上级机关行文，应当写明主送机关和抄送机关，由主送机关负责答复其请示事项。请示如果多头行文，很可能得不到任何机关的批复。

(三) 不越级请示

这一点，请示与其他行政公文是一样的。如果因特殊情况或紧急事项必须越级请示，要同时抄送越过的直接上级机关。除个别领导直接交办的事项外，请示一般不直接送领导个人，这一点要特别注意。

(四) 不抄送下级

请示是上行公文，行文时不得同时抄送下级，以免造成工作混乱，更不能要求下级机关执行上级机关未批准和批复的事项。

六、请示与报告的异同

请示和报告都是上行文，这是它们的相同点。但是，它们在内容和行文等方面的要求不同，必须严格区分。其主要区分点如下。

(一) 公文文种不同

请示是下级机关请求上级机关或者业务主管部门对某项工作或某件事情做出指示、给予答复、审核批准时使用的公文。报告是下级机关向上级机关汇报工作、反映情况和问题、回复上级机关询问、报送文件时使用的公文。

(二) 行文目的不同

请示是期复性公文，需要上级答复。报告则是陈述性公文，行文目的是要上级了解、掌握情况，无须上级答复。

(三) 行文时间不同

请示必须事前行文，不能先斩后奏。报告可以在工作完成后行文，也可以在工作进行过程中行文，视具体情况来定。

[例文 3—5]

关于增设秘书专业的请示

××省高等教育厅：

为适应社会主义现代化建设的需要，我校拟增设秘书专业（本科），20××年秋季开始招生。

秘书是各级领导的参谋和助手。随着建设事业的发展，社会对秘书的需求越来越大。据了解，仅本省县以上党政机关和企事业单位对秘书人员的需求量，就在××××人以上。目前各级机关的秘书基本上是用师傅带徒弟的传统方式带出来的，没有受过系统的、严格的专业教育和训练，专业素质不能适应新形势的要求。开设秘书专业，培养高层次的秘书人才，已是刻不容缓，具有重要的现实意义。

我们设想，以培养县以上党政机关和企事业单位秘书工作人员为目标，将秘书专业纳入本科教育，学制四年。每年招生 50 人，到××××年，使在校秘书专业学生达到 150～200 人。

为设立秘书专业，我校已成立了筹备小组，成员 18 人，其中教授 3 人、副教授6 人、讲师 9 人。近两年，筹备小组自编了一部分教材，并分别与××、××××等机构合办过多期秘书人员培训班，积累了一定的经验。依靠现有的师资力量，我校有把握办好秘书专业。

以上请示，当否，请批复。

附件：

1. 《普通高等学校增设本科专业申请表》一份（略）
2. 《××大学秘书专业（本科）教学计划》一份（略）
3. 《××大学秘书专业现有教师情况表》一份（略）

××大学（印）

二〇××年×月×日

第五节 批复

一、批复的概念

批复是上级机关针对下级机关来文中请求批示、批准的事项，给予明确答复的公文。它与请示是正式行政公文中唯一一对相互对应的文种。

批复是被动行文，它应下级机关来文的请求而行文。上级机关对下级机关的请示应予及时批复，否则上级机关就是失职，要承担由此产生的后果或责任。

批复属于指挥性公文，不可与知照性的复函混淆，前者属于下行文，后者是平行文。

二、批复的特点

（一）被动性

批复是用来答复下级请求事项的，下级有请示，上级才会有批复。下级有多少份请示呈报上来，上级就有多少份批复回转下去。批复不是主动的行文，是公文中唯一的纯粹被动性文种。另有两种公文也可以是被动性的，就是报告和函。不过，报告只有在答复上级机关询问时才是被动的，函只有复函才是被动的，所以说纯粹的被动性公文只有批复。

（二）针对性

批复的针对性极强，下级机关请示什么事项或问题，上级机关的批复就指向这一事项或问题，决不能答非所问，也无须旁牵他涉。

（三）集中性和明确性

由于下级的请示是一事一报，请示内容十分集中，相应的批复也是一文一批，答复的内容也十分集中，因此批复的篇幅一般都不长。

批复的态度和观点必须十分明确。对于请求指示的请示，批复要给予明确的指示；对于请求批准的请示，批复或者同意、批准，或者不同意、不批准。有时，由于情况的复杂性，原则上同意，但对某些个别环节提出不同的意见和要求是允许的，不违背态度明确的原则。但如果观点不明，态度含混，令下级机关无所适从，就不符合基本要求了。

（四）政策性和依据性

对于撰写批复的上级机关而言，不管是发出指示还是批准事项，都必须有政策依据，不能随意为之。对于发出请示的下级机关而言，批复一旦到达，就是行动的依据，不得违背。在这些方面，批复和指示的特点是一致的。

三、批复的结构

（一）标题

批复的标题一般采用公文常规模式写法，即“发文机关＋主要内容＋文种”。略有不同的是，批复往往在标题的主要内容中明确表示对请示事件的意见和态度，而一般公文标题中的主要内容部分通常只点明文件指向的中心事件或问题，多数不明确表明态度和意见。如“国务院关于同意陕西省撤销榆林地区设立地级榆林市的批复”，其中“同意”二字就是用来表明态度和意见的。如果不批准所请求事项，标题中可以不出现态度和意见，到正文中再表态。如果是答复请求指示的请示，也无须在标题中表态。

（二）主送机关

批复的主送机关一般只有一个，那就是发出请示的下级机关。

（三）正文

批复的正文由三部分组成，分别是批复依据、批复事项、执行要求。

1. 批复依据

批复依据主要涉及两个方面：一是对方的请示；二是与请求事项有关的方针政策和上级规定。

对方的请示是批复最主要的论据，要完整引用请示的标题并加括号注明该请示的发文字号，例如：“你省《关于变更西宁市行政区域范围的请示》（青政〔1999〕49号）收悉”。

上级有关的文件和规定是答复请示的政策和理论依据。例如“根据××××××××关于××××××××的规定，现作如下答复”。必要时，可标引文件名、文件编号和条款序号。如果下级请示的事项在上级文件和规定中找不到依据，则不可出现这样的文字。

2. 批复事项

针对下级机关请示所发出的指示、做出的批准决定及补充的有关内容，都属于批复事项。如果内容复杂，可分条表述，但必须坚持一文一批的原则，不得将若干请示合在一起用列条的方式分别给予答复。

3. 执行要求

对下级执行批复的要求可写在结尾处，文字要简洁。如《国务院关于同意陕西省撤销榆林地区设立地级榆林市的批复》的结尾："榆林市的各级机构均应按照'精简、效能'的原则设置，所需人员编制和经费由你省自行解决。"如果只是批准事项，无需提出要求，此部分可免。

撰写批复要注意及时、明确、庄重周严、言简意赅。

[例文 3—6]

中国证券监督管理委员会关于××新华期货经纪有限公司的批复

证监期审字〔1995〕25 号

××新华期货经纪有限公司：

经审核，你公司符合期货经纪公司的标准，请持本批复到国家工商局申请注册登记，经管范围为：国内期货经纪业务，期货投资、信息咨询服务业务，期货从业人员培训业务。在完成注册登记手续后，请持营业执照副本原件及复印件、法人授权委托书和领取人身份证原件及复印件到我会领取期货经纪业务许可证。

中国证券监督管理委员会

××××年×月×日

第六节　函、会议纪要

一、函

（一）函的概念、特点和种类

函是不相隶属机关之间商洽工作、询问和答复问题、请求批准和答复审批事项的公文。

函的突出特点是往来性、协商性和灵活性。

函可分为发函和复函，或公函和便函。

（二）函的结构

函一般由标题、主送机关（收函单位名称）、正文、落款、印章、日期等部分构成，其正文写法根据函的不同类别而有所不同。

1. 发函正文

发函是向对方单位商洽、询问或告知事情。开头说明发函的原因、目的；主体要写清楚所询问、商洽或告知的事宜，并简要说明理由，一事一函；结尾一般提出请对方复函或支持、协作的要求。结语可用"请予协助""即请函复"等惯用语，若不需复函，可用

“专此函达”或“特此函告”等语作结。

2. 复函正文内容

开头引述来函事项，说明复函缘由；主体则针对来函事宜予以明确答复；结尾常用“此复”“特此函复”等惯用语收束全文。

(三) 函的写作要求

(1) 内容要专一、集中，一函一事。

(2) 以陈述为主，行文简约，不讲题外话。

(3) 以平等、礼貌、商洽的口吻陈述，以诚待人。

[例文 3—7]

关于鄂穗两地携手联合打捞“中山舰”的函

湖北省人民政府：

现沉于长江金口赤矶山江底的“中山舰”，是中国现代革命史上的重要历史文物，尽快将其打捞、修复和陈列展览，是海内外同胞的共同心声。

“中山舰”是重要的革命历史文物。该舰1922年参加“保卫大武汉会战”时被日军炸沉。尽快打捞“中山舰”，使其重展英姿，是深得海内外同胞和两岸有识之士拥戴的义举。这对于充实、完善中国现代革命史文物，并重现其历史价值，加强爱国主义教育和革命传统教育，增强整个中华民族的凝聚力和向心力，改善两岸关系，促进台湾回归祖国大业的早日实现，都具有重要的意义和作用。

由于“中山舰”在广州的时间长达21年，且围绕“中山舰”的几次主要历史事件都发生在广州。因此，“中山舰”是把广州建设成为中国现代革命史教育基地，向广州、全国乃至海内外同胞进行爱国主义教育和革命传统教育不可缺少的文物。近几年来，广东省、广州市人大、政协、民革，黄埔军校同学会中的不少代表、委员、成员，各界有关专家学者、人民群众，以及港澳台同胞、海外华侨、华人，纷纷向广州市政府来电来函，希望广州市政府主动与贵省联系一起尽快组织打捞“中山舰”，并进行修复和陈列。为此，我们经过认真研究，提出由两地政府本着相互合作、相互支持的态度，协商联合打捞、修复、展出的办法和有关问题。

专此函达，请答复。

广州市人民政府（盖章）

××××年×月×日

[例文 3—8]

关于商洽建立全面协作关系事宜的函

××大学：

近年来，我们在一些科学研究项目上互相支持，取得了一定的成绩，建立了良好的协作基础。为了巩固成果，为我国四化建设做出更多的贡献，希望双方今后能进一步在学术交流、科学研究、人员培训、仪器设备等方面建立全面的交流协作关系，特提出如下建议：

一、定期举行所、校之间学术讨论与学术交流，内容为双方共同关心的学术问题，或专题讨论；也可分析国内外同行的项目动态和发展趋势；共同参加学术讨论和学术年会及专家讲学活动等；双方互派专家参加对方学术组织对科研发展方向、任务和学位、学术论文及重大科研成果的评审工作。

二、根据所、校各自的科研发展方向和特点，对双方共同感兴趣的课题进行协作。协作形式和办法视课题性质和双方条件，制定单项协议。

三、(略)

四、(略)

五、(略)

以上各项，如蒙同意，建议互派科研主管人员就有关内容进一步磋商，达成协议，以利于工作。特此函达，务希研究见复。

中国科学院××研究所

××××年×月×日

简析

函属于平行文。这则函是发函单位与××大学协商科研项目事宜的，因此，在提出若干条款之后，建议对有关内容进行进一步磋商。结尾使用“特此函达，务希研究见复”，表示双方平等协商的意向。

二、会议纪要

(一) 会议纪要的概念和作用

会议纪要是在会议记录的基础上，记述会议概况、议程，说明会议基本精神和决议事项的一种文体。会议纪要在不同的情况下会有不同的性质。如果作为正式文件下达，它就同决议相似；如果以综合报道的形式刊登，它就是简报。

党政机关、人民团体、企事业单位都要经常召开各种会议，比较重要的或大型的会议结束时，为了将决议付诸实施，一般都要写会议纪要。它可以作为主管机关的纪实性资料；可以作为报送上级机关的报告件材料；可以作为与会代表向所在单位领导汇报和向群众传达会议情况、决议的书面文稿；可以作为会议参加单位共同遵守的凭证；也可以由上级机关批转各地区、各部门作为参照、贯彻、执行的文件，或者直接发给下属单位作为执行的依据或参考。

概言之，会议纪要的主要作用为：向领导机关报告工作，反映会议情况；向所属单位传达、贯彻会议情况，用来指导工作；可以公诸报刊，让广大群众周知会议精神，以便推动工作等。

（二）会议纪要的种类和结构

常见的会议纪要的种类有例行会议纪要、工作会议纪要、协作性会议纪要。

会议纪要的格式一般比较固定，由以下几部分组成：

（1）标题。由召集单位名称、会议名称和文件名称三部分组成，如“吉林省高等教育工作会议纪要”。有的会议纪要标题标明后两项即可。

（2）开头。即会议纪要的前言，用叙述性文字介绍会议的基本情况、会议的目的、会议具体起止时间、地点、名称，会议主持单位或主持人，参加单位及人员，会议的主要领导人，上级领导及其讲话内容摘要，会议基本议程、主要活动和会议结果等。

（3）主体。即会议纪要的核心部分，以说明性文字反映会议的主要精神。如根据什么指导思想，解决和决定了哪些问题，今后开展工作的原则、措施和办法等。

在写作这部分时，可以把会议的报告、发言、讨论、决议等原始材料的内容按问题归类，分成几部分，各部分可用序号或小标题标明；也可以按发言顺序来写，即按会议主要发言人发言的顺序概述其发言要点，力求反映出会议进程和主要内容；还可以综合前两种方式，即先把会议的主要精神归纳成几个问题，再把会议发言人及其发言要点分别收入各部分来叙述。

（4）结尾。可以用会议主持人或其他领导人的总结讲话结尾；也可以用记述正式成员、列席成员或出席情况结尾；还可以用尚待解决的问题、发出号召、指出方向结尾。

（5）落款。在正文右下方署会议主办单位名称（全称）或会议名称，并详细标注日期。

（三）会议纪要的写作要求

（1）要做好会议记录和收集简报的工作，尽量取得全面、系统的第一手材料。

（2）要整理、归纳经会议讨论并已明确的问题。

（3）务必纪实和简明。纪实是拟写会议纪要的基本原则。在忠实于会议实况的前提下，也要注意提炼和概括，有所取舍，做到简明、扼要、确切、具体。

（4）会议纪要所反映的内容应限于会议议及的内容，重点应放在经过会议讨论后得出的结论及必要的论述上。

（5）时间、地点、主持人（或单位）、参加单位（代表）、议题、决议六要素必须齐全。

（6）注意习惯用语。常用的有“会议认为”“会议指出”“会议强调”“会议决定”“会议讨论了”“会议听取了”等。

（7）会议纪要完稿后，须经主管部门负责人同意、签发并加盖公章。

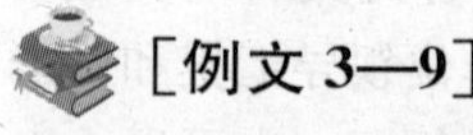
［例文 3—9］

××省农业厅

水稻旱育壮秧稀植栽培技术总结会会议纪要

×农字〔199×〕6 号

为总结交流 199×年我省水稻旱育壮秧稀植栽培技术的推广经验，安排 199×年推广计划，2 月 26 日至 29 日，省农业厅和省科委在石家庄市联合召开了水稻旱育壮秧稀植栽培技术总结会。10 个地（市）16 个县（区）农业局、科委主抓这项工作的科技人员和省水稻顾问组部分成员共65人参加了会议，省科委××主任主持了这次会议，农业厅××副厅长致开幕词。唐海、隆化、抚宁、承德等6个单位的代表做了典型发言。省水稻生产技术顾问组组长宣讲了199×年水稻生产技术建议。最后，××副主任做了大会总结。大家一致认为，会议开得及时，对完成199×年任务将起到很大的推动作用。

会议认为，199×年水稻旱育壮秧稀植技术示范推广迈出了较大步伐，成效显著。全省共落实旱育秧1.9万亩，稀植稻田50.2万亩，比199×年分别增加了63.8%和234.7%。在199×年水稻集中产区后期稻飞虱及纹枯病严重危害的情况下，由于旱育秧苗素质好、本田分蘖多、抗性高，仍获得亩产364.6千克的好收成，比对照亩增产82.4千克，增产14.6%，平均每亩节省投资25.6元，总增经济效益3 916万元。实践证明，这是一项“四省两增”的水稻高产高效新技术。

199×年推广步伐大和效果显著的主要经验：第一，农业厅、省科委、省智力引进办的密切合作及各级政府的大力支持，保证了这项工作的顺利进行。第二，狠抓技术培训和技术宣传，农业厅和省科委年初联合举办了大型培训班，为各地培训技术骨干100余人，印发培训教材100余套，在育秧和本田管理的关键时期召开现场培训会，组织水稻生产技术顾问组成员现场指导。省和重点地（市）县共编制录像片7部，通过当地电视台反复播放。一年来，全省共组织培训2 173期、培训44.01万人次、印发技术资料21.6万份，大大加快了技术入户的进程，为技术的落实奠定了基础。第三，以点带面。确定12个重点县带动全省共完成45.4万亩，占全省稀植稻田的90%。这些县有429名科技人员下乡搞承包，带动了320个示范点。第四，物资服务比较扎实。各级政府共筹集资金187.5万元，提供化肥2 392万吨，农膜96.66吨，除草剂67.91万吨，建起调酸剂厂4个，为这项技术的落实提供了物质保证。

会议认为，今年计划推广100万亩，任务十分艰巨。为抓好落实，当前急需做好以下工作：第一，各级农业和科委部门要继续密切合作，同心协力帮助农民解决一些实际问题，狠抓项目计划的落实。第二，要开展多种形式的技术培训和宣传，省里准备印发不同类型区的技术规程，各地要把适合当地的操作规程材料印发给农户，使广大农民进一步掌握好这项技术。第三，有条件的地方可建调酸剂厂，以解决旱育秧的调酸问题。经济条件好，稻田相对集中的县、乡要创建秧苗公司，统一管理，给农民提供健壮的商品秧苗。第四，冀中南稻区要在省水稻生产技术顾问组的指导下，加快推广步伐。

会议认为，这项技术在我省推广三年来，各级领导和科技人员付出了很大的心血，如果今年100万亩的任务能完成，年终要召开总结表彰会，对做出贡献的单位和个人予以表彰。

一九九×年×月×日

简 析

会议纪要的格式不同于其他文种的公文，如没有主送机关，落款不写发文机关的名称，不在落款处加盖印章，等等。本则会议纪要是为了宣传和传达会议精神，因此有“会议认为”字样，对会议内容进行有条理的概括，主体具有客观性。

综合训练

一、瑕疵文案

阅读下列公文，分析存在的主要问题并进行修改。

表彰通报

市××××化工厂采取有力措施，切实贯彻《安全生产条例》，建立安全生产岗位责任制，实现全年无生产事故，成为全市第一个安全生产年企业。为此，市政府决定对××××化工厂通报表扬。

××市政府

××××年×月

上海市××区教育局（通知）转发上海市教育局、卫生局关于做好学校卫生保健工作的通知

教（××）字第161号

区教育学院、各中小学、卫校：

现将上海市教育局、卫生局《关于做好卫生保健工作的通知》转发给你们，请各校遵照执行。当前，尤其是保护学生视力，预防近视的工作，各校必须切实加强领导，下大决心采取各种有效措施，使学生的患近视率有所控制和下降。

附件：上海市教育局、卫生局关于做好卫生保健工作的通知

（注：通知全文略）

××区教育局

××区卫生局

××年×月××日

××省进出口分公司关于请求允许本公司购买卡车的报告

总公司：

目前，我们公司只有卡车一辆，我们的出口任务十分繁重，不能完成上级交给的任务。

几年来，在党的对外开放政策的正确指引下，经过本公司的齐心协力，我们的出口任务完成得很好，基本落实了计划，公司形势像春天越来越喜人。但是发展外贸，扩大出口，没有卡车不能保证出口任务的完成。

为此请求增加两辆卡车。

上述意见如无不当，请批示。

××省进出口公司

××××年×月×日

东山乡要求救灾的请示报告

（××）东政字05号

××县人民政府：

我乡地处本县边远山区，又有少数民族居住，是老、少、边、远、穷乡。××年遭受特大洪灾，大伤元气。今年又遇百日干旱，水田无水，旱土冒烟，水稻种植原计划五千六百五十亩，实际只种了285亩，其中严重受旱、颗粒无收的有一千亩以上。旱土所种烤烟、红薯因干旱而使青青的苗叶变成一片枯藤，只能当柴烧。经济损失达五十多万元。为此，特向县政府请求拨给救灾款25万元为荷。

以上报告，请批准。

东山乡人民政府

××××年3月15日

关于××仓库急需修建下水道的申请报告

市蔬××字第××号

市商业局负责同志：

你好！我公司新建仓库位于××公路以西××厂以南的通道。由于地势低，东北两方高处的水一个劲儿地往仓库方向积流，大雨之时，仓库围墙内部积水之深可以游泳，既影响仓库基脚，又危及仓储商品。现在雨季即将来临，为防万一，急需修建下水道，决定要人民币×××××元。

特此报告。

此致

敬礼！

市蔬菜公司党支部

20××年5月15日

二、写作训练

1. 以你所在学校的名义写一份要求各学院在植树节植树的通知。

2. 以教务处和学生处联合发文的名义写一份关于××同学旷课严重、屡教不改，学校决定予以留校察看的通报。

3. 以班委会名义写一份班级计划春游的请示。

4. 请根据下列材料，写一份相应的公文向华康贸易公司催货。

平山化肥公司于2015年11月30日向华康贸易公司订购尿素100吨（合同编号851220），规定2016年2月20日前交货，但至今（3月10日）对方仍没交货。春耕已到，急需化肥供应给农民。

5. 请根据一次主题班会，拟写一份会议纪要。

第三编

事务文书

第四章 计划

第一节　计划概述

一、计划的概念

计划是指人们在工作、学习或生产前，为了更好地完成任务，事先拟订具体打算和方案的一种书面文书。具体地说，计划就是单位或个人，根据一定时期的方针政策、客观实际情况，结合自己所承担的任务，预先对某个时期的工作提出预想的目标，并制订出实现这个目标的具体步骤、方法和措施的应用文。人们常说的规划、设想、打算、安排等都是计划。

二、计划的作用

计划的作用主要有以下几点。

（一）指导作用

计划通常是根据某种需要，结合本部门、本单位或个人的实际情况而制订的，它是工作的方向、行动的指南。计划可以使人们了解在一定时期内“做什么”“怎么做”“何时完成”，做到心中有全局、奋斗有目标，避免出现轻重倒置、先后不分的问题，能及时保质保量地完成任务。

（二）预见作用

人们通过制订计划可以对未来发展做出科学的预见，对各种情况做出正确的估计和分析，并提出相应的对策和措施，取得应变的主动权。领导者还可以根据计划，对人力、物力、财力进行科学调配，使“人尽其才，物尽其用”。

（三）约束作用

计划虽不属于正式公文，但在单位中，计划是要由会议通过或经领导批准的，所以也就具有正式文件的效能，成为具体工作的准则。计划一旦批准实行，就具有一定的约束性，重要计划还具有法律性，人们必须严格按计划办事。

（四）检查作用

人们根据计划，可以随时掌握工作进程，检查指标完成情况，从而保证工作、生产、学习一个阶段、一个阶段地稳步发展。同时，计划也是考核一个单位或个人工作成绩的标准。

三、计划的种类

计划的种类很多，可以从不同角度进行分类。

（一）按名称划分

计划是一个带有普遍适用性的名称，通常所说的规划、设想、打算、安排、意见、要点、方案等都属于计划，只是根据所适用的时间、范围、内容的详略，选择不同的名称。一般来说，规划是时间跨度较长、范围较广、内容较概括的长远计划，如《××市××××年城市绿化发展规划》。设想、打算一般是初步的、预备性的计划，或者非正式的计划。设想时间跨度大一些，打算则是短期的计划，如《××市××地段改建绿地的初步设想》《××省××市关于开展“三讲”教育活动的打算》。意见和要点往往是领导机关向所属单位布置工作、交代政策、提供工作方法的计划，通常称为“工作要点”“工作意见”等，如《××学校二〇××年工作要点》《××县农业局二〇××年小麦生产技术意见》。安排和方案则是任务明确、内容单一，从目的、要求、方式、方法等方面对工作做具体安排的计划，如《××学校××××—××××学年寒假学生活动安排》。

（二）按内容划分

有生产计划、工作计划、教学计划、招生计划、学习计划、财务计划、实验计划等。

（三）按性质划分

有综合性计划和专门性计划等。

（四）按范围划分

有国家计划、地区计划、单位计划、部门计划、个人计划等。

（五）按时间划分

有长期计划、短期计划等。长期计划一般指三年以上的计划；短期计划通常指年度计划、季度计划、月计划、周计划等。

（六）按编写形式划分

有条文式计划、表格式计划、条文和表格兼用式计划等。

（七）按作用划分

有指令性计划、指导性计划等。

（八）按成熟程度划分

有正式计划、非正式计划等。

以上分类只是为了便于说明，在实际应用中计划往往是兼类的，应灵活运用。

四、计划的制订过程

制订一份切实可行的计划，一般要经过以下几个步骤。

（一）学习文件，吃透政策

在制订计划之前，要深入学习、仔细研究党和国家有关的路线、方针、政策，包括当前改革开放深入开展过程中国家颁布的许多重要政策、条例、法规，特别是与计划内容相关的政策、法规及上级的有关文件，领会其精神实质，明确所要制订计划的目的、任务和要求，这样在制订计划的过程中就有了明确的指导思想和政策依据，制订出来的计划才会符合党的方针政策和社会形势发展的需要。

（二）深入分析，吃透情况

本单位的情况是制订计划的基础。比如本单位在某项工作上，过去的情况怎么样，有哪些经验和教训，现在又有哪些有利因素和不利因素，有利因素如何充分发挥，不利因素如何逐步克服和消除，对这些情况都要具体掌握，做到心中有数，在此基础上制订出的计划才是符合实际、切实可行的科学计划。

（三）确定步骤、措施，撰写成文

一是根据上级的方针政策、指导精神和本单位的具体情况，提出工作的总任务、总目标和总要求等；二是根据总的目标，设计出若干个具体步骤或若干项具体措施；三是根据具体步骤或措施进行明确分工，落实到具体的部门或个人；四是根据具体步骤或措施和分工，估计其可能出现的某些偏差、阻力和矛盾，并设计出解决这些问题的方案；五是提出执行的希望和要求，组织文字，撰写成文，形成草稿。

（四）广泛讨论，完善内容

为使计划更加完善、可行，应将计划草稿在全体员工中宣读并讨论，广泛听取群众意见，特别是要认真听取专家、学者的建议，集思广益，群策群力把计划制订得更合理、更科学。只有这样，计划才能反映出群众的共同要求，成为大家共同的奋斗目标，并具有可行性。这个过程不是一次完成的，往往需要经过几轮的讨论完善、再讨论、再完善。

(五) 修改定稿，打印执行

在认真分析各方面的意见，吸取合理有益的部分后对计划草稿进行修改，然后打印出来，下发单位、部门或个人遵照执行。由于事物是不断发展变化的，计划中某些方面的要求，往往会在计划执行的过程中出现某些偏差，这就需要我们不断补充、修订计划，使其更加完善、更加切合实际。

以上五个步骤，只是制订计划的一般过程，并不是制订一切计划都必须经过这些步骤。至于具体制订某一计划时需要做好哪些工作，还要视单位、部门的具体情况和实际需要而定。有的计划草拟后还要上报给有关部门审批。

第二节　计划的写作

一、计划的写作要素

计划虽然种类繁多，但一般包括以下几个基本写作要素。

(一) 指导思想

指导思想是制订计划的指针，是用来定方向和任务的。要根据党和国家的方针政策和上级指示，结合本单位、本部门的实际情况来确定指导思想。

(二) 基本情况

基本情况是制订计划的基础和依据，也就是我们所指的背景材料、上阶段的工作情况，同时要说明制订计划的缘由和需要解决的主要问题，以及要达到的目的等。

(三) 任务要求

任务要求是计划内容的核心，要解决“做什么”的问题。内容包括：要做什么具体的事情，做到什么程度，达到什么指标（既包括总体目标，也包括分目标或分指标，以及由此构成的指标体系，这些指标应该是量化的、可以度量的），预期的效果，完成的时限，指导方针和原则等。这一部分应具体、明确，切合实际，对数量、质量等都要交代清楚。

(四) 措施步骤

措施步骤又称作计划实施的手段、途径，是完成任务的保证，是实施计划的具体办法和力量的组织。它解决“怎么做”以及“什么时候完成”的问题。在计划的写作过程中，对完成任务、达到要求的具体进程、步骤，时间分配，采取行动的方式、方法、做法，人力、物力、财力的来源与分配等，都要写得细致、周详、切实可行，要有科学性和针对性。

以上几个方面，在制订计划时都要认真考虑，尤其要认真细致考虑“任务要求”“措施步骤”。但在具体操作中，可根据实际情况酌情处理，不要千篇一律。

二、计划的结构

计划没有固定的写作格式。常见的计划大体上可分为条文式计划、表格式计划、条文和表格兼用式计划这三种形式。

（一）条文式计划的结构

条文式计划一般包括标题、正文和落款三个部分。

1. 标题

计划的标题写法较规范，常用的写法有以下三种：

（1）由制订计划的单位名称、计划的适用期限、计划内容范围和计划的种类四部分组成，这是规范化的计划的标题。如“××市教委××××年青年教师培训计划”“××厂铅印车间第四季度增产节能计划”。

（2）由制订计划的单位名称、计划的适用期限、计划内容范围、计划的种类、计划成熟程度五部分组成。此标题适用于所制订的仅仅是初稿，还需征求意见或需经过上级批准才能执行的计划，在标题后面或下行括号内注明“草稿”“试行稿”“送审稿”等。如“××市××××年春季全民义务植树造林工作计划（草稿）”。

（3）由三部分组成，即制订计划的单位名称、计划的适用期限和计划的种类，如“××公司××××年计划”；或制订计划的单位名称、计划内容范围和计划的种类，如“××公司业务员培训计划”；或计划的适用期限、计划内容范围和计划的种类，如“××××年旅游计划”。

计划标题的写法主要有这三种，具体采用哪一种要根据计划的内容、种类和使用范围等情况而定。

2. 正文

正文是计划的主体部分，主要包括三个方面的内容：一是为什么做，即指导思想和目的；二是做什么，即任务和指标；三是怎么做，即措施和步骤。有的计划还包括什么时候完成或做到什么程度等内容。正文要采用分条列项、标项摘要的写法。

（1）前言。

前言写的是“为什么做”的问题，它是计划的“灵魂”和“总纲”，也是计划的开端。首先，扼要说明制订计划的指导思想或制订计划的依据。即写明计划根据的有关方针政策以及上级的指示精神、布置的有关工作、要求等。其次，对本单位的基本情况进行分析。简要分析本单位完成新工作的必要性，本单位所具备的主客观条件，以及前段工作的基本情况。再次，写明计划所要完成工作的意义。最后，用“为此，特拟订计划如下”或“为此，本年度应着重做好以下几方面的工作”或“为此，本周完成下面几项任务”等过渡句结束，以领起下文。

以上内容在一份计划的前言中不必都写进去，可按计划的内容性质和适用范围有所选择、有所侧重。前言要与计划的内容有紧密的联系，要简明扼要、概括性强，不能太长、太具体。还要注意避免写套话、空话、大话，通常用一个自然段即可完成。另外，一些内容比较简单、工作单一的计划也可不单设前言部分。

（2）主体。

这部分是计划的主要部分，写任务、要求和措施，包括计划要“做什么”“怎么做”“什么时候完成”等内容。常有两种方式：一是分项式，每写一项任务，同时说明措施与方法；二是分部式，先写任务部分，然后写措施和方法部分。主体部分的内容具体有以下几个方面：

1）任务和指标。这是计划的核心部分，写的是“做什么”的问题。制订计划的目的，就是要全面完成一个时期的工作任务，所以主体部分中应写明任务，需要包括所有内容，不能遗漏、不能含混。

任务和指标是对计划所要完成的总目标、总任务的分解。任何一项较大的工作都是由若干具体工作组合而成的，所以制订计划首先要把总任务进行科学的划分，并对划分出来的各项任务的内容是什么、做到什么程度、做多少都加以说明，使各项任务既有质的规定，又有量的要求，做到目标明确、任务具体、要求清楚。

它与前言中的叙述任务的区别在于：前言中提出的任务基本内容是概括性的、高度集中的、主要的，而不是全部的，有的次要任务在前言中不一定全部点明；而主体部分对各项任务则需分条逐项地详尽阐述，要指出每项任务的具体要求、完成目标及有关质量标准，阐明完成该项任务的有利条件和达到目标的可行性等。

2）措施和办法。措施和办法写的是“怎么做”的问题。计划的任务、要求提出之后，如何完成？这就要有相应的措施和办法。措施和办法是依据任务的大小、难易和工作中的主客观条件而定的。这是指导完成任务的方式方法，是实现既定目标的保证措施。要针对指标、任务，结合主客观情况，确定具体可行的工作办法和措施。

这一部分的内容主要包括：需要创造什么条件，组织哪些人力、物力，每项任务怎样分工，哪个部门主管，哪个部门协同，责任人是谁，等等。还可确定对计划的检查时间和评比、奖惩方法等。

在计划中，措施和办法可以单独写，也可以与任务要求结合在一起写。单独写时，措施比较概括笼统，带有普遍性。例如“为了完成任务必须做到：抓好后勤工作，关心群众福利，认真抓好思想政治工作。”这种类型的措施既是完成主要任务的办法，又带有工作项目性质。如果与任务要求结合在一起写，则每提出一项具体的任务要求之后，接着就应写明完成任务所需采取的措施和办法。这种写法中的措施，一般是比较具体可行的办法。

3）步骤和安排。无论做什么工作，都有一个先后顺序，这是事物发展都具有阶段性所决定的，即使是同时发生的事情，同时要做的工作，也有横向间相互联系配合的必要。因此，在计划的制订中，应当把完成任务的时间顺序安排出来，使每项任务的完成有时间要求，使执行计划的单位和个人知道在一定的时间内做什么、做多少、什么时间必须完成，这样才能使工作有条不紊地进行，保证总目标的如期实现。

步骤和安排可以与措施和办法分开写，也可以结合在一起写。

总之，正文主体部分要有针对性，职责要分明，条理要清楚，内容要具体。为了便于执行，计划的正文一般分条列项来写，即采用序数加小标题的形式，把计划中各项任务的要求用小标题加以概括，再以序数标明。重要的计划还要在正文后面说明计划的开始日期。

(3) 结尾。

即计划的结束语。这部分的内容要根据需要决定写还是不写，以及写什么。在这部分，可以简要指出工作重点，强调工作主要环节；可以说明注意事项，分析计划实施过程中可能会出现的问题，防患于未然；可以提出号召和希望，激励大家为实现计划而努力；可以描述计划实施后的前景，增强信心；可以表明决心；等等。

这一部分要写得扼要简短并有针对性，忌空泛。一些篇幅较短、内容单一的计划也可以不单写结尾。

3. 落款

这一部分包括署名和日期。要标明制订计划的单位名称或个人姓名，要写清制订计划的年月日。落款在正文的右下方，署名在上，日期在下。如果标题中已有单位名称，这里可以省略；如果计划是呈报上级机关或下发所属单位的，要加盖公章。

另外，与计划有关的一些材料，如果在正文里分条表述不方便，可以在正文之后附表、附图，有时表格、绘图比文字叙述更清楚。

(二) 表格式计划的结构

表格式计划多适用于时间较短，范围较小，工作内容、方式、方法变化比较小的具体工作。如“月份计划”“资金计划”“费用计划”等。其特点是把计划要求制订的若干项目的内容，分成栏目，制成表格。订计划时，把计划的内容写在各个栏目中。

表格式计划的内容和结构要素与条文式计划基本相同。

(三) 条文和表格兼用式计划的结构

生产、经营计划多采用这种形式。这种形式由两部分组成：一部分为计划表格，另一部分为计划的编制说明。生产和经营计划要涉及一系列的数字内容，需要制订出各种计划指标，这部分内容用表格式，既清楚简洁，又便于查找、比较。

计划项目除用表格呈现外，还需对其作编制说明。编制说明部分用文件式，要求对计划的背景、依据、上阶段的工作情况，该计划的目标、执行原则、具体安排、措施方法等，做出介绍和解释说明。

三、计划的写作要求

(一) 要胸有全局，立足本职

从全局来看，我们每个单位、每个部门都是国家整体计划中的一个有机组成部分。因此，在制订计划时，必须认真学习、领会、贯彻党和国家的方针政策、法律、法令、法规，这些是我们制订计划时必须遵循的。离开了这些，就会偏离方向，就会犯错误。同时，要与主管上级的计划协调一致，还要结合本行业、本系统的特点或个人的实际情况，正确协调整体和局部的关系，正确处理长远利益和当前利益、集体利益和个人利益的关系。只有这样，才能确保本单位、本部门及个人的计划具有明确的指导思想和正确的方向。

制订计划还要有熟练的业务能力，使计划的制订具有科学性，切实符合本行业、本专业的特点。在制订计划时，应尽量避免使用一些各行业都通行的“共性话”，当然更不能说“外行话”，以避免“瞎指挥”。

（二）要实事求是，切实可行

从某种意义上来说，计划实际上是一个单位或部门在一定时期内的奋斗目标。因而制订计划时，必须根据客观实际的需要和可能，从实际出发，实事求是，量力而行，做到既不凭个人的主观热情和愿望，也不一味照搬照抄上级的批示；既不盲目冒进、好高骛远，也不僵化保守、目光短浅，而是要正确估计出本单位通过科学的组织、安排、部署，合理地使用人力，调动一切积极因素后工作所能达到的最高限度。

（三）要贯彻群众路线，集思广益

计划是靠群众去执行的，所以制订计划应做到民主与集中的统一，让群众充分讨论，广泛征求群众的意见，让他们亲自参与计划的制订。这样才能群策群力、集思广益，避免主观武断，使计划更切合实际、完善可靠；贯彻计划时便有了坚实的群众基础，可以更好地调动群众的积极性，保证了计划的落实和最终完成。

（四）要内容明确具体，重点突出

计划一经制订并获得通过，便具有指导和约束作用。因此，计划中的任务要提得准确，数量和质量的要求要合理，数据必须准确可靠。同时，写计划要突出重点。综合计划往往列举多项工作，其中必有一项是占主导地位的中心工作；单项计划中一项工作的全过程往往由若干环节组成，其中必有一个占主导地位的中心环节，这个中心工作、中心环节就是拟订计划的重点。写作计划时，在任务的确定、措施的部署、步骤的安排上，以保证中心工作的完成为目的；在文字表述、层次结构、详略安排上，以有利于重点问题的表达为原则。那种事无巨细、包罗万象、没有重点、不分主次的计划，阅读起来抓不住要领，实施起来找不到主攻方向，是不可能成为人们行动指南的。

（五）要留有余地，不断调整修订

计划虽然事前已经过周密的研究，但情况是复杂多变的，因此，计划的制订既要积极可靠，通过努力是能够实现的，又要留有余地。同时，计划是对未来行动的规定，由于各种主客观原因，制订的计划难免对未来预测有不周到的地方，针对未来情况所采取的措施也不可能完全正确。因此，制订计划时要留有余地；在执行计划的过程中，应随着客观情况的变化作必要的修改，这就要求计划有一定的灵活性。

（六）要条理清晰，语言简明

计划的内容通常是分条分项来写的，一条条、一项项都应写得条理清晰、主次分明。语言切忌琐碎，空洞抽象，使人难以捉摸。在表达方式上，以平直的叙述、简洁的说明为宜，不以议论、说明为主要表达方式。

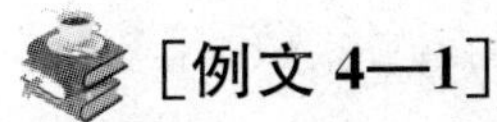
［例文 4—1］

××学校××××年工作计划

在新的一年里，我们工作的指导思想是：全面贯彻××号文件精神，深化改革，转变观念，主动适应社会主义市场经济对职业技术教育的要求，整肃纪律，规范管理，进一步提高学校管理水平和教学质量。××××年，我们的目标是：

——以评上国家级重点学校为动力，以解决办学水平评估中发现的薄弱环节为着力点，长善救失，推动学校各项管理的规范化，提高学校的综合管理水平。

——把握职教发展的时机，根据社会需要，扩大办学规模。计划招生 3 000 人，其中：本科招生 1 000 人，专科招生 2 000 人。

——加强精神文明建设，营造融洽的人际环境，弘扬良好的校风。

为了实现上述目标，必须做好以下几方面的工作：

(1) 组织学习，统一认识。继续组织全体师生学习××号文件，认真领会文件精神，使全体师生在如何转变教育观念、转换办学机制等方面达成比较一致的认识，从而推动学校改革的不断深化。

(2) 明确职责，规范管理，整肃纪律。首先，修订、印发《岗位职责》，使各部门、各岗位的同志明确自己的职责，并加强履职考核，完善全员聘任制；其次，汇编印发学校现行的各项规章制度，组织学习，落实按章办事，规范管理，整肃劳动纪律，提高办事效率。

(3) 继续调整专业设置，完善联合办学体制。要根据社会需求办学，按照社会发展的趋势，及时调整专业设置。老专业要改造，主要是培养目标和课程设置的调整；新专业要完善，主要是在开设之后要做好跟踪调查工作，发现问题及时调整，使之不断完善；拟开专业要做好论证工作。在学生的专业安排方面，拟采取“先进档后微调”的办法，即第一年定方向，第二年小调整。比如第一年定会计专业，第二年确定进入工商会计或外贸会计等。联合办学的方式、管理办法等需要我们在实践中不断总结、完善。联合办学搞好了，办学规模就能扩大，这是学校求发展的重要途径。

(4) 更新教育观念，调整教学内容，改进教学方法。专业、课程虽有调整，但总体上还是比较稳定的，教学内容则随着社会改革的深入和科学技术的日新月异而变化，必须随时关注、及时调整。调整教学内容之后，还应注意改进教学方法，只有这样才能促进教学质量的不断提高。

(5) 添置教学设备，加强管理，发挥效用。继建成教学计算机网络之后，××××年拟拨出 10 万元建立营销实验室。要建立相应的管理制度，加强对设备的管理。现有设备要充分利用，提高效率。

(6) 学生管理要进一步加强。现在学校规模扩大了、层次增多了、情况复杂了，学生管理工作要研究新问题、拿出新办法，严格管理，以保证正常的教学秩序，形成良好的校风。

（7）成人教育的发展思路要调整。随着企业管理体制的改革，成人教育的方式、对象也必须相应调整。

（8）行政后勤工作要实实在在地确立服务的观点，改进工作作风，提高办事效率，提高服务质量，以形成好的风气，产生高的服务效益。

（9）加强校办产业的管理。从新的一年开始，将校办产业职工的工资完全纳入经营成本。要加强财产管理和财务管理，提高经营管理水平，提高经济效益。

（10）进一步改革分配制度，提高教职工的福利待遇。推行新的奖金分配办法，纵向按职责大小拉开差距，横向落实向教师倾斜。自筹资金进行内部工资改革，以调动教职工的工作积极性和主动性。

我们一定在工作中同心同德、团结协作、开拓进取、努力拼搏，保证××××年工作目标的圆满完成。

××××学校

××××年×月×日

简析

本计划前言部分写了指导思想和总的工作目标，给人以总印象；主体分条列项地从思想教育、教学改革、后勤管理等方面列举各项措施；结尾表明完成任务的决心。全文层次分明，条理清晰，内容全面，语言简明。

[例文 4—2]

城镇技能再就业计划

为落实国务院关于大力发展职业教育和做好就业再就业工作的要求，强化下岗失业人员技能培训，以培训促进再就业，决定在“十一五”期间，面向城镇下岗失业人员实施城镇技能再就业计划。

一、指导思想

围绕下岗失业人员就业再就业和稳定就业需要，通过开展针对性、实用性强的职业技能培训，提高下岗失业人员转业转岗所需技能水平，并提供相应的技能鉴定和技能岗位对接服务，以增强劳动者技能来促进他们更多更好地实现再就业。

二、目标任务

2006至2010年5年内，对2 000万（每年400万）下岗失业人员开展职业技能培训，培训合格率达到90%，培训后再就业率达到60%。同时，在全国300个城市普遍建立相应机制，实现再就业培训与技能鉴定的紧密衔接，提高技能岗位对接服务成效。

三、主要内容

（一）开展职业技能培训，提高职业技能水平。要结合劳动力市场需求，进一步密切与用人单位的沟通和联系，大力开展订单培训和定向培训，培训与就业紧密结合。要

根据国家职业标准和用人单位岗位规范要求，强化职业技能实训，突出操作训练，提高下岗失业人员的岗位适应能力和职业技能水平。要结合本地实际，开发和选定适合下岗失业人员自谋职业的技能培训项目。要根据下岗失业人员特点和需求，采取日夜校、长短班、送教上门以及远程培训等多种灵活的方式和手段，方便其就地就近参加培训。

（二）实施职业技能鉴定，提供技能水平认证服务。对参加职业技能培训并有鉴定要求的下岗失业人员，各级职业技能鉴定机构要主动提供鉴定服务，对其职业能力进行客观评价；对鉴定合格的，按规定发放相应的职业资格证书。同时，要结合生产服务岗位需求和下岗失业人员特点，开展专项职业能力考核工作。

对持再就业优惠证人员通过初次技能鉴定、生活确有困难的，要落实职业技能鉴定补贴政策。

（三）做好就业服务，促进技能岗位对接。公共职业介绍机构要积极帮助前来求职的下岗失业人员参加培训提高技能，通过多种方式，公告定点培训机构和培训项目信息。要广泛开展职业指导，帮助下岗失业人员根据市场需求和自身特点，选择合适的培训项目参加培训。继续实施“技能岗位对接行动”，面向下岗失业人员开展专项就业服务活动，加强就业信息、职业介绍、劳动保障事务代理、社会保险服务等工作，改进服务方式，切实帮助下岗失业人员尽快实现再就业。

四、保障措施

（一）加大工作力度，明确目标任务。各地要进一步提高对再就业培训工作的重视程度，制订专项工作计划，落实目标任务，逐步建立培训、鉴定和就业服务有机结合，促进下岗失业人员技能再就业的长效机制。要将再就业培训工作纳入目标管理，实行业绩考核，定期进行督促检查。要加强与政府有关部门的沟通与合作，共同推动工作。

（二）广泛发动社会，建立健全社会化的再就业培训网络。动员社会各方面，包括工会、共青团、妇联以及其他社会组织举办的教育培训机构积极承担再就业培训任务。按照“条件公开、平等竞争、合理布局、择优认定、社会公示和公布”原则，确定一批社会信誉佳、专业特色强、培训质量高、就业效果好的教育培训机构作为实施再就业培训的定点机构。引导定点机构根据市场需求调整专业设置和课程内容，实现技能培训与市场需求的有效衔接。有条件的地区可建设公共实训基地，面向社会开展技能操作训练和技能鉴定服务。

（三）完善补贴办法，健全培训效果评价机制。要按照国家有关规定，从各级财政促进再就业资金中落实培训和鉴定补贴经费，根据培训和鉴定的实际成本，合理确定补贴标准，对符合条件的人员给予相应的培训和鉴定补贴。进一步完善经费补贴与培训质量和促进就业效果挂钩的机制和办法。要根据培训合格率、职业资格证书取得率、就业率以及培训计划落实情况等对定点机构定期进行监督检查和业绩考核。

（四）加大宣传力度，营造良好氛围。要充分利用广播电视、报纸杂志、图书图画等多种新闻媒体和介质，广泛宣传各级政府制定的培训就业政策，宣传提高职业技能对促进就业的重要性，宣传培训工作成效显著的教育培训机构的经验做法，宣传下岗失业人员参加培训后成功实现再就业的典型事例，引导更多劳动者参加培训，提高技能，实现技能再就业。

劳动和社会保障部

二〇〇五年十二月九日

简 析

本文是一篇对全局性工作做出部署和安排的综合性工作计划。标题标明计划事项和文种名称，据此可以看出计划的主要内容是什么，这是专题性工作计划最为常见的标题写法。正文的前言即开头部分（第一自然段）主要说明制订计划的目的，以文件的形式制发的计划常常采用这种开头方式；主体部分依次写明“指导思想”“目标任务”“主要内容”和“保障措施”，较全面地回答了“做什么”和“怎么做”的问题。全文目标明确，任务具体，做法实际，措施得当，逻辑性和条理性很强，便于遵照施行。另外，序码加小标题和分条列项的表达形式，使得全文层次清楚、要点突出。落款包括制订计划的单位名称和制订日期两项内容。

综合训练

一、简答题

1. 什么是计划？它有什么作用？
2. 条文式计划的正文包括哪几部分？
3. 计划的写作要求是什么？

二、瑕疵文案

请指出这个学习计划的不当之处，并进行修改。

本学期学习计划

充实而有意义的寒假生活已成为美丽的回忆，我们又开始了新的学习生活。在新学期开始之际，为了让自己的学习成绩有更大的提高，各方面的素质有长足的进步，特制订学习计划，来鞭策、约束、督促自己圆满完成任务。

一、加强对财务管理的理解和分析

财务管理是注册会计师考试课程，实践性强、难度很大，主要的难点是计算与分析，还有对公式的熟练程度。我一定要努力学习财务管理，从基础学起，逐步深化，先牢记公式，再根据教师的讲解，理解全书内容，课后认真练习。另外，多找一些习题做，以便加强对课堂内容的理解，争取能达到会计师考试对本门课程的要求。

二、英语的学习与平时积累

英语是一门基础学科，随着我国加入 WTO，英语是当代大学生必备的基本技能，它像我们的母语——汉语一样重要，我一定要学好、学精。鉴于上学期口语能力、听力有所提高，这学期我要多看课外英语资料，提高阅读能力。一年之计在于春，一日之计在于晨，早上时间是记忆最好的时间，我要在每天早 6:00～7:00 学习英语，晚自习也要抽出一个小时学习英语，并积极参加学校及班级组织的英语角活动，使英语达到四级水平。

三、认真学习应用文，为写作打下坚实基础

我们是学财经的，财经人员应该会写各种财经应用文，只有这样，才能在以后的工作中学以致用。学好财经应用文，要牢牢记住各种应用文的写法、格式及应注意的事项。

学好财经应用文，主要是上课认真听讲，做好笔记，课后多找些练习的资料，多写应用文，以便提高自己的写作水平。

四、计算机课上勤加练习，熟练操作

在知识经济社会，计算机这门学科对我们以后工作很重要，与英语一样是我们今后行动及展翅的重要支柱，所以对它们要进一步学习培养。我不但要课堂上学好，而且要特别注重实际的上机操作，多上机练习。同时面对当前学习计算机的人多，又水平较高的形势，对于我而言，再学习计算机软件开发不会有太大的成效，只有学习计算机硬件维护修理才能有一点用处。根据上面的目标，我要利用周日时间参加计算机辅导班，学习计算机硬件维护和修理，提高动手操作能力。

五、积极参加体育锻炼，课余时间一定要安排好

在体育方面，为了迎接四五月份的五项达标，要有意识地锻炼身体，体育课认真上，课外活动也要积极参加。只有好的身体、健康的身体，才能更好地去学习。同时，课余时间要合理安排，在保证学好专业课的基础上，我应该博览群书，这样才能适应社会的发展。还要阅读一些国内外名著，陶冶自己的情操，再读一些对我们今后有帮助的课外书，像与专业有关的报刊，加强自己的知识储备，提高自己的综合素质。

以上是我新学期的计划，我一定要按照计划的要求把自己的学习成绩搞上去，不断地完善自己、充实自己，为自己将来步入社会打下坚实的基础。

×××

××××年××月××日

资料来源：曾辉、刘中平、王智平主编：《应用文写作》，100～101页，北京，高等教育出版社，2011。

三、写作训练

1. 根据下面所给的有关审计工作的资料，按指导思想、工作目标、工作步骤的顺序列出审计局工作计划写作思路。

(1) 2015年全市审计工作重点是“突出一个主题、破解两大难题、深化三大审计、实现四个提升”，即突出和谐社会建设主题；破解绩效审计和计算机审计两大难题；深化财政审计、政府投资项目审计和经济责任审计；提升审计质量、审计成果、队伍素质和管理水平。要努力提升“五个力”：谋划力、执行力、创新力、公信力和影响力。

(2) 在坚持上述工作基调的基础上，2015年全市审计工作目标是加快“四个推进”：一是深化绩效审计探索，提高财政资金使用效益和资源利用效率；二是突出民本审计理念；三是结合财政收支分类改革，持续强化财政审计一体化理念，推进公共财政管理体制的建立和规范；四是坚持以真实性、合法性和效益性为基础，全面加强审计监督，严肃查处重大违法违规和重大损失浪费问题，推进惩防体系构建。

(3) 坚持以科学发展观统领全市审计工作，牢牢把握“依法审计、服务大局、围绕中心、突出重点、求真务实”的审计工作方针，以服务和谐社会构建和新农村建设为重点，以“加快审计转型年”为抓手，努力提升审计工作质量，使审计监督在推动全市经济、政治、文化和社会建设中发挥更大作用。2015年全市审计工作基调是：服务大局、突出重点、立足创新、提升素质、推进转型。

2. 参加社会实践活动是大学生成才的一个重要途径，请制订一份社会实践计划。

3. 请根据本专业的学习目的、任务和要求，结合自己的实际情况，拟订一份本学期的个人学习计划。要求：任务明确，措施具体，格式规范。

相关链接

计划的上报与下达

除个人计划外，计划一般不能直接生效，必须经过上级批准或下达以后，方可生效。计划在上报时，如果是单纯报告，需用“报告”行文；如果是请上级批准，应用“请示”行文。计划的下达一般用“通知”行文。

第五章

总 结

第一节 总结概述

一、总结的概念

总结是单位或个人对已经完成的工作、学习或生产实践活动进行全面系统的回顾检查，经过分析综合后，从中找出经验教训、引出规律性的认识并写成文字，用以指导今后的工作、学习或生产的一种应用文。

具体地说，总结就是单位或个人对一项已经完成的任务，或对一定时限内的生产、学习等实践过程，进行客观回顾、深入分析，肯定成绩，找出缺点和不足，形成总体估价，进而探索取得成绩的经验、产生错误的教训，并把这些经验教训条理化、系统化，上升成为规律性的认识，用以指导今后实践的一种应用文。常用的小结、体会，实际上也是总结，只是其所反映的内容较简单、时限较短、范围较小。

二、总结的作用

总结有以下几方面的作用。

（一）总结是推动工作前进的重要环节

总结不仅是对过去工作的回顾和评价，从中发现存在的问题，找出经验教训，也是做好新工作的起点。这就是说，对已经结束了的工作进行回顾不是总结的主要目的，其主要目的是把总结出来的经验和规律应用于今后的工作。因此，不能把写总结、做总结狭隘地理解为只是总结过去，它是为了及时获得经验教训，提高认识和工作技能，使今后的工作干得更好。

（二）总结是培养、提高工作能力的重要途径

一个人的工作能力是指其承担某项工作、执行某项任务的能力。在实际工作中，我们会获得丰富的感性认识，但它们往往是零散的、粗浅的、表面的。通过总结，就可以使它们条理化、系统化，从而使我们对走过的路程或完成的工作，有一个正确的评价和完整的认识，并从中找出事物运动的规律和解决矛盾的方法；从而使我们知道怎样全面地、历史地、辩证地看问题，知道怎样分析、概括问题，知道怎样发扬成绩、克服缺点，知道怎样认识过去、现在和未来。因此，通过做总结可以形成理论联系实际的作风，学会观察事物和分析问题，提高思想认识水平和业务工作能力。

（三）总结为上级制定政策提供依据、经验

党和国家为了顺利开展各项工作，要制定一系列方针政策。方针政策不是凭空产生的，是从社会实践中分析、综合、概括出来的，它既是对实践的总结，又受实践的检验，是人们认识、掌握客观事物的结果。同时，总结可以及时为各级领导提供情况，可以帮助上级了解本部门的工作及其他情况。好的经验总结，上级常常把它提供给其他单位参考，这样就起到了很好的借鉴和推广作用。

三、总结的种类

总结的种类多种多样，划分的角度不同，种类也不同。

（1）按总结的内容划分，可分为生产总结、经营总结、工作总结、学习总结、思想总结、军事总结等。

（2）按总结的时间划分，可分为年度总结、季度总结、月份总结、周总结、阶段总结、学期总结等。

（3）按总结的范围划分，可分为地区总结、单位总结、部门总结、个人总结等。

（4）按总结的性质划分，可分为综合性总结、专题性总结等。

以上几种分类，是互相交叉的。

此外，还可以将总结划分为以下四类：

（1）工作汇报性质的全面性总结。这种总结是对本单位、本部门或个人一个时期各方面工作所做的总的回顾，如年度总结、季度总结等。其特点是内容广泛，注重全局，重点突出，涉及的时间较长，能够展现工作或实践经验的全貌；结构完整，层次较多，写作难度较大。写作时，侧重于对工作情况和成绩的概括，使用的材料是任务完成情况、数据和做法，表达方式以概述为主。它通常有三种用途：一是向上级汇报工作；二是向本单位或本部门的群众做总结报告；三是与外单位或外部门交流经验。

要写好这种总结，必须做充分的准备，要搜集必要的材料，并对材料进行认真研究，了解工作全过程，特别要仔细了解其中的主要工作；要和有关领导及负责人共同研究，确

立指导思想、写作中心和重点，反复构思，理清思路，拟好写作提纲。

（2）介绍经验的专题总结。这种总结往往用于宣传先进经验，具有典型的指导性。由于只是针对一次活动、一项工作的典型经验进行分析，内容侧重于介绍事实、做法，并从中引出经验，上升为理性认识，归纳出带规律性的东西，论说性强，观点和材料结合紧密，使用的材料多为典型的具体事例，表达方式多为夹叙夹议。

（3）科学实验、生产技术总结。这是科研、生产部门为完成某项科学实验、生产项目，将实验、生产中所积累的资料进行整理、归纳和分析，从科学技术因素中找出规律，得出结论所写的总结，这类总结具有学术性，它着重于总结实验、生产成败的技术因素，探讨某一实验、生产项目成功的技术规律。

（4）个人学习、工作、生产小结。这种小结主要是总结个人在学习、工作或生产中的体会、认识，内容往往较单一，范围较小，有具体的事例，也有理论，还有思想，常用叙述与议论相结合的表达形式。

四、总结与计划的关系

总结与计划有着密切的、不可分割的关系，它们都是以实践为基础，以指导实践为最终目的的。总结和计划分别处于某项工作在一段时间内纵向发展的两个端点上，不过计划是在工作之前的打算和安排，写的是“做什么”“怎么做”的问题；总结是在工作之后对所做工作的回顾与检查，写的是“做了些什么”“怎么完成的”“完成得怎么样”的问题。也就是说，从总结的角度看，总结是计划执行的结果，做总结既要以计划为依据，也要对计划做全面的检查；从计划的角度看，计划是上阶段总结的发展，制订计划要把上阶段的总结作为依据，又是对做好下阶段总结的促进。二者遵循着“计划—实践—总结—再计划—再实践—再总结”这样一个周而复始的循环，但这种循环不是简单的直线重复，而是螺旋式上升。因为，在总结基础上制订的计划要比前一个计划提高了一步，总结也是一样。总结与计划是一种互相依存、互相促进而又不断提高的关系。我们就是这样在工作进程中循环往复，使自己的认识不断提高，从而推动工作不断前进。

第二节　总结的写作

一、总结的结构

总结的写作，没有固定的格式。它可以根据不同的内容和目的，针对不同的对象，确立相应的格式和写作重点，采用灵活的写法。

总结通常包括标题、正文、落款三部分。

（一）标题

标题是文章的“眼睛”，要根据中心内容、目的、要求来拟定。标题必须准确、简洁，一般有以下几种写法。

1. 文件式标题

由总结的单位名称、总结的期限、总结的内容和总结的文种四部分构成。这种标题常用于全面性的工作总结。如“××县××乡人民政府二〇一四年工作总结”。

2. 文章式标题

用简练的语言概括总结的主要内容或基本观点，标题中不出现文种“总结”字样。这种标题多用于专题经验总结或其他总结。如“学习应用文写作的体会”“坚持绿肥改土 开拓农业新路”。

3. 双标题

一般由正标题与副标题组成，正标题概括主要内容或揭示主题，副标题补充说明单位、时限和总结内容。如“实行退耕还林 发展绿色农业——××县二〇××年退耕还林工作总结”“军民共奏胜利曲——南宁市二〇××年抗洪救灾工作总结”。

（二）正文

正文是总结的主体，一般包括基本情况、取得的成绩和经验、存在的问题、今后努力的方向等。

1. 前言

前言是总结的开头，要求开门见山、简明扼要、紧扣中心。一般要直截了当地说明总结的基本情况，具体包括：说明总结的目的、意义；交代开展工作的背景、环境、基础等工作的基本条件；概述工作的主要成绩、经验、突出的缺点、教训等；对工作情况的总体评价。

这些内容不一定都写，可以有所侧重，或重在概述情况，或重在指出成绩，要写得简明扼要。目的在于对总结的内容作一个大体的介绍，使读者对总结的全貌有一个初步的整体认识，或者给总结定一个基调，为下文阐述具体内容作必要的铺垫。

2. 主体

主体是总结的核心部分，全文的主要内容都在这里体现，应着重写好下面的一些内容：

（1）主要工作过程和成绩。这是总结的核心部分，常常概括为几点或几个方面来写，包括主要做了哪些工作，怎样做的，开始怎样，后来怎样，有什么变化，原因是什么，遇到什么困难，如何解决的。成绩要写得具体，既要有典型事例，还要有令人信服的统计数字等。

这部分内容一般比较丰富，写作中要注意处理好主次、详略的关系，那些关键性的、有创造性的做法要介绍得具体清楚，其他内容可写得概括、简单一些。

（2）经验和体会。所谓经验，就是取得成绩的原因，这是在对成绩和做法进行概括之后抽象出的理论认识。要对成绩进行认真的分析研究，找出成功的主客观原因，哪些做法是成功的、行之有效的，有什么经验和体会，将感性认识上升到理性认识，从中找出规律性的东西。

这一部分要注意内容的归类和层次的安排，使观点鲜明、内容充实、中心突出、条理分明。

(3) 存在的问题和教训。这是总结不可缺少的内容，存在的问题主要是指在工作实践中，应当解决而没有解决的问题，应当达到而没有达到的目标，应当完成而没有完成的任务；教训则是指由于思想不对头，方法措施不得当，或由于其他原因，造成了工作的损失，经分析而得出的反面经验。这部分是在举出事实的基础上经过分析之后得出来的，要写得客观、中肯、恰当，不可与已肯定过的内容相抵触。

(4) 今后努力的方向。这部分主要是在总结经验教训的基础上，分析形势，明确方向，规定任务，提出措施，展望前景，表明决心。写这部分应起到鼓舞士气、振奋精神、坚定信心的积极作用。这部分只需提出观点、看法，无需展开。有的总结比较简单，也可以不写这部分。

主体部分要展开写，但不是面面俱到，而要有重点，抓主要矛盾，把工作的特点写出来，理论联系实际，有观点、有材料、有分析，给人留下深刻印象。

(三) 落款

在正文右下方写明总结的单位名称和撰写日期。单位总结的署名一般不放在结尾处，而写在标题中或放在标题下方；个人总结的署名一般都写在正文结尾的右下方。总结的日期，写在署名之下，写明年月日。如果总结要上报下发，要加盖公章。

二、总结的层次形式

总结的内容比较复杂，因此一定要安排恰当的层次形式。采取怎样的层次形式写总结，必须根据具体内容而定，常见的层次形式有以下几种。

(一) 逻辑顺序式

即按“情况—成绩—经验—问题—意见”或“主旨—做法—效果—体会”的逻辑顺序写。这是人们习惯使用的一种程式性写法，因此又被称为传统式、程序式。为做到眉目清楚，每部分还可加用小标题、序号等。这种层次形式的好处是容量大、整体性强，适用于全面总结。

(二) 阶段式

即把工作的整个过程，按时间顺序划分成几个阶段来写，每个部分写一个阶段，分别说明每个阶段的工作情况，取得的成绩、经验和教训。采用这种层次形式，全文条理清楚、脉络分明，便于看出每个阶段的工作进程和每个阶段的特点。对周期较长且又有明显阶段性的工作进行总结适合采用这种层次形式。

(三) 条文并列式

即不明显地划分为情况、经验、问题等部分，而是用一、二、三、四之类的条文形式，把需要总结的内容糅合穿插在一起加以阐述。条文并列式主要分两种情况：一种是以经验体会为序分条，结合经验体会自然地介绍工作情况，夹叙夹议，讲清问题；另一种是以工作项目为序分条，在介绍工作情况的基础上，引出经验教训。条与条之间，要体现一定的逻辑顺序，或者是并列关系，或者是偏正关系，或者是因果关系，等等。这种层次形式，能突出总结的理论性，适用于专题经验总结，因而又被称为经验体会式。

（四）标题式

即把工作中摸索出来的经验、体会、成绩，提炼出若干小标题，分别加以阐述。这种层次形式适用于专题总结，其优点是结构灵活自由，便于层次展开，文章脉络清晰。

（五）贯通式

一些内容简单、篇幅较短的总结，既不分条列项，也不用小标题，而是围绕主题，对工作发展的全过程逐步进行总结，先写认识，再叙述情况，后谈经验体会。这种层次形式叙议结合，内在联系密切，严谨自然。报刊上有关工农业生产的总结，常用这种层次形式。

三、总结的写作要求

（一）要有明确的写作目的和指导思想

首先，要正确认识总结的目的和作用，重视总结的写作。写总结不仅是对过去工作做正确的分析和估计，从中获得经验教训，而且要提高人们的思想水平，指导今后的工作。所以，要以有利于指导工作的积极态度来写总结。其次，要以马列主义的立场、观点来分析事物，用党的方针政策来衡量工作，以法制观念和法规来检查工作，这样才能对工作做出正确评价，从实践中得出正确结论，并从中找出规律性的东西。如果缺乏正确的指导和科学的分析，就只是罗列现象、就事论事，甚至写成“流水账”，流于形式，就达不到总结的目的。

（二）要实事求是，杜绝虚假

所谓实事求是，就是要如实地反映客观事物的本来面目。它是总结的出发点。撰写总结必须坚持从客观实际出发，运用一分为二的方法如实地反映情况，恰当评价工作，对工作中的成绩和经验、缺点和教训，一就是一，二就是二，既不夸大，也不缩小，坚决杜绝一切虚假现象。

（三）要突出重点，写出特色

总结，尤其是一些综合性的工作总结，由于涉及面广、时间跨度较大，写作时很容易使内容多而杂、广而不集中，面面俱到，贪大求全，千篇一律。因此，写总结时必须抓住重点，把笔墨放在主要内容、主要经验教训上去。同时，要写出自己独具特色的东西，不要堆砌材料，记流水账。

（四）要提炼观点，总结规律

总结不仅要陈述工作情况，更要做理性认识的升华。所以，总结不是现象的罗列，不是过程的赘述，不是开列做了什么工作、采用了哪些方法的账单，而是要通过大量的材料，提炼出反映事物本质的规律性的认识，并且把这些认识提炼成鲜明的观点，这些观点便成为整篇总结的纲目和骨架。

(五)语言要准确、简洁、生动

所谓准确，就是所用的词语能如实地反映客观实际情况，所作的判断能正确深刻地揭示事物的发展规律。所谓简洁，就是语言简单明了、干净利落。所谓生动，就是要大量引用来自群众的生动形象的口语，说明群众创造的经验。

四、总结写作应注意的问题

(一)必须大量、详细地占有材料

只有大量、详细地占有材料，才能从中引出合乎实际的结论，作出科学的判断；也只有如此，才能使总结写得深刻生动。

怎样才能掌握丰富的材料呢？第一，要注意日常积累。对于工作、生产、学习实践中的各项活动和生动事例，都要细心观察、认真记载，这样写作时才能得心应手。第二，在写作总结前要注意搞好调查研究，听取群众意见，收集必要的材料。需要注意的是，这种调查研究只是补充和扩展材料的一种方法。如果忽略了日常积累，只是要写总结时才来“抱佛脚”，那是肯定写不好的。

(二)必须做到观点与材料的统一

观点来自材料，但观点形成之后，在总结中就要选取充分的材料来阐明、论证观点，以观点统帅材料，保持观点与材料的高度统一。总结中既应有反映整体情况的材料(如对整体情况的概说、反映全面情况的数据等)，又应有突出说明问题的典型材料(如典型人物、典型事例、典型言论、典型数据等)，还应有对比性材料(如纵向对比、横向对比等)。选择典型材料时要注意从不同方面、不同角度选取，这样才能有效地证明观点，若只用一类典型材料，即使再多，也不能充分发挥典型材料的作用。

(三)面上材料与点上材料相结合

总结中既要有面上的材料，又要有点上的材料，做到点面结合。面上的材料具有概括性，反映事物的全貌；点上的材料生动具体，用来充实、印证面上的材料，增强说服力。

(四)记叙和议论相结合

记叙、议论是总结最常用的表达方式。记叙是撰写总结的基础。记叙的事实是说理议论的依据，说理又是对所叙事实的综合分析和提高。一般来说，在说明工作过程、列举典型事例时，以记叙为主；在分析经验教训、指明努力方向时，以议论为主，但两者应紧密结合，不能脱节。

(五)总述和分说交替

总结是对工作实践的反映，必须总分有序、层次清楚、条理分明。先总述再分说，最后归纳是总结常见的结构形式。总述是对全局或整个事情的总括介绍，分说是对局部或某项做法、经验的阐述，归纳是综合分析和提高。

五、总结要写出特色

写总结如同写文学作品一样，虽有一般规则，但每个人写的总结应各有特色，每篇总结也应各有特色。怎样才能写出特色来呢?

(一) 要认真分析实际情况

总结要写出特色，就要认真分析实际情况，不要“主题先行”，先定了框框再去拼凑材料。因为特色来源于实践当中，实践中没有的不要生拼硬凑。

(二) 要善于比较

总结要写出特色，就要善于比较，现在同过去比，自己同别人比，从比较中找出个性来。

(三) 要多问几个为什么

总结要写出特色，就要多问几个为什么。一个单位的工作取得成绩有多方面原因，问一问为什么，看事实能不能回答得正确；如果原因找到了，还要问问诸多的原因中哪个是根本性的、主要的，找准了，特色也就把握住了。

[例文 5—1]

××县××乡人民政府××××年工作总结

今年，我乡积极贯彻×××××文件精神，努力深化农村改革，取得了显著成果，开创了我乡工作的新局面。

一

一年来，我们主要抓了以下几项工作：

(一) 开展了社会主义教育，增强了社会主义信念

今年，我乡按照县委的统一部署，开展了社会主义教育。全乡15个村中有5个村进驻了县委社教工作队，其他10个村由乡组织力量开展社教活动。通过开展“四讲”“三建设”“一整顿”，使全乡农村面貌发生了巨大变化，坚定了广大干部、群众的社会主义信念，加强了基层组织的凝聚力和战斗力，促进了生产长足发展，改善了农村的社会治安状况。开展社教以来，全乡有813名青年向党组织递交了入党申请书，一类党支部由5个增加到12个，占基层支部的75%；全体共产党员都增强了为人民服务的观念，发挥了先锋模范作用；全乡干部群众为发展壮大集体经济献计献策1 118条，集资215万元；民事、刑事案件发案率比去年同期下降了57%。红山村干部、群众为发展集体经济集资1万元，投入义务工2 700多个，修筑了1 500米长的水渠，引来了青龙河水，栽上了7 000棵苹果树，使红山村变成了绿山庄，群众高兴地把这条水渠命名为“社教渠”。青风店村五名承包果园的党员主动提出增加承包费，完善承包合同。在他们的带动下，全村鱼塘、果园等集体设施的承包合同都得到了完善。东山村三名退休干部、教

师，义务组成民事调解组，走家串户宣传道德和法制，使全村形成尊老爱幼、邻里和睦的良好风尚。

（二）发展了乡、村工副业，壮大了集体经济

我乡工副业生产比较薄弱，在全乡15个村中，没有集体工副业的“空壳村”就有7个。群众感叹说：“集体经济无实力，社会服务无能力，村级组织无引力，干部说话无气力。”今年，我们解放思想，打开山门，内引外联，把发展乡村集体工副业作为本乡脱贫致富的基本途径来抓。今年全乡共建起乡、村级工副业17处，消灭了“空壳村”，年产值505万元，纯收入103万元，大大增强了集体经济的实力。红山村兴建果茶厂，所产山楂蜜果茶一举打入国际市场。黄冈村利用本地红薯资源，创办了黄冈粉丝厂，年产585吨，一年便回收全部投资。有些村还完善了承包合同，调整了承包额过低的承包金，增加了集体收入，调动了群众的积极性。

（三）增加了科技投入，发展了农业生产

今年，全乡重点推广了水稻旱育稀植、小麦模式栽培、粮菜立体种植薄膜覆盖、果树环剥化控、秸秆氨化养牛等项技术，使农、果、菜、牧各业获得空前丰收。全乡2万多亩耕地，平均亩产964.5千克，亩收入952.4元，初步实现了高产高效。果品产量1 000万千克，收入1 010万元，人均500元。牧业由于实行“减猪增牛”的方针，减少了饲料投入，增加了产值和利润，年收入突破千万元大关。生产条件较差、水源不足的红山村，仅推广水稻旱育稀植、节水栽培一项，每亩水稻就增收81千克，节支49元。青甸村利用丰富的玉米秸秆进行青贮、氨化处理饲养黄牛，年出栏肉牛1 500头，收入300万元。由于秸秆过腹还田，增加了有机肥，促进了农田增产，玉米亩产从450千克提高到512千克。

二

一年来，我们在工作中深切体会到：

（一）必须强化改革意识

党的十一届三中全会以来，我乡面貌有了很大变化，解决了群众的温饱问题。在这种情况下，我们小富即安，不想有更大的突破，因此与荷花湾等先进乡镇逐步拉大了距离。今年，通过社会主义教育，我们的思想得到了解放。乡政府组织乡、村主要干部到本县荷花湾、亮桥等先进村镇参观，学习先进经验。在思想解放的基础上，乡政府派人南下广州，北上漠河，内引外联，牵线搭桥，签订了13项联合开发的合同或意向书。经过论证确定了开发项目后，又发动群众集股入资，不到一个月便集资300万元。一年里建起了17家村办企业，其中10家当年建厂、当年投产、当年获利。青甸村还成为××市外贸公司的肉牛和芦笋生产基地。一年的实践使我们深刻体会到：要深化农村改革，必须先增强改革意识，思想解放一分，则生产猛进一步。

（二）必须执行科技兴农的方针

今年我乡农业生产得到长足的发展，一条重要的经验是坚持了科技兴农的方针，得益于科学技术的进步。我们在科技兴农中采取了三条措施：一是大力开发科技人才。我

们采取引才（引进科技人才和能工巧匠）、用才（充分发挥本乡科技人才的作用）、育才（根据本乡发展乡、村企业的需要选送15名有一定文化水平的青年到省农校和生产单位定向代培，并采取长短结合的方式开展职业技术培训）并举的方针，迅速建成了一支工副业、农牧业的技术队伍。二是抓住中心环节，推广关键技术。今年我们根据本乡的条件，确定推广五项农业新技术，由于主攻方向明确，推广有声有色，迅速在全乡普及，当年开花结果。三是加强科技领导。今年，乡、村两级都确定主要领导干部抓科技工作，大多数村还选聘了科技副村长。由于采取了这三项有力措施，使农业生产全面增产，粮食单产比去年提高32%，亩效益增加40%。工副业也突破技术难关，取得了可喜成果。庆丰村在500亩地中套种西瓜、甜瓜，他们请来了省农校高级讲师李凌云作技术指导，李老师科学设计种植样式，引来高产优种，采用薄膜育苗、配方施肥等新技术，使瓜果早10天上市，亩产达4 500千克，而且个大味甜，每亩瓜收入就达650多元；棉花也高产优质，亩产皮棉70千克，亩收入500多元，创全乡大面积高产高效新纪录。群众高兴地说："科技这玩意儿可比我们单单起早贪黑、一味苦干蛮干来劲得多了!"实践使我们深深认识到：要提高土地的产量，必须增加科技含量，向科技要高产、要高效。

（三）必须完善农业社会化服务体系（略）

三

一年来，我们虽然取得了一些成绩，积累了一些经验，但还存在一些不容忽视的问题。主要是：

（一）各村之间发展不平衡。红山村等5个重点社教村后来居上，而一些原来基础较好的村却步子迈得不大，变化不够显著。

（二）在产业结构上，二、三产业虽有了较大发展，但在本乡经济中所占比例仍较小，还有巨大潜力。

（三）在农业生产中，有些村还缺乏商品生产意识，重产量，轻效益；重生产，轻流通；重粮食作物，轻多种经营。

在新的一年里，我们将进一步调整产业结构，深化农业改革，完善农业社会服务体系，不断发展和壮大集体经济。

××××年十二月三十日

简析

本文是典型的工作总结。它全面地总结了思想建设、工副业发展、农业生产等方面的实践活动，按"成绩—经验—不足"的思路安排结构，并且善于归纳、提炼观点，使全文纲目清晰、层次分明，材料安排也点面结合、详略得当。

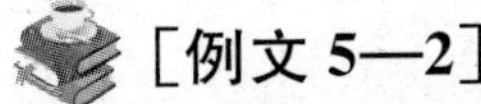

[例文 5—2]

学习应用文写作的体会

进入高校，学了文秘专业，始知要成为一名文秘人员需有过硬的笔下功夫，而秘书接触最多的是各种应用文，故学好应用文写作就显得特别重要。两年来，在老师的指导下，我基本上掌握了应用文写作的规律和方法。以下是我对学习应用文写作的几点体会。

一、拟

“拟”就是借鉴别人的成功作品，以其为“蓝本”进行仿造。应用文都采用事务语体。事务语体在语言材料的选择和组织上与其他语体有明显区别，它以务实应用为准则，语言风格平易、朴实、庄重，不追求语言的艺术化，表达方式以说明为主。中学所学的文章大部分属文艺语体或议论语体，对事务语体接触较少。要学好应用文写作，就需要由只惯于运用文艺语体过渡到熟习运用事务语体。我认为，“拟”是过渡的好方法。那么，怎么去“拟”呢？首先，要根据需要找准“蓝本”，在文种上要与所写的一致。其次，要“拟”准重点。“拟”不是抄袭，而是此一事、彼一事的仿造，重点放在拟框架层次上、拟语言风格上。通过对不同文种、不同文件、不同语言主体的反复模拟，使其格式和语言风格在头脑中固定下来，最后就会形成“条件反射”，取代“拟”，达到“形似其物”（写什么像什么）、“声似其人”（语言风格已转成事务语体）的程度。

二、积

“积”就是收集、积累对应用文写作有用的词汇、句式以及各文种的格式。应用文大都有一定的表达程式，有一套固定的专门用语，有相对稳定的句式，有比较固定的结构式样，所以，积累这方面的材料对学习应用文写作，特别是对学习公文写作有很大帮助。我在中学时有积累好文章、好词句的习惯，学习应用文写作时，我还是保持该习惯，将一些应用文惯用词汇、句式以及一般应用文格式摘录在本子上，有空就多翻看。此外，平时多找一些有关应用文写作的书籍来参考，有意识地把这些文种、内容相似的文件、文章进行比较性鉴赏，从中挑出一些精品，并对精品进行解析，将其优点摘录下来，以便日后用到自己的文章中。

三、改（略）

四、练（略）

总的来说，“拟”是入门，“积”是基础，“改”是提高，最终都要落实到“练”。只要平时多写、多练、多修改、多总结经验，持之以恒，就不难掌握应用文写作的规律和方法。

总结人：×××

××××年×月×日

简析

这是一篇介绍个人学习经验的专题总结。主要有以下优点：一是总结出了带规律性的东西。把自己学习应用文写作的体会归纳为四点：拟、积、改、练。其中的每一点，都既有具体的做法，又有经验性的总结。这既是作者亲身实践的真切感受，又通过概括达到了一定的理论高度。二是层次清楚，逻辑性强。以“拟”过渡，以“积”丰富，以“改”达标，以“练”把握，这种顺序既合乎实际操作，又显得层次清楚、联系紧密、层层递进，逻辑性强，可信度高，可操作性也强。三是表达方式运用得当。本文夹叙夹议，既叙述具体做法，又以议论显现其思想深度。四是语言简要、平实、朴素。

综合训练

一、简答题

1. 什么是总结？总结的作用有哪些？

2. 简述总结的写法。

3. 总结的写作要求是什么？

二、瑕疵文案

分析下面两篇总结，找出结构、内容、语言等方面存在的问题并加以修改。

大学生的学习小结

同学们都在认真地写总结了，我抑制不住内心的感情，也拿起了钢笔。在这两年的时间里，我总觉得是平平淡淡度过的，在语文学习上有什么成绩、有哪些经验呢？我对书法是比较感兴趣的，也可以说入了迷，然而也没有什么经验，这里就谈一下我两年来学习书法的体会吧。

我自幼喜欢书法，也很渴望自己能写一手好字，见到写得漂亮的字总会空临几次。但在以前没有字帖，更没有良师的悉心指导和学习书法的氛围。从小学到高中毕业，学校抓紧的是语文、数学、物理、化学之类的学习，字写得好些、差些是不关大局的小事，因而我学习书法的积极性没有得到充分发挥。进入大学可好了，学校把书法教学作为语文教学的一项内容来抓，我们每周要交书法作业两张（毛笔字、钢笔字各一张），每周的书法作业我都认真练习，我的书法有了较大的进步。

根据两年来的书法学习实践，我有下面一些粗浅的体会。

不迷不见效，我对书法从感兴趣发展到入了迷，有时盯着一个写得好的字出神，有时接连不断地攻练某个字，见到老师板书时写出来的好字，也总是模仿着书写或空临几次。下晚自习后，没那么早睡觉，我总是拿出字帖来练字。一次写“哀”字，老写不像。上床了还用手指对着蚊帐顶空临，寻找规律。关灯了，我还在思索怎样安排这个字才好看。当时，我一点睡意也没有，又起床来练。直到把字写得差不多才睡觉。第二天，我宿舍一位同学说我怪。我认为，要学有成效就得珍惜兴趣，就得有种入迷的怪脾气。不迷不见效，古今中外，凡成大事业者，无不潜心求知，以致如痴如醉。如果没有这样入迷的精神，走马看花，不专心致志，绝不会有成效。

起初，我专练麦华三字帖，其特点是秀气而不够苍劲，而我却学到了其弊的一面——写字不够气力。于是就改善方法。以前是专练麦华三字帖，不论好差都模仿一番，以后就有选择性地挑选些较好的字来练，研究其为什么秀气，为什么无力，从中找出规律性的东西，扬长避短。我还找来王羲之的字帖来练，取长补短。经过一段时间，我写字不够苍劲有力的毛病有所改进，写出来的字有些秀气但也不像以前那样无力。所以，学字既要认真模仿，也要总结规律，有创新。“只会模仿，不会创新，不懂得其规律性在哪，那还是停留在类人猿的程度。”

俗话说：“他山之石，可以攻玉。”我从打球中借来一些方法也是很有效的。一场球打到关键的时刻，教练员往往叫一声暂停，利用这点滴时间来调整一下战术，稳定一下情绪，常常能打出更好的水平。我在学习书法时也借用了这种方法。当成功地写出关键性的一笔时，总是叫一声“暂停”，体会一下当时书写的动作过程，领会其所以写好的原因。字帖是不会说话的老师，我们要从其字里找到规律性的东西，就得有个领悟的过程，不能像看小说那样可以一目十行，而要循序渐进，有时要叫几次“暂停”，而这一停比持续含糊地练效果要好。

我从对书法感兴趣到入迷，总结经验，找出规律，使我的书法有所长进，但学书法也存在不少缺点。比如缺乏虚心请教、不耻下问的精神；有时也想一步登天，楷书基础不过关就急着练草字，这往往事半功倍。在今后学习书法的过程中，我更应认真努力，发扬优点，尽量把字写得更好一些，提高学习质量，更好地完成学习任务。

暑假生活回顾

一个热爱生活的人每天都尽量充实自己的生活。一个多月的暑假生活被时间老人带走了，而我却觉得意义无穷，回顾起来记忆犹新，下面我就简要地说一说。

一、到兴安镇去探亲调查

目前改革政府机构、精简行政人员是热点问题，在学校时我就听说我的老家兴安镇政府是机构改革的典型，还上了报纸、电视。为了看爷爷奶奶，再完成团委布置的搞社会调查的任务，我于放假第三天便乘车赶到兴安镇。我在那里住了十天，通过走亲访友，再去镇政府向我二表叔（任副镇长）了解情况，搜集到了大量材料，知道兴安镇政府已经精简近1/3的人员。精简的都是那些工作懒散、群众反映恶劣及一些靠走后门、拉关系捧上铁饭碗的干部。通过调查，我还了解到精简后的留用人员都是各部门的骨干，虽然比原来人少了，但机关工作效率大大提高了。

二、到市民政局为灾区人民捐款

暑假正赶上长江、嫩江发生特大水灾，电视、报纸天天报道全国军民万众一心投入抗洪抢险斗争的消息，那些天我都坐不住了，真想亲自去抗洪第一线与解放军并肩战斗。社会各界都向灾区人民伸出援助之手，我是个大学生，怎能袖手旁观呢？于是在8月10日，我带着父母的嘱托，到市民政局郑重地向灾区人民捐赠了一床被子和100元钱。

三、到培训班参加计算机培训

在信息社会，计算机的作用非常大，不学好计算机在社会上将寸步难行，所以我从兴安镇回来后就参加了计算机培训班。这个班离我家很近，学起来很方便。通过半个月的培训，我的计算机水平有了较大程度的提高，为我今后在校学习计算机打下了一定的基础。

四、去北京旅游

这个暑假最开心的事是我与父母去北京旅游，在北京逛游了一星期，日程安排得很紧。到北京第二天我们便到了天安门广场，这是我生平第一次来到祖国的心脏，面对雄伟、庄严的天安门城楼，我的心都快要跳出来了。接着我们参观了人民大会堂，那宽敞明亮的宴会厅，柱子上、天花板上都描着金花彩画，看得我眼花缭乱。然后，我们在人民英雄纪念碑、历史博物馆前照了相。以后的时间我们又参观了红楼梦大观园、长城、故宫、颐和园。给我印象最深的是颐和园，万寿山上金碧辉煌的佛香阁、长长的画廊、碧玉般的昆明湖、雕刻着姿态不一的小狮子的十七孔桥等，美丽景色真是说不尽。遗憾的是，返乡途中未在北戴河下车，如果能到海边踩踩浪花、游游泳该多么惬意啊！

除上述活动外，在这个暑假我还约了高中时代的几个老同学去闾山玩了一天，到母校走走，看望了班主任。我还抓紧时间，读了一些中外名著，如《红楼梦》《漂亮朋友》《简·爱》等，这些书使我受益匪浅，丰富了我的头脑，陶冶了我的情操。

回顾这个暑假，我过得很充实，做了很多事，当然还是很有意义的，从中学到了不少知识，身体更健康了。对暑假生活的回顾实际上就是总结过去、开拓未来，从现在开始我会更加努力学习，鞭策自己，使自己做得更好。

20××级×班×××

××××年××月××日

资料来源：曾辉、刘中平、王智平主编：《应用文写作》，111～112页，北京，高等教育出版社，2011。

三、写作训练

1. 写一份学习总结。
2. 结合自己的职务，写一份工作总结。

第六章

调查报告

第一节　调查报告概述

一、调查报告的概念

调查报告，是对某一地区、某一单位、某一事物进行深入、周密的调查，获得大量生动的资料后，经过认真地研究、归纳而写成的书面报告。

在调查报告中，“调查”和“报告”是相互依存的两个方面，调查是报告的基础，报告是调查的反映；调查是报告的依据，报告是调查的综合体现。没有调查研究，就不能产生报告；反之，只调查不报告，则失去了调查的意义。只有将二者周密、恰当地结合，才能写出具有实用价值的调查报告。

调查报告与公文中的“报告”有所不同。公文中的“报告”侧重于汇报日常工作，供主管部门领导指导工作时参考；而调查报告不限于日常工作，凡与日常工作有关的重大情况、典型事件、经验或教训等带有普遍意义的问题，都可用调查报告的形式予以反映。调查报告的范围较为广泛，内容也较复杂，可供内部参考，也可公开发表。

调查报告又称考察报告，如《湖南农民运动考察报告》（毛泽东）；有时也称“××调查”，如《米脂县杨家沟调查》（张闻天）。近年来常见的“调查附记”“调查记”“信访调查”等也都属于调查报告。

概念中应明确以下几个问题：

第一，调查报告形成的过程：调查→分析、研究→书面报告。

第二，调查报告中表达的不是个人的见解和意见，而是根据客观事物的调查研究结果所做出的书面报告，虽然其中也有个人的意见或建议，但这种意见与建议往往是科学的，对决策具有参考价值。

第三，调查报告的调查过程大都是集体有组织、有计划地采用科学方法与手段进行的，其结论是科学分析与科学判断的结论，因而，它的调查周期长、耗费资金多、实用价值也相对较高。

二、调查报告的特点

(一) 真实性

调查报告的基础是客观事实，其主旨是调查研究后所发现的客观事物的本质和规律。因此，撰写调查报告需要深入调查，并对材料的真实性反复核实。如果了解的仅仅是事物的表象，那么得出的结论就是非本质规律的。

(二) 典型性

调查对象及所运用的材料是否典型，是决定调查报告成败的关键。如果材料不典型，就不能很好地揭示现实事物的本质和规律。因此，必须选择典型的事实或材料撰写调查报告，这样才具有现实意义和普遍的指导意义。

(三) 客观性

调查报告是调查者对客观事物进行调查研究后形成的文章，尽管在调查和写作中受到调查者（通常也是调查报告的作者）立场、观点的影响，但客观事物的基本面貌是不能篡改的，任何人不能违背调查对象的事实去作想当然的结论。也就是说，调查报告必须忠于调查对象，忠于客观事实。

(四) 时效性

调查报告要回答当前工作中迫切需要解决的问题，具有较强的时效性，因此，写作者要抓紧时间调查和写作，不能让新事变旧事，失去指导意义。

三、调查报告的作用

(1) 为行政部门决策提供依据。
(2) 为企业决策提供依据。
(3) 为科学判断提供依据。

四、调查报告的种类

调查报告涉及的内容很广泛，表现形式也多种多样。按其作用和内容的不同可分为下述三种类型。

（一）经验调查报告

经验调查报告是介绍、总结经验及做法的调查报告。经验调查报告主要反映社会实践中具有一定典型性的经验，以介绍先进的典型经验为主，这些经验具有代表性、科学性、政策性，能对工作起到推动和指导作用。经验调查报告的目的是表彰先进、推广经验、指导全局性工作。因此，这类调查报告侧重对先进、典型经验的总结、介绍，并概括出有指导意义、有学习参考价值的经验、做法。

（二）问题调查报告

问题调查报告是展示、揭露真相及弊病的调查报告。这类调查报告一般通过大量的事实揭露某一不良倾向，指出问题的严重性，引起人们的注意和重视，起到批评教育或打击鞭挞的作用。问题调查报告的目的是提高认识、吸取教训、推动工作。这类调查报告侧重问题的展示和揭露，因而在写作上往往注重真实、详细地叙述事情，而分析、议论占的比重小。

（三）情况调查报告

情况调查报告是反映某地区、单位、行业或某一方面的基本情况及发展状态的调查报告。情况调查报告涉及政治、经济、军事、文化等诸多方面的内容，对正确制定党的路线、方针、政策有重大意义。因此，这类调查报告的写作往往既重视事实的介绍，又重视对问题的分析、概括。

在写作时首先确认所写的调查报告大致属于哪种类型，进而确定写作的侧重点。但是，类型是相对而言的，写法更没有固定的“套路”，写作者应根据具体内容确定适宜的写法，并勇于突破创新。尤其是对于初学者来说，先确认调查报告的类型，再确定写法是很有必要的，也是很有效果的。

五、调查研究的方法

（一）普遍调查法

普遍调查法即普查，是指在一定范围内，对所有对象进行全面的调查，以获得完整、系统的资料的调查方法。普查的优点是资料全面、准确、误差小。例如，2010 年在全国进行的第六次全国人口普查，为今后国家有关方针、政策的制定提供了依据。

（二）典型调查法

典型调查法是在一定的总体范围内，选择能够代表总体状况的典型进行深入的调查。准确地选择典型，是此调查法的关键。若典型不具有普遍性、代表性，将特殊规律误认为是适用于全局的一般规律，用来指导全局，则会造成失误。

（三）抽样调查法

抽样调查法是在需要调查的客观事物的总体中抽取一部分进行调查，以此来推断总体情况。抽样调查法的优点是：省时、经济，能排除主观选择的结论，较为客观、可靠。

（四）实地调查法

实地调查法是指亲身深入调查第一线，通过观察、访谈等方式，获取真实、可靠的情况的调查方法。实地考察得来的资料，是第一手资料，也是最珍贵的资料。

此外，还可以根据实际情况，采用开座谈会、个别访谈等方法。但不管采用何种调查方法，获得真实、可靠的资料是最重要的。

第二节　调查报告的写作

一、调查报告的写作思路

所谓思路，是思维活动的路线，也就是思维进行的逻辑顺序。调查报告的思路是：明确调查目的→调查、研究材料→分析、提炼观点→组织、撰写成文。

（一）明确调查目的

在调查报告的写作中，第一步要考虑的就是要调查什么、为什么调查、解决什么问题，即明确调查目的。一般来说，调查目的在调查前就已初步形成，在调查研究过程中逐步明晰、深化。有目的地写调查报告，可以使调查研究按照既定的目标有步骤地进行，避免调查中事无巨细、主次不分，进而提高调查的效果和质量。

（二）调查、研究材料

因为调查报告要用事实说话，所以在明确调查目的之后就要进行调查和研究材料了。调查，是通过实地采访，掌握、积累材料。在调查中要坚持“走马观花”和“下马看花”的调查方法，既要理解事物的广度，获得“面”上的材料；又要了解事物的深度，获得“点”上的材料。研究，是把调查来的材料加以分析、综合，上升为理论，也就是由感性认识上升到理性认识，由事物的表面深入到事物的实质。

调查与研究，虽然是认识过程的两个阶段，但又是不可分割的一个整体，调查为研究提供依据，而研究又可带动调查。进行调查、研究一定要遵循“去粗取精、去伪存真、由此及彼、由表及里”的规律，以便把零乱的材料变成系统的材料，把零散的感性认识变成集中的理性认识，找出材料之间的内部和外部联系，揭示事物的本质，这样才有可能产生深刻的主题。

（三）分析、提炼观点

分析、提炼观点，在调查报告的写作中非常重要。观点是否深刻、是否有时代感、是否有针对性，是决定一篇调查报告成败的关键。因为一般说来，调查报告都是为指导工作、直接解决工作中的问题服务的。分析、提炼观点要考虑两个方面：一是要符合调查报告观点的要求，即正确、鲜明、深刻、有时代感和针对性；二是如果在实践调查中获得的观点和原来的写作意图相差较远，应该大胆地修改乃至抛弃原来的写作意图，把从客观实践中提炼出来的正确观点表达出来。

（四）组织、撰写成文

组织、撰写成文，是调查报告写作思维进行程序的最后一步。调查报告的种类很多，其写法也各不相同，应根据调查报告确立的观点、问题的性质及调查内容决定其类型，这样也就有了相应的结构方式和写法。

二、调查报告的结构

调查报告一般由标题、署名、前言、正文、结尾五部分构成。

（一）标题

标题的形式有单标题和双标题两种。

1. 单标题

单标题一般为写明调查对象和报告内容。单标题形式的写法比较灵活，可写成公文式，如“关于××公司整顿产品质量的调查”；也可写成设问式，如“改革定向何方?”；或者只写调查地点和范围，如“××事件的调查”“兴国调查”等。

2. 双标题形式

双标题形式一般为正标题鲜明地揭示主题，副标题指明调查的地点、内容或范围。如“一手抓物质文明，一手抓精神文明——广东十个市、县的调查”，副标题写在正标题下一行，前面加破折号。

（二）署名

调查报告的署名就是写上作者的名字、单位名称，放在标题下一行居中的位置。个人署名可署于文尾右下方，也可署于标题下方。

（三）前言

前言又称开头部分，一般概括调查对象的基本情况，或揭示全文的基本内容，或直接提出调查问题和结论。开头的写法也比较灵活，常用的形式有：

（1）概括介绍式，即介绍调查对象的基本情况。

（2）结论式，即在前言先写调查报告的结论，再阐述主要事实。

（3）议论式，即针对调查的问题说明意义，作简要的评述，再叙写事情的经过。

（4）提问式，即开门见山地抓住中心问题，提出问题，引起读者的思考和兴趣。

不管运用何种方式开头，都应该重点突出、简明精要、紧扣主题、切入内容主旨。

（四）正文

正文是调查报告的核心部分，是对前言的展开。正文部分要详细阐述调查的主要内容，总结规律性的东西，表达作者的观点，使人们从中获得有益的经验，得到深刻的教训，或者得到决策的依据、解决问题的办法。正文既要具体叙述调查中的事实情况，又要在事实的叙述报告中引发认识、阐述观点，做到由事入理、叙议结合。正文为了突出段落主旨，常给各段加上小标题。

正文部分的结构形式通常有以下三种方式：

1. 纵式结构

按照事物发生、发展的先后顺序组织材料，安排层次。一层层地分析、说明问题，把事物的来龙去脉深刻、全面地阐述清楚。这种写法结构清晰、逻辑清楚，有助于读者深入、全面地了解事物的发展，常用于内容比较单一的调查报告。

2. 横式结构

根据事物的内在联系和所表达结论的内在逻辑联系，把调查的内容分成几个部分或几个问题，分别加上序号或小标题，从不同的方面，围绕全文中心分别进行阐述。这种结构形式的优点是层次清楚、条理性强、重点突出、容易掌握，常用于内容较丰富、综合性较强的调查报告。

3. 纵横式结构

纵横式结构兼有前两种结构形式的特点，既考虑时间的先后顺序，体现事物的发展过程，又注意按内容、性质分类突出问题，纵横交错、事理结合。

（五）结尾

结尾是调查报告的结束语，调查报告的结尾要简明扼要，写法不拘一格。结尾部分或者总结全篇的主要观点，借以加深读者印象；或者指出存在问题，提出建议，引人深思；或者对所调查的现状做归纳性说明，并指出其发展远景等。有的调查报告正文部分结束后，意尽言尽，就不另写结尾了。

三、调查报告的语言表述

（一）表述方法

在调查报告的写作中，多用叙述性语言进行表述，一般是概括叙述和具体叙述相结合进行表述。概括叙述情况，具体叙述经验做法及事物产生的来龙去脉等。没有概括叙述，总体情况就无法反映；没有具体叙述，材料就不会具体，报告的写作也不会有深度，观点的阐述也必然肤浅。

（二）语言特点

调查报告的语言特点一般是：平实、简明、生动。平实即用事实说话，对事实的介绍和分析要客观、实际，不要求修饰和语言的华丽；简明即行文利落，使读者很快就抓住要领；生动表现在对具体事实如实、准确地表述上，也可恰到好处地运用群众语言、口语、名言、典故乃至引用诗词、比喻等。这样既可增强表达效果，对阐明观点也起到了画龙点睛的作用。

四、调查报告的写作要求

（一）深入调查

1. 拟订调查提纲

提纲主要包括：调查的目的、要求；调查的对象、要点和项目；调查方法、时间、进度安排等。提纲拟好后一般要经领导审阅。

2. 调查阶段

在这个阶段要讲求调查方法，全面、真实地占有材料。常用的调查方法有以下三种：

第一，典型调查法。典型调查法是在一定总体的范围内，选择有代表性的典型样本为对象进行调查的一种“解剖麻雀”的方法。常用方法有：开调查会、个别访问、直接观察、听汇报、蹲点、阅读有关资料等。这种调查方法简单易行、深入实际、直接接触群众，有利于深入了解典型的历史和现状，有利于掌握一个典型的全貌。但是，典型调查法侧重从质的方面考虑局部对象，作定性分析，缺乏全面量的分析，对事物也缺乏系统的调查、分析，因此具有一定的局限性。

第二，统计调查法。统计调查法是一种收集资料和分析资料的手段。统计调查法通过对数量的调查，来看调查成效。它本身不是目的，不能独立使用，要依靠典型调查法、抽样调查法等，才能发挥作用。

第三，系统分析调查法。系统分析调查法是用适应现代社会特点的系统分析方法来考察各种社会现象和问题的一种调查方法。它是对事物的整体与局部、局部结构的要素、各个层次与外部环境，以及它们之间的相互联系、相互作用、相互制约的种种关系，进行全面、综合地考察、研究，从而得出科学的结论。

（二）详细占有材料

1. 记录真实、材料全面

记录中对人物的活动、事实的过程、必然的数据，甚至连时间、地点都必须准确无误、客观地记下来，不能把别人的话变成自己的话记下，否则会改变材料的价值。

通过调查要详细、全面地占有材料。既要掌握直接材料，又要了解历史材料；既要收集“面”上的材料，又要收集“点”上的材料；既要占有正面材料，又要占有反面材料。使占有的材料既有广度，又有深度。

2. 做到观点和材料的统一

在调查报告中，材料要能说明观点，观点要能统帅材料，做到观点和材料的统一。运用材料说明观点的方法，主要有以下五种：

第一，运用综合情况。运用综合情况概括地反映了样本总的或几个方面的情况。这种方法可以用来说明整个事物的面貌，但不宜用得太多，最好与典型事例、统计数字等相配合，以免抽象空洞。

第二，运用典型事例。说明一个观点可以有许多材料，但不同的材料说明的程度不同，要挑选典型的材料。因为典型材料能揭示事物的本质和规律，最具有说服力。典型材料可用一个，也可用一组，能把问题说清楚即可。

第三，运用群众反映。运用群众反映是用普通群众的正确的反映来阐明观点。引述群众的反映，一定要选用生动、形象的材料。对于群众的语言，要根据表达观点的需要有所选择，有时还要在原有基础上进行提炼。

第四，运用统计数据。运用统计数据是用数字说明问题。准确的数据有很强的概括力和表现力，可以反映事物的面貌和本质，增强科学性和说服力，但要运用准确、得当。

第五，运用对比材料。对比材料包括现状与历史、先进与落后、正面与反面等材料。用这些材料作对比、衬托，能把观点说明得透彻、深刻。

此外，用材料说明观点，要防止三种倾向：一是有闻必录、堆砌材料，观点不明确；二是缺乏材料、空讲道理，没有说服力；三是把材料和观点割裂开来，两者不能做到有机的统一。

（三）研究、分析材料，确立观点

在通过调查获得大量材料的基础上，去分析、研究材料，确立观点，然后按写作提纲进行写作。

［例文 6—1］

吉林市萨满文化对农民文化心态影响的调研报告

王 凤

萨满文化是中国古代文化的重要组成部分，是世界非物质文化的精华。萨满文化也是我省重要的本土文化之一，我省的满、朝鲜、蒙古、锡伯等少数民族历史上都信仰过萨满文化。萨满文化遗存目前在我省保留的也较多和较完整，我省的乌拉街满族镇和九台莽卡满族乡都被誉为“萨满活化石之乡”。在研究萨满文化方面，我省具有得天独厚的优势。继 2004 年第七次国际萨满文化学术研讨会在长春成功举行之后，在国际大环境的带动下，我国萨满文化学界出现了空前活跃的局面。一些单位相继成立了萨满文化研究机构，纷纷开展学术活动，其中尤以长春大学萨满文化研究中心活动开展得最为丰富。萨满文化作为一种古老的原始宗教形态，已在历史的长河中消沉，但它所寓含的北方先民在与自然搏斗中产生的积极的精神文化成果——群体意识、社会性、英雄主义、人本倾向、母性的高扬、战斗精神、对友情的忠诚、对认识世界的探索、人类族际之间的亲和愿望等，对人类文化发展仍有一定的影响与作用。通过对萨满文化的研究，我们可以更好地认知人类祖先的历史，了解人类祖先的文化发展历程。在全面建设小康和构建和谐社会的今天，深入研究萨满文化无疑更具有深远的历史意义和极大的现实意义。

被誉为“萨满活化石之乡”的吉林市乌拉街满族镇的萨满文化相当丰富，具有鲜明的北方地域特色。这种“活化石”形象地记录了北方人类史前宗教、历史、经济、哲学、婚姻制度、道德规范、文学、艺术、体育、民俗、医学等各个方面的文化现象，反映了上古先民对整个世界的认知过程。但伴随着历史的发展，这种文化在乌拉街的很多地方和封建迷信思想联系起来，成为单纯的跳大神文化，而这种跳大神文化对当地的农民影响极大。当地农民认为人死了之后灵魂还会存在，还会成为庇佑自己的家族和子孙的祖先神，并且认为神能够决定他们的生老病死、主宰他们的繁衍生息、给予他们风调雨顺，如果神不高兴了就会对自然和人类进行惩罚。所以每当他们遇到麻烦或不可克服的困难的时候，都要通过具有特殊身份的人和神进行沟通，形成了一套完整的和神沟通的过程。很多农民在自己或亲属有病时，不去医院医治，而是把所谓的大神请到家里，再找一个二神，摆上香案跳神，请神来祛病赶灾。不幸的是，很多病人因此耽误了治疗的时间而丧生。神是什么样？谁也不知道，谁也没有看见过，即使萨满本身也只是灵魂的附体或精神的催眠而已，他也不知道神的具体形象，因为神灵是来无影去无踪、看不见摸不着的，没有具体形象的显示。至于萨满是如何向神灵请示、汇报，如何用灵魂附体、灵魂出窍等方式和神进行沟通的，谁也说不清楚，所以这就给萨满文化蒙上了一层神秘的面纱。远古时期，由于人们对自然、社会包括人类自身认识的无知，以及当时人类所处的愚昧程度，因此人们的要求是极其简单的。在这样的社会状态下，人们对神的信仰和崇拜是根深蒂固的，并且认为只有萨满才能和神相沟通，所以萨满文化在人的精神世界里发挥着重要的作用。那么萨满文化对农民究竟会产生怎样的影响，是消极的还是积极的？伴随着社会的发展，这种影响是否又出现新的特征？

为了完成这一课题，我们课题组成员于 2009 年 7 月—9 月连续走访了乌拉街镇附近的 28 个村。通过调查研究，我们获得了第一手材料，对农民的文化心态有了初步的了解，同时看到了萨满文化在农村所表现的形式。为准确把握当前农民的心理动向、促进三农发展、加强文化建设的针对性、提高农民的整体素质、探寻实施和谐农村发展的新路子提供了客观依据。

一、调查的具体目标和方法

（一）具体目标

调查的具体目标是研究、分析以下问题：

（1）农民对萨满文化的了解和掌握。

（2）农村中萨满文化存在的形式。

（3）萨满文化对农民文化心态的影响。

（4）农民文化心态对他们教育观念的影响及对策。

（5）农民的教育理念对建设社会主义和谐社会的影响及分析。

（二）调查方法

1. 问卷调查

对农民进行问卷调查，问卷内容涵盖萨满文化的形成、萨满文化的特征、萨满文化存在的形式、当前农村萨满文化所占的比重、农民文化心态的形成、农民教育理念的变化、对建设社会主义新农村政策的认识等方面。问卷调查在乌拉街镇风口村、牛家村、学古村、官通村、公拉玛村、大郑村、阿拉底村进行，共发问卷 1 400 份。收回有效问卷 1 358 份，接近理想的高效样本数。

2. 座谈会

整个调查共召开 7 次村干部座谈会、14 次村民座谈会（老年人和青年人各 7 次）。

这些座谈会不仅为我们提供了大量生动的典型材料，而且为我们进行理性分析提供了坚实的基础。

3. 典型调查

在走访的28个村中，我们专门走访了一些满族老人，这些老人的年龄均在80岁以上。这些老人是我们了解萨满文化的“活化石”，我们认真听取了他们关于萨满文化的发展、历史的变迁及他们生活的时代所特有的感慨。这些材料的获得使我们的理性分析更加合理、论据更加充分、得出的结论更加有说服力。

二、调查结果分析

对村民问卷调查的分析，以及多次村领导、村民座谈会的结果显示，在吉林市周边农村中萨满文化是广泛存在的，从祖辈那里继承下来的萨满文化对这些村民的影响是极其深远的，这种影响又直接影响了他们对下一代子女的教育，阻碍了农民文化素质的提高。另外，萨满文化在新时代又具有新的特征。

（一）中、老年农民对萨满文化的认识现状分析

1. 萨满文化观

调查显示，大部分农民对萨满文化有一定的认知。但如果直接对他们提出“萨满文化”这个词语，80%以上的村民都是一脸茫然。而当和他们提起“跳大神”这一现象时，90%以上的村民都能说出一二，由此可见，“跳大神”这一现象对村民们来说是习以为常的。每个村子中都有一两个所谓的大神，他们能先知先觉，知道其他人所不知道的事情，能和神仙通话，很多时候他们便是神仙的代表，代表神仙和人说话，中间有一个能够传话的人即二神，告诉来求医的人应该怎么做。而且大神中女性特别多，这些女性的大神多数是自己生病了，四处求医不好，便求较为有名的大神给她看病，于是被告知是有一堂神灵要来到她家，让她成为代言人、普度众生、治病救人，不仅救了自己的命，还可以救别人的命，又可以为自己积德。

2. 萨满认识观

调查结果表明，75%的村民在自己的孩子生病时，除了去医院之外，大多时候又同时找村里的大神给看看。到了大神那，大神先要请神，当大神上香后，看病的人要往大神家的堂子上压钱，钱数可以自愿，十元、二十元都可以。当大神说孩子得的是实病，而非邪病，那么家长才放心到医院给孩子看病；如果大神说有邪病，那就会听大神的，大神让买啥就得买啥。按照大神给出的方法去医病，而且深信不疑。

调查中我们获得这样的材料：三十几年前风口村有一村民，家里已有两个女孩，第三个孩子是男孩。当孩子长到三岁时，母亲又怀孕了，在母亲还有不到一个月要生产的时候，儿子得病了。明明是拉肚子，但在大神那看，却说是被狗吓着了。家长听大神的话又是让孩子喝符水，又是让孩子从狗肚子底下过来过去，结果把孩子的病给耽误了，当想起来去医院时已经晚了。男孩死的那天早上，他的妹妹来到了人间，刚刚生产的母亲听到儿子死去的噩耗后，哭得惊天动地，结果得了产后风差点丧命。左邻右舍都来安慰，后来这位母亲认为自己是没有儿子的命，村里人也认为刚刚出生的女孩要了她哥哥的命，都说这个女孩的命一定很硬。人们一直关注这个女孩的命运，目前这个女孩已经

结婚三次了，给第二个丈夫生了一个儿子。第一个丈夫离婚了，第二个丈夫让电打死了，现在和第三个丈夫生活。村里很多人经常拿这个女孩说事。

另一材料是：风口村有一张姓妇女，2009 年腊月得了病，高烧不退，住进了吉林市中心医院，出现了几次病危。医院全力抢救的同时，其家属四处去求神问卜，一天之内有好几批大神给看过，有的说其寿数已到，恐怕过不了年；有的则说她早都到寿了，只不过其人好、心好，让她又多活了几年。可以说是众说纷纭，每一家都给方子，或是烧买来的衣服，或是烧纸叠的金元宝，或是由其家属到吉林北山求寿，不一而足。但张姓妇女的病并未好转，在中心医院待到大年初三后，转到了长春医大医院并最终确诊为白血病，而且治疗也无济于事了，正月十一从长春回到了家中，正月十五便撒手西去了。

由以上的材料我们可以看出，人们一方面相信医院，但另一方面又迷信大神，认为大神可以起死回生。当人们生病的时候，经常是有病乱投医，无论大神说什么都相信，这也是人们的一种普遍心态。

3. 相信萨满文化的心理需求

萨满文化的产生形象地记录了北方人类史前宗教、历史、经济、哲学、婚姻制度、道德规范、文学、艺术、体育、民俗、医学等各个方面的文化现象，但当人们对自然界中的很多现象无法理解，甚至产生恐惧心理的时候便求助于神，希望神灵给自己一个合理的解释，而且是易于人们接受的。

调查中有一个村民讲述：弟弟小的时候体弱多病，有一次病的很重，打针不见好，便到四荒山上的白大神那里去看。白大神说弟弟在玩耍的时候摔到了小桥下，魂魄被压桥的石磨给扣住了，还说幸亏来得不算晚，否则弟弟的魂魄就要不回来了，并告诉妈妈如何做。直到现在妈妈说起白大神还是佩服得五体投地，认为弟弟的命就是白大神救的。现在妈妈也很相信有神灵的存在，并在家中供有保家仙。像该村民的妈妈这样供保家仙的村民还有很多，调查的材料表明有 10%以上的人家供有保家仙，让保家仙保佑全家平平安安、事业兴旺、万事顺意。

在对调查材料的整理中，我们发现当一些老人（大约 55 岁以上）生病时，大多数人会想到：自己生病了，是冲着谁（一般是已经死去的亲人、邻居或其他的外鬼）。验证的方法是亲属拿一碗清水、三根筷子，把筷子放到碗中，嘴里念叨死去的亲人或邻里的名字，如果冲着的是某个人，当念叨他的名字时，筷子会在水中立住。找到了问题的症结所在，便派人到商店买点烧纸。夜深人静的时候，拿到十字路口去烧，边烧边念叨冲着人的名字，让他赶快离开生病的人。生病的人得到了心理安慰，病也就见好了。因此，人们认为这种方法真的很灵验。

（二）当前农村村民对萨满文化认识的心理特点

调查显示，当前农村村民对萨满文化的认识与以往农村村民对萨满文化的认识相比，有明显的不同。

1. 对萨满文化的认识趋向科学化、理智化

萨满文化的主要表现形式是萨满祭祀，祭祀必“跳神”。古时一提到“跳神”，人们

就将其与民间的“巫婆”“神汉”相联系，与封建迷信混为一谈。关于萨满文化封建迷信的问题，多少年来，中外专家学者先后对它进行反复的比对研究，并做出了客观、公正的评价。虽说法各异，但殊途同归，都认为其是古朴的宗教信仰、原始的民族文化。当然，不排除其中所包含的迷信成分，因为毕竟是一种原始的自然宗教。试问，现存于世的哪种宗教不包含迷信因子？哪种宗教能完全剔除迷信的糟粕呢？所以说，原始的萨满教不仅有别于其他的人为宗教，同“巫婆”“神汉”更有明显的本质区别。但由于当时人们的文化素质低，加上原始先民的劳动力十分低下，决定了他们对宇宙空间及自然界简单、直观、朦胧的认知水平，所以一直认为只要“跳大神”就是萨满文化。这也就是为什么在农村人们只知道“跳大神”，而不知道萨满文化的原因。

自从我国恢复高考之后，农民的子女接受教育的机会越来越多，文化水平逐渐得到提高，通过书本、文献更加科学地认识到“跳大神”与“跳邪神”等封建迷信的区别，可以利用科学的方法进行抵制，并会耐心地劝说父母要有目的地反对封建迷信。

2. 对萨满文化的认识趋向纵向多层次和横向多目标

在调查中我们发现，现在村民们逐渐摆脱对鬼魂与亡灵的崇拜，从思想的禁锢中解放出来，开始有意识地吸取萨满文化的精华，摒弃其中的糟粕。从满族萨满祭祀的神词中可以看出，萨满教的信仰是讲求实际的，与人们的现实生活息息相关。所反映的伦理思想和哲学观点，是现实生活的反映和总结。烧香跳神过程中既没有宣传对天堂的憧憬，也不描述地狱的恐怖；烧香不烧纸，信神不信邪；崇拜自然，崇拜图腾。

萨满祭祀的宗旨是“慎终追远”，即不忘根基、牢记祖宗。祭祀的内容是：祭奠祖先，垂念根基，祈祝天地，风调雨顺；祈祝子嗣，人丁兴旺；祈福延年，祛病消灾，祈祝亲人，外出早归；祈求将士，荣升凯旋；祈福祈寿，合家平安。祭祀的形式是：娱神娱人，人神同乐。通过通宵达旦的狂歌劲舞、阖族共聚的喜庆宴会，培养了满族人民豪爽开朗、热情奔放、英武剽悍的性格，铸就了为民族牺牲的精神，以及抵御外侮、共抗强敌、为开拓疆土而战的民族凝聚力和责任感。

萨满祭祀演唱的神词中，也比较鲜明和突出地反映了萨满教务实的功利主义。它的观念是“莫道来世天堂美，只求今生得富贵”，迎合了世俗的愿望和习惯力量，所以才具有如此顽强的生命力。在比它强大、文明、先进得多的现代宗教浪潮的冲击下，深深植根广大满族民众之中，实现生存、发展、自我完善，直至走到今天。这样的认识将会使萨满文化这种非物质文化遗产得到更多人的青睐，会有更多的人投身到保护萨满文化的事业中来，全力拯救我们的文化遗产。

3. 对萨满文化的认识从形式到内容都有所改变

以往的村民所认识到的萨满文化在内容上只不过是求神消灾、保佑平安，形式上也不过是上香请神，坐在炕上头摇身晃，嘴中念念有词而已。而现在的村民逐渐认识到真正的萨满文化有诸多的表演形式：

一是萨满祭祀场景恢宏、气势雄伟、阵容庞大，并有诸多场地、器材，参与人员多且有明细分工。

二是萨满祭祀程序讲究，神祇虽然众多，但大多都有实体偶像，必须依次在偶像前祭拜。

三是响器较多，多数是打击乐器，与舞蹈和音乐紧密配合。如“同恳”（大鼓或抬鼓）“洪乌”（铃铛）“因玛亲”（抓鼓）等。抓鼓的节奏明快并富于变化，如前进时用“快五点”，前进较快舞步用“快三点”，后退时用“单点”，鹰神的舞蹈表演用“老五点”，家祭舞蹈时用“花七点”，“旋迷溜”时则用“碎点”。营造紧张、热烈、火爆的场面，使音乐、舞蹈与打击乐器有机结合、浑然一体，起到烘托气氛、感染情绪的作用。

萨满祭祀的音乐旋律、演唱情绪、演唱形式也是复杂多变的，根据不同的神祇、场景、内容而产生情感与曲调上的变化。有时缓慢深沉，有时欢快活泼，有时优美抒情，有时激昂高亢。真实地再现了原始先民田园耕作的劳苦、渔猎捕获的喜悦、征战沙场的拼搏、开疆拓土的凯旋等情景。

演唱形式随着内容要求的变化而多种多样，有请神、排神时的独唱；有跳家神和升斗回话时的对唱；有瞒尼神附体时一人唱众人合唱；也有“玛克己”“朱禄”等瞒尼神降临神坛后舞蹈时众人齐唱。

神词的表现手法也是花样繁多，比兴、排比、衬词、夸张和比喻运用得恰到好处。难怪匈牙利学者迪欧塞吉在为《不列颠百科全书》撰写的词条中写道：“萨满是一个演员，一个舞蹈家，一个歌手和一个整体管弦乐队”。通过他们严谨的表演，在娱神的同时娱人，最终达到人神同娱的目的。所以说，萨满祭祀始终保持较为原始的“说着唱、唱着说、乐中舞、舞中歌”的形式。人们所谓看神，实际感受到的是萨满鼓乐之响、舞蹈之形、歌唱之声。

如今，随着赵本山绿色二人转走向全国，神调更是家喻户晓，很多人都可以唱上一段。人们也逐渐把这种曲调看做一种文化艺术来欣赏，而不再是迷信形式的一种展现。

4. 对萨满文化的认识深层次化

以往的村民由于受知识水平的制约，对萨满教中的众多文化形式根本不了解，而现在的大多数村民可以利用信息、网络很便捷地查找到相关的材料，加深了对萨满文化的认识。

我们了解到萨满祭祀主要传承方式是“教乌云”。“乌云”满语为数字“九”。为何称为“教乌云”呢？其原因有三：一是，九天为一个学习周期，对所传知识进行测验，检查学习效果；二是，九天一更换供品、供酒与供果，清理香案、拂去香灰与积尘；三是，整个培训需要九个九天才能完成。

“教乌云”前，族长首先要召开有神职人员、各分支族长及一些德高望重的族人参加的家族大会来确定时间、地点和人选。人品的选拔是通过大伙儿推荐，民主评议，最后选出品德端正、聪明伶俐、富有民族事业心和责任感的未婚男性青少年参加培训。在“教乌云”的过程中，学员不仅要学习神词，还要掌握日常用语，了解家族历史、家族历代大事、伦理道德、风俗习惯，做栽力所需掌握的技艺、常识等诸多方面的知识。“教乌云”后要“落乌云”，“落乌云”实际就是满语培训班的“毕业典礼”。检验一下此次学习的效果，通过实地的演练，全面了解并掌握萨满祭祀中的知识，提高能力，加强记忆。

三、对调查结果的思考

（一）当前农村农民萨满文化观的成因分析

当前农民对萨满文化的认识主流是积极向上的，可以说他们正在形成健康、超前、理性的认识观，但仍然存在消极的一面，这是不容忽视的。

1. 市场经济发展的影响

在市场经济的影响下，越来越多的村民开始离开农村，走向城市，甚至更多的人在城市中“生根发芽”了。城市的文化氛围和教育环境使这些村民的思想发生了变化，对萨满文化的理解更为理性。但也有一些人为了自己生意的兴隆，更加相信萨满文化中消极的东西，认为可以帮助他们战胜对手。

2. 国家高等教育的影响

随着高等教育的改革，越来越多的农民子女获得了上大学的机会，外面的精彩世界使这些从农村走出的大学生接触到了更多的知识，有了更深入的思考。他们思想的转变无形中影响了自己周围的亲朋好友，使更多的人开始认真思考和自己生活息息相关的而以前不太重视的人和自然的关系，这样自然会对萨满文化开始进行全新的认识。

3. 农民进城打工的结果

现在越来越多的农民流向了城镇，特别是“农二代”接受的完全是城市化的教育，他们通过信息、网络了解到更多的知识，他们的思想已经和父辈们大相径庭了。这些也影响了他们对萨满文化的接受，甚至有很多人开始排斥萨满文化。

4. 家庭教育的影响

越来越多的农民认识到知识的重要性，所以从孩子一出生便对孩子进行教育，使孩子们的成长一直伴随先进的文化和思想，孩子们便逐渐远离了萨满文化。

5. 学校教育的影响

受计划生育政策的影响，新出生的孩子越来越少，多数的农村学校便进行了合并，因此大多数村民把孩子送到镇里的学校就读，这样无形中使孩子们的认识也有所提升。孩子们在接受一些观念和思想的时候，可以根据自身的学识进行取舍，取其精华，去其糟粕。这也是村民对萨满文化的认识积极发展的一面。

6. 教师的影响

在诸多的影响中，我们认为教师对于学生的影响最直接、最持久、最有效。通常，父母的话孩子不一定听，但老师的话一定会听。由于教师的文化素质提高了，原来多是民办教师，现在发展为由正规院校毕业的师范生去进行教育工作，自然会带动学生的认识更加科学化和理性化。

（二）形成健康、理性的认识观的对策

1. 增加投入，创造良好的教育环境

当前，我国农村村民的人数仍然占人口总数的70%，他们素质的提高直接会影响全民素质的提升。因此，国家应该进一步加大教育投入的力度，使更多的农民子女有接受高等教育的机会。这样就会改变以往农村中的迷信思想，使村民的整体文化素质提高，重新认识作为文化遗产的萨满文化，并积极主动地去拯救萨满文化。

2. 帮助更多的村民准确地了解和把握未来

村民们文化素质提升的同时，就会更加关注自己的成长和未来。因此，国家就更应该制定富国强民的政策，使农民能对自己的未来有更多的把握。

本文研究了萨满文化对农民文化心态的影响性分析，这种影响有积极的，也有消极的。希望通过本文的调研与分析，可以使这种文化遗产在我国市场经济的大潮下，在改革开放的今天，以至建设和谐社会的明天发挥更大的作用。

资料来源：王凤：《吉林市萨满文化对农民文化心态影响的调研报告》，见江城论坛，2010。

简 析

这是一篇反映情况的调查报告。报告的开头部分概括叙述了调查的具体目标和方法，并对调查结果进行分析。文章分析了当前吉林市周边农村的农民对萨满文化的认识现状、心理特点，并分析了农民萨满文化观的成因，同时提出了健康、理性的对策，有较强的参考价值和借鉴作用。

综合训练

一、瑕疵文案

找出下面调查报告存在的问题，并对其进行完善。

大兴区中学生心理健康状况调查报告

一、调查目的

中学阶段是学生心理素质形成的关键时期，这个时期学生的自我意识问题、青春期性问题和人际交往问题尤为突出。而且，社会、家庭对学生的期望值越来越高，加上学生之间的无形竞争，使得他们时刻承受着巨大的心理压力。在面对现实与未来双重挑战的情况下，传统教育已解决不了新时期出现的新问题。因此，现代的中学生要在未来的竞争中稳操胜券，除了要有良好的思想道德素质、科学文化素质和强健的身体素质之外，还要有健康的心理素质。

为了了解现阶段中学生的心理健康状况，研究他们存在的心理问题及问题的成因，以帮助他们及时调整心态，让他们具有调整心态的素质，使他们以一种健康的心理来面对现实、迎接挑战。我们采用问卷调查方式，对我区部分中学生进行了调查，并对调查结果进行了认真的研究和分析。

二、调查的内容对象及方法

本次调查采用问卷调查法，由我区专职从事心理教育工作，并受过系统的心理测试知识培训的老师设计调查问卷，问卷内容包括中学生“独立性、焦虑程度、人际敏感、自我认知心理、学习压力、抗挫心理”等方面。对大兴区的在校中学生进行了调查，其中直属中学有：黄村一中、黄村二中、黄村四中、黄村五中、黄村八中、兴华中学。农村中学有：东南片的采育中学、凤河营中学；南片的榆垡中学、庞各庄中学；红星地区的太和中学、德茂中学。这12所学校基本上代表了全区中学生的整体情况和水平。

三、调查结果分析

本次调查，随机抽取被调查学校的学生共480名，收回问卷480张，有效问卷480张。现把结果分析如下：个人综合评定：0分的有8人，占问卷总数的2%，即非常健康的人数占2%；0～1分的有442人，占问卷人数的92%，健康状况一般，多数人在此列；1～2分的有30人，占问卷人数的6.3%，即健康状况较差的人数占6.3%，比率较少。团体综合评定：综合心理健康指数为0.453，即健康状况一般（0分为健康；1分为健康状况一般；2分为不健康）。

为了了解直属中学与农村中学学生的心理状况差异，我们又进行了分类分析，分析结果如下：直属中学学生平均健康指数是0.5，而农村中学学生的健康指数是0.41。很明显，直属中学学生的健康指数要高于农村中学的学生，因此，直属中学学生的心理素质教育问题更应重视。通过分析，我们认为，造成中学生这种状况的原因主要有以下几个方面：

1. 学习类问题

（1）目前，学校课业任务繁重、竞争激烈、父母的期望值过高，使得学生精神压力越来越大。

（2）厌学是目前学习活动中比较突出的问题，不仅是学习差的同学不愿意学习，就连成绩很好的同学也有这种倾向。

2. 人际关系问题

（1）与教师的关系问题。主要集中在由于教师对学生的不理解，过多干涉学生的业余生活和正常交往而引起的困惑和烦恼。此外，还有一些其他想法，如认为老师“嫌贫爱富”的，认为老师“处事不公正”的，认为老师“轻视自己”的等。这些都反映出学校中师生关系的问题。

（2）同学的关系问题。主要集中在交友方面，因处理不好朋友之间的关系而烦恼。此外，尚有个别学生因初中升到高中朋友越来越少，而怀疑世上没有真正的友谊，也交不到真正的朋友，进而想离世隐居的。

（3）父母关系的问题。主要是因父母与子女之间缺乏相互理解和沟通，或家庭关系不和给学生造成心灵伤害。

3. 情感类问题

青年时期是花的季节，在这一阶段人的第二性征渐渐发育，性意识也慢慢成熟。此时，情绪较为敏感，易冲动，对异性充满了好奇与向往，当然也会伴随着出现许多情感的困惑，如初恋的兴奋、失恋的沮丧、单恋的烦恼等。

四、相应建议

我们可以看到，中学生的心理健康现状是不容忽视的，它为我们亮起了警告信号。作为心理工作者有责任意识，不能仅仅把工作停留在了解问题、分析问题的水平上，而要着手解决这些问题。我们有决心在原有的基础上，采取更强有力、更实效的措施，使我区心理健康教育提高到一个新的水平。因此，提出以下相应建议：

（一）学校要通过各种方式对不同年龄层次的学生进行心理健康教育的指导

（1）对中学生进行专门的心理健康教育，在中学开设专门的心理健康教育课程，帮助学生了解心理科学知识，掌握一定的心理调节技术。

（2）建立“悄悄话热线”信箱，有利于与中学生进行交谈。

（3）在中学里建立心理咨询与调节室，除了一般的谈心外，还可采用一些心理治疗的简易方法对症下药。

（4）创建学校心理教育刊物，针对学生的心理问题或学生关心的心理学理论，各校可以根据本校的实际情况创建面对学生的刊物。刊物上可刊登一些成功的心理调节案例、介绍心理学的一般知识，以及一些名师的心理指导等内容，不断帮助学生提高心理素质。

（5）在常规的教育活动中渗入心理辅导的内容，在各门学科的教学目的中加入心理教育的分解目标，使教育模式由知识教育向素质教育、心理教育转化。

（二）指导家长开展家庭心理教育

各个学校可以利用家长学校对学生家长开展家庭心理健康教育指导，使学校心理健康教育在家庭中得到延伸。

（三）明确对学生进行心理健康教育的职责

对学生进行心理健康教育是我们教师的职责，对学生进行心理素质教育，学校领导有责任，班主任有责任，任课教师也有责任。

（四）加强学生心理健康教育的力度，以防为主

我们相信，经过不懈努力，定会迎来中学生心理健康教育的灿烂春天。

二、写作训练

针对社会主义市场经济条件下大学生就业、择业的实际情况写一份情况调查报告。

第四编

传播文书

第七章
新　闻

第一节　新闻概述

一、新闻的概念

新闻即新闻报道，又叫消息，是对新近发生的、正在发生的、过去发生现在才发现其新闻价值的有意义的事实的报道。它有广义和狭义之分，广义的新闻包括消息、通讯、新闻公报、特写、报告文学、调查报告等；狭义新闻的专指消息。我们所说的新闻，一般指的是后者。

消息是以报道新近发生的、群众关心的、有意义的事实为内容，文字简短、反应迅速、使用广泛的一种新闻体裁。

二、新闻的特点

（一）内容新

新闻应从现实生活中选择最新鲜的事实，及时、简明地报道给读者，一般要求报道新人物、新鲜事、新动态等。

（二）针对性强

新闻反映的是能引起广泛兴趣的、新发生的、重要的、有意义的事实。这就有个针对性的问题，要针对时代的需要、人民的需要，抓住发展中的新情况、新问题，及时地加以报道，才能有效地解决实际问题。新闻的针对性越强，影响就越大，也就越有普遍意义。

（三）事实准

新闻要用事实说话，事实是新闻的基础。离开事实，新闻便成为无源之水、无本之木。用事实说话要注意：选择运用典型的事实，要对事实进行概括，要交代清楚何时、何地、何人、何事、何故，对事实进行客观的叙述。

（四）报道快

新闻姓“新”，除了主题新、题材新之外，写作迅速、及时也是很重要的。机不可失，失不再来，写作新闻一定要有强烈的时间观念。另外，还要求收集材料时争分夺秒地抢新闻，写作思路敏捷，文笔娴熟，做到倚马可待，一些重要的新闻要边采边写，分秒必争。

解放战争时期，解放军随军记者阎吾同志写的新闻《我军横渡长江情景》是在一条壕沟里从敌人尸体上找到一截蜡烛头，在地上花了五分钟的时间写成的。这条新闻一经发出，极大地鼓舞了我军的士气。“快”使新闻具有活力。谁能用最快的速度最全面地报道事情发展过程，谁就能赢得最广大的读者与听众。

（五）篇幅短

这是新闻区别于其他文体的一个显著特点，也是对新闻写作的一个基本要求。新闻要一事一报，要写得短小精悍，用最经济的文字写清楚最重要的事实，表达出丰富而深刻的内容。胡乔木同志曾提出，新闻要有五分之四在五百字以内。写作时，应以叙述为主，不必要的描写、议论应避免。这就要求善于抓本质，对表达的内容要善于浓缩。

三、新闻的种类

根据不同的分类标准，可以将新闻分成若干类别。

（一）按报道的对象划分

按报道的对象，可分为人物新闻、事件新闻、会议新闻、经验新闻等。

（二）按报道的地域划分

按报道的地域，可分为国际、国内、地方新闻。

（三）按报道的内容和范围划分

按报道的内容和范围，可分为政治、军事、工业、农业、科技、外事、体育、文教卫生新闻等。

（四）按写作角度划分

通常的分类法是从写作角度来划分的，可大致分为下述四类。

1. 动态新闻

变动产生新闻，变动决定新闻。动态新闻的主要功用就是迅速及时、简明扼要地报道国内外新近变动的事实，将社会生活中发生的新变化、新成就、新动向、新情况报道给读者或听众。

其特点是篇幅短小、主题集中，一事一报，报道简洁、明快。它只报道发生了什么事，而不解释为什么。报纸上大多数的短新闻，尤其是简讯、简明新闻、标题新闻之类都是动态新闻。因其新闻特征明显，所以有人称它为纯新闻。

动态新闻重在反映情况，这就要求写清何时、何地、何人、何事、何因、何果六个新闻要素，要按照一定顺序展开所要报道的事实。动态新闻时间性最强，要求作者十分注意正在发展的事态的变动情况，并随时将最新动态报告给关心事态发展的读者，报刊上的简明新闻、今日新闻、文教动态等均属这一类。

2. 综合新闻

综合新闻是围绕一个主题，综合反映某一方面的情况、动向、成就、问题的新闻。它既有“面”上情况的概括反映，又有“点”上典型材料的说明，点面结合，反映全局。

3. 经验新闻

经验新闻又叫典型新闻，是反映某一方面的经验、做法的新闻，为人们变革现实提供借鉴。

4. 述评新闻

述评新闻又叫新闻述评，是用夹叙夹议的方式，或在叙述中融注作者观点来反映国内外重大事件或问题的新闻。它是新闻记者感到单纯地报道客观事实不能满足读者的需要，或不能达到某种目的时，对形势、事态、问题发表意见，进行分析与解释的一种特殊报道形式。

此外，随着社会的发展，为适应人们对信息传递速度和信息量增加的需要，报纸上还出现了“标题新闻”“一句话新闻”“简讯”等新闻形式。

第二节 新闻的写作

一、新闻的结构

新闻一般由标题、导语、主体、结尾组成。此外，还有对背景材料的灵活运用。

（一）标题

标题是新闻的眼睛，是对新闻内容的形象概括。它最变化多端、最丰富多彩。要求简练、生动、具体、明确。

标题有单行标题和多行标题之分。多行标题由引题、正题（主题）、副题构成；也可由正题（主题）、副题构成；或由引题、正题（主题）构成。主标题（也叫正题或主题）是标题的核心，位置居中，一般用来点明新闻的最主要的事实或观点。引题，位置在正题之上，主要用来交代背景，烘托和渲染气氛，引出正题。副题位置在正题之下，主要起补充、注释作用。例如：

大宴宾客　奉送厚礼（引题）

万宝公司开会三天挥霍十万（正题）

财政部强调整顿会风压缩开支（副题）

（二）导语

导语是新闻的开头部分，用简明生动的文字写出新闻主要事实或主要问题，同时交代清楚新闻事实发生的时间、地点、人物、事件经过和原因。导语一般用来提出问题、概述事实、揭示主题。通常有以下几种写法：

1. 叙述式导语

叙述式导语是用直接叙述的方法，或摘要地叙述本篇新闻的主要事实、经验，或对全篇事实材料进行综合概括，揭示主要内容。

2. 提问式导语

提问式导语是采用设问的方式，把新闻中要解决的问题或要介绍的经验一开始就摆到读者面前，引起读者的思索和关注，然后再通过对新闻事实的叙述或评论，回答所提的问题。如，《新观察周刊》（法）报道《一九八三年的悲惨世界》的导语："目前世界上究竟有没有贫困的'第四世界'？有！尽管在这不断繁荣的时代里不多见，然而它却一直存在着……"

3. 摘要式导语

摘要式导语常用摘取数据或有可比性事例的手法突出新闻的内容要点。如，新华社北京电："据国家工商行政管理局统计，我国城乡个体工商业者从"文化大革命"结束时的十几万，发展到现在已达一千七百多万，增加了九十六倍，星罗棋布的个体经营网点，占到全社会经营网点的百分之十六点二。"

4. 评论式导语

评论式导语通常是在开头概述最重要的事实之后，立即对这一事实发表评论，作出判断，把新闻事实的意义讲得明确、肯定。如，新华社北京一九八五年四月一日电："今天，新中国颁布的第一部专利法正式生效了。从此，脑力劳动成果被无偿占用的历史在我国宣告结束。"

5. 描写式导语

描写式导语是在报道新闻事实之前，先用简明生动的语言，对新闻事件中某一个最重要或最有特色的侧面或场景作一番描写，使读者一开始就感受到某种强烈的气氛，产生如临其境的现场感，或是作者所预期的某种情绪效应。如，据新华社北京一九八八年三月八日电："一盆盆翠绿欲滴的麦冬、松柏、万年青和盛开的鲜花装点在人民大会堂的大厅里，全国妇联今天下午在这里举行联欢会。中外妇女一千五百多人欢聚一堂，相互握手问好，亲切交谈，共同庆祝'三八'国际劳动妇女节。"

6. 比兴式导语

比兴式导语是运用类似文学写作中"即物起兴"的手法，通过引用诗句，谣谚或是比喻象征性的描写，对新闻的特点或意义先作形象化的暗示和强调，然后再引出所要叙述的新闻事实。这种导语文艺性较强，令人爱读。如，《森林公园的特色》的导语“听说上海一东一西镶有两块玉，西边是块‘汉白玉’，即波光粼粼的淀山湖，东边是块‘祖母绿’，那就是满园覆绿的‘森林公园’……”这是比喻性的开头；《中国环境报》刊载的关于夏日除蚊的报道的导语：“饱去樱桃重，饥来柳絮轻，但知求旦暮，休要问前程。”这是诗人范仲淹写蚊子嗜血的诗句，寥寥数笔，蚊子的形态特点便跃然纸上。

导语是对新闻内核最精炼的浓缩。二十世纪八十年代的新闻专业教育，写导语讲究的是五个“W”：什么人（Who）、什么事（What）、什么时间（When）、什么地点（Where）、为什么（Why）。比如：“白岩松今天下午一点半在中国传媒大学，给大家作了5个小时题为×××的报告。”

但最近二三十年，很多新闻的导语发生了变化，不再是完整的五个W，可能只是一句话：“白岩松在那一刻显得很尴尬。”

再比如某网站关于奥运会的报道的导语：“一下飞机就听说：‘中国奥委会实施了最严格的兴奋剂检测程序，一大堆著名运动员都被刷掉了。’作为报道奥运会的记者，这么重大的变化，当然让我们忐忑不安——这下奖牌得跑不少吧?”

又如中央电视台CCTV-4中关于奥运会的报道的导语：“今天下午一点，中国奥委会主席，国家体育总局局长袁伟民，在召开的××会议上强调，宁可牺牲成绩，也要办一次干干净净的奥运会。”

（三）主体

主体是紧接在导语后面构成新闻主要内容的部分。它承接导语详细地叙述事实、说明问题，用充足、具体、典型的材料对导语所作的叙述作充分的展开。

1. 主体的结构顺序

（1）按事实发生、发展的时间顺序叙述。

（2）按事物的内在联系或是人们认识问题的逻辑顺序来表现。

（3）把时间顺序和逻辑顺序糅合在一起来写。

2. 主体写作的注意事项

（1）材料充实，让事实说话。新闻报道的思想性和指导性，主要应该通过那些既能体现社会发展趋势或事物本质规律，又有鲜明个性特征的典型材料来体现。只要把那些富有指导意义或新闻价值的主体事实扎扎实实地摆出来就可以了，道理完全可以让读者自己去思考。

例如《两千双女鞋的遭遇说明了什么?》，全文只用四百五十几个字，比较详细地叙述了这批女鞋由积压到畅销的事实。作者没有向读者灌输任何道理，而是让事实的逻辑引导读者自己去得出商业工作必须进行改革的结论。

（2）语言简洁，在平实中求生动。新闻贵实，包含内容充实和语言朴实两层含义。在此基础上，要求语言的活泼、新鲜、生动才更有意义。那种浮言多、陈言多、套话多、大话多的新闻报道只会让读者感到语言乏味，面目可憎，从根本上削弱了内容自身的充实感。

例如，有篇反映某铁路局职工改善服务态度的消息，记者在报道广大旅客、货主的热烈反映时，并没有袭用某些常见的套话，而是如实地引了一句群众的口语“铁老大，变成铁哥们啦”，这就显得亲切生动了。应是意到即止，一字也不多设，不摆新闻架势吓人。

（3）篇幅紧凑，言简意赅。文章长短以内容来决定，应量体裁衣。

（四）结尾

新闻的结尾是内容发展的自然结果，起着总收全文的作用。目的在于使读者能得到一个完整的总体印象。它常表现为与导语呼应，最后升华主题。

结尾的写法有以下几种：

（1）概括性地小结新闻内容，加深读者印象。

（2）写出新闻事实发展趋势，引起读者关注。

（3）以启发激励式的话语，让读者思索，领会新闻中没有明白道出的意思。

例如，《光棍堂引来四只金凤凰》的结尾："马文志一家看到家境大变，努力大干，为四化多做贡献，用实际行动回答党的关怀。"

新闻的结构不是固定的格式，有的可以没有导语，有的可以没有结尾。新闻的形式要服从内容的需要。标题新闻、一句话新闻、简讯，这些就更不受新闻结构形式的限制了。

（五）背景材料

背景材料是指新闻事件发生的历史条件和环境的材料。一般来说，新闻写作中往往用背景材料来烘托、深化主旨，帮助读者认识所报道的事实的性质和意义。它是新闻结构要素之一，但不固定在某一段落，常融于标题、导语或主体中。背景材料大体可分为三种：

1. 说明性背景材料

说明性背景材料主要是指与新闻人物或事件有关的政治形势、历史状况、地理条件、物质基础、生产面貌等情况。用以说明新闻产生的各种因素。

2. 对比性背景材料

对比性背景材料是指与新闻人物或事件相比较（对比、类比）的材料。用来说明事物的变化发展，或是突出人物和事件。

3. 注释性背景材料

注释性背景材料是指对新闻内容牵涉的专业名词、专用术语进行诠释和解说的材料。用以帮助读者准确地理解新闻内容。

二、新闻写作的要求

（一）要具备基本要素

新闻要把报道的基本事实交代清楚，让人能把握整个事实的大致轮廓，就必须写清楚什么人在什么时间、什么地点因为什么原因发生了什么事情，即"五个 W"。一般来说，写作消息要具备这"五个 W"，但也不是绝对，可视需要而定。

（二）要用事实说话

新闻是通过事实来说明问题、阐明观点、影响读者的，在写作新闻过程中要把重点放在对新闻事实的客观报道上，即使是述评新闻，也要重在述评，把观点隐藏在述评之中。

（三）材料精当，主旨集中

运用的材料必须是最能体现新闻主要事实的、最能揭示新闻事实本质的，也是新颖生动的。同时新闻是一事一报道，主旨必须集中，使人一目了然。

（四）语言简洁，生动活泼

新闻是以“短”为特色的，因此要写得短小精炼，言简意赅。

［例文 7—1］

四十四年前赴后继的冲击终结硕果

中国足球梦圆世界杯

中国队击败阿曼队提前两轮出线

据新华社沈阳10月7日电（记者树立 蔡拥军）于根伟有力的一扫，扫清了中国队第七次冲击世界杯足球赛的最后一道障碍，对中国人尘封了44年的世界杯大门第一次豁然洞开！

整个五里河体育场被五星红旗和欢呼声淹没！米卢的飞吻、范志毅的痛哭、场外的烟花、场内山呼海啸般的呐喊，伴随着雄伟的《歌唱祖国》的乐曲声，全场气氛在终场哨响起的那一刹那达到了最高潮。中国足球人用巨大的优势告诉世界：世界杯，我们来了！

1∶0击败阿曼队后，中国队6战5胜1平，进10球失1球，积16分，在十强赛B组中再没有对手能追得上中国队。中国队提前两轮冲进了2002年世界杯足球赛决赛圈，同时也是亚洲第一支出线的球队。

历史性的一刻在36分钟时降临，中国队凌厉的边路攻势已经压得阿曼队喘不过气来，吴承瑛左路突破到底线附近再回敲给李铁，李铁远距离转移给了右路的李霄鹏。李霄鹏头球传进禁区，郝海东灵巧地往后一摆，这时阿曼队小禁区中央已经无人设防了，杨晨和于根伟同时杀至，第一次获得首发位置的“前腰”于根伟打进了这个历史性的进球。

中国队本场比赛只需取得一分就能确保出线，主教练米卢蒂诺维奇除了用以进攻见长的于根伟代替因累计黄牌停赛的祁宏外，没有改变自己惯用的首发阵容。在曾在客场2∶0赢过的阿曼队面前，中国队似乎用这个阵容来预示全取三分的决心。

中国队还剩下与卡塔尔队和乌兹别斯坦队的两场比赛，但全国的球迷都在此夜庆祝！

资料来源：树立、蔡拥军：《四十四年前赴后续的冲击终结硕果 中国足球梦圆世界杯 中国队击败阿曼队提前两轮出线》，载《广西日报》，2001-10-08。

简 析

本则动态新闻的引题介绍中国足球44年冲击世界杯的历史背景，正题揭示进世界杯决赛圈的主题，副题是补充交代具体比赛结果，标题设计精练、生动。正文内容按照“倒金字塔”结构叙述新闻事实，突出了新闻事件的重要意义。全文语言生动，富有感情色彩。

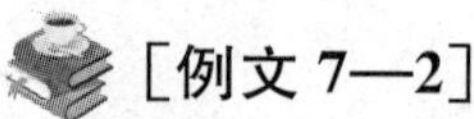

［例文 7—2］

多哈会议主席一槌敲开入世之门

WTO：请进，中国！

20 多个世贸组织成员代表登台发言表示祝贺

新华社多哈11月10日电（记者潘国俊　车玉明　邵杰）世界世贸组织第四届部长会议10日下午在卡塔尔首都多哈以全体协商一致的方式，审议并通过了中国加入世贸组织的决定。30日后，中国将正式成为世贸组织成员。

当地时间10月18时30分，大会开始讨论下一个重要议题——中国加入世贸组织问题。世贸组织中国工作组主席吉拉德向大会报告工作组的工作，并向大会提交了部长级会议《关于中国加入世贸组织的决定》草案，请大会审议和通过。在没有任何反对意见的情况下，会议主席卡迈勒手中的木槌一锤定音，表示通过。世贸组织总干事穆尔等首先起立鼓掌表示祝贺，接着中国代表团全体成员起立鼓掌，全场700多名代表也纷纷站起来热烈鼓掌。

中国政府代表团团长、外经部部长石广生在随后的发言中说，中国加入世贸组织不仅有利于所有世贸组织成员，有助于多边贸易体制的发展。它将对21世纪的中国经济和世界经济产生广泛和深远的影响。石广生还强调，加入世贸组织后，中国将在享受权利的同时，遵守世贸组织规则，履行自己的诺言，与其他世贸成员一道，为世界经济贸易的发展做出积极贡献。

中国加入世贸组织，受到了世贸成员的普遍欢迎。石广生发言后，韩国、日本、欧盟、美国等二十几个世贸成员的代表纷纷上台发言表示祝贺。他们认为，中国加入世贸组织后，将加强多边贸易体系，有利于促进世界经济的发展。

资料来源：潘国俊、车玉明、邵杰：《多哈会议主席一槌敲开入世之门　WTO：请进，中国！　20多个世贸组织成员代表登台发言表示祝贺》，载《中国青年报》，2011-11-11。

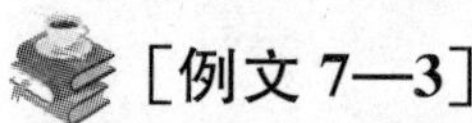

简　析

本则动态新闻的导语属于结论式导语，主体部分按照事件发展的过程进行叙述，条理清晰。报道客观如实，语言质朴简明，与所报道的新闻事件特点相吻合。

［例文 7—3］

美国纽约华盛顿地区遭受严重袭击

世贸中心坍塌　五角大楼被撞　造成重大损失

新华社北京9月11日电　美国东部地区11日发生一系列严重袭击事件，纽约的世界贸易中心和位于华盛顿的美国国防部所在地五角大楼等重要建筑均遭到袭击，造成重大人员伤亡，目前具体伤亡情况不详。

在纽约，当地时间上午 8 时 50 分（北京时间 20 时 50 分），被劫持的美洲航空公司第 11 次航班客机和机组人员共 92 人。9 时 8 分，又一架被劫持的美洲航空公司第 77 次航班客机撞中世贸中心大楼南楼，机上共有乘客和机组人员 64 人。随后不久，被撞中的世贸中心两座大楼相继坍塌，纽约标志性的建筑变成一片废墟。

在华盛顿，当地时间上午 9 时 30 分，一架小型飞机撞向美国国防部办公地点五角大楼，造成五角大楼起火坍塌。同时，国务院、国会山附近相继发生炸弹爆炸事件。上午 10 时，一架美国联合航空公司的 747 客机在宾夕法尼亚州坠毁。

美国总统布什当天中午在路易斯安那州就上述一系列严重袭击事件发表电视讲话说，美国政府“已经采取了一切适当的安全防范措施来保护美国人民”，美国国内和海外驻军“正处于高度戒备状态”，美国还采取了必要的保安措施来确保美国政府的“正常运转”。他还发誓说，美国将采取一切必要手段，追查并惩罚制造和袭击纽约世贸大厦及五角大楼事件的恐怖分子。

据悉，美国联邦航空管理局已经下令关闭全国机场，禁止任何飞机起飞。同时美国白宫、国务院、司法部、财政部、国防部等联邦政府部门和国会已经要求所有工作人员迅速撤离工作岗位。

资料来源：《美国纽约华盛顿地区遭受严重袭击 世贸中心坍塌 五角大楼被撞 造成重大损失》，载《广西日报》，2001-09-12。

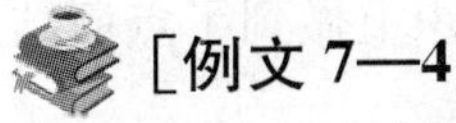

简析

本则消息具备了新闻事件的时间、地点、人物、事件等基本要素，交代了新闻的主要事实。叙述客观、准确、具体，不显示任何评价观点。

[例文 7—4]

为你骄傲 为你自豪

全国各地师生欢庆北京申奥成功

本报 7 月 13 日综合消息 这是一个不眠之夜。当北京取得 2008 年奥运会主办权的消息从遥远的莫斯科传来时，全国各族人民都在为这一时刻欣喜振奋。全国各地师生尽情欢呼、尽情跳跃，为祖国骄傲、为祖国自豪。狂欢的人们将满心喜悦汇成一句话，表达出一个心声：“北京赢了！”“祖国万岁！”。

在北京大学百年纪念讲堂前的广场上，欢声鼎沸、歌声如潮，数千名学子欢呼着、跳跃着，热烈地鼓掌，尽情地放歌。广场上红旗猎猎，“中华腾飞，民族复兴”“团结起来，振兴中华”的横幅迎风招展。伴随着雄浑的国歌旋律，人们禁不住心头的激动，脸上流满了热泪——“我爱中国！我爱北京！”发自内心的呼喊与激昂的歌声响彻古老的燕园。社会学系林彬教授动情地说：“北大曾为我国运动员在国际赛场上的胜利忘情地喊出‘振兴中华’。今天，我们骄傲地屹立在世界民族之林，强大的中国终于迎来盼望已久的时刻，我们怎能不为之欢呼，为之狂舞!”

在清华园，同样的欢声笑语到处荡漾。在校团委会议室里，集体收看现场直播的几十名师生激动地拥抱在一起，欢呼声、掌声交织在一起，每一个人都为北京的成功、中国的成功深深地祝福。汽车系博士生王玉海说：“申奥是北京也是全中国人民多年的梦想，为了这个时刻的到来，中国人一直在默默努力着，经济的腾飞、社会的安定、国家综合实力的增强，是中国人满怀信心向未来迈进的标志。”

在中国人民大学，整个校园都沉浸在胜利的喜悦之中。庆祝的标语挂起来，欢庆的彩旗飘起来，师生们聚集在花园旁，簇拥在灯笼下，相互倾诉着心头的激动和喜悦。全校师生给北京奥申委发去贺信：“北京申奥的成功将成为中国21世纪的里程碑！我们人大师生将和全国人民一道，为2008年北京奥运会的成功举办做出自己的努力!”

在浙江大学，从当晚20:00开始，学生就举行了“7.13北京申奥倒计时收看电视”庆祝活动；从21:00起，又组织申奥知识有奖竞猜活动；当得知申奥成功后，举行了放烟火、学生代表宣读庆祝申奥成功的宣言书、横幅签名仪式、“奥运使者”报名等一系列活动。

在新疆大学，当师生得知北京申奥成功的一刹那，校园立即沸腾起来了，掌声与欢呼声响彻云霄。实验中学的哈萨克族学生帕力旦兴奋地说：“北京，雅克西！北京，真棒！到2008年，我一定要去北京，为我国的体育健儿勇夺金牌呐喊助威!”

在上海，在西安，在重庆，在深圳……全国各地师生以各种方式来庆祝这一激动人心的时刻，大家一致认为，北京申奥成功，实现了中国人民的世纪梦，充分表明了祖国的强大、民族的昌盛，也坚信祖国的明天会更好。

资料来源：《为你骄傲　为你自豪　全国各地师生欢庆北京申奥成功》，载《中国教育报》，2011-07-14。

简析

此则综合新闻围绕庆祝申奥成功，选取了北大、清华、人大、浙大、新大等著名学府的庆祝活动进行综合报道，在内容上写出了各个地方的特色，在材料组织上做到了点面结合、层次分明，语言丰富，饱含激情。

综合训练

一、简答题

1. 新闻有哪些特点？
2. 新闻可分哪几种类型？请从《中国青年报》上找出例文。

二、写作训练

1. 请结合例文里的《为你骄傲，为你自豪》一文，谈谈如何写作综合新闻。
2. 观察了解校内动态，写一则动态新闻。

第八章

述职报告和讲话稿

第一节 述职报告

一、述职报告的概念

述职报告是总结报告的一种特殊形式。它是党政机关、社会团体、企事业单位的领导者或工作人员，系统地向授职机关、主管领导及职工群众陈述自己在一定时间内履行岗位工作的成绩、问题等，是一种自我评述性的应用文。

二、述职报告的特点

（一）述职的自我性

述职的自我性即自我评述，是述职报告不同于一般的工作报告的显著特点。述职报告首要的是“述职”，述职就是述说自己在任职的一定期限内履行职责的情况，既要述（检查、总结自己工作情况），又要评（解剖、评价自己的工作），总是使用第一人称。因此，写述职报告要首先把握好述职的自我性特点，不能写成回顾整个单位或他人工作情况的工作总结、工作报告。

（二）论述的确定性

写述职报告，是对自己在任职一定时期内所做工作的评述。这里有一个客观的标准，就是岗位职责和一定时期的目标任务。写述职报告要依据这个标准去评价自己的工作，而一般的工作总结、工作报告的评价标准是不固定的，往往是以上级部门的工作部署和基本要求为依据。

（三）内容的规定性

述职报告不像一般总结和报告那样，内容涉及面较广，而是要根据当前组织人事部门考核领导的有关规定，按要求对任职的一定时期的德、能、勤、绩四个方面来述职。述职内容尤其要着重绩（即政绩），政绩是评价干部好坏的主要标志。述职报告要充分呈现述职人的工作政绩，应实事求是地写出来，不能夸大，也不能过于谦虚而缩小。

（四）行文的庄重性

庄重、认真、实事求是是撰写述职报告的原则，也是述职报告的灵魂。所谓庄重性，是指态度要认真负责，内容要真实无误，论断要准确科学，语言要质朴、简明、恰当。不允许合理想象，以偏概全，添枝加叶，报喜不报忧，以假乱真。

三、述职报告的种类

根据不同的分类标准，述职报告可以有多种分类，但一般分为以下两种。

（一）晋职述职报告

晋职述职报告即有关领导者或工作人员在晋升更高一级职务时，必须向主管部门和领导报告履行岗位工作的情况。

（二）例行述职报告

例行述职报告即担任一定岗位职务人员，定期向有关组织和群众汇报工作情况，接受组织的考核与监督。

四、述职报告的结构

述职报告由标题、署名、主送机关或称谓、正文、落款组成。

（一）标题

标题的写法有两种：

1. 直接用文种名称作标题

如“述职报告”，这是最常用的一种标题形式。

2. 用全称标题或者省略某些要素

全称标题包括单位名称、职务、姓名、任职时间和文种。如，“××市委书记×××任职期间的述职报告”，或者“20××年述职报告”“××公司×××述职报告”。

（二）署名

在标题之下签述职人的姓名，也可以写在落款处。另外，有时在姓名前要冠以职务。

（三）主送机关或称谓

向上级呈送的书面述职报告，应按照公文写作的规范格式写明收文机关，如××党委、××组织部、××人事处等。如果是面对面地向领导或下属做口头述职报告，应该用一般性称谓，如“各位领导、同志们”，而不应写成主送单位。

（四）正文

正文由前言（开头）、主体、结尾三部分组成。

1. 前言

陈述述职人的基本情况，包括学历、政治面貌、任职时间、工作实绩等。

2. 主体

主要陈述自己的工作实绩，这是报告的重点部分，如介绍政治学习、政治表现、职业道德等情况，更注重介绍工作主要成绩、工作量等情况。

3. 结尾

自我批评及努力方向，自我评价自己在工作中的失误和不足，表示自己将更加尽职尽责，做好本职工作。

（五）落款

在正文下面标注成文或述职时间。

五、述职报告的写作要求

（一）陈述工作实绩要“一分为二”

不要把述职报告写成经验总结，或者以偏概全，对缺点轻描淡写，要真实、客观地反映工作情况。肯定成绩的同时，也应指出不足。

（二）要把集体的成绩与个人贡献区分清楚

在写作时，不要把个人的述职报告写成组织的工作报告。有些人写述职报告，容易把集体领导的成果都归功于个人工作的展开。但应明白，述职人员只是领导班子的一员或工作集体的一员，述职时只需讲清个人实际作用，而不应将集体功绩占为己有。

第二节　讲话稿

一、讲话稿概述

（一）讲话稿的概念

讲话稿是人们在工作和社会生活中经常使用的一种应用类文体。从广义上说，凡是在会议上或公开场合发表的有一定目的性、条理性、完整性讲话的文稿，都可以叫讲话稿。

在现实生活中，随着社会主义市场经济体制的不断发展完善，国内外的经济交往日益频繁，人际交往也越来越广泛，演讲活动是人们交流思想、传播信息的重要手段。因此，会写各种讲话稿，是当前改革开放形势对每个大学生的迫切要求。

（二）讲话稿的特点

讲话稿是讲话的“脚本”，是文章的一种。它除具有文章的共同特点外，还有其自身的特点。

1. 社会针对性

讲话是一种社会活动，是通过有声语言表达自己的思想感情。讲话要面对广大听众，并希望产生作用，和个人的自言自语不同，讲话时既有演讲者，又有听众，因此，便产生了社会性。有了社会性就要有社会效果，所以讲话稿的内容必须是有针对性的，内容要反映群众最关心、与现实联系最紧密、群众最熟悉和最感兴趣的问题。内容要和听众的接受能力相符合，这样就能收到良好的社会效果。

2. 主题鲜明性

讲话稿的内容不能只是叙述事情，要明确表示出自己的观点、主张，叙议结合，摆事实讲道理，表明态度，具有强烈的感情色彩。

3. 内容的条理性

讲话稿的内容要条理清晰、层次分明、逻辑性强、一环紧扣一环，使讲话中丰富的材料、鲜明的观点丝丝入扣，一层层表现出来，易于听众接受。

4. 情绪的鼓动性

讲话的目的是向听众传播信息、宣传观点。因此，在情绪上要有强烈的鼓动作用，应以精彩动人的内容、跌宕起伏的结构，去打动听众的心弦、感动听众，使其情绪为之高涨并留下深刻印象，博得听众的欢迎和支持。

5. 语言的适合性

讲话是口语表达的一种形式，是讲话人与听众面对面的一种表达和交流，因此，语言要与听众的知识水平、接受能力相符合，以平易、通畅的口语语言为主，除学术讲话外，不宜多用专业性太强的术语。要针对听众使用语言，既不太深奥又不太浅显，讲话者的语言要与听众接受能力相适合，才能达到预期的讲话效果。

二、讲话稿的种类

讲话稿的种类有很多，这里我们按其内容和性质划分，大致可以为下述四类。

（一）政治性讲话稿

政治性讲话稿是指在研究和解决政治问题的会议上讲话，或在群众集会上发表具有浓厚政治宣传色彩的讲话时所使用的讲话稿。如，各级人民代表及政协委员以议政为主要内容的发言底稿；国家领导人在一定场合宣传党和国家方针政策的讲话稿；动员会、纪念会上政治性很强的讲话稿；宣传英雄模范事迹的讲话稿等。

（二）学术性讲话稿

学术性讲话稿是在自然科学和社会科学领域中，就某些学术问题在会议上发表见解、阐明主张、公布研究成果所用的讲话稿。

（三）工作性讲话稿

工作性讲话稿是以动员、布置工作和总结、交流经验为目的的讲话稿。如，为开展某项工作所做的动员报告；领导同志在工作总结会上的讲话；经验交流会上的讲话等。

（四）礼仪性讲话稿

礼仪性讲话稿是在开幕式、闭幕式、欢迎会上作的祝贺、答谢及应酬性的讲话稿。

三、讲话稿的写作思路

讲话稿写作的基本思路可以概括为：说什么，怎么说。

讲话稿是给别人听的，要说得人们爱听，就要说到人们心坎上，这就需要有说话的艺术。所以“说什么”即说话的话题一定要有针对性，要密切联系听众实际，既要考虑客观现实的必要性，又要考虑听讲对象的特点、需求。写稿前，要深入调查听众的基本情况，了解他们的思想状况、文化程度、心理、愿望、要求等，做到心中有数，才能有的放矢。“怎么说”主要是指讲话稿的布局，开头要造成一种气氛，控制听众的注意力和情绪，激发其听讲的强烈兴趣；主体要集中于一个中心，不要把范围拓展得太广，这样容易在听众思想上打下烙印；结束语可总结全篇，根据听众情况，或哲理启迪，或诙谐幽默，给听众留下一个难忘而又美好的印象。因此，讲话稿的写作思路可以概括为：引出话题—传播观点—总结收尾。

四、讲话稿的写作和语言

（一）选题和立意

讲话和聊天不同，不能漫无边际、信口开河，而要事先做好选题，即选择讲话的话题，谈哪一方面的问题。不论哪类的讲话稿，均需有明确的“话题”。一般来说，讲话稿的选题应注意以下几点：

（1）选择社会生活中人们普遍关注的焦点问题和事物。

（2）选择与听众关系密切，能广泛引起听众兴趣的题目。

（3）选择受听众欢迎、传播现代科学文化发展最新成果的话题。

（4）选题要考虑讲话者主观能力和听众客观接受能力、需要、兴趣。

（5）注意讲话的预定时间。

要根据所限定的时间长短来选择题目的大小，如果时间短而选题宽泛，涉及事情和问题繁多，就很难讲深、讲透；如果时间较长，而选题过小，就会显得干瘪、不丰满，也很难收到良好的效果。所以，讲话时要十分注意预定的时间。时间长，题目可以大些、概括些；时间短，题目要小些、具体些。总之，时间制约题目的大小，关系讲话的成败，要引起足够的重视。

讲话稿对主题的要求有以下几点：

（1）鲜明。鲜明是指讲话者对所讲的人、事、物及所涉及的问题要表明自己的见解、主张、态度。自己歌颂什么、批判什么、赞扬什么、反对什么都要明确地表示出来，做到旗帜鲜明、立场坚定。

（2）集中。集中是指讲话者要围绕一个中心组织讲话内容，集中发表某一见解。不要东拉西扯，面面俱到。

（3）深刻。深刻是指讲话稿对事物的认识要具有本质意义，要透过现象看本质，看到事物间的内在联系，要有自己的独到见解，而不是就事论事，只满足于表面现象的罗列和人云亦云。

（二）材料的选择和使用

讲话的主题要以材料为依据。在选择和使用材料表现主题时，一定要注意以下几点：

1. 选择能有力地表现主题的材料

与主题无关的材料无论多么新颖、生动也不能选用，否则会造成主题不集中、内容散乱、漫无中心。

2. 选择真实、准确的材料

这是对讲话稿选材最基本的要求。缺乏真实感的材料，不但无助于主题的表达，反而会影响讲话的可信性。

3. 选材要典型

讲话中使用的材料仅做到与主题有关还远远不够，还要求材料要揭示事物的本质，有代表性，能“以一当十”地表现主题。

4. 选材要有针对性

要针对讲话的时间、地点、场合的不同，针对听众文化程度、职业状况、思想水平、生活习惯、志趣爱好的不同，因人而异地选择材料。

5. 选材要新颖

要选择新生事物，以及一些鲜为人知、很少被使用过的材料。它们有独到之处，可以避免雷同，容易引起听众兴趣，能满足人们的好奇心，有助于人们开阔眼界、增长知识。

（三）讲话稿的结构

讲话稿通常由下述三部分构成。

1. 开头

讲话应该有个自然和谐的开头。它是讲话者向听众传播的第一个信息，给整个讲话下一个基调、创造一种气氛，以引起听众的兴趣。常见的开头方式有以下几种：

（1）从讲话者自身说起。一开始就谈关于自己的事情，使听众感到朴实、亲切。

(2) 以一段动人的故事开头。能创造出一个轻松、活泼的气氛，使听众在愉悦中不知不觉地进入讲话者所要表现的主题中。

(3) 引用名言警句和诗歌辞赋开头。运用新颖、精练、深刻、优美的名言警句和诗歌辞赋开头，能给听众留下十分强烈的印象。

(4) 由题目说起。由题目说起有两种方式：一是交代题目的历史（发生、演变、现状），阐述别人对题目的意见、看法，让听众了解该题目的重要性，以引起重视；二是解释题目和自己的关系、与听众的关系或与当时情景的关系，以唤起听众的兴趣。

(5) 以设问开头。以一连串设问开头，使听众能积极思考所提出的问题，注意力马上被吸引到讲话的内容上。

2. 主体

主体是讲话稿的核心。主体要围绕主题，或是纵向的，即层层深入；或是横向的，即全面展开进行讲述。主体部分要求内容新颖、情感充沛、见解独到、事实有力。一次讲话只能有一个中心，防止多中心或无中心。内容要铺陈展开、反复申述，切忌面面俱到、蜻蜓点水。

3. 结尾

结尾是对讲话的内容加以总结、概括，起到强化主题、画龙点睛的作用。常见的有以下几种写法：

(1) 概括要点，总揽全篇。

(2) 呼吁号召，鼓舞斗志。

(3) 展望未来，指明方向。

(4) 提出希望，勉励听众。

(5) 含蓄幽默，意味深长。

(四) 讲话稿的语言

1. 表达方法

(1) 叙述和议论相结合。真实是讲话稿不可缺少的要素，只有真实才能取信于听众，使听众信服。因此，需要叙述事件的成因、发生、发展、结果。有时还要叙述和描绘事件的具体情节、人物的动作、语言、音容笑貌等，以加深听众印象、引起听众兴趣。所以，叙述是讲话稿中重要的表现方法。但叙述事实并不是讲话的目的，讲话的目的在于通过阐述自己的观点、见解、主张，使听众心悦诚服，以至于付诸行动。因此，在阐述观点、见解、主张时，就需要议论。总之，叙议要巧妙地结合。

(2) 说明和议论相结合。议论也离不开说明，就某件事情发表议论，首先要说明其性质、构造、特点、作用等，通过说明向听众传播知识。听众明白了事理，自然也就接受了讲话者的观点、见解、主张。所以，说明和议论不能分割，要互相结合。

2. 语言特点

(1) 通俗易懂，说理透彻。讲话稿使用的是文学化的口语，要求通俗易懂、明白晓畅。语言要朗朗上口，讲得流利，听得明白。不要用生僻的词汇或专业用语，少用套话，句子不要太长或倒装，修饰语不宜过多。讲话稿要使人信服，重在说理。要给人以启迪并产生广泛的社会影响，说理就必须透彻，晓之以理，动之以情，才能收到良好的效果。

（2）具体形象，生动感人。讲话稿应通过语言把抽象的道理具体化，把概念的东西形象化，才能讲得生动有趣、有声有色。同时，语言还要鲜活，富有形象色彩和音律美，并充满感情色彩，令听众产生共鸣。为收到这一效果，我们可以灵活运用修辞方法。如，比喻、比拟可增强形象性和感染力；反语、反问、反诘可以加重语言的感情、语气；排比、对偶、反复可增强语言的音乐美等。

（3）幽默风趣，富于变化。幽默的语言在讲话中十分重要，它常常可以引起听众开怀大笑，可以调节会场气氛，缩短讲话者与听众距离，增强表现力和吸引力。我们常常可以借助“借代”“双关”“仿拟”“比喻”等修辞格来实现。

讲话稿的语言还要富有声音和动作感，有抑扬顿挫的节奏，特别讲究发声、韵律、语气的变化起伏。讲起来朗朗上口，有曲有折、富于变化，能更好地表达思想感情。

五、讲话稿的写作要求

（一）写作前的准备

1. 了解听众

写讲话稿是要给听众听的，因此，在动笔之前首先要了解听众。了解听众是谁，他们的年龄、职业、文化程度、思想状况、愿望和要求是什么？他们所关心和迫切需要解决的问题是什么？只有把这些问题了解清楚，讲话才有针对性，才能有的放矢，才能解决实际问题。

2. 明确观点

讲话稿要有明确的观点，赞成什么、反对什么、表扬什么、批评什么，写作前都要做到心中有数、旗帜鲜明。在认识不清时，不能动笔写作。

（二）写作中应注意的问题

1. 要精心设计和安排讲话高潮

讲话的高潮，就是指讲话者与听众之间产生了共鸣，既是讲话者感情最激昂、士气最雄伟的时刻，又是听众情绪最激动、精神最振奋的地方。怎样才能使讲话出现高潮呢？著名演讲家李燕杰是这样概括的：“这需要演讲者在感情上一步一步地抓住听众，在理论上一步一步地说服听众，在内容上一步一步地吸引听众，使听众内心激情逐渐地燃烧起来，演讲将自然地推向高潮。”

2. 要选择真实、感人的事例

只有真实的材料才能使人信服，不能为了增强生动效应，对材料进行随意想象发挥，造成材料虚假失真，使讲话失败。

3. 开头设计既要引人入胜，又要注意尽快切题

切忌以下几点：一是不必要的谦虚和客套；二是故弄玄虚，弄巧成拙；三是兜的圈子太大，迟迟不入题；四是错误地揣测听众心理。

4. 条理要清晰，安排要起伏多变

讲话主要是作用于听众的听觉，使其接受信息的。据心理学家调查，人们听讲的注意

力每隔五至七分钟就会松弛。因此，内容安排上，必须条理清楚、层次分明，并且要有起伏变化，有吸引人的高潮，以维持听众的注意力，才能收到良好的效果。

5. 结尾要深化主题

强化讲话效果，要鼓舞激情、发人深省、耐人寻味。

6. 语言要生动活泼，多用口语，通俗晓畅

切忌使用半文半白、艰难晦涩的语句和令人生厌的套话。

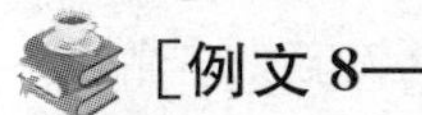

[例文 8—1]

述职报告

——某地区水利局局长×××

主任、副主任，各位委员：

我于1999年4月任副局长，主持区水利局工作，同年7月，受区人大常委会任命，担任区水利局局长职务。任职以来，我认真贯彻区委、区政府的工作要求，自觉接受区人大的监督，尽职尽责、踏实工作、讲究方法、注重实效，积极开拓水利事业，各项工作都取得了较大进展。现将任职三年来的工作向常委会述职，请予审议。

一、注重思想教育，努力调动干部职工的工作积极性

我刚调到区水利局时，正逢水利系统“出事”后干部职工还处在各种外界舆论的压力之中，大家情绪波动较大、士气不振，而以百里堤塘建设为重点的各项工程建设却是刻不容缓。我认真地把握当时的背景和组织对我的工作要求，按照“对外重塑形象，对内调动积极性，从稳定人心做起，从自我做起”的工作思路，讲究方法，稳步开展各项工作。一方面尽快熟悉衔接工作，一方面掌握全局上下干部职工的思想脉搏，从调动干部职工的工作积极性入手，做了大量的思想教育工作，有的放矢地采取了一系列措施。我客观地对待犯错误的老班子成员和其他干部，坚持“正视错误，吸取教训，立足发展，用其所长”的原则，多和他们谈心，帮助他们放下包袱、面对现实，动之以情，晓之以理，尊重他们、关心他们，调动其主观能动性，这样既稳定了上下情绪，又使各项工作特别是百里堤塘建设顺利进行。此外，利用各种会议和活动开展思想政治工作，使干部职工认清形势，正确对待当时的舆论环境，转移视线，鼓舞士气，把主要精力投入到工作中去。在做好思想教育和调查研究的基础上，调整、充实了中层干部，将一些群众反映较大的中层干部调整下来，并任用了一部分德才兼备的年轻干部。在用人问题上讲宽容、重实干，大胆起用有争议的干部，使他们在实践中得到检验。对犯过错误和调整下来的干部如果在工作中表现较好、成绩突出，根据需要重新使用，做到“用其之长，避其所短”。实践证明，这种把用人和育人有机结合起来的做法最后得到了大多数干部职工的认可。总之，通过三年来一直坚持“重思想教育树正气、重情感沟通调动积极性、重工作实绩使用干部”，全局上下精神状态和工作面貌有了很大的改观。

二、认真踏实工作，全面完成以百里堤塘为重点的水利工程建设任务

我到区水利局初期，班子成员只有两个人，1999年下半年组织安排我兼任区堤塘

建设指挥部副总指挥，后又兼任常务副总指挥。组织的信任使我感到肩上的担子很重。为此，我工作两头跑，两手抓（思想建设和工程建设），踏实工作，埋头苦干，经常放弃休息时间检查工地，也放弃了两次市局组织的外出考察机会（一次为出国）。现在回过头来想想，非常值得，因为通过三年的努力，圆满完成了以百里堤塘为重点的水利工程建设任务，这里面有自己的一份汗水和努力。

一是顺利建成百里高标准堤塘，增强了城乡防台抗灾能力。我到区水利局时，正值堤塘建设进入关键阶段。沿海海塘、外沙海塘、山东十塘、三甲九塘已经完工，进入配套扫尾阶段。其他工程正陆续开工或施工到关键阶段，工程面广、量大，而且好多前期尚未发现的问题到工程中后期都暴露出来，协调管理任务非常繁重。工程配套扫尾的任务也不轻松。通过各方努力，大部分堤塘在2000年台汛前基本完工，葭芷农村段六标到2001年台汛前完工，栅浦闸外移工程因防汛保安全需要延迟到今年台汛前完成主体工程。椒江堤塘建设施工环境复杂，能够取得这样的成绩，应该说老天帮了大忙，当然，工程的进度和质量还是靠人抓出来的。从去年上半年开始，我区堤塘进行分批初步验收，到去年底全线堤塘全部通过省、市组织的初步验收，大部分被初评为优良工程。去年10月，我区获“浙江省千里海塘建设先进集体”荣誉称号。今年3月，我区被省政府授予“浙江省城市防洪工程建设先进单位”。在建好百里堤塘的同时，我区还积极争取并建成了浙东千里海塘纪念碑。在争取项目、设计和建设过程中，我积极当好区委、区政府的参谋，上下联络，促成了项目上马，并在工期紧、施工难度大、质量要求高的情况下，圆满完成了纪念碑施工任务，为椒江争得了荣誉。

二是以水闸维修、水库除险加固为重点的骨干水利工程建设顺利完成。虽然建成百里堤塘，但沿线的大小涵闸标准偏低同样是防汛挡潮的薄弱环节。为了与标准堤塘相配套，实施并完成了椒北柏加闸、建设闸、回浦闸外移新建及河道配套工程，椒南栅浦闸外移新建工程也将于今年10月底完工。其他大小涵闸，如岩头闸、华景闸、葭芷闸、下洋闸、涛江闸、红旗闸、盐场闸等也都已加固改造到50年一遇标准。此外，在全市率先全面完成病险水库除险加固工程，确保安全摘帽。自1999年至2001年，相继完成井马水库、水仓里水库、明珠里水库和黄泥坑水库除险加固工程，总投资达455余万元。

三是围垦造地稳步推进。完成十塘围垦一期工程，主堤长2 258米，副堤长510米，设计标准为20年一遇，工程总投资2 438.4万元，新增土地面积1 650亩。2001年4月，十塘围垦二期工程动工兴建，围涂面积2 800亩，设计标准为20年一遇，围垦主堤长3 100米，概算投资4 500万元，计划到2003年底完工。

三、高度重视防汛工作，全面加强防汛非工程措施

在搞好以堤塘为重点的防汛工程措施的同时，十分重视防汛非工程措施建设。

一是完善防台风预案工作。区防办结合椒江水工程的实际情况，重新编制了《椒江区防台风预案》，分析了在不同等级台风、暴雨、洪水袭击下的各种应对措施，做到重点明确、职责分明。同时编制的《椒江洪水（风暴潮）风险图》操作方便、技术领先，该项目被评为省内先进。各镇、街道和有关主管部门也都制定、完善了防台抢险预案。

防台风预案编制工作在我区已形成了制度化。

二是加强防汛督查和堤塘通道闸门关闭的演练工作。椒江堤塘位于“黄金海岸线”，全线通道多达117处，涉及单位多，情况非常复杂，堤塘管理任务很艰巨。堤塘建成后，我们把防汛督查的重点放在各类堤塘通道的管理上，在开展经常性检查的同时，对重点薄弱环节和隐患抓住不放，一抓到底。例如，去年我们对椒北陈杰船场擅自开缺案件进行全方位跟踪、督查，最后使船场通道闸门按高标准建好。最近，区防汛指挥部又将组织对无力改建闸门的外沙顺风船场通道予以强制封堵。堤塘管理所更是把通道管理作为堤塘管理的重中之重，经常性加强调试。区防汛指挥部每年台汛前均要组织一次以堤塘通道闸门关闭为重点的防汛演练活动，以确保关键时刻能够启闭。

三是搞好防汛信息系统建设。为逐步实现防汛调度迅速、高效的目标，我们不断加大对防汛现代化设备的投入。从2000年到2001年分二期共投资80多万元，配置了V型多功能静止高分辨气象卫星接收处理系统、彩色激光打印机、投影仪等先进设备。同时建立了水文遥测系统、防汛动态监视系统和防汛信息系统。防汛三大系统的建成实现了我区水情、雨情的自动测报，为准确、及时地进行防汛信息采集、预报调度决策和指挥提供了科学的依据和现代化手段，走在了全市的前列。

四、开拓创新，与时俱进，努力开创水利工作新局面

百里堤塘建成后，水利工作抓什么？我根据变化了的形势，及时提出了“三个转变”。即水利工作重点从标准堤塘建设转变到内河疏浚整治上来，恢复和提高河道的泄洪、航运和蓄水抗旱能力；水利工作任务从多年以来的重建轻管转变到建管并重上来，加强对河道、堤塘等水利工程的管理工作，提高水利工程的综合效益；水利工作目标从工程水利转变到资源水利、产业水利、环境水利上来，加强对水资源的统一管理，提高水资源的利用率和使用效率，改善水体和河岸环境质量。通过三大转变，水利工作重点及时转移到河道整治、加强水工程管理和水行政执法等工作上来，推动水利工作不断向前发展。

一是河道疏浚整治工程全面启动。2000年底，堤塘建设已接近尾声，我把抓工程建设的主要精力逐步从堤塘工程转移到河道疏浚整治上来。首先，根据全市河道整治现场会精神和我区河道现状，组织专门人员及早做好全区河道现状调查、测量等基础工作，及时编制了全区河道整治五年规划及分年度计划，为区政府提供决策依据。区政府于2001年1月出台了《椒江区河道疏浚整治五年规划及实施意见》，计划从2001年开始用五年时间，对全区300多千米的河道进行一次全面疏浚，骨干河道及特殊重要地段进行河岸砌石保护，计划总投资近1.5亿元。我区自百里堤塘建设之后的又一轮大规模水利工程建设由此拉开帷幕。其次是抽调精干力量，组建河道整治办公室。经各方努力，河道整治开局之年进展顺利。2001年度河道整治计划长度107.9千米，工程量78.99万方。实际完成长度113.4千米，工程量89.61万方，累计完成投资1 063.61万元。其中河道疏浚工程超额完成，河道砌石工程已全面开工，但因政策处理难度大、资金难到位等原因进度不够理想。2002年的河道整治计划也已经区长办公会议研究通过，计划总投资2 500余万元。

二是堤塘管理和水行政执法力度不断加大。堤塘建成后，及时把堤塘管理问题摆上重要议事日程。首先是争取建立管理机构，经编委批准，成立了区堤塘涵闸管理站和城区、椒南、椒北三个堤塘管理所，新增编制 17 名。管理人员不断充实到位，并建成椒南、椒北两个堤塘管理房，城区堤塘管理房工程已招标。其次是完善堤塘管理硬件配套设施，在全线堤塘埋设堤塘里程桩、管理界桩、保护桩和警示牌，配备堤塘观测仪器及设备；设立沉降、位移观测点。城区江堤 12 座通道闸门启闭机均配备电动机、变压器和备用发电机组。同时，还加强堤塘管理制度化规范化建设，组织全体堤塘管理所人员进行水准测量、沉降观测的培训学习；编制了堤塘日常管理一系列的记录表；三个堤塘管理所经常性开展日常巡查和观测工作，确保工程安全运行。

加强河道管理，确保河网畅通。开展河道巡查，在每年的台汛期前对全区主干河道组织清障，拆除阻水渔网、鸭棚、违章建筑。依法从严审批各类涉河项目。大力开展水法宣传，加大水行政执法力度，对发现的水事违法案件予以严肃查处，严厉打击。例如，为打击向河道、塘脚倾倒建筑垃圾、泥浆的违法运输户的嚣张气焰，区水政监察大队多次组织深夜伏击，当场查获违法运输户。又如，2000 年 3 月 23 日，我局申请区法院在市水利局、市中级法院的配合支持下，对椒江东江船舶修造厂违法占堤案进行强制执行和处罚，其未批准的船排轨道和堤塘边乱搭乱建的房屋统一予以拆除，市水利局组织了全市水政监察员近百人参加了强制执行。此案件成为全市首例终审判决的海塘案件。

三是加强水资源统一管理，推进水土保持工作。针对原来主城区的井马、水仓里、明珠里水库均由当地镇（街道）分散管理的局面，不利于水资源的统一管理和水利产业发展，通过采取各种途径，多方协调，把水库的管理权统一收回到水利部门，把有限的水资源和洁净水环境统一管理起来，推进水资源的优化配置。依法推进水土保持工作，成立椒江区水土保持监督管理站，编制了《椒江区水土保持规划》，区政府予以颁发实施。完善水保巡查制度、涉河项目回头看制度，对凡涉及河道审批的项目，要求先编制水保方案后，方可审批涉河项目，做到从源头开始抓水保工作。同时，依法开展水保“两费”征收工作。

五、加强水利队伍自身建设，为水利事业发展提供有力保障

繁重的工作任务要靠全体水利干部职工共同努力、齐心协力去完成。我觉得，工作靠人做，管事先管人，把握住人的因素就抓住了工作的主动权，因此，我十分重视水利队伍自身建设。

一是开展系统思想作风教育整顿，切实加强制度建设。为加强水利队伍建设，我到水利局后不久就在全系统开展了以“树正气、塑形象”为主题的思想作风教育整顿工作。局班子成员经常同机关干部开展谈话谈心活动，摸准思想脉搏，对症下药。在局机关实行机关干部诫勉制度，对群众有反映经确认的，由局领导找其谈话，实行告知诫勉。加强机关凝聚力工程建设，关心职工生活，开展各项活动，活跃干部职工业余文化生活。同时，修订和完善了规章制度，在原有基础上，完善了财务制度、接待制度、用车制度、学习制度、考勤制度、工作目标考核制度等，用制度来规范和约束全局上下的

行为。通过采用多种途径、多种方法，弘扬了正气，凝聚了人心，激励了斗志。

二是加强党风廉政建设。为使广大水利干部职工深刻吸取教训，做到警钟长鸣，多次召开专题系统大会，邀请市、区纪委领导为全系统干部职工上党风廉政教育课，生动形象的案例使大家深受教育。作为局一把手，注意在党风廉政建设中做好表率，牢固树立正确的人生观、价值观和权力观，认识到权力是人民给的，在市场经济大潮中，应经得起各种诱惑，做到既干事又干净，为人民用好权、慎用权，增强拒腐防变的能力。同时，自觉贯彻执行廉政准则和各项规定，比较注意小节，做到自重、自省、自警、自励，以自己的实际行动推进党风廉政建设。

三是加强班子建设。我十分珍惜班子的团结。作为一把手，自己重视处理好统与分的关系，充分发挥班子副职的作用，让副职有用武之地，自己也好“忙里偷闲”。加强班子成员间的沟通工作，建立了周前民主通气会制度，使班子成员做到多通气、多理解、多支持、多配合、多尊重。三年来，开始时班子成员少，工作比较忙，随着班子成员配齐，工作变得有序，大家心情都比较舒畅，整体战斗力增强。同时注重加强自身的党性修养和各方面涵养，在工作中坚持以诚待人、公正处事、敢抓敢管、敢于负责。

三年来，我自觉接受区人大监督，认真落实区人大及其常委会的决议、决定和建议意见。重视和认真办理好区人大建议和意见，把它作为推动水利事业发展的措施来落实。在工程建设和防汛检查过程中，主动邀请区人大常委会组织视察活动，认真负责地向区人大常委会汇报工作进展情况，落实好区人大常委会提出的建议和意见。

回顾三年来的工作，取得了一定的成绩，靠的是区委、区政府的正确领导和区人大常委会的监督支持，靠的是局班子集体领导和全局上下的共同努力，靠的是各街道、有关部门的配合。在总结取得成绩的同时，我也认识到自身存在的缺点和不足：一是深入细致做思想政治工作还不够，有时忙于应付日常工作，对学习工作抓得不紧。二是下基层调查研究少，对新时期水利工作深层次的思考和探索不够，对基层干部职工的思想动态掌握还不够。三是对基层单位的管理抓得还不够严，少数下属单位财务管理不够规范。四是在工作中有时有急躁和畏难情绪。例如，在工程建设过程中碰到政策处理难落实、资金难落实及堤塘管理任务繁重的情况下，出现过急躁和畏难情绪，有时觉得无能为力。批评同志有时不顾情面，伤了一些同志的感情。这些都有待在今后工作中加以改正。

主任、副主任及各位委员，这是我任职以来第一次向各位报告工作，恳请各位委员对我本人及水利局工作多提批评和意见，并在今后工作中一如既往地给予监督和支持，以使我能更好地完成所肩负的各项工作任务。

简析

这份述职报告是一篇任职三年的述职报告，围绕领导本人的岗位职责和目标，从五个方面的内容进行介绍，以实绩表述为主，进行实事求是的自我评价，表述简明、精当，语言质朴、平易。

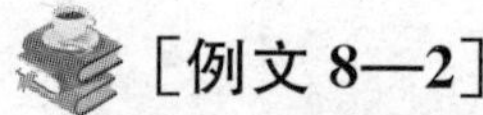[例文 8—2]

习近平在韩国国立首尔大学的讲话稿全文

（2014 年 7 月 4 日，首尔）

尊敬的吴然天校长、老师们、同学们、女士们、先生们、朋友们：

安宁哈西米嘎！大家好！今天，有机会来到韩国最高学府国立首尔大学，同老师们、同学们以及各界朋友见面，感到十分高兴。首先，我谨代表中国政府和中国人民，并以我个人的名义，向在座各位，向全体韩国国民，致以诚挚的问候和良好的祝愿！

我这次来韩国，是应朴槿惠总统的邀请进行国事访问，也是到邻居家串串门、看看朋友。昨天，我同朴槿惠总统举行了会谈，就双边关系及地区和国际形势等共同关心的问题深入交换意见，达成广泛共识。

中韩两国毗邻而居。百金买屋，千金买邻，好邻居金不换。回顾历史，中韩友好佳话俯拾即是。从东渡求仙来到济州岛的徐福，到金身坐化九华山的新罗王子金乔觉；从在唐朝求学为官的“东国儒宗”崔致远，到东渡高丽、开创孔子后裔半岛一脉的孔绍；从在中国各地辗转 27 年的韩国独立元勋金九先生，到出生于韩国的《中国人民解放军军歌》作曲者郑律成……两国人民友好交往、相扶相济的传统源远流长。韩国古代诗人许筠写下的“肝胆每相照，冰壶映寒月”的诗句，完全可以用来形容中韩两国人民友谊。

历史上，每当面对危难时，中韩两国人民都相濡以沫、患难相助。400 多年前，朝鲜半岛爆发壬辰倭乱，两国军民同仇敌忾、并肩作战。明朝邓子龙将军和朝鲜王朝李舜臣将军在露梁海战中双双殉职，明军统帅陈璘今天还有后人生活在韩国。

上个世纪上半叶，日本军国主义对中韩发动野蛮的侵略战争，吞并朝鲜半岛，侵占中国半壁江山，使中韩两国生灵涂炭、山河破碎。在抗日战争如火如荼的岁月中，我们两国人民生死相依、倾力相援。中国境内的“大韩民国临时政府旧址”、上海纪念尹奉吉义士的梅轩、西安光复军驻地旧址等，都见证了那段可歌可泣的难忘历史。

1992 年中韩建交以来，两国秉天时、得地利、应人和，坚持互尊互信、聚同化异的大原则，把握合作共赢、共创未来的大方向，尊重彼此核心关切，照顾对方舒适度，两国关系实现跨越式发展。现在，中国已经成为韩国最大贸易伙伴、最大出口市场、最大进口来源国、最大海外投资对象国、最大留学生来源国、最大海外旅行目的地国。韩国成为中国最重要的贸易和投资合作伙伴之一。中韩双边贸易额超过了韩美、韩日、韩欧贸易额的总和，每周往返于中韩之间的航班达 800 多个。去年，中韩人员往来达 822 万人次，不出两年就有望迎来年度人员往来 1 000 万人次。中韩两国是名副其实的战略合作伙伴，双边关系迈入最好发展时期。

女士们、先生们、朋友们！

当前，中国人民正在中国共产党领导下，沿着中国特色社会主义道路，为实现全面建成小康社会、实现中华民族伟大复兴的中国梦而努力奋斗，韩国人民也在致力于开创“国民幸福时代”、创造“第二汉江奇迹”的韩国梦。这种发展的交汇为中韩两国加强合作提供了历史性机遇。

大家都对中国发展前景感兴趣，因为这与中韩两国关系未来发展有密切联系。我想先谈谈这个问题。

众所周知，经过改革开放30多年的快速发展，中国各领域发展都取得了显著成就，经济总量已经位居世界第二，人民生活不断改善。面对中国发展，有些人认为发展起来的中国必然成为一种“威胁”，甚至把中国描绘成一个可怕的牛魔王。我想告诉大家的是，这种看法是不正确的。好在真理是客观存在的，并不会随着这样那样的说法而改变。

中国已经确定了未来发展目标，这就是到2020年国内生产总值和城乡居民人均收入比2010年翻一番、全面建成小康社会，到21世纪中叶建成富强、民主、文明、和谐的社会主义现代化国家。我们形象地把这个目标概括为实现中华民族伟大复兴的中国梦。实现这个目标并不容易。在相当长时期内，中国仍然是世界上最大的发展中国家，提高13亿多人口的生活水平和质量还需要付出艰苦努力。

作为一个有着5 000多年文明历史的国家，面向未来，中国将做一个什么样的国家呢？这是很多人关心的问题，也是老师们、同学们关心的问题。回答这个问题有很多角度，这里，我从三个方面来谈点看法。

第一，中国将始终做一个维护和平的国家。中华民族是爱好和平的民族，过去是，现在是，将来也是。和平、和睦、和谐的追求深深植根于中华民族的精神世界之中。中国人自古就提出了“国虽大，好战必亡”的箴言，“以和为贵”“天下太平”“天下大同”等理念世代相传。历经苦难，中国人民珍惜和平，希望同世界各国一道共谋和平、共护和平、共享和平。中国将坚持走和平发展道路，这不是权宜之计，更不是外交辞令，而是从历史、现实、未来的客观判断中得出的结论，是思想自信和实践自觉的有机统一。

第二，中国将始终做一个促进合作的国家。21世纪是合作的世纪。中国发展绝不以牺牲别国利益为代价，我们绝不做损人利己、以邻为壑的事情。中国人民愿意同各国人民在实现各自美好梦想的过程中相互支持、相互帮助，中国愿意同各国共同发展、共同繁荣。中国将坚定不移奉行互利共赢的开放战略，坚持正确义利观，发展开放型经济体系，全方位加强和拓展同亚洲和世界各国的互利合作。中国坚持按照亲、诚、惠、容的理念，深化同周边国家的互利合作，努力使自身发展更好惠及周边国家。中国坚持把发展中国家作为对外政策的基础，永远做发展中国家的可靠朋友和真诚伙伴。

第三，中国将始终做一个虚心学习的国家。虚心使人进步，骄傲使人落后。中国虽然取得了巨大发展成就，但同世界先进水平相比，我们还有很大差距。中国人民为自己取得的成绩感到自豪，但不会骄傲自满、止步不前，而是要有海纳百川的胸怀，以开放包容心态虚心倾听世界的声音。中国坚持和而不同的思想，尊重和保护文明多样性，积极推动不同文明相互尊重、和谐共处。中国将继续向世界学习、向各国人民学习，学习人类创造的一切文明成果，推动中国和世界发展得更好。

一个维护和平的中国、促进合作的中国、虚心学习的中国，将为中韩关系发展带来新的机遇。新形势下，中韩两国应该坚持睦邻友好，增强政治互信，重视相互核心利益和关切，确保两国关系长期健康发展；应该坚持互利合作，强化利益融合，强化宏观政策协调，不断做大共同利益的蛋糕；应该坚持合作安全，共同应对复杂的安全挑战，共享和平稳定带来的发展机遇；应该坚持人文交流，搭建友谊桥梁，谱写中韩人民友好新篇章。

女士们、先生们、朋友们！

“欲穷千里目，更上一层楼。”今天，中韩关系登上了更高起点，我们的眼界应该更加广阔，我们的目标也应该更加宏远。中韩都是亚洲重要国家，中韩两国人民生于斯、长于斯。面对双边关系及国际和地区形势的新发展新变化，中国愿同韩国成为实现共同发展的伙伴、致力地区和平的伙伴、携手振兴亚洲的伙伴、促进世界繁荣的伙伴，让亚洲宽广的大陆、辽阔的海洋成为中韩合作的大平台。我们要携手努力，以东方智慧，把两国美好梦想融入更为宏伟的亚洲梦，同亚洲各国人民走出一条共建、共享、共赢之路。

为此，我们应该重点在以下几方面作出努力。

第一，构建开放融合发展格局，共同打造利益共同体。我们应该充分利用各自比较优势，推动亚洲各国提高开放水平，加快市场、资本、技术融合，使亚洲经济实现在开放中融合、在融合中发展。我们要团结亚洲各国并肩应对国际政治经济格局调整带来的风险和挑战，分享亚洲经济发展的机遇和成果，既注重量的积累，又注重质的提升，结成休戚与共的利益共同体。

中国正在全面深化改革、扩大开放。这不仅将为中国发展注入源源不断的动力，而且将为包括韩国在内的亚洲国家带来巨大发展和合作空间。中国倡议设立亚洲基础设施投资银行，将为加快地区互联互通和基础设施建设创造有利条件，中国欢迎有关国家积极参与筹建工作。中韩两国应该争取在年底前完成自由贸易区谈判，联手推动区域全面经济伙伴关系协定，为亚洲经贸合作注入强劲动力。

亚洲是亚洲人民的亚洲，也是世界的亚洲。亚洲发展需要世界，世界发展也需要亚洲。我们欢迎域外国家积极参与亚洲发展合作，欢迎相关国际组织为亚洲发展发挥积极作用，对各种有利于亚洲更好发展的区域性、跨区域性经贸安排持开放态度。对一切为亚洲和平与发展贡献正能量的意愿和行动，我们都持积极态度。

第二，倡导合作发展理念，在国际关系中践行正确义利观。“国不以利为利，以义为利也。”在国际合作中，我们要注重利，更要注重义。中华民族历来主张“君子义以为质”，强调“不义而富且贵，于我如浮云”。去年，朴槿惠总统访华期间，在中韩商务合作论坛演讲时用汉语说“先做朋友，再做生意”，生动反映了对义利关系的正确认识，深刻诠释了以义为先、先义后利的重要思想观念。

在国际关系中，要妥善处理义和利的关系。政治上，要遵守国际法和国际关系基本原则，秉持公道正义，坚持平等相待。经济上，要立足全局、放眼长远，坚持互利共赢、共同发展，既要让自己过得好，也要让别人过得好。

当前，经济全球化、区域一体化快速发展，不同国家和地区结成了你中有我、我中有你、一荣俱荣、一损俱损的关系。这就决定了我们在处理国际关系时必须摒弃过时的零和思维，不能只追求你少我多、损人利己，更不能搞你输我赢、一家通吃。只有义利兼顾才能义利兼得，只有义利平衡才能义利共赢。

第三，妥善解决矛盾分歧，塑造和平稳定发展环境。中韩发展，亚洲振兴，都离不开和平稳定的周边和地区环境。当前，亚洲地区仍然面临各种传统和非传统安全威胁。问题无法回避，但答案可以多样；历史无法更改，但未来可以塑造。

以对话协商方式凝聚共识，以互谅互让的精神处理分歧，以合作共赢的态度促进共同发展，以面向未来的眼光解决现实问题，是国家和睦相处、化解矛盾分歧、实现地区和平稳定的有效途径和可靠保障。我们要创新安全理念，朝着实现共同、综合、合作、可持续安全的方向，通过深入开展政治安全对话和合作，使地区国家成为相互信任、平等合作的伙伴，共同维护亚洲和平与发展。

“邻望邻好，亲望亲好。”中国希望半岛南北双方改善关系，支持半岛最终实现自主和平统一。我们反对半岛出现核武器，主张通过对话协商解决包括核问题在内的朝鲜半岛有关问题。“冰冻三尺，非一日之寒。”有关各方应该保持充分耐心和定力，积极开展对话接触，相互释放善意，照顾各方关切，积极推进半岛无核化和实现持久和平安全的进程。只要韩朝双方持续推进南北关系改善进程，半岛人民渴望自主和平统一的夙愿终将实现。在这一进程中，中国人民永远是半岛人民可信赖的朋友。

第四，加强人文交流，不断增进人民感情。以利相交，利尽则散；以势相交，势去则倾；唯以心相交，方成其久远。国家关系发展，说到底要靠人民心通意合。

中国太极文化由来已久，韩国国旗是太极旗，我们最能领会阴阳相生、刚柔并济的古老哲理。如果说政治、经济、安全合作是推动国家关系发展的刚力，那么人文交流则是民众加强感情、沟通心灵的柔力。只有使两种力量交汇融通，才能更好推动各国以诚相待、相即相容。

文化在增进人民相互了解和友谊方面可以起到春风化雨、润物无声的作用。中韩人缘相亲、文缘相通，开展人文交往具有得天独厚的优势。我们两国已经成立了中韩人文交流共同委员会，为扩大人文合作、增进人民感情提供了良好平台。两国政府部门应该大力推动和引导，两国各界人士和广大民众要积极为此贡献力量。

女士们、先生们、朋友们！

中韩两国人民有着天然的亲近感，千百年来形成了血浓于水的深厚友谊。我这里给大家讲两个感人的故事。2008 年中国汶川特大地震发生后，韩国各界人士慷慨解囊、伸出援手。韩国全南第一高中的师生们向中国北川中学募集捐助善款，该校校长在给北川中学校长的信中写道：“喜悦分给两个人会变成两倍的喜悦，痛苦分给两个人就各剩下一半的痛苦。”

同样是 2008 年，中国骨髓捐献志愿者张宝与韩国患者配型成功后遭遇了车祸，但他住院治疗康复后，继续为这位韩国患者捐献了骨髓。这位中国志愿者说：“人生祸福难料，人家现在大难临头了，帮点忙真不算什么。”迄今为止，中国志愿者共进行跨国捐献骨髓 156 例，其中为韩国患者捐献骨髓 45 例，远远超过其他国家。这样的生动事例不胜枚举，都是中韩两国人民友谊的真实写照。我们两国人民要共同努力，更多分享喜悦，更多分担困难，更好书写友谊地久天长的新诗篇。

青年是中韩两国的未来，也是亚洲的未来。青年兴则民族兴，青年强则国家强。安重根义士曾挥毫写下“白日莫虚度，青春不再来”的书幅，希望青年人珍惜青春、创造生命辉煌。青年人最富有朝气和梦想，也最容易相互沟通和理解。《来自星星的你》等韩国电视剧，在中国引起了青年人的浓厚兴趣。只有精彩的青春才能留下人生精彩的回忆。希望两国青年互学互鉴、增进友谊，共当中韩友谊的忠实继承者，争做亚洲振兴的积极参与者。

首尔大学汇集了韩国大批青年才俊，相信你们都将成为栋梁之才。我带来了1万册介绍中国情况的图书和影视资料，赠送给贵校用于教学和学术研究。在此，我宣布，中方邀请贵校100名大学生2015年赴华参加“汉语桥”大学生夏令营活动。

女士们、先生们、朋友们！

“长风破浪会有时，直挂云帆济沧海。”这是中国唐代诗人李白的著名诗句。我相信，只要我们升起友好合作的风帆，坚持互利共赢的航向，中韩友好合作的巨轮必将乘风破浪，不断驶向和平与繁荣的光明彼岸！

感姆撒哈米达！谢谢！

简析

这是习近平主席2014年7月访问韩国时在国立首尔大学发表的题为“共创中韩合作未来　同襄亚洲振兴繁荣”的讲演，全文主要分析了中韩两国的友好合作，分析过程中强调中国将始终做维护和平的国家、促进合作的国家、虚心学习的国家，愿同韩国成为实现共同发展的伙伴、致力地区和平的伙伴、携手振兴亚洲的伙伴、促进世界繁荣的伙伴。全文结构紧凑，布局合理，语言质朴简练，是一篇十分成功的讲话稿。

综合训练

1. 以学生干部的身份针对年度工作情况写一份年终述职报告。
2. 以学生代表的身份写一份在开学典礼上的讲话稿。

第九章 简　报

第一节　简报概述

一、简报的概念

简报是党政机关、人民团体、企事业单位内部用于汇报工作、反映问题、沟通情况、指导工作、交流经验、传递信息的一种简短的具有一定新闻性质的文书材料。它是传递某方面信息的简短的内部小报，具有汇报性、交流性和指导性的特点。又称“动态”“简讯”“要情”“摘报”“工作通讯”“情况反映”“情况交流”“内部参考”等。

简报不是一种文章的体裁。因为一份简报，可能只登一篇文章，也可能登几篇文章。这些文章，可能是报告、专题经验总结、讲话、新闻等，故此，把简报说成一种独立的文体，或只说是报告，是不妥当的。

简报不是一种刊物。因为有些简报可装订成册，像一般“刊物”，但更多的是只有一两张纸、几个版面，像一份报纸。更重要的是，简报具有一般报纸的新闻特点，特别是要求有很强的时效性，而刊物的时效性则远不及报纸，因此，简报不是“刊”，而是“报”，说它是“小报”更恰当。

纵观各种工作简报、会议简报、动态简报等，再拿这些简报同一般的报纸、刊物相对照，可以得出这样的看法：简报不单纯是下级向上级汇报工作的简要书面报告，不能看作是一种独立文体，也不是一种刊物，而是一种业务性强或专业性强的简短的内部小报。

二、简报的特点

简报具有狭义新闻——消息的特点，具有消息的新、精、实、快和连续性等特点。这些共性在简报中表现为：

（一）新

及时地反映工作中的各种情况，反映事实的发展和变化，总结出新经验、新问题；善于捕捉工作中、社会生活中的“新”，并掌握规律及发展方向，使简报具有更强的指导性和交流性。

（二）精

篇幅短、内容精。简报姓“简”。简，是它区别于其他报刊的最显著的特点。一期简报甚至只登一篇文章、几段信息；或一期几篇文章，总共一两千字，长的也不过三五千字。简报要内容精，抓住工作中的重点和核心，开门见山，尽可能一事一议。语言必须简明精炼，一篇简报多数为几百字，少数超千字或几千字。

（三）实

真实、客观地反映情况，做到准确、实事求是，不能随意夸大或缩小，更不允许虚构。

（四）快

迅速反映工作动态，及时上报、沟通、交流，讲求时效性。

此外，简报又有其本身的特点，包括以下两点：

一是内容专业性强。公开的报纸一般是综合性的，内容广泛，各方面的新闻都有，涵盖政治、经济、文化；工、农、商各行各业；城市、乡村、国内、国外的新闻等；此外，除了新闻，还有文艺作品。简报就有所不同，它一般由有关单位、部门主办，专业性十分明显。如，《人口普查简报》《计划生育简报》《水利工程简报》《招生简报》等。

二是限于内部交流。一般报纸面向全社会，内容是公开的，没有保密价值。简报则不同，它一般在编报机关管辖范围内各单位之间交流，不宜甚至不能公开传播，特别是涉外机关和专政机关主办的简报更是如此。有的简报，甚至有一定的保密要求，不能任意扩大阅读范围。

三、简报的作用

（一）便于领导机关掌握情况、指导工作

领导机关通过简报掌握了下级的各种情况，并通过本级的简报上报情况、下达指示、介绍典型经验，起到上通下联、推动工作的作用，并根据简报所反映的情况来决定工作方针。

（二）向上汇报工作，争取指导帮助

基层、下级机关编写简报的目的之一是向上级机关汇报工作、反映情况、提供信息，以便上级根据实际情况采取措施，有问题的给予帮助解决，有经验、典型的给予表彰、推广。

（三）促进单位之间的交流

简报还可送发兄弟单位和相关单位，使单位之间交换情况、互通信息、交流经验、取长补短。

四、简报的种类

简报的种类，按时间划分，有定期简报、不定期简报；按性质划分，有工作简报、生产简报、学习简报、会议简报；按内容划分，有综合反映情况的简报、反映特定情况的专题简报。下面介绍三种较为常见的类型。

（一）综合简报

综合简报是反映本部门、本系统各方面工作情况和问题的简报，也称情况简报。它报道的内容主要是本部门、本系统管辖范围内发生的重大问题、事件及其处理工作中的重要情况；两个文明建设中出现的新人、新事、新气象、新动态；工作中的新经验、新办法等。以便发现典型、经验及时推广，发现问题及时引起方方面面的注意并得到解决。这种简报一般是连续不断地编发，或定期或不定期，以指导和推动本部门、本系统的工作。

（二）专题简报

专题简报是将某项专门工作的动态、进展、经验、问题等向上级部门汇报，或向有关部门通报情况，或下发所属基层单位借以推动工作。这种简报报道的事件集中，都是围绕某一项专门工作或中心工作来编写的。写这类简报时，要注意以下几点：

（1）迅速及时。

（2）重点突出，同一主题一报，有时可一事一报。

（3）敢于揭露矛盾，善于总结经验。

（4）针对性要强，具有普遍意义。

（5）观点要鲜明，事例要典型，文字要简明扼要。

（三）会议简报

会议简报是专门报送、交流有关重要会议内容及会议的筹备和进展情况，反映与会者意见和建议的简报。如，全国人民代表大会、全国政协会议、中央各种重要会议、地方上的“两代会”、各种重要的专门会议都要编发会议简报。会议简报分为综合简报和进程简报两种。前者是整个会议编一期简报，在会议后期发送；后者是编发多期简报。一般重大的、时间较长的会议都发进程简报，即每个小阶段编发一期，有时天天编发，以供与会者

阅读、互通情报、交流思想经验，把会开好。会议简报的内容包括三方面：

（1）报道会议精神，包括有关领导同志的重要讲话和会议的决议。

（2）介绍会上交流的经验。

（3）报道会议就某些问题讨论的情况。

一次会议的简报要注意自始至终保持连续性，使人们对这次会议的内容、进程、结果有个完整的了解。

第二节　简报的写作

一、简报的结构

（一）报头

1. 简报名称

简报名称一般用套红印刷的大号字体。如有特殊内容而又不必另出一期简报时，就在名称或期数下面注明“增刊”或“××专刊”字样。名称可以直接是简报类别，如“会议简报”“工作简报”“情况简报”等；也可以更具体一些，写成“内容＋文种”的形式，如“人口普查简报”“计划生育简报”“水利工程简报”等；还可以写成“单位＋文种”的形式，如“吉林农业科技学院简报”。

2. 期号

期号可写在名称下一行，用括号括上。

3. 密级

秘密等级写在左上角，也有的写“内部文件”或“内部资料，注意保存”“机密”等字样。无需保密的可以省略不写。

4. 编印单位

编印单位要写全称。

5. 印发日期

印发日期写在与编印单位平行的右侧。年、月要写全，有的甚至写全年、月、日。如，“2015 年 3 月”“2015 年 3 月 16 日”等。

6. 横隔线

横隔线是用一道横线将报头与报核隔开。

（二）报核

报核，即简报所刊的一篇或几篇文章。简报的写法是多种多样的，因此，它的形式也较灵活。大多数是消息，包括标题、导语、主体、结果和穿插在叙述中的背景材料。除了消息，还有别的文体，如总结、汇报等。

1. 按语

内容重要的简报，常要写个简短的按语，说明编发这份简报的原因或目的，以引起读者的重视。按语多数是根据单位领导同志意见撰写的，具有指导的性质，如有的按语就写“根据××同志意见，现将这份简报转发如下，供各部门参阅”；有的则是提纲挈领地把简报的重点、中心突出，达到强调、宣传的目的。按语写在报头部分间隔线之下，标题之上，左右页边最好不要与正文并齐，一般每行各缩进两三个字。按语不是简报必备的内容要素。

按语的写法主要有：

(1) 评价性按语。表明编者的思想倾向和态度。

(2) 提示性按语。提示简报的内容提要，适用于比较长的简报，是为了帮助读者阅读理解。

(3) 说明性按语。主要介绍简报的背景、来源或转发的目的、范围等。

2. 标题

标题是简报的眼睛。简报的标题类似新闻的标题，拟题要就实避虚，揭示主题或概括内容，尽可能做到准确、简洁、醒目、新颖、有吸引力，使人一看就知道该简报的大致内容或主题。可以采用单行标题，也可采用多行标题。如果编发多篇文章，在各篇文章前可以先列一个“目录”。

3. 导语

通常用简明的一句话或一段话概括全文的主旨或主要内容，给读者一个总的印象。导语的写法多种多样，有提问式、结论式、描写式、叙述式等。导语一般要交代清楚谁（某人或某单位）、什么时间、干什么（事件）、结果怎样等内容。

4. 主体

主体是简报的核心，要用足够的、典型的、有说服力的材料，把导语的内容加以具体化。

5. 结尾

结尾或指明事情发展趋势，或提出希望及今后打算。如果主体部分已经把事情说清楚，那就不必再加结尾了。

6. 背景

背景即对人物、事件起作用的环境条件和历史情况。背景可以穿插于某个部分，一般是在导语中。

如果是按照期刊式编发，在报核前还可以加“目录”。

(三) 报尾

在简报最后一页下部，用一横线与报核隔开，横线下左边写明发送（报、送、发）范围，在平行的右侧写明印刷份数。

简报的版面格式如下图所示：

（密级）

简　报　名　称

（第××期）

编发单位全称＿＿＿＿＿＿＿＿＿印发日期

按语部分××。

目录部分

□××××××××××××××××××（标题）

□××××××××××××××××××（标题）

简　报　标　题

导语部分××。

正文（主体）部分×××。×××。

发送范围（报、送、发）　　（共印×××份）

二、简报的写法

（一）新闻式写法

用新闻报道的写法，简要报道工作的动态、进展，多数用于反映本部门或系统重大事件、重要活动、重要会议情况、领导指示精神等。由标题、导语、主体、结尾和背景等部分组成，突出新闻的时间、地点、人物、事件等要素。详细写作要领参考新闻的写作部分。

（二）总结式写法

总结式写法多用于介绍经验、做法的简报，常见的写法一般是先总体报道结果、成绩、成效等，相当于导语部分，然后具体介绍经验的做法。可以根据总结的材料性质分类分列小标题或分层次完成。例文 9—2 就属于总结式写法，总结了××县四月份计划生育工作做法和情况。

（三）综合式写法

综合式写法是对某一行业系统或某一主题内容的工作在不同单位或部门的情况综合加以报道的简报，目的是让人们了解某系统或某一主题活动工作进展的全貌。这种写法围绕一个中心选择和组织材料，需要对材料进行综合、分析、整理，可以在前言部分介绍总体情况、背景等，然后将材料分成若干方面，分别进行综合报道。

三、简报的写作要求

(一) 要真实

内容要真实、确切。简报所反映的人和事绝不能虚构，也不能只报喜不报忧。当然，允许综合归纳、提炼浓缩、加工整理，其目的是更加确切地反映客观事物的本来面貌。

(二) 要新颖

材料要新颖、典型。简报力求为人们提供新情况、新经验、新问题，因此，要认真分析，选好角度，善于捕捉和传播新的信息，展示事物的最新状态和发展趋势；善于找出那些对上级或同级单位具有参考价值的、对基层单位具有指导作用的典型材料，用准确、生动的语言，写出有新意的简报来。

(三) 要快捷

反映要迅速、及时。简报特别讲究时效，在收集信息、整理材料、编发等各个环节上要有强烈的时间观念，要求快写、快编、快审、快印、快发、快报。

(四) 要简要

文字要朴实、简练。要用最少的文字表述最丰富的内容。选题要精，最好一事一报；选材要严，要以最简练的语言说明最重要的问题。

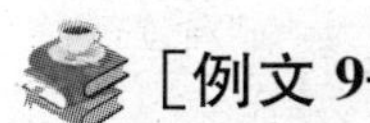

[例文 9—1]

今年春节市场货源足、品种多、服务优

按照市政府提出的“今年春节市场供应一定要安排好”的要求，本市各商业部门积极组织货源，早做准备，做到春节市场供应的商品货源充足、品种繁多，并且普遍重视优质服务。目前，全市广大商业部门的职工正全力以赴，为搞好春节商品供应紧张而有序地工作着。今年的春节供应情况呈现如下三个特点：

一是货源充足。

投放春节市场的吃、穿、用等主要商品中，80%以上比去年同期供应有所增加，增加幅度在6.7%至17%。……

二是品种繁多。

(略)

三是服务优良。

全市商业系统普遍开展了“百日优质服务竞赛活动”，采用延长营业时间、做好售前准备、售后服务、增加送货上门服务、开设服务咨询热线、强化热情礼貌服务等措施和方法，为顾客提供优质服务。……

简 析

这篇报道就是一篇综合式报道，全面报道了本市商业系统春节市场供应和服务情况。

［例文 9—2］

工作简报

第四期

中共××县委办公室　　　　　　　　　　　　　　　　　　一九九五年六月十九日

按：县计生委努力转变工作作风，坚持从实际情况出发，对今年4月份计生宣传月的工作检查不搞兴师动众，不从乡镇和部门抽调人员，全部依靠本单位的干部组织检查。这样既减少了对乡镇和部门工作的牵扯，又全面检查和掌握了全县计生工作情况，受到基层和群众欢迎。

希望全县各级部门认真借鉴此经验，进一步加强党风廉政建设、改进工作作风、提高工作效率，以实际行动推动全县两个文明建设的发展。

县计生委改进检查方法　转变工作作风成效明显

今年3月至4月下旬，我县集中领导、集中力量、集中时间开展了《××省计划生育条例》和《中国计划生育发展纲要》宣传活动。县计生委于5月2日至28日，对各乡镇的活动情况进行了全面检查验收。由本单位干部组成一个检查组，统一思想、统一标准开展检查活动，在检查中切实转变作风、积极改进方法，取得了较好效果。其基本做法是：

一、统一思想，提高认识。计划生育工作政策性强、涉及面广，每年都要进行几次阶段性工作检查。针对今年检查时间在“双抢”期间的新情况，县计生委党组专门召开会议，在认真总结过去检查经验的基础上，积极改进方法，改过去从乡镇和各相关部门抽人组成检查组为组织县计生委机关干部集中检查。在干部职工会上，明确了这次检查的目的、方法和基本要求，统一了全委从领导到一般干部对这次检查的思想。

二、统一确定检查对象，集中时间开展检查。整个检查时间集中在5月份进行，采用抽查的方法，对各乡镇随机抽取一个村作为检查对象，并保密封存村名，检查组到达乡镇时再启封公布检查的村，然后分组直接进村入户开展检查。

三、统一检查验收标准。为了杜绝检查中的人为主观因素、减少乡镇对检查结果产生异议、挤干工作中的水分，在检查中，严格按照政府办公室广府办〔1995〕2号文件《关于对贯彻〈四川省计划生育条例〉集中宣传活动进行考核奖惩的通知》的规定，统一检查评分标准，坚持“一把尺子量到底”，直接考核到检查的村社。同时，在检查前，组织检查人员认真学习了2号文件和有关的政策规定及业务知识，提高了检查人员的政策水平和业务技能，为公正考核检查奠定了基础。

四、统一口径汇总检查结果。进村分组到户开展检查后，以村为单位，统一口径将各社的情况汇总。然后向乡领导汇报检查情况，交换意见。如果乡镇对被查村社的检查结果提出异议，则当场重新核实汇总。对问题比较突出的乡镇，检查人员与乡镇领导、计生办一起，共同分析原因、找出差距、研究补救措施。

五、统一费用开支渠道。过去的计划生育工作检查，由乡镇或计生办接待检查组，超标准、超规格接待现象时有发生。为从根本上改变这种状况，这次检查不由乡镇接待安排，不接受乡镇的生活宴请，而由县计生委仿照有关规定，本着节俭原则，从紧安排，统一支付费用。有乡镇准备按惯例安排宴请，被检查组婉言谢绝。初步统计13人的检查组，在长达一个月的专项检查中，开支费用不到过去同类检查费用的十分之一。

六、切实做到“四个坚持”。一是坚持客观、公正地考核各乡镇的集中活动开展情况，进村入户如实登记、汇总，最后按标准计分；二是坚持不兴师动众，只要乡镇在工作上的配合，不要在生活上的陪同，减轻了乡镇领导的精力负担；三是坚持固定检查人员，从计生委机关抽出的13名干部自始至终参加检查，保证了按时完成任务；四是坚持执行严格的组织纪律，检查人员必须遵守计生委党组规定的各项纪律制度，如有违反从严处理。

通过这次检查，全面、真实地了解了我县人口生育现状，掌握了各乡镇开展集中宣传活动的情况。据统计，检查结果数比乡镇报表更接近实际。如，对育龄夫妇进行普查，原乡镇报表统计普查率为93.75%，而检查结果普查率仅为80.42%，减少了13.32%；落实结扎措施率报表统计为95.21%，检查统计为72.12%，减少了23.09%。

简 析

此简报是一份加编者按的计划生育工作简报。报文内容具体介绍了某县计生委认真开展工作的情况。简报实事求是，不浮夸，认真总结，强调开展工作的措施和方法，既向上级汇报了工作，又向兄弟单位介绍了经验。可谓“一石数鸟”，真正实现了汇报工作、反映情况、交流经验的目的，而这也正是这份简报的可贵之处。

综合训练

1. 把下面会议记录改写为会议简报。要求：可以根据需要对内容进行取舍，符合简报结构格式要求。

2002年全国电磁辐射环境学术会议纪要

由中国环境科学学会环境物理学专业委员会主办的“2002年全国电磁辐射环境学术会议”于2002年5月26日—29日在中国北京召开，本次会议得到了中国环境科学学会、国家环保总局的高度重视和支持。来自国内29个单位的46名代表参加了本次会议。

会议由中国环境科学学会理事、环境物理学专业委员会委员、国家环保总局电磁辐射环境审评专家王毅主持。

环境物理学专业委员会主任委员、中科院声学所所长田静博士致开幕词。他指出了本次会议的宗旨是推动和促进我国电磁环境保护工作的顺利展开，总结和交流学术进展。他强调随着信息技术的发展，人们无时无刻不暴露在电磁辐射的环境之中，对电磁污染的程度、效应的关心也日益增加，全社会对电磁污染的关注达到了空前的高度。希望环境保护工作者科学解答有关电磁污染的问题，帮助政府制定科学、合理、可行的政策法规与标准，为人民群众的身体健康和促进信息技术的蓬勃有序地发展做出贡献。随着近年来政府有关部门和人民群众对电磁污染问题引起的警觉，环境保护工作者在电磁监测和环境标准等方面已经取得了一定的进展。面对新的挑战和机遇，希望通过我们的努力，能够促使我国的电磁辐射监测、标准制定和污染防治工作尽快走上科学、规范和有效的发展道路。

国家环保总局科学技术顾问委员会赵亚民先生致贺词。他指出环境保护事业不仅是政府要考虑的任务，也是平民百姓日常议论的热门话题，环保工作深入人心。

刘华司长代表国家环保总局核安全与辐射环境管理司肯定了本次会议的组织工作，并在讲话中指出："电磁辐射污染是一种新的污染因子，国际上对其致病机理和污染危害尚处在研究阶段，希望广大环境管理的干部和研究人员抓住机遇、努力探索、认真钻研，为我国电磁辐射环境的保护工作做出应有的贡献。"

应邀的国家环保总局张志刚处长、电磁辐射环境审评专家宋笑亭女士、徐培基先生和王毅先生到会，并做专题报告，受到与会者的热烈欢迎。

本次会议收录论文30余篇，分为如下六个专题进行了大会交流：

1. 电磁辐射环境标准与电磁辐射环境管理；
2. 移动通信基站电磁环境；
3. 工频电力线与变电站电磁环境；
4. 广播电视与卫星地球站电磁环境；
5. 工、科、医高频设备及交通运输系统中的电磁辐射环境；
6. 电磁辐射监测仪器及发展趋势。

大会名誉主席赵亚民先生高度评价了会议的成功召开，并在会议总结时指出：会议论文涉及面广、内容丰富，达到了广泛交流、教学相长的目的，是国家环保总局1997年18号令《电磁辐射环境保护管理规定》颁布以来，针对电磁辐射、环境管理、科研及监测等工作的最好检阅，出版的会议论文集提出了许多新的观点和建议，对我国电磁辐射环境管理工作起到了积极的促进作用。

为了使本次会议顺利召开，北京声望声电公司、北京环科世纪电磁兼容公司和北京森馥科技公司热诚地给予了支持。

通过本次的会议交流、研讨，到会代表收获颇丰，并一致倡议：全国电磁辐射环境学术会议最好每1～2年定期召开，确立为我国的电磁辐射环境管理、科研、监测工作者提供互相交流、教学相长的科技讲坛。

中国环境科学学会
环境物理学专业委员会
2002年6月20日

资料来源：www. qabc. cn。

2. 根据校园近期的活动，以学院团委或学工处的名义策划编写两份校园动态简报。要求：在写法上采用新闻式一篇，总结式一篇。

第五编

财经文书

第十章
合 同

第一节 合同概述

一、合同的概念

（一）合同的起源

契约与合同现在是同义词，但是从合同的起源看，这两个名词的产生及其所包含的内容还是有区别的。实际上，据我国《周礼》记载，奴隶制社会的周代，在市场贸易中就有“契卷”（即契约）的形式，契约是由国家设置专门管理市场的官吏——质人来管理，“质人掌城市之货贿，人民、牛马、兵器、珍异之买卖者质剂焉。”质剂，就是契约。“契约者，为之卷，藏之也。大市人民、牛马之属用长卷，小市兵器、珍异之物，用短卷。”契卷就是买卖成交的凭证。因此，契约是商品经济的产物，是私有制在法制关系上的一个重要反映，是商品交换的一个证书，如果没有商品交换，也就没有契约的产生。那时的契约分为两半，双方当事人各执一半，作为凭证。如果验证无误，原契约即可肯定。这些契约成为当时官府判断是非、确定权利义务关系的主要依据。

当经济发展到资本主义社会，商品生产和交换关系越来越多，内容更加丰富。随着法人制度的确立，契约当事人必须是法人，契约内容也不断扩大，因而，需要明确双方当事人的权利义务，并需要订立条款，制定书面契约。为了防止遗忘、共同遵守，以在发生纠纷时作为处理依据，具有法律上的效力，于是出现了“合同”一词。

（二）合同的概念

《中华人民共和国合同法》（以下简称《合同法》）称合同为：平等主体的自然人、法人、其他组织之间设立、变更、终止民事权利义务关系的协议。由此可见，合同是为实现一定的经济目的，明确相互权利义务关系的协议。

二、合同的特点和订立合同的原则

（一）合同的特点

合同有以下法律特征：

（1）合同是一种民事法律行为。

（2）合同是当事人意思表示一致时的法律行为。

（3）合同当事人的法律地位平等。

（二）订立合同的原则

（1）合同当事人的法律地位平等，一方不得将自己的意志强加给另一方。

（2）当事人依法享有自愿订立合同的权利，任何单位和个人不得非法干预。

（3）当事人应当遵守公平原则确定各方的权利和义务。

（4）当事人行使权利、履行义务应当遵循诚实信用原则。

（5）当事人订立、履行合同，应当遵守法律及行政法规、尊重社会公德，不得扰乱社会秩序、损害社会公共利益。

（6）依法成立的合同，对当事人具有法律约束力。当事人应当按照约定履行自己的义务，不得擅自变更或者解除合同。依法成立的合同，受法律的保护。

（7）当事人（法人、自然人）必须是具有法律行为能力的自然人或法人。

三、合同的种类

（一）按合同的内容划分

合同按内容划分有：买卖合同、租赁合同、加工承揽合同、委托合同、借款合同、技术合同、仓储合同、著作权合同。

（二）按法律特征划分

1. 有名合同与无名合同

有名合同指有法律明文规定并赋予一定名称的合同，也叫典型合同。《合同法》中所规定的经济合同大多属于有名合同。无名合同指法律上没有明文规定的合同，《合同法》第一百二十四条规定：“本法分则或者其他法律没有明文规定的合同，适用本法总则的规定，并可以参照本法分则或者其他法律最相类似的规定。”

2. 要式合同与不要式合同

要式合同是法律规定或当事人约定具备特定形式的合同，如书面合同。不要式合同多为口头或其他形式的合同。未采用书面形式的合同并非一定无效，只要当事人一方已经履行了主要义务，对方又接受，该合同也视为成立。

3. 单务合同与双务合同

单务合同是指合同关系中一方只承担义务，另一方只享受权利的合同，如赠与合同、借用合同。双务合同是指双方当事人互有债权、互负债务的合同，如买卖、运输、承揽合同等。

4. 主合同与从合同

主合同指不依赖其他合同而能独立存在的合同。从合同指必须以其他合同的存在为前提才能成立的合同，如抵押合同、保证合同。

5. 格式条款合同与非格式条款合同

格式条款合同又称标准条款、标准合同、定式合同或附和合同，指当事人为了重复使用而预先拟订，并在订立合同时未与对方协商条款的合同，如民用运输、电信、保险、邮政及水、电、煤气供应等行业所签订的合同。格式条款合同具有简化缔约程序、节约交易成本的优点，但也存在有失公平的弊端。非格式条款合同则是临时根据合同的内容而拟订的合同，只要当事人双方承认并都能认真履行就可，而不必按固定的格式去拟写，这种形式的合同在民间运用得较为广泛。

6. 一时性合同与继续性合同

一时性合同指一次给付合同内容就实现的合同，如商品房的买卖合同、蔬菜的购销合同、赠与合同等。继续性合同指合同内容不是一次给付就可完结，而是需要继续履行的合同，如房屋租赁合同、厂房借用合同、仓储保管合同等。

7. 为自己利益订立的合同与为第三人利益订立的合同

为自己利益订立的合同是指订约当事人自己享受合同权利和直接取得利益的合同。为第三人利益订立的合同，就是指订约的当事人一方不得为自己，而是为第三人设定权利，使其获得利益的合同。人身保险或财产保险的投保人指明受益人的保险合同，就是典型的为第三人利益而订立的合同。

四、订立合同的形式

(一) 即时清结，不需订立书面合同

即时清结，指经济合同的订立、履行（查验、交货、付款）、终止等几乎是同时进行的，没有时间差，又无太大后续纠纷或争议的，可以口头协商，没必要订立书面协议（合同），但可以出具信誉保证（如信誉卡、保修卡、售后承诺服务等，广告承诺也属于信誉承诺）。

(二) 书面形式

书面形式是指合同书、信件和数据电文（包括电报、电传、传真、电子数据交换和电子邮件）等可以有形地表现所载内容的形式。《合同法》第十条规定：法律、行政法规规定采用书面形式的，应当采用书面形式。当事人约定采用书面形式的，应当采用书面形式。

五、合同的一般内容

《合同法》第十二条规定：合同的内容由当事人约定，一般包括以下条款：

（一）当事人的名称或者姓名和处所

当事人必须是法人及有完全民事行为能力的自然人，名称或姓名必须用全称。

（二）标的

标的是法律用语，是合同当事人权利和义务所共同指向的对象，有时指物，有时指货币，有时指人。经济合同中多指货物、货币、劳务、工程技术、技术等。标的是合同中最重要、最基本的条款，如买卖合同的标的是货物；借款合同的标的是货币；赠与合同的标的是货物、货币、藏品、房产等；租赁合同的标的是租赁物；科技合同的标的是技术或科技成果；建设工程合同的标的是工程项目；运输合同的标的是劳务或物品；保管、仓储合同的标的是劳务或货物。

不论哪一种合同，都要有明确、具体的标的，而且在合同中要求对标的提出具体的标准，如买卖合同中必须把购销产品的名称、品牌、品种、型号、规格、等级（含量）等质量标准，以及数额、单价、总价等具体写明，并注明验收方法。

合同的标的一定要准确无误，如果标的含糊不清，这个合同就是无法执行的合同。标的用词要注意不能用含糊、歧义、高度概括的词语。例如：北京市保险分公司的《家庭财产保险说明》中可保险财产的第二条写道："衣服、卧具、家具、家用电器、文化娱乐用品、交通工具等生活资料。"它作为说明书是可以的，但作为保险标的写入保险合同是不行的。合同中要求必须写明标的物的名称，不能用"等生活资料"。否则，岂不是一瓶酒、两盒烟、一袋大米都在财产保险的范围之内了，因为它们都是生活资料。

（三）数量

数量是指合同中产品的数量、重量、长度、面积、容积、体积及借款的金额等。标的数量直接关系到当事人的权利和义务的大小。对标的数量的规定包括计量单位和数目。有的商品应规定合理的磅差、正负、尾数等。确定商品数量时，国际贸易度量衡有公制、英制、美制。标的的计量单位主要有以下形式：

重量：吨、千克、磅、盎司、毛重、净重。

个数：件、双、包、箱、桶、套、台、捆等。

长度：米、英尺、码等。

体积：立方米、立方英尺、立方码。

面积：平方米、平方英尺、平方码。

容积：公升、加仑、蒲式耳。

（四）质量

质量问题应在合同中明确规定，是经济合同中必须具备的主要条款，且是最容易产生纠纷的。如果以样品标准确定质量，样品要事先封存以便验收。不能封存的不能以样品来确定质量，应以具体定量为标准。

撰写合同时，一定要把标的质量技术要求和具体标准详细、明确、严谨地书写清楚。如果是采用上级颁布的质量标准，应具体标出是何年何月的国家标准、部颁标准、省级标准或厅局级标准。如果是双方协商的质量标准，还必须附有协议书或样品，并注明质量规格和技术标准。质量是履行合同和检查合同落实情况的标准，因而在文字表达上应特别严谨，要做到滴水不漏。

(五) 价款或者酬金

价款指为获取标的物而交付的货币数量；酬金（或报酬）指为获取标的物而支付的劳务佣金。《合同法》第六十三条规定：执行政府定价或者政府指导定价的，在合同约定的交付期限内政府价格调整时，按照交付时的价格计价。逾期交付标的物的，遇价格上涨时，按照原价格执行；价格下降时，按照新价格执行。逾期提取标的物或逾期付款的，遇价格上涨时，按照新价格执行；价格下降时，按照原价格执行。在确定价格时，还应注意价格的种类和币种，尤其是在国际贸易中更要加以明确。

(六) 履行期限、地点和方式

履行期限是指当事人完成合同规定义务的时间范围。不同内容的合同，履行期限有具体所指内容，如购销蔬菜合同的履行期限指供货时间和因质量而引发货物退换时间。合同的期限必须有明文的规定，特别是购销季节性商品，如违背了履行的期限就有可能造成巨大的经济损失。履行的地点是指交付、提取标的的具体地理位置。履行的方式是指当事人双方履行合同的方式，包括交付的方式（自提、送货）、验收的方式（验收标准、验收规范、质量检验标准）、价款的结算方式（银行转账、现金支付、一次性支付、分期支付、按月支付、按年支付）。履行期限、地点和方式在合同中必须写得明确、清晰，丝毫不能马虎。例如，1980 年北京某单位因工作人员马虎填写收货地点而发生了合同纠纷，把应该发往河北三河县的货物，发往了四川成都附近的三河站。错误在于漏写了“县”字，火车站就按到站名发货。为此，该单位不仅损失了四万元的运费，还因耽误近一个月的时间而被处罚金八万多元。

关于货物的验收，一般应在合同中明确写明：

(1) 供方对物品的质量负绝对责任，付货时应同时提供物品的质检合格证和双方商定的字据作为验收的必要技术材料，交给需方据以验收。

(2) 需方收到货品时，应按国家有关规定或双方约定的标准、方法、期限验收或检疫。如果发现质量问题，应在约定的期限内向供方提出书面异议，逾期供方不再承担责任。

(3) 供方接到书面异议后，应在十日内或双方商定的期限内负责处理。合同需方检查物品是否合格，确定不合格的责任者，并商定处理的办法。供方如未能按时处理，应视为默认需方所提出的异议和处理意见。

(七) 违约责任

违约责任是指经济合同依法成立后，由于合同当事人一方或双方的过错而导致合同不能履行或不能按时履行，有过错的一方应承担的责任。违约方需要向合同的另一方当事人支付违约金，以补偿对方的经济损失。

（八）解决争议的方法

对违约责任的追究，可以用支付违约金、支付赔偿金、继续履行合同等方式来解决，也可根据《合同法》第一百二十八条的规定解决：“当事人可以通过和解或者调解解决合同争议。当事人不愿和解、调解或者和解、调解不成的，可以根据仲裁协议向仲裁机构申请仲裁……当事人没有订立仲裁协议或者仲裁协议无效的，可以向人民法院起诉。当事人应当履行发生法律效力的判决、仲裁解决、调解书；拒不履行的，对方可以请求人民法院执行。”

六、合同的结构

一般合同有着固定的格式，具体由以下几部分组成。

（一）首部

首部包括以下内容：

1. 标题

标题即合同的名称，在合同文本中居于合同首页中间的位置。在拟订标题时，可以直接将合同的种类作为合同的名称，如“加工承揽合同”“租赁合同”；也可以根据合同的具体内容来拟订，如“荔枝购销合同”“商品房买卖合同”；还可以将合同的执行时间与内容、种类结合起来确定合同的标题，如“2005年春季服装加工合同”“2004年吉林市煤炭运输合同”。此外，还可以把签约单位写进合同。

2. 合同约首

合同约首位于合同正文之前，写明合同的基本信息，如合同的编号、当事人名称、签约时间、签约地点、邮编、电话等。

（二）正文

正文一般包括以下三方面内容：

1. 引言

引言主要是用几句话说明签订本合同的目的、根据、过程、范围，也可称为签约的事由。例如，根据《合同法》的要求，本着平等互利的原则，经双方协商一致，签订本合同，以期共同遵守。

2. 基本条款

基本条款是合同的主要内容，是合同的重点，是双方行使权利、享受义务的依据，一般由当事人约定其具体的内容。根据《合同法》的规定，合同的主要条款有标的、数量和质量、价款和酬金、履行期限地点和方式、违约责任和解决争议的方法。

3. 尾部

合同尾部要求当事人署名，署名要用全称，并加盖印鉴。如果有委托代理人的，要其亲自签字方能生效。也可视需要附上双方银行账号、联系电话等信息。如果约首未标明签约日期的，要在尾部标出。

七、合同的写作要求

（一）结构模式化

大多数合同的写作都是有章可循的，按照固定的格式来写即可，如租赁合同、加工承揽合同、供用电合同等。这给人们带来了方便，节省了时间。

（二）内容具体化

因为合同一经签订就具有法律效力，如不按约执行就要赔偿对方的损失，甚至受到法律的制裁。为了避免发生合同纠纷，就要求在写作合同时，内容要具体、明确，而不应该含糊不清。例如，有一则合同的标的是这样写的："将饭店八层全层包租给某国某公司"。就因这句中有"全层"两个字，因而承租人便把整个八层全都占用，但这是和签订合同的初衷相违背的，完全是因为内容不够具体而造成的纠纷。应在合同中标明哪些房间可占用，哪些不可以，这样合同执行时就不会有问题了。

（三）语言准确化

语言的准确性是写所有应用文的要求，但在合同的写作中要求得更为严格，否则引起纠纷对当事人双方都是不利的。例如，有一份运输承包合同规定："承包人每月向运输公司上缴纯利润 1 500 元"。这里的"纯利润"就有两种理解：一种是"纯利润＝总收入－税金－职工基本工资"；另一种理解是"纯利润＝总收入－成本－税金"。因此，为减少纠纷，应用明确的语言加以限定。在合同中应多采用限制性的词语，如"必须""之内""包括""除……外"。同时应该采用规范化的书面语言，一般不用方言词和口语，如不应把"木耳"称为"云耳"、把"玉米"称为"包米棒子"等。

第二节　经济合同

一、经济合同的概念

经济合同是指两个或两个以上平等主体的自然人、法人、其他组织之间为了实现某种经济目的，而明确相互权利、义务关系的协议。

经济合同的当事人主要是法人，其次是有完全民事行为能力的自然人。

（一）法人

法人是法律用语，指具有民事权利能力和民事行为能力，依法独立享有民事权利和承担义务的组织。也就是说，法人与自然人是对称的，是具备法定条件的社会组织。这是国内外通用的法律术语。凡以生产或经营活动为目的的社会组织，在经济上均为经济法人。

构成法人资格，必须具备以下条件：

（1）具有一定的组织和机构。

（2）依照法定程序成立（经国家法定程序及国家机关的审查、批准、登记、发证，即国家认可的组织才具有法人资格）。

（3）具有能够独立支配本组织的财产能力。法人的财产是指实行独立预算、核算的国家机关、企事业单位、集体单位和社会团体所拥有的财产。法人享有所有权或经营、管理权，能根据自己的意志独立支配财产。

（4）能以自己的名义进行民事活动。法人能独立地负起民事责任，享有民事权利、承担民事责任。

不具备上述四个条件又没有法人资格的组织，如工厂、企业内部的处、室，厂校内部的系、部等，不能作为经济合同的当事人。没有经法定程序成立的企业、单位也不具备法人资格，订立的合同视为无效合同。例如，非法行医、非法经商等，注意不要上当吃亏。

（二）自然人

合同的当事人包括个体经营户、工人、农民等有民事行为能力的自然人。

（三）法人代表

法人代表是能够代表法人进行民事活动，承担主要义务的人。

二、经济合同的种类

经济合同名目繁多，从不同的性质和角度进行划分，可得到不同的分类结果。这里主要讲一下按内容划分，经济合同可分为：

（一）买卖合同

买卖合同是出卖人转移标的物的所有权于买受人，买受人支付价款的合同。

（二）供用电、水、气、热力合同

供用电、水、气、热力合同是供应电（水、气、热力），用电（水、气、热力）的单位或个人支付电（水、气、热力）费的合同。

（三）赠与合同

赠与合同是赠与人将自己的财产无偿给予受赠人，受赠人表示接受赠与的合同。

（四）借款合同

借款合同是借款人向贷款人借款，到期返还借款并由借款人支付利息的合同。

（五）租赁合同

租赁合同是出租人将租赁物交付承租人使用，承租人支付租金的合同。

（六）融资租赁合同

融资租赁合同是出租人根据承租人对出卖人、租赁物的选择，向出卖人购买租赁物，提供给承租人使用，承租人支付租金的合同。

（七）承揽合同

承揽合同是承揽人按照定做人的要求完成工作（加工、定做、修理、复制、测试、检验等工作），交付工作成果，定做人给付报酬的合同。

（八）建设工程合同

建设工程合同是承包人进行工程建设（工程勘察、设计、施工），发包人支付价款的合同。《合同法》第二百七十一条规定：建设工程的招标、投标活动，应当依照有关法律的规定公开、公平、公正进行。

（九）运输合同

运输合同是承运人将旅客或者货物从起运地点运输到约定地点，旅客、托运人或者收货人支付票款或者运输费用的合同。

（十）技术合同

技术合同是当事人就技术开发、转让、咨询或者服务订立的，确立相互之间权利和义务的合同。

（十一）保管合同

保管合同是保管人保管寄存人交付的保管物，并按期返还该物，寄存人按约定支付保管费用（也可以按约定无偿保管）的合同。

（十二）仓储合同

仓储合同是保管人储存存货人交付的仓储物，存货人支付仓储费用的合同。

（十三）行纪合同

行纪合同是行纪人以自己的名义为委托人从事贸易活动，委托人支付报酬的合同。

（十四）居间合同

居间合同是居间人向委托人报告订立合同的机会或者提供订立合同的媒介服务，委托人支付报酬的合同。

此外，合同还可以按其他标准划分。按形式划分为：条款式合同、表格式合同、条款与表格结合式合同、票据式合同（固定式合同）；按时间划分为：短期合同、中期合同、远期合同；按责任划分为：单位合同、个人合同（民间契约）。

第三节　合同的写作

一、公民个人契约

所订立的契约至少一方是公民个人，大多数双方都是公民。形式较为简单，如例文10—1～例文10—3所示。

[例文10—1]

借据

兹因家中女儿上大学急需用钱，特向王明借人民币壹万元整，借期一年，满一年如数一次还清，并加付利息伍佰元整。恐后无凭，立此为据。

借款人：李德（印）

担保人：韩玫（印）

二〇〇三年九月五日

[例文10—2]

借物借据

兹因教学科研的需要，从资料室备用书库借参考资料：《应用文写作大全》《科技应用文写作》《中华人民共和国合同法》《实用文宝典》共计四册，将于本年度十二月底前奉还。特立此据。

借书人：基础部郭艳

二〇〇四年五月三日

[例文10—3]

抵押借款契约

立抵押借款人陈刚（以下简称甲方）因向华伟（以下简称乙方）抵押借款，双方议定条款如下：

1. 乙方贷与甲方人民币玖仟元整，利率为月息一分。
2. 甲方将坐落于朝阳市江南大街38号三室一厅房屋作为抵押，以担保前项债务。
3. 抵押期限为壹年零六个月，即自2003年5月1日至2004年11月1日。

4. 甲方如届期不能如数清偿债务及利息，乙方有权依法拍卖抵押物扣除所欠债款。

5. 本约成立后三天办理抵押权，并到公证处登记。

6. 本约双方签字后生效。

债权人：华伟（印）

债务人：陈刚（印）

二〇〇三年五月一日

二、租约

租约以住房租约最为多见。相关法律规定及注意事项如下：

《合同法》第二百一十四条规定：租赁期限不得超过二十年，超过二十年的，超过部分无效。租赁期间届满，当事人可以续订租赁合同，但约定的租赁期限自续订之日起不得超过二十年。

《合同法》第二百一十五条规定：租赁期限六个月以上的，应当采取书面形式。当事人未采用书面形式的，视为不定期租赁。

《合同法》第二百一十八条规定：承租人按照约定的方法或租赁物的性质使用租赁物，致使租赁物受到损耗的，不承担损害赔偿责任。

《合同法》第二百二十条规定：出租人应当履行租赁物的维修义务，但当事人另有约定的除外。

《合同法》第二百二十一条规定：承租人在租赁物需要维修时可以要求出租人在合理期限内维修。出租人未履行维修义务的，承租人可以自行维修，维修费用由出租人承担。

《合同法》第二百二十二条规定：承租人应当妥善保管租赁物，因保管不善造成租赁物毁损、灭失的，应当承担赔偿责任。

《合同法》第二百二十四条规定：承租人未经出租人同意，对租赁物进行改善或增设他物的，出租人可以要求承租人恢复原状或者赔偿损失。

《合同法》第二百二十九条规定：租赁物在租赁期间发生所有权变动的。不影响租赁合同的效力。

[例文 10—4]

租赁合同

甲方：	乙方：
地址：	地址：
邮编：	邮编：
电话：	电话：
法定代理人：	法定代理人：

甲乙双方为携手合作、促进发展、满足利益、明确责任，依据中华人民共和国有关

法律之规定，本着诚实信用、互惠互利的原则，结合双方实际，协商一致。特签订本合同，以求共同遵守。

第一条　财产及附件的名称、数量、质量及用途

第二条　租赁期限

租赁期限共　年零　月，出租人从　　年　月　日起将交付承租人使用，至　　年　月　日收回。

第三条　租金和租金的交纳期限

第四条　租赁期间租赁财产的维修保养

第五条　出租人与承租人的变更

在租赁期间，出租人将出租财产所有权转给第三方，不必征求承租人同意，但应告知承租人所有权转移情况。所有权转移后，出租财产所有权取得方即成为本合同的当然出租人，享有原出租人享有的权利，承担出租人承担的义务。

承租人如工作需要将租用财产转让给第三方承租使用，必须事先征得出租人的同意。

第六条　违约责任

第七条　争议的解决方式

第八条　其他约定事项

本合同在规定的租赁期满前　日内，双方如愿意延长租赁期应重新签订合同。

本合同未尽事宜，一律按《中华人民共和国合同法》的有关规定，经合同双方共同协商，做出补充规定。补充规定与本合同具有同等效力。

本合同一式　份，合同双方各执　份；合同副本　　份，送　　单位备案。

甲方签约：　　　　　　　　　　乙方签约：

签约日期：　　　　　　　　　　签约日期：

简　析

该合同是形式比较固定的租赁合同，将租赁双方的权利和义务关系十分明确地写了出来，并且具体规定了解决争议的方法，各项条款规定得都比较详细。

[例文 10—5]

房屋买卖合同

卖方：　　　　　　　　（以下简称甲方）

买方：　　　　　　　　（以下简称乙方）

见证方：　　　　　　　（以下简称丙方）

甲乙双方经友好协商，就甲方向乙方转让私人房产一事达成以下条款：

第一条　甲方对产权的声明

甲方根据国家规定，已依法取得吉林市　　　的房屋所有权证书，所有权证书

字第　　号。甲方为该房屋的现状负全责。该房屋的结构为　　，建筑面积为　　平方米。

第二条　甲方对出卖权的声明

甲方保证该房屋是符合国家及吉林市房屋上市的有关规定及政策法规，甲方有权将该房屋上市交易。由于违反国家及吉林省、市相关法规引起的法律及经济责任由甲方承担。

第三条　乙方对购买权的声明

乙方愿意在本合同第一条款及第二条款成立的前提下，就向甲方购买上述房屋的完全产权之事签订本协议，并认可仅在此情况下才具有法律效力。

第四条　房屋售价

双方同意上述房屋售价合计人民币　　元（¥　　）。

第五条　违约责任

1. 甲乙双方合同签订后，乙方中途毁约，应书面通知甲方，并自毁约之日起3个工作日之内付给甲方违约金人民币伍仟元整。甲方中途毁约，应书面通知乙方，并自毁约之日起3个工作日之内付给乙方违约金人民币伍仟元整。

2. 甲方应在获得全部房款后　日内将房屋搬空，每逾期一天，甲方应按乙方已付房款的0.04%向乙方付滞纳金，逾期超过15天，即视甲方违约，乙方可要求法院强制执行。

第六条　房屋交付

甲乙双方就房屋交付达成以下细目：

1. 没有房屋欠账，如电话费、取暖费、物业管理费、水费等；

2. 没有房产抵押；

3. 没有固定不可移动装修物品的损坏；

4. 房屋本身没有影响使用或美观的破坏。

如甲方故意隐瞒，则由甲方承担相应的法律及经济责任。

第七条　有关争议

本协议未尽事宜，双方可签订补充协议。本协议的附件和双方签订的补充协议为本协议不可分割的组成部分，具有同样的法律效力。当本合同在履行中发生争议时，双方协商解决。协商不能解决的，双方均有权向该房屋所在地的人民法院提起诉讼。

第八条　生效说明

本协议一式四份，甲乙双方各执一份，房屋所在区交易所留一份，见证方一份，均具有同等法律效力。自双方签字盖章之日起生效。

甲方：　　　　电话：

乙方：　　　　电话：

丙方：　　　　电话：

年　月　日

该房屋买卖合同基本属于固定式合同，按照《合同法》的规定，对买卖双方的权利和义务作了比较详细的规定，以期买卖双方能够共同遵守，同时也为以后出现纠纷提供了可供参考的依据。

综合训练

一、简答题

1. 简述订立合同的原则。
2. 什么是法人？法人必须具备哪些条件？
3. 抵押借款的内容要素是什么？

二、写作训练

根据下面的材料写一份合同。

现有吉林市建设街兴隆小区18号楼一套房要卖，该房屋为私人所有，有房屋产权证，面积112平方米，屋内已装修，房屋售价480 000元人民币。你作为买方和卖方经过平等协商达成协议，签订了购房合同。现要求拟写一份购房合同，以期买卖双方共同遵守。

第十一章 市场调查报告和市场预测报告

第一节 市场调查报告

一、市场调查报告的概念

市场调查报告就是对商品市场的发展现状进行调查研究、综合分析的书面材料。市场调查报告是市场预测的前提和基础。

二、市场调查报告的特点

市场调查报告除了具有调查报告的一般特点外，还具有其自身特点。

（一）针对性

撰写市场调查报告是为了掌握市场行情，保障企业的运营，指导消费，保证市场的健康发展。这就要求撰写者必须从市场实际出发，有针对性地进行调查，调查市场营销的各个环节，以期掌握瞬息万变的市场情况，为调查的目的服务。

（二）时间性

市场调查报告必须快速反映变化着的市场，才能及时地为企业或主管部门提供决策时的参考意见。对企业来说，能够及时了解国内外技术经济情报、市场需求等，无疑有利于提高自身的竞争力，在竞争日益激烈的市场上争得一席之地。

（三）科学性

市场调查报告必须具有科学性，其分析必须能够反映客观经济规律。因此，调查材料要求真实、准确、可信。在分析市场现象时，要有敏锐的眼光、独到的见解，才有利于市场政策的制定及对市场进行合理规划。

（四）实践性

市场调查致力于研究经济理论在商品流通领域内的实际运用。报告是否具有科学性、是否有针对性地解决了实际问题，需要靠市场实践来检验。

三、市场调查报告的作用

市场调查的目的在于根据调查所得出的结论，掌握市场现状及其发展趋势，保证产销对路，使供给和需求达到平衡。在市场经济的条件下，企业的全部活动都立足于满足用户的需要。因此，企业的决策者必须密切关注市场信息，而最集中、最全面地反映市场信息的就是市场调查报告。市场调查报告的主要作用就是为企业的决策机关提供决策依据，具体体现在下述五个方面。

（一）有利于掌握市场现状及趋势

市场供求是受商品供应量与用户两方面因素共同影响的。通过市场调查，可以测定商品供应总量，了解市场商品需求总量及需求构成。了解了供应与消费的现状，基本上就可以掌握市场供求现状。对现状进行分析，就有利于预测市场供求的趋势。因此，市场调查报告是决策者制订供应总量计划的重要依据。

（二）有利于研制、生产出适销对路的产品

消费者的需求是随着经济、文化水平的提高而发展，随着社会风气、生活方式的变化而改变的。因此，不断变化的消费需要是市场调查的主体。市场调查报告企业可以及时了解消费者对商品的数量、质量、品种需求的变化，按消费者的需求研制和生产适销对路的产品，从而提高自己产品在市场的占有率、销售率。

（三）有利于促进和发展对外贸易

对外贸易有时要承担很大的风险，不仅要了解国际市场需求和价格，而且还要了解需求国的各种情况。如果不全面掌握情况，不分析、不调查各种因素的影响，就会造成巨大的经济损失。市场调查报告有利于企业全面掌握、科学分析国际市场的情况，增强企业对外贸易的应变能力，促进和发展对外贸易。

（四）为决策者提供材料或依据

无论是国家经济管理部门还是企业经营管理部门，都必须重视市场调查，依据其资料或结果制定方针政策、解决企业症结，提出解决问题的方案，提高竞争力和经营管理水平。

(五)提供经验和教训

市场调查为广大的市场消费者和经营者提供经验和教训，引导人们消费，引导生产，促进市场经济的发展。

总之，市场调查报告有利于从市场需求的实际出发，按经济规律管理经济，增强企业的计划性和科学性，有利于企业在产品竞争中取胜。

四、市场调查报告的种类

市场调查内容广泛，凡是直接或间接影响市场营销的情报、信息，都是市场调查报告的内容。依据不同的标准，可将市场调查报告划分为不同种类。

(一)按调查内容划分

按其调查内容，可以将市场调查报告划分为以下三种：

1. 市场需求调查报告

市场需求调查报告主要是调查市场对企业产品需求量的影响和影响需求量的因素，调查中要紧紧抓住购买力、购买动机和潜在需求这三方面。其中，购买力是消费者实现购买行为的前提，是市场调查的主要任务；购买动机的调查是为了采取各种措施使顾客的购买动机变为购买行为；潜在需求的调查则是为了使潜在需求变成实际需要，为企业发展新产品、开拓新思路提供依据。

2. 竞争对手的调查报告

竞争对手的调查报告主要调查竞争对手的总体情况、竞争能力及其新产品的发展动向、发展趋势等。通过对竞争对手的调查来判断本企业处于怎样的地位，应该采取什么样的策略来提高本企业产品的市场占有率，并以此来确定产品的发展方向。

3. 经营政策调查报告

经营政策报告主要调查本企业的产品、价格、广告，以及推销政策、销售技术、服务政策等。通过调查了解企业的销售能力是否适应消费者需要、企业的销售策略是否合理，以便及时发现问题、及时改正。

(二)按调查范围划分

按调查范围划分，可分为：全国性市场调查报告、区域性市场调查报告、国际市场调查报告。

(三)按调查频率划分

按调查频率划分，可分为：经常性市场调查报告、定期性市场调查报告、临时性市场调查报告。

(四)按调查对象划分

按调查对象划分，可分为：商品市场调查报告、房地产市场调查报告、金融市场调查报告、投资市场调查报告等。

五、市场调查的方法

一般工作调查的方法有普查、抽样调查、典型调查和重点调查等，这些方法同样适用于市场调查。除此之外，市场调查还可以用以下的调查方法：

（一）询问调查法

询问调查法是用口头或书面方式向被调查者进行询问，并取得资料的调查方法。其方式有个别访问、召开调查会、问卷调查等。

个别访问及召开调查会的优点是材料真实、详细，但调查成本高、范围小。问卷调查多采用通信方式，大面积散发调查问卷，再收回问卷。其优点是调查范围宽、获得的信息量大、成本低，但调查无约束力，答复率不高，且信息的可信度受被调查者的文化、思想水平的限制。

以上方法可以根据调查目的、要求、时间、费用、效果等多种因素来确定，也可以综合使用。一般通过个别访问和召开调查会取得典型材料，通过问卷调查取得数据型的“面”上的材料，这样就有点有面，更具有说服力。

（二）直接调查法

直接调查法主要用于对本企业产品销售和服务情况的调查。例如，企业派专人到产品销售点，观察销售人员的服务态度，直接向消费者了解购买意向，了解消费者对商品的意见。这种调查对改善企业营销策略和产品设计能提供很大帮助，其优点是简便易行、资料客观、接近实际，但调查范围窄，无法深入了解内在因素，花费时间也较长。

（三）实验调查法

实验调查法是以试行销售的方式进行调查的方法。多用于开发新产品、改进老产品，或以一种新推销方式扩大产品销售。常见的展销会、订货会、博览会等都属于此类。

（四）统计分析法

统计分析法是利用企业的现成资料（如统计、会计报表及有关的数据）进行综合分析的一种调查方法。这种调查方法可总结、分析已进行的经济活动，以便发现现行的经营策略是否正确合理、有无必要调整、如何调整等。其优点是范围宽，费用低廉。

六、市场调查报告的结构

市场调查报告的结构，一般包括标题、前言、正文、结尾四个部分。

（一）标题

市场调查报告的标题通常有单标题与双标题两种形式。单标题即只有一行的标题，其写法多种多样。双标题是在正标题之外加副标题，正题一般概括报告的主旨，副题补充说明调查的对象和内容。在标题的表达方式上可采用以下的方法：

1. 公文式

公文式的标题一般由作者、事由和文种三部分组成。其中作者可以省略，如“关于当代大学生宗教信仰问题的调查报告”“居民购物看重质量——北京市民家庭抽样调查”。

2. 文章式

文章式的标题不要求作者、事由和文种齐全，可以根据内容的需要进行取舍，标题只要能够突出主题即可，如“2014 年应届毕业生需求情况调查”“贷款利率上调后 房地产业发展情况调查”。

（二）前言

市场调查报告前言的写法不必强求一致，可以根据内容及表达方式的需要自行安排。常见的写法有以下几种：

1. 新闻报道式

开头简要介绍调查活动的一般情况，如调查的目的、时间、地点、对象、范围、方式等，让读者对调查的起因有一个整体的印象。

2. 概括交代式

开头概括交代调查对象的基本状况或全文主旨，使读者对调查对象的情况有一个初步了解。

3. 提问解答式

开头提出涉及报告主旨的问题，引出正文，或提出问题后立即作简要解答，以引起读者的注意和思考。

4. 议论引用式

开头由作者对调查对象展开一番议论或引用一段权威人士的言论，启发读者领会全文主旨。

有些市场调查可以省略前言，开门见山地叙述调查报告原文。这种情况多用于内容单一、篇幅短小的市场调查报告。

（三）正文

正文是调查报告的核心部分，包括调查情况和调查者的观点。一般有以下三方面内容：

1. 基本情况

基本情况包括历史情况和现实情况。简要的历史回顾在于说明调查对象的历史概况及其发展的连续性，重点应放在对现实情况的介绍上。基本情况介绍要求如实反映调查对象的现实面貌，并简要介绍存在的问题。写作时可以以时间为序，也可以按材料的性质来进行归类说明。

2. 分析或预测

通过分析所收集的资料，预测市场的发展趋势。市场调查报告虽不以预测为重点，不需要对未来进行详细的预测，但一般要在反映市场现状的基础上简略地推断其发展趋势，展望市场前景，以此作为企业生产、经营的依据。

3. 措施或建议

措施或建议是市场调查报告的落脚点，是在预测之后准备采取的计划措施，也就是根据分析和预测得出的结论及思考的对策。措施或建议既要有针对性，又要有可行性。

正文是详细展开报告内容和基本观点的部分，如果内容单一，可采用纵式结构；如果内容比较复杂、头绪较多，则可采用横式结构，把问题分成几个部分，分别加以说明，各部分分析完后，可以把所有部分合起来，再提出措施和建议。

（四）结尾

结尾是全文的收束部分，如果写有前言，一般就要有结尾，以照应开头。结尾或重申观点，或是加深认识。如果正文话已经说完，提出问题后即可收束全文，不必画蛇添足再加个结尾。

七、市场调查报告的写作要求

（一）要实事求是，收集的材料要做到真实、准确、典型

坚持实事求是地进行市场调查，是写好市场调查报告的可靠保证。因此，写作者一定要亲自参加调查，确保报告中引用的资料真实、可靠，对于重要的数据要反复地进行核实、计算，一定要做到准确无误。只有用翔实、准确、丰富、典型的材料说明问题，人们才能从市场的变化和商品的经营中摸清市场的运行规律。

（二）注意观点和材料的统一，切忌以偏概全、片面得出结论

撰写市场调查报告不能满足于材料的堆积和数据的罗列，必须有观点、有材料。材料是用来说明观点的，观点则是统帅材料的。只有做到观点和材料的统一，才能充分地说明问题，才能提出切实可行的措施和建议。

（三）要突出重点

市场调查的内容广泛，涉及的问题也较多，在整理和撰写时，要根据主旨来合理地取舍材料。一份调查报告一般以回答一两个问题为宜，同时一定要突出重点，切忌面面俱到。

（四）正确把握文体性质和表达方式，体现科学性

市场调查报告是一种兼有说明文、记叙文、议论文的某些特点而又不同于它们的实用文体，应偏重于选用比较全面、系统、完整的事实、数据说明问题，并且运用议论的表达方式提出措施和建议。市场调查报告的语言要准确、简练，要清楚地表达内容。

（五）要讲究时效，及时发挥作用

市场的情况瞬息万变，市场调查贵在及时。因而，市场调查报告一定要注意内容的时效性，市场调查所得内容要能及时地反映和传递。如果成了过时信息，就不可能做出准确的预测和科学的决策，甚至会产生负效应，因此，写市场调查报告要有写新闻报道一样的时间观念，报告中要清楚地写明调查的时间。

第二节　市场预测报告

一、市场预测报告的概念

市场预测报告就是根据市场调查资料、产销分析和有关历史统计资料等经济情报，对经济活动的历史和现状进行调查研究，从而运用科学的方法对商品市场的发展趋势或发展情况做出预测的书面材料。

二、市场预测报告的特点

（一）预见性

市场预测报告的特点就在“预测”二字上。“预”就是要有预见性，即对未来经济变化发展趋势做出预见性判断。这种判断越接近未来的客观实际，就越正确，当然也就越好。预见性可以促使人们立足现实、着眼未来，是经济预测报告的生命力和实用价值之所在。

（二）科学性

“测”就是科学性。市场预测是从实际出发，在占有大量信息、资料的前提下，通过运用现代理论技术和科学的预测方法，找出事物的发展规律，然后预测未来。预测结果是市场发展规律的反映，只有找出预测对象的客观运行规律，才能得出合乎实际的结论，从而有效地指导人们的实践。

（三）针对性

市场预测的内容十分广泛，但每一次市场调查和预测，只能针对某一具体的经济活动或某一种产品的发展前景。因此，市场预测报告的针对性很强，选定的预测对象越具体、越明确，市场预测报告的现实指导意义就越大。

（四）时间性

市场预测报告必须迅速、及时地反映市场的变化，这样才能为企业或主管部门提供决策的依据。

（五）实践性

市场预测报告致力于研究市场经济理论在商品流通领域内的实际应用，报告是否具有科学性、是否有针对性地解决问题，需要靠市场实践来检验。

三、市场预测报告的作用

(一) 提供依据方案

通过市场预测报告，可以对经济发展前景进行判断，为企业和有关经济部门提供有科学依据的市场情报，为经济决策提供各种参考方案，使经济决策切实可行、富有科学性。

(二) 提供经验或教训

市场预测报告为广大市场消费者和经营者提供经验或教训，引导人们的消费，引导生产，促进市场经济的发展。

(三) 增强预见性

市场预测报告以其科学的推断使经济计划的预见性增强，减少了不稳定因素，使拟订的措施切实可行。

(四) 掌握主动权

市场预测报告展现了商品需要的变化情况，勾画了经济活动的发展前景，因此，它可以促使企业掌握经济管理的主动权，从而增强企业的竞争力。

(五) 了解新动向

市场预测报告还可以帮助人们了解生产技术的新动向，及时掌握市场对新材料的需求，以及新材料对市场的影响，以提高企业研究、生产的技术水平，从而获得更大的经济效益。

四、市场预测报告的种类

(一) 按预测的范围划分

按预测的范围划分，可分为宏观市场预测报告和微观市场预测报告。

1. 宏观市场预测报告

宏观市场预测报告是指针对宏观经济的各项未来活动进行预测后，写出的文字资料。如，对国内外市场各类商品和服务的总需求或发展趋势进行的预测；研究和预测国民经济的发展水平、消费水平、能源政策等。它可以是一个国家、一个地区的经济状况，也可以是科学技术的研究情况、市场总购买力的变动情况。

宏观市场预测报告的作用主要体现在三个方面：一是可以从总体上改善企业的计划工作，充分发挥计划对企业的指导作用；二是可以从总体上认识未来，加强事前控制，以防患于未然；三是可以从总体上把握市场发展规律，提高企业的经济效益。

2. 微观市场预测报告

微观市场预测报告是企业针对自己的某一经济行为或对自己生产经营的产品的某方面进行预测的报告。如，对一个企业某种产品的发展前景进行预测；对家庭、个人经济活动的前景进行预测。

微观预测的作用主要体现在两个方面：一是微观市场预测可以从细微之处预测经济的发展前景，所以，制定的措施也就具体可行，具有极强的针对性；二是可以运用各方面的资料、信息，通过定量的分析和预测，对市场未来的发展趋势做出合理的估计，为领导决策提供依据。

（二）按预测的时间划分

按预测的时间划分，可分为短期、中期、长期市场预测报告。短期市场预测报告的预测时间为 1 年左右，短期预测报告主要预测季节性、产销变化大的产品。中期市场预测报告的预测时间一般为 2～5 年，主要预测较为耐用、使用周期长的产品，如彩电、冰箱、床、电脑等。长期市场预测的预测时间为 5 年以上，主要预测生产周期和使用周期都比较长的产品，如建材、房地产等。

（三）按预测的内容划分

按预测的内容划分，可分为社会需求预测报告、市场占有率预测报告、产品寿命周期预测报告、新产品发展预测报告、商品生产成本价格变动率预测报告等。

（四）按预测的方法划分

按预测的方法划分，可分为定性预测报告和定量预测报告。定性预测也称专家调查法，是依据预测者的经验和理论水平，对未来市场作出预测。其缺陷是容易带有个人的主观感情色彩。定量预测是指对经济对象进行定量分析，从而估计经济对象在未来的数量表现。定量预测报告也可称为统计分析预测报告或数学分析预测报告，它主要依据资料和数据，通过数学、统计等方法，对市场的发展情况作预测。这种方法的特点是比较客观，但影响市场的某些人为因素、社会因素等不易量化。

五、市场预测报告的结构

市场预测报告的内容一般有概况、预测、建议三个方面；结构形式上，通常由标题、前言、正文、结尾四部分构成。

（一）标题

常用的标题有以下三种形式：

1. 完整式标题

完整式标题包括预测时间、预测范围、预测对象和文种四部分，如“2004 年我国彩电市场特点和 2005 年彩电市场预测”。

2. 泛指式标题

有些宏观预测报告的预测范围较大、预测时间不太明确，所以标题的预测区域或时间只能泛称或省略。例如，“亚太地区蔬菜供应趋势”“贷款利率上调后　房地产业发展情况预测”。

3. 新闻式标题

这种标题类似新闻报道的标题，有正副标题形式，也有引题、正题的形式。

（二）前言

前言主要是说明概况，是进行预测的基础和前提。前言一般包括两方面的内容：一方面是有关预测本身的，如预测的缘由、目的、意义等；另一方面是运用具体、可靠的材料和尽可能准确的数据，对预测对象的历史情况进行必要的回顾，对现实状况进行具体分析，阐明发展的总趋势和各种因素。这两方面是前言的基本要素，但不可多写。

（三）正文

正文主要是分析预测，是全文的核心内容，依据典型材料、可靠的资料、准确的数字，运用科学的预测方法、分析方法和技术方法，进行具体的定性或定量分析，预测未来的发展趋势。此外，正文也可通过建立数学模型、绘制图表等形式，经过反复论证、推理和判断得出规律性的预测结论。正文是市场预测报告的主体部分。

（四）结尾

结尾主要是提出问题和建议。结尾要根据预测的结果，说明存在的问题，提出解决问题的方法、对策、措施等。提出的建议要有针对性并要充分考虑到实施某项建议的利弊因素，以便决策者正确决策。

六、市场预测报告的写作要求

写好市场预测报告，要注意以下几点要求。

（一）预见性

预见性即对未来市场的变化、市场趋势、生产形势作出判断。这种判断越接近未来的客观实际，就越准确，该市场预测报告就越有价值。科学的预见性是市场预测报告生命力和效用价值所在。如果预见性极差，甚至同将来的市场发生悖谬，不仅对经济发展无益，反而有害。

（二）讲究方法，体现科学性

在收集和分析材料的基础上，根据事物发展的规律，采用恰当的方法对经济的发展前景做出科学的预测。材料或数据的比较、事件本质的剖析、经验的归纳、理论的证明都是常用的方法。对预测报告来说，还需要用数学分析的方法对数据进行处理，以期获得有说服力的预测结果。

（三）防止以偏概全、片面得出结论

在市场调查的基础上做出预测，通俗地讲就是归纳问题，因此，很容易因调查和样本数量的限制得出片面的结论。所以，要尽量以系统的观点整体地看待市场，注意材料之间的内在联系，既要注意普遍性的问题，也要注意特殊性的问题，将二者有机地统一起来。

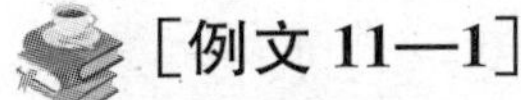

［例文 11—1］

功能饮料市场，谁主沉浮

胡佳丽

功能性饮料在中国的发展，假如追溯得早一点，那么在十几年前的健力宝，以及几年前的红牛就已露端倪。这两个产品当时确实在市场上独领风骚，但都处于鹤立鸡群的地位，似乎由于曲高和寡并没有引起整个市场和消费者偏好的波动。不过当乐百氏推出一种蓝色瓶子、透明颜色并且有个很奇怪的名字——“脉动”的饮料后，市场却表现出了甚至超出乐百氏内部人员预料的热销。异常火爆的销售当然会迅速带动整个市场的激情，各大厂商纷纷盯上了这块蛋糕，于是夏天的饮料市场，变成了一个功能性饮料大战的阵地。

回想当年健力宝和红牛对市场微弱的冲击力，再看看如今的“脉动”，虽然都是功能性饮料，但是差别却如此之大，可以推测的原因应该在于市场时机的成熟与否。

近年来，中国饮料市场经历了从碳酸饮料到茶饮料，再到果汁饮料的过程。每隔几年，总会有一个市场的热点。从这些不断变化的市场热点中，我们可以得到的结论是：随着人民生活水平的提高，人们普遍对产品在健康方面的特性更为看重，不再像最初那样，饮料的功用只是在乎口味和解渴，现在的消费者往往更加在乎饮料所含的各种元素对身体的作用。也就是说，健康的饮料更加受到人们的关注。因而，饮料逐渐向具有多种健康功能、更加天然等方面发展。另外一个事件是 2003 年的抗击“非典”，“非典”给整个社会带来了变化，其中在人们的生活观念方面所带来的冲击引发人们对于身体健康、饮食健康、抵抗力增强的关注，这个事件也成了功能性饮料成为市场热点的催化剂。

另外一个市场的因素是，现在人们的生活节奏很快、工作繁忙，生理和心理的压力都很大，人们普遍感觉到了拥有一个强壮身体的重要性，再加上一些简单医学常识的普及，使人们愿意通过饮用含有某种特殊营养成分的食物来增强体质。这也是维生素类的饮料受到消费者喜欢的原因，通过喝水这么一个简单的行为就可以补充日常所需的维生素，大家普遍还是愿意接受的。

引起这么多厂家一起涌入的原因，除了市场本身逐渐成熟，更重要的是市场还存在很大的缺口，就是说，这里不仅有蛋糕，还是一个很大的蛋糕。从功能饮料的发展趋势来看，这里有一组数据，2000 年世界功能饮料市场销售额为 47 亿美元，预计到 2007 年会增加到 120 亿美元，而更有另外一种看法认为 2005 年全球功能饮料的销售额将是 250 亿美元，这个市场的空间是翻了几番。另外，与世界发达国家相比，我国功能饮料的消费量与世界平均水平有很大的差距，从这个方面我们可以断定，中国功能饮料的市场前景是非常好的。目前，我国传统饮料仍旧占据 80%以上的市场份额，但是功能性饮料的发展势头迅猛，大有后来居上的气势。

正是由于以上诸多原因，产生了 2004 年饮料市场功能性饮料火爆的现象，一时间各大厂商都推出了自己在这个市场上的品牌，比如乐百氏的“脉动”、汇源的“他十她”、娃哈哈的“激活”、农夫山泉的“尖叫”、康师傅的“劲跑”等。这些品牌都依靠自己在某个方面的独特优势在市场上占有了一席之地，比如“脉动”在这个市场上的独特地位主要是在于它的先发优势，从这个角度讲，这个市场上的其他产品几乎都是模仿者、跟跑者。“激活”主要是依靠了娃哈哈强有力的销售网络，另外他们选择了合适的形象代言人——王力宏，广告也做得很有亮点。而汇源的“他+她”则是赢在了创意上，独特的突破口使得“他+她”饮料成为行业中一个成功的案例。

不过，对待如此的市场状况，我们并不能盲目的乐观，也不应该认为行业已经进入了稳步发展的时期。事实上，功能性饮料在中国才迈开了第一步，整个市场还处在一种盲目和不理智的态度中，而等待在前面的很可能会是一场大的混战。

首先，这种产品本身就存在一些需要注意的问题。现在的功能性饮料，多指的是在有利于人们身体健康的某个方面强调饮料的功能性，主要是抗疲劳或补充人体机能的某种需要。其实我们说的功能性饮料包括维生素饮料、电解质饮料、平衡饮料等多个概念，不过这样说这种饮料的性质很容易引起定义上的混乱。一方面，它可能造成有些厂家过分夸大产品的功效，使功能性饮料的概念无限制地扩大化。当人们过分炫耀某个产品的神奇功能的时候，往往会引起消费者的怀疑和反感，事实上，功能性饮料究竟能在什么程度上实现自己所标榜的功能，也很难判定。另外一方面的顾虑存在于行业标准上，这个行业在中国基本上还是刚起步，比起欧洲来说，还很不成熟，有关产品的诸多指标规定不是没有就是还很模糊。功能性饮料这个概念本身就有一定的含混性，范围的界定本身就不是很清楚，假如国家对这个行业的某些指标没有具体的规范——比如究竟含有多少维生素（或者究竟含有什么类别的维生素）才可以算是维生素水？究竟什么算是电解质水？究竟这些特殊的营养成分含量在哪个范围内才算是安全、健康的？没有作出确切的、定量的规定，就很可能给市场埋下隐患。一方面，市场上那些现有的正规的知名行业可能对究竟如何运作自己的产品不是那么确定；另一方面，一些不正规的厂家则很可能借着这个空隙把一些并不属于功能性饮料的产品带入这个市场，冒名借用这个市场的热度来销售一些普通饮料或者不合格的功能饮料，这些产品很可能导致顾客对功能性饮料类产品的信任度下降，对整个市场造成损失。

还有就是功能性饮料的适用性。一方面，消费者疑心功能性饮料没有功能，而只不过是商家的噱头；另一方面，消费者又担心功能性饮料真的有功能，而这种功能不是每个人都适宜的。其实，已经有专家指出：并不是在任何情况下饮用功能性饮料都是好的，因为任何东西过量了都可能引起不好的反应。以目前市场上流行的多种维生素功能性饮料来说，其中的主要成分是维生素群，适当饮用对人体所需的维生素群是有较好的补充作用的，但是补充得过多，同样会造成相应的维生素中毒。例如，某些糖尿病人也不该饮用含糖量比较高的饮料；一些功能性饮料含有咖啡因等刺激神经中枢的成分，儿童也是应该慎用的。功能性饮料可能对于由于大量运动而造成体能水分大量流失的人来说，是很好的。但是，普通人是否真的需要这种饮料，现在已经有专家提出了质疑。

其次，从各个厂商的运作来看，过分偏重概念的炒作、定位的雷同、铺张的广告都是一些存在的隐患。

功能性饮料从出现到现在，似乎一直都是概念先行，对于消费者而言，往往都是概念的诱惑大于产品本身。就拿业内的成功案例“他十她”营养水来说，汇源这个产品的成功，除了它积极的营销策略之外，最关键的就是它的创意——饮料分男女是很自然的事情。正是这个独特的创意赢得了市场的关注。但是这个短期内的成功是否可以持续下去呢？一个产品要想在市场上长久的立足，就必须有能够和自己所推出的概念相符的产品，而汇源所说饮料分男女，在产品上有什么独特的体现吗？这样的概念究竟给消费者带来了什么利益呢？事实上，由于好奇心而品尝了这种饮料的消费者多半都了解，“她”水和“他”水至少在口味上几乎是没有区别的，而这种口味又是似曾相识，仔细琢磨一下，似乎是脉动的稀释版本。定义男女饮料，究竟是定义了什么？谁也说不清楚。而他和她这两个字的含义也远比男性女性更宽泛、更模糊。当人们因为好奇而购买这个饮料之后，发现它独特的概念并没有什么独特的品质支持的时候，往往市场对于这个产品的热度就会下降。

而定位的雷同也是整个功能性饮料市场表现出来的问题。通览近期这个市场所出现的诸多品牌，似乎大家的诉求都十分类似，都是活力、运动、健康等概念，甚至这些产品的本身也都很雷同，主要是在继续走脉动的道路，透明的液体、蓝色的包装、口味也都很相近。可以说，这里的很多产品都是脉动的跟随者。产品差别化程度低，必然会带来激烈的竞争。定位的雷同势必会导致诸多产品争夺同一批顾客、抢占同一个市场、瓜分同一点利润，而这对企业的成长是很不利的。

另外，近来的厂商们似乎都十分看好功能性饮料的前途，于是在广告方面都不惜重金投入，业内已经把这种现象看成为了赚钱而烧钱了。2004 年上半年，功能性饮料猛然成为电视广告“新宠”，已经超过了电视广告投放最多的汽水类饮料，在所有饮料类别中电视广告投放增长势头也最猛。有关数据显示：2003 年液体饮料全国电视广告投放额排在前 20 名的品牌中只有一个功能性饮料，而且还是最后一位；到 2004 年上半年，已经有 4 个品牌进入了液体饮料前 20 名。在 CCTV-1 品牌广告投放额监测排名中，2003 年上半年没有一个功能性饮料品牌在前 20 名，而 2004 年同期却有 6 个品牌进入了前 20 名。从投放品牌数来看，2003 年上半年只有 5 个产品投放 CCTV-1，到 2004 年上半年突然增加到 18 个。有一半的功能性饮料企业都选择了通过 CCTV-1 打造品牌优势，企业进军市场、打造品牌的决心都很大。很多厂商和业内人士认为，铺张的广告确实砸出了道路，使这个新产品很快得到了市场的人气，尤其是在经销商的环节，有很好的作用。不过关于铺张广告拖垮企业的案例我们看得已经不少了。铺天盖地的广告往往能够在短时间内占据消费者的视野，但是长期是不可行的。对广告的重视和产品概念先行是相对的。假如一个产品依靠的是理念来吸引顾客，那么广告无疑是首选的宣传方法，尤其是电视广告，可以综合视觉、听觉等多种方式来一起向顾客灌输。但是，也有市场分析人士指出，在概念炒作被日益滥用的今天，要让功能性饮料真正进入消费者的日常生活是一项艰巨的系统工程，仅仅靠广告的堆砌可以取得一定的短期效应，但是一旦企业宣传资金后续乏力，产品在市场上也可能很快就“烟消云散”——这种情况在饮料、保健品等多类市场都有很多前车之鉴。另外，铺张的广告带来的广告费必然要在商品的价格上分担。大家已经可以看到，凡是沾了功能性称号的饮料，必然比一般的饮料价钱要高，这样自然在一定程度上阻碍了消费者的接受。

功能性饮料现在在我国正处于一个快速增长的起步阶段，市场潜力很大，消费者已经培养了对于这个产品的初步的喜欢，总体来说市场是看好的，但是由于市场还不够健全，商家应该冷静对待市场机遇，不断完善产品品质，以传递给顾客实实在在的利益来取得消费者的信赖。

资料来源：胡佳丽：《功能饮料市场，谁主沉浮》，载《市场营销案例》，2005（1）。

这是一篇市场调查报告，报告采用了文章式的标题，发人深省。开头简要地介绍了功能性饮料的市场状况，同时向人们提出了问题，在这样的市场中究竟由谁来主宰？各厂家在以后的市场竞争中应采用什么样的策略？表明各厂家不应一味追随别人的方法，应该用自己的质量优势去取信于消费者，使自己在市场竞争中占有一席之地。

[例文 11—2]

当前价格形势与未来走向分析

中国人民银行专题课题组

一、当前价格形势评述

（一）主要物价指标变动态势

1. CPI 增长减缓，非食品价格对 CPI 的推动力增强

2004 年 1 月—11 月居民消费价格指数（CPI）上涨 4.0%，其中，食品类价格上涨 10.4%，居住类价格上涨 4.8%，而衣着、家庭备用品、交通等类价格水平则略有下降。自 8 月以来 CPI 升幅逐月回落，11 月为 2.8%，涨幅比 8 月回落 2.5 个百分点（见图 11—1）。这主要是由于 2003 年基数较高和粮价带动的食品价格对 CPI 上涨压力减缓的缘故，目前粮价稳中略降，11 月比上月环比下降 0.7 个百分点，CPI 环比变动进入比较正常的轨道。近年来，我国 CPI 环比变动呈现较强的季节性特征（见表 11—1）。一般来说，每年 3 月—7 月 CPI 月环比下降，8 月以后环比开始上升，特别在春节前上升更明显。但 2003 年、2004 年经济出现过热迹象。环比走势也发生变异，2003 年后三个月和 2004 年 3—7 月份 CPI 环比高于其他年份同期水平。2004 年 5 月以来，情况有所改善，特别是 8 月份以后，CPI 环比走势与 2001 年、2002 年走势非常接近，逐步趋于正常波动特征。这说明近期以来的宏观调控已取得明显成效。

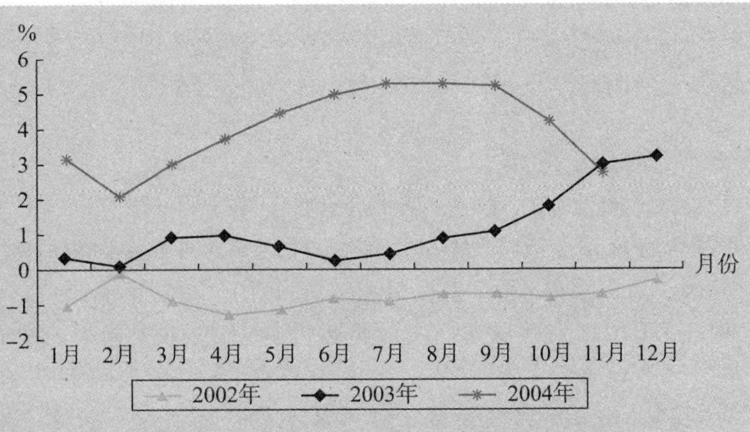

图 11—1　CPI 同比走势（上年同月＝100）

表 11—1　　2001 年—2004 年月度 CPI 环比增长率　　单位：%

年份＼月份	1	2	3	4	5	6	7	8	9	10	11	12
2001	0.9	0.1	−0.6	0.2	−0.5	−1.2	−0.5	0.1	0.9	0.3	−0.2	0.1
2002	0.3	1.1	−1.3	−0.3	−0.3	−0.9	−0.7	0.3	1.0	0.2	−0.1	0.3
2003	1.1	0.9	−0.6	−0.2	−0.7	−1.2	−0.5	0.7	1.2	0.9	1.0	0.6
2004	1.1	−0.2	0.3	0.5	−0.1	−0.7	−0.2	0.7	1.1	0.0	−0.3	

2. PPI 涨势不减，同比涨幅逐月提高

工业品出厂价格指数（PPI）自 2002 年 12 月开始上升，2003 年受非典疫情影响有所回落，但 2004 年年初以来一直保持涨幅逐月攀升的态势，11 月同比增长为 8.1%。从 PPI 构成分析，生产资料价格在 2002 年 11 月开始上涨，比生活资料早 14 个月，两者同比涨幅差距已由 2004 年年初的 4.3 个百分点扩大为 10 月份的 9.2 个百分点。这反映出上游产品对下游产品的价格传导有较长的时滞，传导不顺畅。

3. 原材料购进价格连续 24 个月攀升，涨幅有所扩大

原材料购进价格指数自 2002 年 11 月开始，已经连续 24 个月持续上涨。近期涨幅有扩大趋势，10 月份原材料购进价格指数同比上升 14.2%，涨幅比 9 月份扩大了 0.5 个百分点。推动原材料购进价格上涨的主要动力有明显改变，在 2003 年 6 月至 2004 年 4 月期间，主要受黑色金属类、有色金属类和农副产品价格上涨影响；2004 年 5 月以后，国内燃动力和化工原材料价格成为原材料购进价格上涨的新的推动因素。10 月份，燃动力、化工原材料同比涨幅分别扩大为 16.7%、13.7%。

4. 企业商品价格总水平继续上升，但涨势减缓

10 月份，企业商品价格总水平较上月上升 0.2%，较上年同期上升 8.2%。其中，投资品价格较上月上升 0.3%，较上年同期上升 9%；消费品价格较上月下降 0.2%，较上年同期上升 6.3%。当前企业商品价格变动呈现出两大突出特点：(1) 投资品与消费

品的同比涨幅有所扩大，由 6 月份的 0.1 个百分点扩大为 10 月份的 2.7 个百分点。(2) 消费品价格水平同比回落快于投资品，主要原因是食品价格同比较上月回落了 3.9 个百分点。

（二）主要资产价格涨跌走势

1. 商品房价格上涨的地域扩大，房屋租赁价格基本平稳

首先，商品房价格持续上涨（见图 11—2)。1 月—10 月，全国商品房销售价格平均为 2 758 元/平方米，同比上涨 11.7 个百分点，比 1 月—9 月下降了 1.3 个百分点，但涨幅比上年同期提高了 6.7 个百分点，上涨仍然过快，是 1998 年以来的最高水平。其次，商品房价格上涨的地域呈扩大趋势。上半年只有 25 个省区商品房销售价格上涨，但 9 月末，全国有 29 个省区的房价上涨，其中 8 个省区的涨幅超过 20%，只有 2 个省的价格下降。而且，中部房价增幅高于东、西部。再次，房屋租赁价格基本平稳，2004 年前三个季度仅上涨 2.1%，涨幅大大低于商品房销售价格和土地交易价格。目前房屋租赁价格变动没有与整个房地产市场联动，呈独立状态。

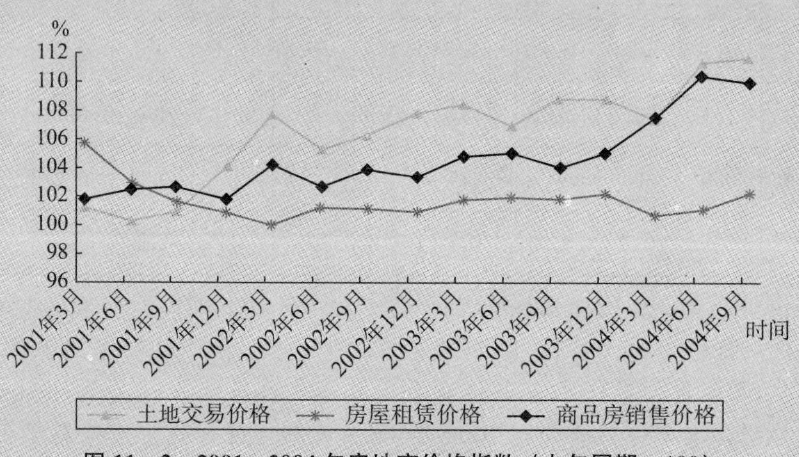

图 11—2 2001—2004 年房地产价格指数（上年同期＝100)

2. 股票价格在低位运行，呈震荡走势

2004 年年初以来，股票市场呈现波动走势。上证 A 股指数从年初开始攀升至 1 774.56（2004 年 4 月 7 日）的年内最高点，随后一路下行至年内低点 1 260（2004 年 9 月 13 日)，而后迅速反弹，上升至阶段高点 1 465 点（2004 年 9 月 23 日)，随后有所回落，近期大盘呈震荡走势，截至 2004 年 12 月 31 日，上证 A 股指数收至 1 266.50 点。债券价格呈上升趋势，波动较小。上海证券交易所国债指数从 2004 年年初的 99.2 点开始小幅盘整。4 月初，受市场加息预期、央行上调存款准备金率等因素影响，国债指数大幅下跌，4 月 29 日报收于 91.2 点，为近年新低。此后，债市逐渐回暖，10 月 29 日央行小幅升息后，债券市场经过短暂回调后仍旧未改上攻态势。截至 12 月 16 日，交易所国债指数报收 95.3 点。

（三）主要生产要素价格变动状况

1. 18 个省市最低工资标准上调，劳动力成本有所上升

2004 年我国共有 18 个省市和地区上调了最低工资标准，其中内蒙古、山西、河北等

地上调幅度最大，分别上涨53.8%、52.9%、48.6%。除深圳外，一些经济发达地区最低工资上调幅度均在10%~30%。最低工资标准上调一定程度上反映出劳动力成本上升的趋势。城镇就业人员劳动总报酬增长加快，2004年前三个季度，我国城镇就业人员总报酬累计增长14.7%，高于同期GDP增长率（9.5%）和物价增长率（4.1%）之和1.1个百分点，且高于前三年同期水平。

2. 土地价格增长较快，住宅用地价格涨幅最高

2001年第三季度以来，全国土地交易价格呈现出持续上升的态势（见图11—3)。2004年前三个季度地价增长分别为7.5%、11.5%、11.6%，其中，居民住宅用地对总体地价的影响最大，工业用地和商业、旅游及娱乐用地次之；在居民住宅中，普通住宅用地占主要地位。

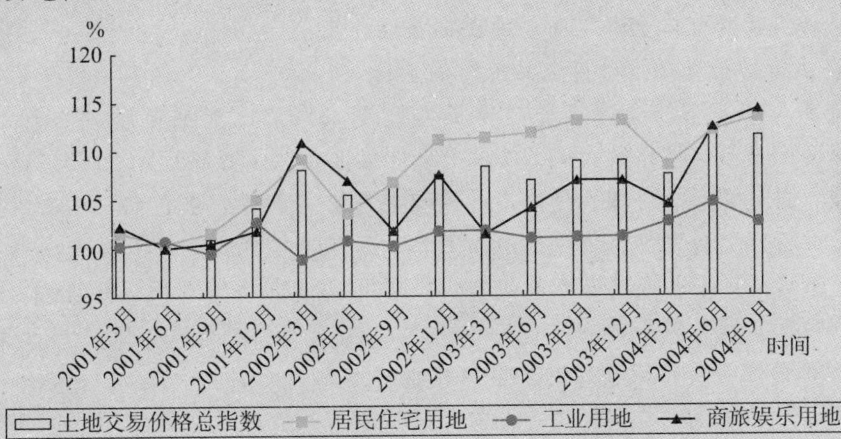

图11—3 2001—2004年土地交易价格指数（上年同期=100)

（四）国际价格水平基本概况

1. 进口价格涨幅创近三年新高，贸易条件有所恶化

受国际原油、钢材、铁矿砂、氧化铝等商品国际市场价格的影响，2004年进口价格指数攀升较快，第三季度创下了近三年来的新高，同比上涨了15.5%。而出口价格指数走势比较平缓，自2003年第二季度以来，同比涨幅一直维持在5%左右。2004年我国贸易条件相对恶化。

2. 国际油价回落，非能源原材料价格仍在高位运行

国际原油价格曾一度突破历史高位，但近期有所回落。2004年11月份原油现货价格比上月大幅下降14.52%，但反映未来原油价格走势预期的原油期货价格只比上月下降7.55%，平均价格由上月的50美元/桶降至46美元/桶。非能源原材料价格从2004年4月、5月间的高峰有所回落，但仍处于较高水平。国际化工产品和有色金属的价格仍在上升。

二、当前价格成因分析

（一）CPI上涨的主要原因是粮价和居住类价格上升过快

1. 粮价上升是CPI增长的最主要决定因素

食品价格对CPI增长一直保持在71%~94%的贡献率，而且食品价格贡献率越高，CPI

增长越快；贡献率下降，CPI涨幅回落。1月—11月粮食价格上涨7.5%，带动食品价格上涨10.4%，拉动CPI上升3.5个百分点，对CPI上涨幅度的贡献率高达87.4%。目前粮食价格上涨主要是由于粮食种植的比较收益下降、建设用地大幅增加、退耕还林等因素导致粮食耕种面积下降、粮食连年减产、粮食供求紧张造成的。

2. 居住类价格上涨对CPI推动力增强

8月份以后，非食品类产品价格上升对CPI的拉动作用在增强，非食品类价格的上升又主要是由居住类价格推动的。自年初以来居住类产品价格月同比涨幅一直稳步攀升，1月—11月上涨4.8%，8月以后月环比均在0.6%以上，价格上涨有加快趋势，CPI的推动作用越来越大。

（二）原材料购进价格持续上涨的主要原因是投资需求过旺和初级产品价格提高投资增长对原材料采购价格上涨有明显的正向推动作用

1. 投资快速增长直接推动投资品价格的上涨

2004年第一季度全社会固定资产投资增长47.8%，比上年同期加快15.2个百分点。第一季度投资品价格指数为7.5%，扣除价格因素，投资实际增长33%，为我国历史最高水平。固定资产投资增长过快，导致重要原材料和煤、电、油、运需求的过快增加，拉动原材料、燃动力价格较快上涨。第二、三季度投资虽然得到有效遏制，城镇固定资产投资累计同比增长幅度基本稳定在30%左右，但是投资规模仍然过大，影响原材料价格上涨的压力没有明显缓解。

2. 初级产品进口价格提高推动了原材料价格上涨

近年来，我国以房地产和重化工业为主要内容的投资增长极大地扩大了对原油、铁矿石、钢铁等初级产品的进口需求。国际初级产品价格持续攀升导致了我国初级产品进口成本迅速增加。第三季度初级产品进口价格上涨幅度高达31%，钢铁、原油、氧化铝、肥料等主要原材料进口价格同比增长基本上在30%～70%。特别是国际油价不断升高对国内原材料、燃料动力购进价格上涨产生显著影响。近年来，我国原油对外依存度持续上升，2002年为19.4%，2003年为35%，2004年1月—9月已达到40.9%。国际原油价格与我国原材料购进价格的变动趋势大体一致，呈现出输入型价格上涨特征。国际原油价格对原材料购进价格的影响，主要是通过国际原油价格带动国内原油价格及其下游的成品油、燃油、燃气、化工原料等产品的价格上升来实现的。

（三）当前引起物价上涨的货币信贷因素减弱，成本推动等非货币因素上升

2004年第二、三季度的价格监测分析表明，价格上涨的基本原因是供给缺口，即总需求快于总供给的增长，实际产出大于潜在产出。同时，我们注意到，成本推动因素开始显现。

（1）劳动力成本上升等因素导致企业可变成本增加。

（2）水、电、气等调价政策逐步出台导致城市发展成本增大。

（3）货币信贷因素对物价水平的影响减弱。

此外，当前宏观调控将加强环保和安全生产执法作为一项重要内容，环保、安全生产要求提高等因素导致企业固定成本增加。

三、2005年价格趋势分析

从国际形势来看，世界经济有望持续、稳定增长。2005年世界经济增长速度稍低于2004年，但是经济增长的波动性将减小，有望持续、稳定增长。随着全球经济复苏，主要经济体通货膨胀压力加大，部分国家中央银行改变了中性的货币政策主张，将防止通货膨胀作为主要政策目标。从国内经济来看，2005年我国经济将继续平稳、较快发展。在假设2004年和2005年世界经济增长率将分别达到5%和4.3%、我国财政支出增长率为12%、利率和汇率保持目前水平的情况下，我们预计，2005年我国GDP增长率将低于9%的水平，在8.5%左右波动。2005年各季度GDP增长率的预测值分别为8.6%、8.5%、8.5%和8.4%。

影响未来价格走势的主要因素有以下四项：第一，公共服务品调价将继续推动CPI上升。未来水、电、燃料调价的压力较大。由于目前煤、电、油供应紧张的局面并没有得到根本的缓解，世界主要产油国的局势尚不稳定，国际原油价格在高位运行的可能性较大。许多地区本应出台对水、电、燃料的价格调整政策被当前通胀压力所延后，一旦国内通胀压力稍有缓解，这些地方就会进行调价。而且，目前许多地方的公共服务品价格定价较低，城市交通、医疗服务费、旅游景点门票等存在调价压力。第二，PPI对CPI的滞后传导效应将逐步显现。已持续上涨多时的PPI会逐渐对2005年CPI上升产生较大的推动作用。第三，粮价趋稳将减少CPI上升的压力。目前粮价稳中趋降，2005年粮价走势总体趋稳，大幅下降的可能性不大。我国粮食供给仍然存在600亿斤左右的缺口，受耕种面积有限和暖冬的影响，2005年粮食大幅度增产有一定难度，供求缺口缩小的可能性不大。目前农业生产资料价格上涨也会增大粮食生产成本。第四，居民可支配收入和消费需求增长将对CPI有明显推动作用。2004年我国居民可支配收入增长较快，为2005年消费的快速增长提供了良好的基础。

我们预测，物价将在2005年呈现小幅、渐近回落的态势，在2005年第四季度回落到3%以下的水平。2005年第一至第四季度CPI同比增长率的预测值分别为3.8%、3.5%、3.2%和2.7%，2005年上半年和全年CPI增长率的预测值分别为3.65%和3.28%。

资料来源：中国人民银行专题课题组：《当前价格形势与未来走向分析》，载《中国金融》，2005（2）。

简析

这是一篇对当前价格形势进行评述及价格未来走向进行预测的报告。先分析CPI的变动态势，然后从各个方面进行详细分析，最后对2005年价格趋势进行预测，并列出了具体的百分比，使人们感到分析、预测翔实、可信。

综合训练

一、简答题

1. 市场调查报告的作用有哪些？

2. 市场预测报告的特点是什么？

3. 在写作市场调查报告时应注意哪些问题？

二、写作训练

利用课余时间对本校大学生进行调查，调查他们的消费现状、趋向，分析他们在消费中存在的问题并对他们提出建议，然后根据调查状况写一篇大学生消费市场调查报告。

第十二章 经济活动分析报告

第一节　经济活动分析报告概述

一、经济活动分析报告的概念

经济活动分析报告是表述经济活动分析过程和结果的一种书面报告，是现代经济管理经常运用的一种实用性文体。

所谓的经济活动分析，就是在马克思主义经济理论、党和国家的方针政策指导下，根据计划指标、会计核算、调查研究所得的资料，运用科学方法，遵循对立统一规律，对经济活动进行全面或专项的分析研究，从中总结经验，揭露矛盾，查明原因，做出评价，并寻求解决方法，借以改善经营管理，挖掘内部潜力，提高经济效益的一种经济管理工作。其中的经济活动就是指人们从事物质资料的生产及相应的交换、分配、流通和消费的活动。企业的经济活动是指企业的全部经营活动，包括企业的生产与再生产的全部过程。将这些分析过程和结果撰写出来就成了经济活动分析报告。

二、经济活动分析报告的特点

（一）系统性与总结性

整个社会经济活动是一个紧密联系的、互相配合的完整系统。任何一个企业或部门都是大系统中的一个部分，而每个部分的每一项经济技术指标，既受内部各种因素制约，又受外部条件的制约。经济活动分析报告又具有总结性。它往往是一段时间内区域经济活动或企业经济活动状况的分析，对特定阶段经济活动的得失予以总结，可使经营者从中吸取经验教训。

（二）分析性

经济活动分析报告要表达经济活动的分析过程，故而体现了很强的分析性，这种报告的关键在于分析，分析是各种调查活动和数据计算的继续和深化。企业的经营活动是一个复杂的矛盾统一体，既要把有联系的各个环节进行分析解剖，又要将各个因素和各个不同侧面联系起来做综合的分析，这样才能找到主要矛盾和存在的主要问题，从而发现其发展的规律。在经济活动分析报告中常用以下分析方法：

1. 对比分析法

对比分析法又称指标对比分析法。它是将具有可比性的数据进行对比，以找出形成差异的原因。例如：本阶段的经济目标实现情况与前一阶段经济目标实现情况的对比，找到两个阶段的差异，然后根据差异去找原因。运用本分析法时，一定要注意材料的可比性。

2. 因素分析法

因素分析法是以揭示事物因果关系的方式表明观点的方法。企业的各种经营活动之间都是相互联系的，一种结果的出现，必然是一种原因或多种原因造成的，分析原因和结果之间的关系就可为下一阶段政策的制定提供客观的依据。

3. 平衡分析法

平衡分析法又称综合比较法。它是利用有关对应的情况之间的平衡关系进行分析的方法。经济活动过程中往往会出现各种错综复杂的现象，分析时一定要综合考虑，防止以偏概全。研究企业经济活动不平衡状况是为了求得企业经济活动新的平衡，以取得更为可喜的经济效益。

（三）定量性与准确性

经济活动分析从本质上说，是定量分析而不是定性分析。任何产品，都有一定量的规律性。在写分析报告时不能用模棱两可的语言，而必须用数字说话，不能离开数字。因为账表数字、计划指标是分析报告赖以存在的基础。分析报告也讲事实，但事实必须以数字为依据，文字只是对数字进行说明。分析是分析报告的生命，所以分析必须准确。经济活动分析报告主要是算账，算经济账，算盈亏账，在计算中进行分析，从而找出成败的原因，制定出切实可行的政策。

（四）检验性

经济活动分析的对象和内容是经济活动过程和结果，包括分析影响各项计划指标执行结果的因素及其影响的程度、检查经济部门和企业单位依据党和国家的方针政策以及财政法规所制定的各项计划指标是否完成和完成的程度、考核经济活动的效果等。而这些都是通过计划指标、业务核算、会计核算和统计核算的数字体现的。通过数据的对比分析，可以对过去经济活动的经验教训做出评价，可见，经济活动分析报告具有明显的检验性。

（五）指导性

经济活动分析的结果和总结的经验教训，对克服不利因素，利用积极条件，更好地提高经济效益，安排好下一步的工作有着极强的指导意义。

三、经济活动分析的作用

经济活动分析是科学管理经济的重要手段，也是管理部门经常要进行的常规工作之一。它是改善经营管理、提高经济效益的有效措施。所以，搞好经济活动分析，写好经济活动分析报告，对企业有着不可低估的作用。具体来讲，经济活动分析的作用有以下几个方面：

（一）经济活动分析提供制订政策和计划的依据

任何部门和企业都依据客观要求进行决策，并制定相应的对策，在计划执行过程中要不断地监督和调整，以使企业的中长期目标得以实现。而经济活动分析报告恰好能起到这样的作用。它能提供科学、准确的数据和材料，并能有针对性地反映问题，使企业管理部门和主管领导机关，依据报告所提供的材料，及时掌握情况，制订并修改相应的经济政策、计划，采取必要的措施，以保证经济政策和计划的贯彻执行。

（二）经济活动分析有利于推动经济领域的深入改革

经济活动分析是巩固和完善经济责任制的一种有力手段，通过经济活动分析，正确确定经济政策、方针，能够使经济管理机构发挥其职能作用，督促整个经济领域认真贯彻党和国家的方针、政策，从而推动经济体制改革。

（三）是加强企业管理的重要手段

企业管理是全方位的管理，因此，各部门的微观经济活动分析能够调动经营、销售、财务多方面人员的参与，对加强企业管理、财务监督有着重要的现实意义，是克服企业经营管理中消极因素的重要手段。

（四）经济活动分析帮助人们认识经济规律

任何市场经济的发展都有着内在的规律性，经验告诉我们：在经济活动中，如果人们的主观认识符合客观经济规律，就能取得良好的经济效益；反之，就会遭受经济损失。可见，掌握市场发展规律是非常重要的。由于经济活动的复杂性，这种经济规律的掌握，通常要经过由实践到认识，再由认识到实践的多次反复才能形成。而对经济活动的分析，就是把实践中的感性认识上升到理性认识，探索其发展的内在规律性，再把理性认识运用到实践中，以指导人们的下一步工作。因此说，经济活动分析是帮助人们认识经济规律的重要手段。

（五）经济活动分析有利于企业适应市场激烈的竞争

市场经济处于瞬息万变的状态，新的情况、新的问题随时都会出现，特别是这些新情况、新问题大多具有隐蔽性，只有通过经济活动分析，才能把握这些情况和问题。另外，新技术的运用、新产品的开发、新市场的开拓和占领，都要以周密、严谨的经济活动分析为前提。

四、经济活动分析报告的种类

经济活动分析报告在经济工作中应用得十分广泛，它种类繁多，层次不等，要对它进行分类，必须明确两点：第一，经济活动分析有着不同的层次、级别、种类形式。不仅国民经济的不同部门有着不同的经济活动分析，社会再生产的不同形式、不同环节也有着不同的经济活动分析。第二，各种经济活动分析经常是交叉或综合进行的。无论是哪一层次的经济活动分析，都是在单项分析的基础上进行全面分析；在全面分析中抓重点进行专题分析的。

根据不同的标准，可将经济活动分析报告划分为不同的种类：

（一）按范围分类

按内容涉及的范围，经济活动分析报告可分为宏观经济活动分析报告和微观经济活动分析报告

宏观经济活动分析报告涉及面广，或涉及一个地区，或涉及一个行业，影响较大，事关全局。其分析多着眼于总结经验教训，揭示内部规律，用以指导全局工作。

微观经济活动分析报告涉及面窄，仅涉及一个企业或一项产品，影响较小。其分析偏重于某些具体问题，目的是为下一个目标制定完备的措施，并提出具体的安排。

（二）按时间分类

按内容涉及的时间，经济活动分析报告可分为定期经济活动分析报告和不定期经济活动分析报告、事前预测性分析报告和事后总结性分析报告

（三）按对象分类

按内容涉及的对象，经济活动分析报告可分为生产、销售、成本、财务等方面的报告。

（四）按目的与内容分类

按报告目的与内容，经济活动分析报告可分为全面分析报告、部门分析报告、专题分析报告、评价分析报告等

1. 全面分析报告

（1）概念。全面分析报告又称系统分析报告或综合分析报告，是把一个部门或单位在一定时期内的经济活动作为一个整体，对完成主要经济指标及经济管理的全面情况，进行全面、系统的综合分析后写成的书面报告。这类分析报告一般都是在全面分析各项主要指标及完成情况的基础上，着重抓住生产、经营中带有普遍性、关键性的问题，来分析经济活动的结果，从而对分析对象做出全面评价与系统总结，对今后的发展提出总的设想。它一般用于定期分析，如年度、季度。通过全面分析报告可以了解企业经济的全貌，检查和总结企业计划完成情况，也可以发现企业在经营管理中带有普遍性的问题，并通过分析研究找出解决问题的有力措施。

（2）作用。全面分析报告的作用有两个：一是可以全面地报告有关经济活动的情况，使领导了解情况，督促企业更好地贯彻有关方针、政策；二是系统分析经济活动的情况，找出存在的问题，沟通情况，改善经营管理，提高效益，促进企业的发展。

（3）注意事项写好全面分析报告主要应注意以下三点：一是要全面了解所分析范围内的经济情况，充分占有准确的资料，正确掌握方针、政策；二是实事求是，系统分析，找出主要矛盾，提出合理建议；三是数据资料、文字叙述有机结合，文章层次分明，语言精练、准确。

2. 部门分析报告

部门分析报告是指有关部门或人员，结合自身的业务活动，对所确定的指标进行分析后写成的书面报告。如生产部门分析生产指标的完成情况，财务部门进行财务成本的分析等，它也可以是企业内部各业务部门围绕某一时期的中心任务，检查本部门有关业务的完成情况，通过分析研究发现问题，提出相应的解决方法或措施，这类分析报告还包括部门所属基层的报告。

3. 专题分析报告

（1）概念。专题分析报告又称单项分析或专项分析报告，是针对经济活动中某一关键问题或重要问题进行专门分析、研究后写成的书面报告。专题分析报告可针对急需解决的问题或带有普遍性的问题进行集中研究，也可以是企业内部对其自身的某一经济活动进行分析。比如，某一企业资金周转缓慢、某供销部门利润下降等，都可以写出专题分析报告。这种分析报告一事一议，内容集中、目的明确、针对性和时效性都很强。专题报告主要有市场供需动态分析报告、消费倾向分析报告、消费结构分析报告、商品经营特点分析报告、商品购销活动分析报告等。

（2）作用。专题分析报告的作用有两个：一是通过专题分析报告，使领导对某一关键性的问题有所了解；二是可以总结某一方面的先进经验或揭露某一方面的问题，以便及时推广或采取措施加以改进。

（3）注意事项。写专题分析报告主要应注意以下三点：一是要特别注意内容专一，要集中反映某一方面的关键性问题；二是要分析透彻，在某一点上深入下去，抓住本质性的东西；三是要及时反映，必须迅速及时地反映出某一方面的成绩或不足，以推动全面的工作。

4. 评价分析报告

（1）概念。评价就是衡量效果和价值。评价分析就是对企业经济活动的评价。评价分析报告是指对生产、利润、成本、资金等进行分析研究，概括出企业的经营管理状况，比较经济效果，做出评价的书面报告。

（2）作用。评价分析报告的作用有三个：一是评价分析报告通过科学、准确的评价，指导企业今后的经济活动；二是评价分析报告可以提高人们的认识，有利于党的方针、政策的贯彻和执行；三是评价分析报告有利于提高企业的自我认识能力。

（3）注意事项。写评价分析报告主要应注意以下三点：一是要以党的方针、政策为指导，通过检查、分析、研究，做出正确的评价；二是评价要准确、恰当，语言要有分寸；三是数据、资料要客观、真实，评价分析要科学合理。

第二节　经济活动分析报告的写作

一、经济活动分析报告的结构

经济活动分析报告的写作可根据分析内容、目的而定，没有固定的格式。一般的分析报告有情况、有数据、有分析、有针对性意见。其基本结构由标题、引言、正文、结尾、落款五部分组成。各部分内容及要求如下：

（一）标题

1. 公文式经济活动分析报告的标题

这类标题一般由单位名称、时限、分析内容和文种四部分组成，也可以根据具体情况省略其中的一两项，如“广州白云山制药厂2015年度市场占有情况分析报告”“2015年度流动资金占用现状分析报告”。

2. 论点式经济活动分析报告的标题

这类标题本身就可以反映分析问题的要点或突出主题，为强调说明也可以加上副标题，如“要从降价中吸取经验教训”“电脑产销形式分析”“中国手机分销渠道分析”。

（二）引言

引言又称前言，其功能是引导全文。引言一般是介绍分析对象的基本情况，说明分析的目的，有时也介绍分析方法、交代背景、提出分析的内容和范围；引言也可概述经济活动的成绩或存在的问题，还可以直接入题，点明分析的主要结论或发表带有倾向性的评论。其写法可根据需要选择，有提问式、结论式、对比式、评论式等。但并非所有的经济活动分析报告都要有前言，在写作时可以舍弃前言而直述主体，但应注意在主体中体现前言中应介绍的问题。

（三）正文

正文的功能是分析评价经济活动并剖析其原因，是分析报告的主要部分，是全文的精髓所在。正文要从分析的目的出发，运用数字资料，结合具体的情况展开分析，做到有情况、有数据、有分析、有观点。正文一般根据需要安排结构，选择适当的表述方法。由于分析目的、要求和分析报告的种类不同，正文的内容也要有所侧重。正文内容要素组合的结构方式一般有两种：一种是融合型，即数据材料不单列，在分析、评价的文字中穿插有关数据和表格；另一种是分列型，即数据、表格相对集中，可先列出各项主要指标数据，然后逐项进行分析、评价，最后得出总的结论，也可边列举数据边进行分析，最后再附以完整、详细的表格，并给予总的评价，得出总的结论。

（四）结尾

结尾一般是针对分析的结果，对今后工作提出改进的建议，包括提出改进企业经营管理、提高经济效益的具体可行的措施、方法和要求等，也可预测经济发展的未来趋势，或综合归纳分析的主要结果。这部分内容在写作时应注意做到：建议要具体，措施要切实可行。

（五）落款

报告的最后要有落款，标明撰写经济活动分析报告的作者或单位，注明写作日期，以备查考。如标题下已经具备上述要素，就不必再写了。

二、经济活动分析报告与其他相似文体的比较

（一）经济活动分析报告与市场调查报告的比较

1. 周期性不同

经济活动分析报告的周期短，属于定期报告，在月末、季末、年末或是在某一项目结束时及时做出分析；而市场调查报告则不然，市场是瞬息万变的，新的问题、新的情况随时都会出现，所以要随时进行市场调查，在时间上具有不定期性。

2. 涉及范围不同

经济活动分析报告大多属于专题性报告，主要是针对各项指标的执行情况所做的报告；而市场调查报告所涉及的范围却要广泛得多，可以是市场中出现的任何变化、任何动向。

3. 表述形式有所不同

经济活动分析报告多以数据与表格相结合的方式进行分析，大多使用历史数据和市场调查资料，采用数学和统计方法进行专业分析，简单地说明问题即可，无须过分详细地叙述；市场调查报告虽然也要有相关的数据，也要对数据进行分析，但其表现形式却灵活多样，且多以叙述为主。

（二）经济活动分析报告与市场预测报告的比较

尽管二者都是对经济活动的分析，但具体的分析对象却不同，经济活动分析报告侧重于对过去和现在的经济活动进行分析；而市场预测报告则侧重于对市场未来的状况进行预测和分析，从而发现并确定未来的发展政策和方针。

三、经济活动分析报告的写作要求

经济活动分析报告在写作中，除了要符合一般应用文的写作要求外，还要注意以下问题。

（一）注意宏观分析与微观分析相结合

经济活动分析报告的写作者必须学习有关的方针政策，站在方针政策的高度，透过现象看本质，以便更准确和有深度地解决问题。也就是在撰写经济活动分析报告时，既要对国家总的经济政策、法律法规、国内外经济形势的大背景有一定的认识，又要认清本地区

或本部门的经济形势，避免分析的片面性和局限性。

(二) 正确地运用各种材料，做到面上材料和调查材料的有机结合

了解企业生产经营过程的实际情况，是经济活动分析报告的写作者写好经济活动分析报告的必要条件。同时，还必须掌握各种核算材料、计划材料以及其他材料，积累本企业的历史资料和国内外同行的对比材料。把这些材料和调查了解到的企业经营活动的实际情况结合起来进行分析，因为这两种材料的结合，可以帮助人们在比较中发现问题，容易找到微观管理的症结，进而提出改善管理的对策，并从中找出具有规律性的东西，以指导今后的工作。写经济活动分析报告要防止事无巨细、面面俱到，要在多种材料中找到典型材料，在众多矛盾中找到主要矛盾，在纷繁复杂的因素中找到关键性因素，这样才可以写出具有一定水平、一定深度的分析报告。

(三) 情况要清楚

经济活动分析报告虽然是从指标入手，以经济数据作为主要的分析依据，但不能“纸上谈兵”，把它作为唯一的依据，只能作为深入分析的向导。所以，还要根据经济数据“顺藤摸瓜”，深入实践调查研究，做到胸中有数，把指标数据的分析和掌握具体情况紧密联系起来，相互印证和补充，才能去粗取精，去伪存真，使分析的结果既能正确说明问题，又能有效解决问题。

(四) 表现要多样

经济活动分析报告虽然是使用文字语言描述，使用数字语言表述经济现象数量变化过程及变化规律，但不能写成仅有数字表述，没有观点阐述的数字“简介”，更不能把大量数字罗列成流水账式的数字文字化表述，使人看起来眼花缭乱，枯燥无味。经济活动分析报告不仅要用文字说明数字，还要应用分析表格集中、直观、有序地显示数据，以便于观察对比分析，易看易懂；还可以在必要的位置绘制精美的分析图形，从而把事物的规模、结构、速度、发展过程及变化规律形象地显示出来，美观、醒目，增强对比分析的效果，增强分析报告的可读性。

(五) 数字要准确

经济活动分析报告是用经济数据作为分析的主要依据，通过分析掌握经济现象数量变化和错综复杂的数量关系，使人们的认识进一步深化，并用数字表述事物数量的变化过程及规律。所以，采用的数据必须准确、客观、具有代表性，才能得出符合客观实际的结论。因此，必须认真地去审查、鉴别和筛选经济数据，及时发现有违常规的和指标口径、计算方法、时间范围不一致的以及逻辑关系异常的情况，才能做到去伪存真、去粗取精，从数据源上把好关，为再生数据的准确性奠定基础，提高分析的质量。

(六) 说明要简洁，叙述要清楚，分析判断要准确

经济活动分析报告多要凭数字说话，这就要求在说明时既要注意数字的准确性和科学性，又要注意文字叙述的简要性，做到数字说明和文字叙述相结合。二者的结合，可以使人们了解数字的来龙去脉，也可以化枯燥的数字为可感觉的具体事物。

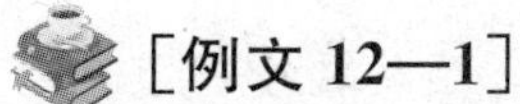

［例文 12—1］

2003 年中国资金流量分析报告

温娇月　阮健弘

（中国人民银行调查统计司）

2003 年，我国国民经济克服非典疫情等多种困难，保持了良好的发展势头，在世界经济复苏加快的背景下，我国国民经济增速超过 2002 年的 8%，达到了 9.3%的快速增长。与经济增长相适应，2003 年我国全社会资金流动规模仍保持了高速增长。

一、2003 年我国资金流量规模高速增长，资金流量增速变化与 GDP 增速变化关系密切

2003 年，我国的资金流量规模为 10.65 万亿元，比上年增加 3.26 万亿元，同比增长 44.2%，比当年实际 GDP 增速高 34.9 个百分点，增速很快。2003 年国民经济增长速度是 1997 年以来最高的。历史数据表明，全社会资金流量的增长与 GDP 的增长趋势基本一致（见图 12—1）。

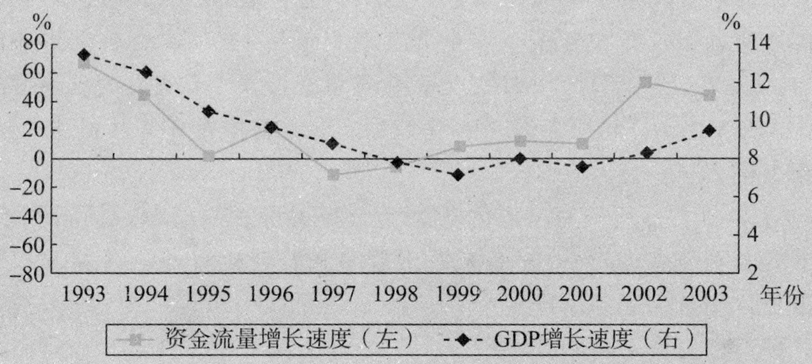

图 12—1　1993—2003 年全社会资金流量增长与 GDP 的增长

先行一年的资金流量增长速度与当期 GDP 增长速度的相关系数高达 0.84。2002—2003 年全社会资金流量的增长明显进入了快速上升阶段，经济增长也步入了上升期，全社会资金流量规模增长明显支持了经济增长。

二、国内非金融机构部门融资活动

2003 年国内非金融机构部门（包括住户、非金融企业和政府，以下同）的融资规模上升，融资总量为 4.26 万亿元，比上年增加 1.21 万亿元，同比增长 39.6%；国内非金融机构部门当年的融资活动非常活跃。

三、国内非金融部门融资活动的主要特点

住户部门与非金融企业部门融资量明显上升，政府部门融资量少增。2003 年住户部门融资 6 988 亿元，比上年多增 1 913 亿元，同比增长 38%；非金融企业部门融资 3.18 万亿元，比上年多增 1.06 万亿元，同比增长 51.1%；政府部门融资 4 413 亿元，比上年少增 383 亿元，同比下降 8%。

从融资结构看，2003 年非金融企业部门融资占非金融机构部门融资总量的 73.2%，比上年增加 5.6 个百分点，住户部门占比 16.4%，与上年持平；政府部门占比 10.4%，

比上年下降 5.4 个百分点（见图 12—2）。非金融企业部门融资量大，反映其投资活跃；政府部门的融资量少增，表明积极财政政策的取向已经发生变化。

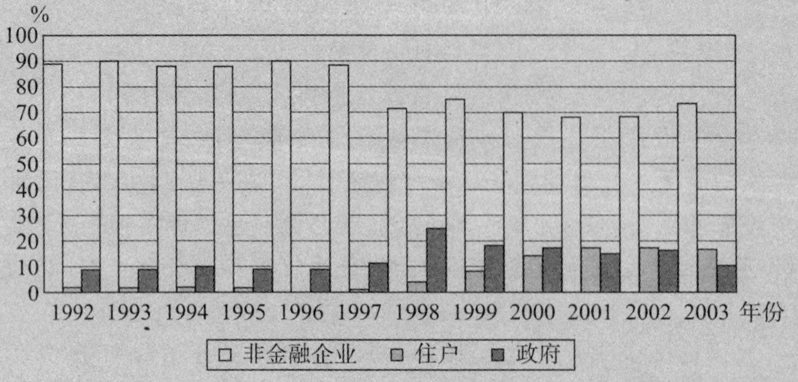

图 12—2　1992—2003 年国内非金融部门的融资结构占比

债务类融资与股票类融资比重上升，国外融资比重下降。2003 年，非金融机构部门在金融市场上的融资工具主要有：贷款、债券（含国债和企业债）、股票以及从国外融资（来自国外的直接投资和与国外发生的其他负债）。当年非金融机构部门的新增贷款为 2.89 万亿元，较上年多增 9 321 亿元。债券融资 5 571 亿元，比上年多增 1 519 亿元。股票融资 1 438 亿元，比上年多增 476 亿元，通过直接投资等从国外的融资为 4 297 亿元，比上年少增 27 亿元。

2003 年非金融机构部门资金来源的 84%为债务类融资（贷款、国债和企业债），比重比上年上升 5 个百分点；3%的资金来源于股票融资，比重与上年持平；10%的资金来源为国外融资，比重比上年下降 4 个百分点（见图 12—3）。

四、住户部门资金流动的特点

2003 年，住户部门是全社会最主要的资金盈余部门，非金融企业部门和政府部门是全社会的资金短缺部门。各部门通过金融市场相互融通资金，资金流动的特点如下：

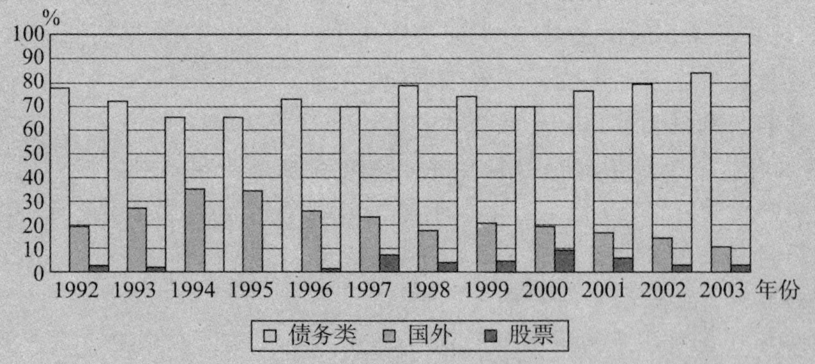

图 12—3　1992—2003 年非金融机构部门金融市场融资结构

住户部门的净金融投资总量继续增加。2003 年，住户部门的净金融投资为 1.61 万亿元，比 2002 年增加 1 476 亿元，同比增长 10.1%（见图 12—4），增幅比上年下降 28 个百分点，这表明相对于 2002 年，住户部门金融资产类投资下降，实物类资产投资增加。

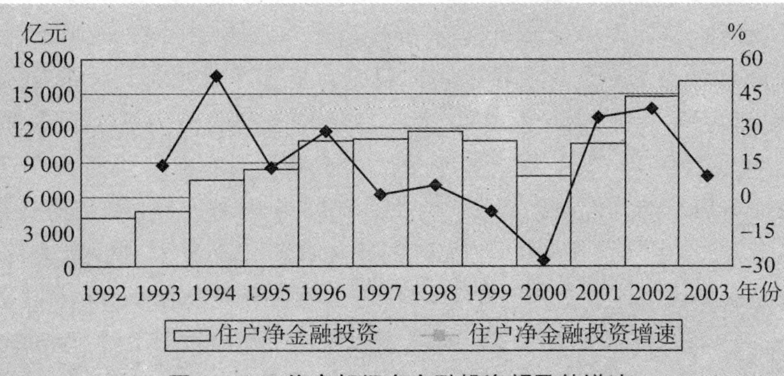

图 12—4 住户部门净金融投资额及其增速

住户部门新增金融资产以存款类金融资产为主。2003 年住户部门新增金融资产 2.31 万亿元，比上年多增 3 389 亿元。其中，新增通货 2 048 亿元，占比 8.7%，比上年上升 2 个百分点；新增存款为 1.66 万亿元，占住户部门新增金融资产的 71.6%，比上年下降 0.7 个百分点；新增国债投资 443 亿元，占比 1.9%，比上年下降 0.5 个百分点；新增企业债 183 亿元，占比 0.8%，比上年下降 1.3 个百分点；新增保险准备金 3 036亿元，占比 12.8%，与上年基本持平；新增股票投资 681 亿元（按发行价计），占比 3%，与上年持平。

住户部门新增负债以中长期贷款为主。2003 年住户部门新增金融负债（主要是银行贷款）6 988 亿元，比上年多增 1 913 亿元。其中，住户部门新增中长期贷款（主要是住房消费贷款、汽车贷款）为 4 598 亿元，占住户部门全部新增负债比重的 65.8%，比上年下降 3.7 个百分点；新增短期贷款（主要是农户小额贷款）2 389 亿元，占比 34.2%，比上年增加 3.7 个百分点。

五、非金融企业部门资金流动的特点

非金融企业部门投资活跃，资金需求量增加。2003 年非金融企业是资金净融入部门，资金净融入 1.45 万亿元，比 2002 年增加 408 亿元，同比增长 39.1%，增长水平较高，当年企业部门资金净融入量与名义 GDP 的比率为－0.12（见图 12—5），表明非金融部门企业实物投资活跃。

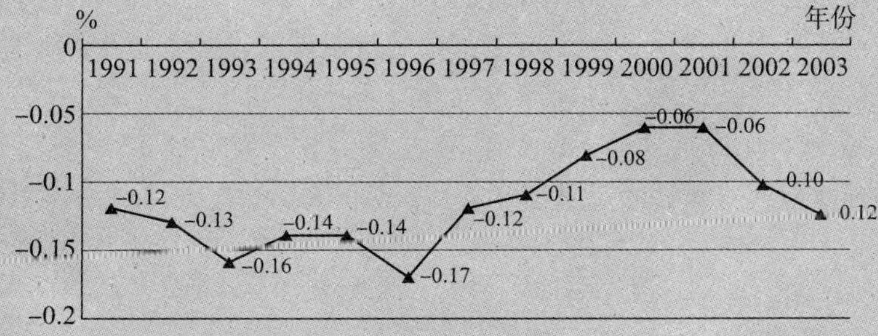

图 12—5 非金融企业部门资金净融入量/GDP

企业部门投资活动越活跃，该比率在零水平线以下越远（负值越大）；企业部门投资活动越低迷，该比率越从零水平线以下靠近零水平线（负值越小）；如果企业部门的投资进入萧条状态，该比率会上升到零水平线以上（成为正值），表明企业投资活动近于停顿，在金融市场上由一个资金净融入部门变为资金净融出部门。我国该比率最接近零水平线的年份是 2001 年，为－0.06。当年经济增长和投资水平处于较低水平。2003 年我国的该比率为－0.12，明显远离零水平线，表明我国企业部门实物投资非常活跃。

非金融企业部门新增负债以银行贷款为主。2003 年非金融企业部门的资金来源总量为 3.12 万亿元，比 2002 年增加 1.06 万亿元，同比增长 51.1%。其中，新增贷款 2.37 万亿元，占非金融企业部门全部资金来源的 76%，比上年上升 6 个百分点；新增股票市场筹资 1 438 亿元，占比 4.6%，与上年持平；新增企业债券 358 亿元，比上年增加 33 亿元，占比 1.2%，比上年下降 0.4 个百分点；新增直接投资及新增其他对外债务达 4 297 亿元，占比 14%，比上年下降 7 个百分点。非金融企业部门从银行融资程度提高。

非金融企业部门新增金融资产以企业存款为主。2003 年非金融企业的资金运用总量为 1.67 亿元，比上年新增 6 476 亿元，同比增长 63.5%。其中，非金融企业新增存款 1.58 亿元，占非金融企业部门资金运用的 94.6%，企业其他资金运用 897 亿元，占非金融企业部门资金运用的 5.4%。

六、政府部门资金流动的特点

2003 年政府部门是资金净融入部门，净融入资金 540 亿元，比 2002 年减少 1 212 亿元。虽然当年继续实行积极的财政政策，但财政融资力度已有所下降。

政府部门新增资金运用 3 872 亿元，比上年多增 828 亿元。其中新增存款 3 762 亿元，占新增资金运用的 97.2%；新增通货 49 亿元，占比 1.3%。

2003 年政府部门新增资金来源 4 413 亿元，比上年少增 383 亿元。新增贷款下降 1 865亿元，剔除其中 1 689 亿元财政贷款转为国债因素，比上年多下降 243 亿元；新增国债 5 213 亿元，剔除财政贷款转为国债因素，比上年少增 203 亿元；新增对外债权债务 120 亿元，比上年多增 120 亿元；新增保险准备金 939 亿元，比上年少增加 55 亿元。

七、金融机构部门资金流量变化特点

中央银行资金运用和来源大幅增加。2003 年中央银行新增资金运用 9 431 亿元，比上年多增 3 629 亿元。多增的主要原因是新增储备资产比 2001 年多增 3 436 亿元。2003 年中央银行新增资金来源 1.04 万亿元，比上年多增 5 396 亿元。中央银行新增资金来源增加的主要原因是中央银行准备金多增 2 270 亿元，财政存款多增 1 787 亿元。

八、存款货币机构新增存、贷款增加幅度较大

2003 年存款货币机构新增资金运用 4.37 亿元，比上年多增 1.46 万亿元。增加的主要原因是当年新增贷款（本外币并账）为 2.97 万亿元，比上年多增 9 327 亿元；准备金新增 3 897 亿元，比上年多增 2 092 亿元；新增债券 6 495 亿元，比上年多增 1 278 亿元。

2003 年存款货币机构新增资金来源 4.05 万亿元，比上年多增 1.14 万亿元，多增的主要原因是新增存款比上年多增 6 450 亿元，中央银行贷款多增 1 306 亿元。

九、国内、国外之间资金流动活跃，国外净运用我国资金增加

2003 年国外新增资金运用 7 184 亿元，比上年多增 2 399 亿元，同比增长 50.1%。

其中，国外对我国新增的直接投资和其他债权 4 411 亿元，比上年多增 138 亿元；国外对国内新增证券投资 6 401 亿元，比上年多增 454 亿元，多增较多主要是因为国内企业海外上市规模明显增加；国外对国内新增贷款 547 亿元，比上年多增 890 亿元；国外持有的人民币现金新增 148 亿元，通过不明交易流入国内的资金（反映在国际收支的错误与遗漏项下）达 1 377 亿元，比上年多增 827 亿元，同比增长 150%。

2003 年国外新增资金来源 1.09 万亿元，比上年多增 3 196 亿元，同比增长 41.4%。其中，当年新增国内持有的国际储备为 9 686 亿元，比上年多增 3 436 亿元；国内部门在国外的新增存款 502 亿元，比上年多增加 309 亿元；国内对国外贷款减少 1 153 亿元，比上年多减少 1 599 亿元；国内新增对外直接投资及债权 1 834 亿元，比上年多增加 1 022亿元。

2003 年，我国对外是资金净融出部门，当年国外从我国净融入资金数量为 3 726 亿元，比上年多增 797 亿元；占当年全社会资金总流量的 8%，是 1992 年以来国外净运用我国资金最多和比重最高的一年。1994 年以来，我们的资金流量表核算的国外净利用我国资金为 1.72 万亿元。

十、存在的问题和政策建议

（一）全社会资金流量规模增长较快，容易出现投资增长过快

从 1992—2001 年资金流量表的编制情况看，全社会固定资产投资增速与全社会资金流量占 GDP 的比例有一定的相关关系（见图 12—6），先行一年固定资产投资增速与当期资金占 GDP 比例的相关系数为 0.58。2003 年全社会资金流量规模增长较快，在这种情况下，一是要注意合理有效配置资金，提高资金资源的使用效率；二是要防止出现投资增长过快，加剧资金需求压力。

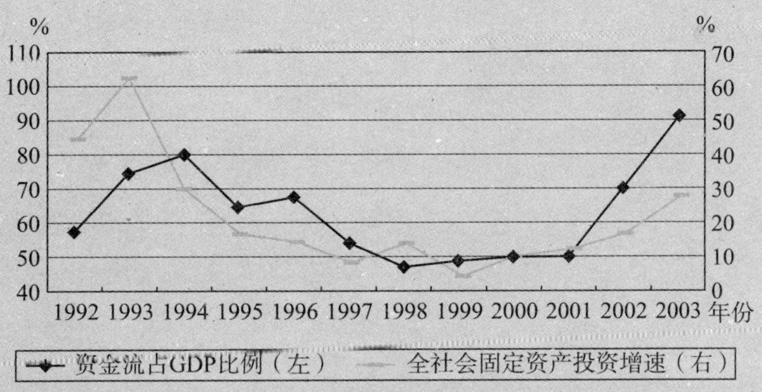

图 12—6 资金流量占 GDP 比例与全社会固定资产投资增速

（二）连续多年的资金净外流应引起注意

我国已经连续十年资金净外流。1994—2003 年国外净运用我国资金累计达到 1.72 万亿元。国外净运用我国资金的主要原因是储备资产连年增加较多。资金外流一方面意味着本国的资金放弃一部分国内投资和消费，对本国的经济发展没有起到全面的促进作用。另一方面，外流资金中的一部分并不稳定，它们准备随时炒作人民币汇率预期，冲击国内金融市场，成为影响金融稳定的隐患。因此，应加紧研

究建立灵活的人民币汇率机制，满足企业和个人合理的用汇要求，降低国内资金净外流的水平。

资料来源：《中国金融》，2005（2）：31－33。

简析

这是一篇对我国2003年资金流量情况进行分析的报告。文章开头概括介绍了2003年国民经济的增长状况，主体从七个方面分析了现状，最后根据分析提出了政策建议及存在的问题，同时提醒人们对多年的资金净外流应引起注意。本文主要运用了简单的对比分析法进行分析，即与上一年同期相比较，看其变化的百分比，为后文的建议内容做铺垫。

综合训练

一、简答题

1. 经济活动分析报告的种类有哪些？
2. 简述经济活动分析报告的写作要求是什么。

二、写作训练

结合所学专业撰写一份经济活动分析报告。

第十三章 统计分析报告

第一节 统计分析报告概述

一、统计分析报告的概念

统计分析报告是根据统计学的原理和方法，运用大量统计数据来反映、研究和分析社会经济活动的现状、成因、本质和规律，并得出结论，提出解决问题的办法的一种统计应用文体。

对统计分析报告概念的理解应注意以下四点：

第一，统计分析是统计分析报告写作的前提和基础。要写好统计分析报告，必须首先做好统计分析。

第二，统计分析报告要遵循统计学的基本原理和方法，主要是社会经济统计和数理统计的原理和方法。

第三，统计分析报告的基本特色是运用大量的统计数据。无论通过研究去认识事物，还是通过反映去表现事物，都要运用统计数据。统计部门这一巨大的“数据库”为统计分析提供了丰富的资料来源。写统计分析报告就应充分运用这个资料源，而且要用好、用活。

第四，统计分析报告既要遵循一般文章写作的普遍规律和要求，同时在写作格式、写作方法、数据运用等方面也有自身的特点和要求。

二、统计分析报告的特点

（一）运用特有的科学分析方法

统计分析报告运用一整套统计特有的科学分析方法（如对比分析法、动态分析法、因素分析法、统计推断等），结合统计指标体系，全面、深刻地研究和分析社会经济现象的发展变化。

（二）让统计数字来说话

统计分析报告运用数字语言（包括运用统计表和统计图）来描述和分析社会经济现象的发展情况，通过确凿、翔实的数字和简练、生动的文字进行说明和分析。

（三）注重定量分析

统计分析报告利用统计部门的优势，从数量方面来表现事物的规模、水平、构成、速度、质量、效益等情况，并把定量分析与定性分析结合起来。

（四）具有很强的针对性

统计分析报告针对各级党政领导和社会各界普遍关心的难点、热点、焦点问题进行分析。只有这样才能有的放矢，针对性强。

（五）注重准确性和时效性

准确是统计分析报告乃至整个统计工作的生命。统计分析报告要数字准确，不能有丝毫差错；要情况真实，不能有虚假之处；要论述有理，不能违反逻辑；要观点正确，不能出现谬误；建议要可行，不能脱离实际。统计分析报告同时还具有很强的时效性。统计分析报告失去了时效性，也就失去了实用性，统计分析报告写得再好，也会成为无效劳动。要保证统计分析报告的时效性，统计人员就要有“一叶知秋”“见微知著”的敏感，要有争分夺秒的时间观念，要有连续作战的工作作风，争取“雪中送炭”，避免“雨后送伞”，把统计分析报告提供在领导决策之前和社会各界需要之时。

（六）具有很强的实用性

统计分析报告是统计工作的最终成果，它不但包含了统计数据反映的信息，更为重要的是，它还能进行分析研究、预测，指出工作中的不足和问题，能提出有益于今后工作的措施和建议，从而直接满足党政领导和社会各界在了解形势、制定政策、编制计划、经营管理、检查监督、总结评比、科研教学等方面的实际需要。

三、统计分析报告的作用

（一）统计分析报告是衡量统计工作水平的综合标准

前面我们讲过，统计分析报告是统计工作的最终成果。在一定意义上来讲，统计分析报告是统计设计、统计调查、统计整理、统计分析与统计分析写作全部工作的综合。前面几个环节是统计的基础工作，统计分析才是出成果的阶段。一般来说，高质量的统计分析报告来自高质量的统计设计、统计调查、统计整理、统计分析和统计分析写作。但是，如果仅有较好的写作水平，统计设计、统计调查、统计整理和统计分析都是低质量的，也不可能产生高质量的统计分析报告。因此，统计分析报告写不好，当然是统计工作水平不高的表现。更重要的是，应该看到，要写好统计分析报告，还需要具备方方面面的科学文化知识（包括统计专业知识），需要掌握党和国家的方针政策，需要具备较强的观察能力、思维能力、创新能力、组织能力，等等。所以，统计分析报告的质量如何，也就反映了统计工作水平如何，这是一个非常重要的综合标准。另外，统计分析的结果虽可以用多种形式表达（如表格式、图形式、文章式等），但只有文章式统计分析报告为最好，也最为常用。因此，统计分析报告也是表现统计成果的最好形式。

（二）统计分析报告是传播统计信息的有效工具

现代社会是信息的时代，信息已成为重要资源，统计信息是社会信息的主体，而且是最全面、最稳定、较准确的信息。统计信息要通过载体传播，而统计分析报告是主要载体之一，适合于在报纸杂志上发表，其传播条件比较简便，具有较大的信息覆盖面，是传播统计信息的有效工具。

（三）统计分析报告是党政领导决策的重要依据

现代社会经济管理必须科学决策，而科学决策又必须依据准确、真实的统计数据。统计分析报告把原始资料信息加工成决策信息，它比一般的统计资料更能深入地反映客观实际，更便于党政领导和社会各界接受利用。因此，统计分析报告是党政领导决策的重要依据。

（四）统计分析报告是统计服务与统计监督的主要手段

统计分析报告把数据、情况、问题、建议等融为一体，既有定量分析，又有定性分析，比一般的统计数据更集中、更系统、更鲜明、更生动地反映了客观实际，又便于人们阅读、理解和利用，是表现统计成果的好形式与传播统计信息的有效工具，自然也就成了统计服务与统计监督的主要手段。

（五）统计分析报告是增进社会了解、提高统计社会地位的主要窗口

由于历史的原因、体制的原因等，一般人缺乏统计知识，对统计不够了解，对统计工作不够重视，认为“统计是三分统计，七分估计”，统计工作只是加加减减，填个表而已，把统计置于可有可无的地位。要改变这种状况，一方面，要加强统计宣传工作，扩大统计的影响，提高人们的认识；另一方面，则要提高统计工作水平，写好统计分析报告，做好统计服务和统计监督工作，提高统计工作的社会地位。

（六）统计分析报告是有利于促进统计工作自身的发展

统计分析报告的质量，反映了统计工作的水平。在统计分析报告的写作过程中，能有效地检验统计工作各个环节的工作质量，能发现问题，及时改进，使统计工作得到改善、

加强和提高。另外，经常撰写统计分析报告，能综合锻炼提高写作人员的素质，全面增长统计人员的才干。总之，写好统计分析报告十分重要，那种认为“统计报表是硬任务，统计分析是软任务”的说法，是完全错误的，是万万要不得的。

四、统计分析报告的种类

统计分析报告的应用是很广泛的。由于它主要是报告社会经济情况的一种文体，因而属于财经文书范畴。统计分析报告可以从不同角度来划分种类。

（一）按统计领域分类

按统计领域的不同，统计分析报告可分为工业、农业、商业、科技、教育、文化、卫生、体育、人口、财政、金融、政法、人民生活、国民经济综合、核算等统计分析报告。

（二）按写作对象的层次分类

按写作对象的层次的不同，统计分析报告可分为微观统计分析报告、中观统计分析报告和宏观统计分析报告。对于微观、中观、宏观的划分，目前尚无统一的标准。一般来说，基层企事业单位、村、家庭及个人属于社会经济的“细胞”，可视为“微观”；乡镇、县一级可视为“中观”；地（市）及地（市）以上的地区和部门，由于地域较广，社会经济门类比较复杂，需要较多地注意平衡关系，可视为“宏观”。

（三）按写作角度分类

按写作角度的不同，统计分析报告可分为综合报告和专题统计分析报告。综合报告是研究和反映一个地区、部门或单位的全面情况的分析报告，一般是定期的。所谓综合，既包括各方面的意思，也包含着综合方法的意思。专题统计分析报告是研究和反映某一方面或某个专门问题的分析报告。专题统计分析报告有定期的，也有不定期的，以不定期的居多。

（四）按统计分析报告时间长度分类

按时间长度的不同，统计分析报告可分为定期统计分析报告与不定期统计分析报告，定期统计分析报告一般是利用当年的定期统计报表制度的统计资料来定期研究和反映社会经济情况。根据期限不同，定期统计分析报告又可分为日、周、旬、半月、月度、季度、上半年、年度等统计分析报告。不定期统计分析报告主要是用于研究和反映不需要经常性定期调查的社会经济情况。

（五）按写作类型分类

按写作类型的不同，统计分析报告可分为说明型、快报型、计划型、总结型、公报型、调查型、分析型、研究型、预测型、资料型、信息型、微型、综合型、文学型、系列型十五类。

第二节 统计分析报告的选题与取材

一、统计分析报告的选题

（一）选题的意义和原则

统计分析报告的写作，首先要解决写什么题目的问题，确定题目对于统计分析报告的写作很重要。第一，它关系到统计分析报告是否具有实用性，是否“产品对路”。如果没有实用性，统计分析报告写得再好，也是不会有人需要的。第二，它关系到写作过程是否能顺利进行。如果选的题目难度超过了作者本身的能力和条件，写作也不会成功，不但不能实现写作目的，而且造成人力、物力、财力和时间的浪费。人们常说“选好了题目就成功了一半”，这句话是很有道理的。

统计分析报告的题目有三种：一是任务题，这是领导交办或上级布置的题目；二是固定题，这是结合定期报表制度进行分析的题目，这种题目，一般不变化；三是自选题，这是作者自己选择的题目。我们所说的选题就是针对自选题而言的。

统计分析报告的选题，应同时具备两个基本条件：一是有实用价值；二是有新颖性。

选择题目应该遵循以下几条原则：一是要根据社会经济发展的实际情况来选题；二是根据服务对象的需要来选题；三是要根据本身的工作条件来选题。

一般情况下，最好是结合自己的专业工作，选择自己熟悉的，适合自己业务水平的、各项资料也比较齐全的课题来写。这样，成功的把握较大。切不可好高骛远，选题过大过难，以至力不从心、半途而废，即使勉强写出来了，也不会有较好的质量。

（二）选题的方法

统计分析报告的课题虽然很多，但不等于随便什么都可以写。要抓住党政领导和社会各界尚未认识或未充分认识的社会经济情况。这是主观与客观应该结合之处，常常表现为“注意点”“矛盾点”和“发生点”。

所谓“注意点”，就是党政领导和社会各界比较关注的热点问题。比如前几年的通货膨胀到近年来的通货紧缩、需求不足、农民收入等，都是人们比较关注的社会热点问题。所谓“矛盾点”，就是问题比较集中、影响比较大、争议比较多，但长期得不到很好解决的社会难点问题，比如国有企业改革、下岗职工再就业问题等。所谓“发生点”，就是我们常说的新情况、新问题、新联系和新趋势。比如经济由卖方市场转入买方市场、居民消费启而不动等。

那么统计人员在实际工作中如何才能发现“注意点”“矛盾点”和“发生点”呢？这可以采取以下一些做法：

1. 经常深入实际、深入群众、深入生产第一线

俗话说：“不入虎穴，焉得虎子”，只有经常下到基层去、下到实际中去，才能掌握丰

富、生动、真实、具体的第一手材料，就可以发现问题、研究问题，这样，脑子里积累的问题多了，材料多了，写起文章来就会深刻得多，不至于枯燥乏味，空洞无力。

2. 经常了解党政领导的意图和工作动向

了解要党政领导的意图和工作动向，就要向领导多请示、多汇报以及经常参加领导召开的有关会议，参看必要的文件。另外，同领导的秘书保持经常的联系，也是了解领导意图及工作动向的有效办法。

3. 经常走访有关主管部门

各主管部门由于分管具体业务工作，对其分管的某个领域的情况是比较熟悉的。经常走访这些主管部门，了解其业务活动，参加有关会议，收集有关资料，既可以帮助我们熟悉情况，又能使我们了解这些部门所关心的“注意点”和“矛盾点”，并从中得到启示，进一步发现“发生点”。

4. 经常研究统计资料

统计报表、统计台账、统计历史资料等包含了丰富的社会经济信息，能比较全面地反映社会经济活动的过程，并能暴露一些问题。因此，细心地研究这些资料，并有意识地进行一些纵向、横向比较，并注意剖析其中的内部结构以及各种联系的变化，也往往能提示社会经济活动的“注意点”“矛盾点”和“发生点”。

5. 加强理论学习

可以通过经常阅读报刊，掌握最新的理论知识。

（三）选题的内容

在实际写作统计分析报告时，可以参考以下内容来选题：

1. 围绕方针政策选题

可以围绕方针政策，从以下几个方面来选择题目：

（1）研究社会经济发展中的新苗头、新动向和新情况，为制订新的政策提供依据。

（2）研究政策贯彻执行情况，反映新成就、新经验。

（3）研究政策执行中的新问题，分析原因，提出建议，为检验和校正政策提供依据。

2. 围绕中心工作选题

所谓中心工作，就是党政领导在一段时间内集中力量开展的某项工作。应该看到，在不同时期、不同地区、不同部门和单位，其中心工作是不同的。

3. 围绕重点选题

所谓重点，就是在全局中处于举足轻重地位的某些部位或某项工作。

4. 围绕经济效益选题

提高经济效益是经济发展的重要问题，应当作为写作统计分析报告的经常课题。

5. 围绕人民生活选题

社会主义生产的目的，是不断满足社会和人民日益增长的物质和文化生活的需要。人民生活状况如何、城乡居民收入与外省的差距有多大，也应当是写作统计分析报告的经常课题。

6. 围绕民意选题

社会主义国家是人民当家做主，可针对党和政府的方针政策及一些重大问题，真实地表达人民群众的意向和要求。

此外，还可以围绕薄弱环节、较大变化、横向比较、重要会议、发展战略、理论研究等来选题。

二、统计分析报告的取材

统计分析报告的材料有多种分类。我们仅按材料的形式分类做如下说明：

（一）统计资料

这是写作统计分析报告用得最多，也是最主要的材料，可分为以下几种材料：

1. 定期报表资料

这主要指当年的定期报表数字资料，也包括定期的原始记录资料。

2. 一次性调查资料

这里指统计普查、抽样调查、重点调查、典型调查的数字资料。

3. 统计整理资料

里主要指历史统计资料和统计台账资料，仍是数字资料。

4. 统计分析资料

这是指已经印发的各种统计分析素材及统计分析报告。

5. 统计图表资料

这是指各种形式的统计图。

6. 统计书刊

这是指统计部门编印的有统计资料内容的书刊，如《统计年鉴》《统计》《中国国情国力》《统计月报》《中国信息》等。

（二）调查资料

这是在特定的统计调查中所取得的情况或资料，是指在统计报表之外的，尚未写成统计分析资料的情况。调查主要采用以下方法：观察法、访谈法、问卷法、座谈法等。

（三）业务材料

这是反映社会经济有关业务活动情况的文字材料。这些材料大多来自各业务部门以及有关的业务会议，比如计划会议、财政会议、经济工作会议等。

（四）见闻材料

这是通过非统计调查的日常见闻所取得的活情况。这种活情况，一是指有文字记载的，如报刊上发表的一些社会现象；二是指没有文字记载的，是作者耳闻目睹的某些社会现象（如在街上发生的一些突发事件等），这些并非特意调查的见闻，有时也成为统计分析报告的材料。

（五）政策法规

这是党和政府的有关方针、政策、法律、条例、规定、决定、决议等文件材料。

（六）有关言论

这是革命导师、领袖、党政领导、古今中外的专家和学者的有关言论，是统计分析报告论事说理的重要材料。

（七）书籍材料

这是有关的教科书、论著、专著、资料书与参考性的工具书，等等。在书籍材料中，主要是理论材料。

（八）报刊材料

这是报纸、期刊发表的各类材料，其中包括内部的、不定期的报刊材料。

（九）横向材料

这是指同类地区以及市际、省际、国际的材料。有了这种材料，在写作统计分析报告时就便于进行横向比较。

此外，还要掌握一些必要的文学材料，如诗歌、成语、典故、谚语等。这些文学材料若在写作中运用得好，必能增加统计分析报告的生动性与可读性。

第三节　统计分析报告的说理方法

统计分析报告是研究和反映社会经济情况的文章。这种文章具有实用性，报告中往往会叙述情况，阐明观点，提出建议。但是统计分析报告中的情况、观点和建议都不能强加于人。要让别人接受、采纳，唯一的办法就是说理。要说理，首先必须明确什么是“理”。对我们来说，“理”就是马克思主义认识论所讲的真理，即客观事物及其规律在人们意识中的正确反映。说理，就是通过语言或文字，把正确的主观认识表达出来，用于传播和交流。

统计分析报告的说理方法主要有三大类：一是统计的方法；二是逻辑的方法；三是辩证的方法。

一、统计的方法

在说理中运用的统计计算及统计分析的方法有很多，主要有以下几种。

（一）总量分析法

这是指通过计算和分析总量指标（绝对指数）来认识社会经济现象的总规模或总水平的方法。

(二) 比较分析法

这是指通过计算和分析比较指标（相对数指标）来认识社会经济现象的总体结构、比例、强度、速度及计划完成程度的方法。

(三) 平均分析法

这是指通过计算和分析平均指标来认识社会经济现象的平均水平，并以此为依据与同类社会经济现象比较的方法。

(四) 动态分析法

这是指通过计算和分析动态指标及动态相对数（时间数列）来认识社会经济现象的方法。

(五) 因素分析法

这是指通过计算和分析统计指数来认识社会经济现象的总体变动中，各因素影响程度和方向的方法。

(六) 相关分析法

这是指通过计算和分析来认识有相关关系的社会经济现象所表现的相关形式、密切程度及数量联系的方法。

(七) 平衡分析法

这是指通过计算和分析来认识有平衡关系的社会经济现象之间的对应关系、数量联系及其综合平衡问题的方法。

(八) 预测分析法

这是指通过数学模型或其他统计方法的计算和分析，来认识社会经济发展方向及其数量表现的方法。

(九) 抽样分析法

这是指通过抽样调查资料计算分析和推断，来认识社会经济现象总体情况的方法。

(十) 分组分析法

这是指通过统计分组的计算和分析，来认识社会经济现象的不同类型，并在此基础上认识其不同特征、不同性质及相互关系的方法。

二、逻辑的方法

统计分析报告的说理离不开逻辑的方法。现将统计分析报告中常用的推理及论证的方法分述如下。

(一) 归纳法

这是指从若干个具体事实做出一般性结论的方法。

（二）演绎法

这是以一般性道理对具体事实做出结论的方法。

（三）类比法

这是通过两个或若干同类的具体事实进行比较得出结论的方法。

（四）引证法

这是引用某些伟人、经典作家的言论或科学上的公理，尽人皆知的常理来推论观点的方法。

（五）反证法

这是借否定对立的观点来证明自己观点正确的方法。

（六）归谬法

这是顺着错误的观点、错误的现象继续延伸，进而引出荒谬的结论，以间接证明自己观点正确的方法。

三、辨证的方法

这主要是运用马列主义哲学的唯物辩证法来说理的方法。例如物质与意识、认识与实践、对立统一规律、质量互变规律、否定之否定规律等。

第四节　统计分析报告的写作

统计分析报告的格式是多样化的。例如：有的统计分析报告是情况、问题、根源、预测、建议五个部分组成；有的是情况、问题、根源、建议四个部分组成；有的虽然也是三段式，组成部分是情况、问题、根源或者是问题、根源、建议；还有的是两部分：情况、问题，或问题、根源，或问题、建议，或情况、建议；也有的则专门写情况，或专门写问题，或专门写建议。

一、标题

标题也称为题目。俗话说：“看人是先看脸，看脸先看眼。”人们阅读文章，第一眼是看标题，标题常常是文章中心内容、基本思想的集中体现，因而标题也就成了文章的“眼睛”，在文章的结构中占有重要的地位。

在统计分析报告写作中，有很多作者不重视标题。这方面的通病有以下三点：一是标题无变化，格式老一套。例如：“关于××××的分析”或“关于××××的调查”，这类标题大家可用，年年可用。这种公文式的标题，显得十分呆板；二是题文不一致，往往是题意过宽或题意过窄；三是缺乏吸引力，即由于标题无变化、格式陈旧，对读者没有吸引力。

一般来说，标题有正题和辅题。正题也叫主题或大标题。辅题包括引题和副题。引题也叫肩题、眉题或小题，是正题的引子；副题也叫次题或提要，是正标题的辅助标题，用于进一步补充和说明正题，使正题的意思更完整。要使标题新颖醒目，扣人心弦，增加吸引力，引起人们的重视，可以采取以下方法：

（一）多用“论点题”和“事实题”，少用“对象题”

试比较以下两题：乡镇工业大有作为
关于乡镇工业的调查

（二）适当采用“设问题”

试比较以下两题：商品库存为什么升高
商品库存情况的分析

（三）用具体事实做标题

试比较以下两题：我县夏粮增产四千万斤
我县夏粮获得丰收

（四）用突出的事实做标题

试比较以下两题：我区工业总产值突破一千亿大关
我区工业生产大幅度增长

（五）加重语气

试比较以下两题：我市蔬菜价格猛涨 26％
我市蔬菜价格上涨 26％

（六）运用对比手法

试比较以下两题：改革前长期亏损共达八万七，改革后一年盈利足有十万八
改革后我厂扭亏为盈全年盈利十万八

（七）适当运用比喻

试比较以下两题：××地区大力营造“绿色宝库”
××地区开展植树造林情况

（八）适当运用诗词、成语、古语、警句

试比较下面两题：安得广厦千万间，黎民百姓尽开颜
我区房地产情况调查

（九）适当运用副题

试比较以下两题：××县葡萄生产情况——今年全县葡萄产量可达 25 万吨。
××县葡萄生产情况——比上年增长 24％

（十）适当运用提示语和有强调作用的语句

试比较以下两题：请注意：我区耕地面积大量减少

我县人均收入为×县的二分之一

二、开头与结尾

（一）统计分析报告开头的写法

统计分析报告的开头一般都是采取开见山的写法，具体方法大致有以下几种：

（1）起笔点题。这是指一开始就点出基本事实。

（2）亮出观点。报告的开头提出一个大家关心的问题，引出文章的主要内容和基本观点。

（3）强调意义。报告的开头通过议论说明事件的重要性，突出该文章的中心内容、作用和意义。

（4）总说全文。这种开头把全文所要阐述的内容进行概括性的介绍，使读者在开始即能了解总的情况，也为全文的论述定下基本的格局。

（二）统计分析报告结尾的写法

统计分析报告结尾一般有如下几种写法：

（1）总结全文，深化主题。

（2）表明态度，提出建议。

（3）展望前景，提出看法。

（4）强调问题，引起重视。

（5）水到渠成，得出结论。

（6）呼应开头，首尾圆合。

（7）展望未来，做出预测。

三、正文

统计分析报告的正文是报告的中心，一般由四个部分构成，即：现状（问题、矛盾、难点）、原因、对国民经济的影响、政策性建议。

[例文 13—1]

下岗职工生活状况及再就业研究

一、下岗职工状况

（一）下岗职工的数量状况

（二）下岗职工的特征

行业分布、职业分布、性别特征、年龄特征、文化程度等。

（三）下岗职工生活状况

收入来源及水平、家庭负担情况、下岗前后收支对比、生活保障情况。

（四）下岗职工精神状况

（五）下岗职工再就业状况

下岗职工再就业的基本情况、下岗职工的管理现状、再就业实施情况（就业安置、技术培训等）。

下岗职工再就业过程中存在的问题。

二、下岗原因

（一）宏观方面

（二）微观方面

（三）下岗职工自身素质不佳

文化、技术、年龄、身体方面。

三、下岗对国民经济的影响

（一）社会就业压力进一步增大

（二）城市贫困问题日益突出

（三）社会不稳定因素增加

四、实施再就业工程的措施及对策

（一）加强对再就业工作的领导

（二）多形式、多渠道分流安置

（三）大力发展第三产业，尤其要积极发展以便民服务为主要内容的社区服务

（四）在行业和企业建立再就业服务中心或其他形式的再就业服务组织

（五）完善社会保障制度，建立再就业基金

（六）大力发展职业技能培训，提高下岗职工素质

（七）加大对再就业工程的宣传力度

[例文 13—2]

吉林省区域经济发展水平与影响因素的回归分析

杜宇静　郑锦峰　裴娜

因为 GDP 被公认为是衡量国家或地区经济状况的最佳指标，故用 GDP 做为因变量 y（亿元），其影响因素通过前面的分析分别为政府消费支出 x_1（亿元），出口金额 x_2（万美元），实际利用外资额 x_3（万美元），农村基尼系数 x_4，城市基尼系数 x_5，全社会固定资产投资额 x_6（亿元），就业人员 x_7（万人），研究与实验发展经费支出 x_8（亿元），劳动者素质 x_9，民营经济增加值 x_{10}（亿元）。

（一）回归模型的建立

根据上面的问题分析，我们可以建立如下的线性回归模型：

$$y=\beta_0+\beta_1 x_1+\cdots+\beta_{10} x_{10}+\varepsilon$$

对所给的观察值（y_i，x_{i1}，……，x_{i10}），$i=1$，…，10 满足

$$y_i = \beta_0 + \beta_1 x_{i1} + \cdots + \beta_{10} x_{i10} + \varepsilon_i \tag{1}$$

下面检验此线性回归模型是否满足模型的基本假定条件，主要检验异方差性、自相关性及多重共线性。

对此回归模型通过残差图（见图 13—1）及 Spearman 相关系数检验可知无异方差性存在。对自相关性的检验我们首先通过图示检验法（见图 13—2）发现大部分点落在第Ⅱ、Ⅳ象限，然后我们用 DW 检验法做精确检验，得到 DW＝2.402，这些都表明随机扰动项 ε 存在负相关性。

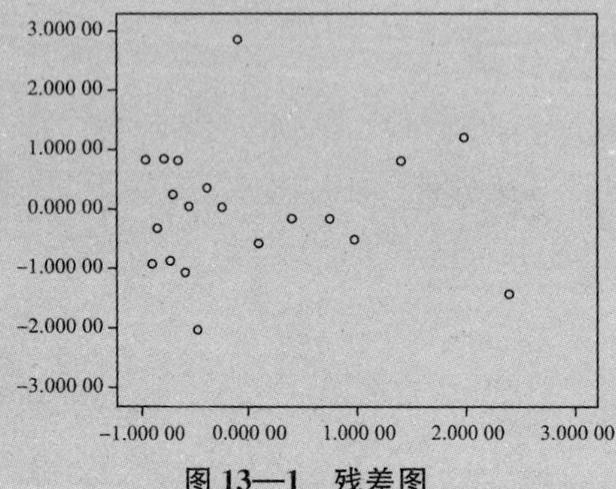

图 13—1　残差图

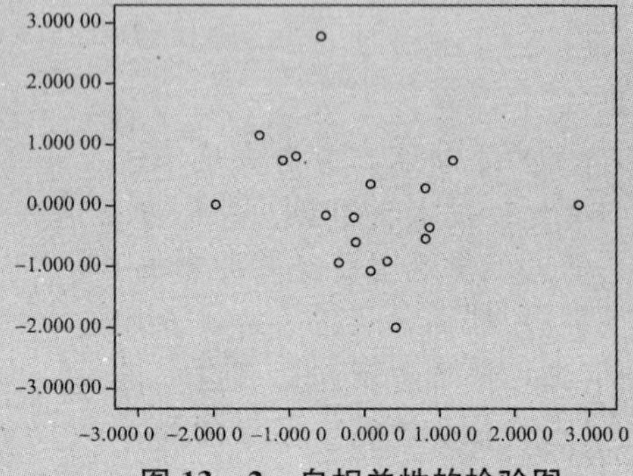

图 13—2　自相关性的检验图

对回归模型（1），可用方差扩大因子（VIF）来判断多重共线性的存在。由统计软件 SPSS 算得 $VIF_1 = 979.299$，$VIF_{10} = 1\ 284.495$，这两个 VIF 的值远远超过 10，说明回归方程存在严重的多重共线性。

为了处理回归模型的多重共线性及自相关性，我们对模型中的变量用逐步回归法进行变量选择，得到模型如下：

$$y = \beta_0 + \beta_2 x_2 + \beta_5 x_5 + \beta_6 x_6 + \beta_8 x_8 + \beta_{10} x_{10} + \varepsilon \tag{2}$$

（二）回归模型的参数估计和显著性检验

对回归模型（2），可以得到模型中的参数的最小二乘估计，即回归方程为：

$$\hat{y} = 1.83 \times 10^{-16} + 0.014x_2 + 0.024x_5 + 0.062x_6 - 0.056x_8 + 0.989x_{10}$$

经检验，此模型基本符合线性回归模型的基本假定条件。

检验统计量 $F = 61\ 796.2$，$p < 0.05$，说明此回归方程是显著的，而且各回归系数的显著性检验显示均显著，p 值均小于 0.05。

（三）回归模型的预测分析

若取 $x_2 = 2.55$，$x_5 = 1.52$，$x_6 = 2.23$，$x_8 = 2.60$，$x_{10} = 2.65$，可以得到 y 的预测值 $\hat{y} = 2.686$，因为数据是标准化的数据，根据原始数据的均值为 3 956.44，标准差为 3 344.33，可得到对应的原始数据为 12 939.31（亿元），吉林省 2013 年 GDP 的真实值为 12 981.46（亿元），预测结果较接近。

（四）结果分析

根据模型（2）得到的结果可以看出，实际出口额、城市基尼系数、全社会固定资产投资额、研究与实验发展经费支出及民营经济增加值都是对吉林省区域经济发展有显著性影响的重要指标。模型中的数据是标准化后的数据，其与原始数据之间的关系如下：

原始数据=标准化后数据×标准差+均值

原始数据均值与标准差见表13—1。

表13—1　原始数据均值与标准差

变量	均值	标准差
GDP	3 956.44	3 344.33
出口额 x_2	251 484.55	153 433.79
城市基尼系数 x_5	0.295 8	0.053 4
全社会固定资产投资额 x_6	2 742. 24	3 277.36
研究与实验发展经费支出 x_8	36.56	32.38
民营经济增加值 x_{10}	1 979.02	1 679.43

根据上表，我们把数据转化为原始数据做相应的分析，具体分析如下：

1. 实际出口额对吉林省经济发展有显著影响

标准化后实际出口额 x_2 的系数 β_2 为0.014，表明实际出口额每增加1亿元（根据表13—1对应的原始数据增加404 928.34亿元），则实际GDP仅增加0.014亿元，根据数据标准化的结果，GDP原始数据均值为3 956.44亿元，标准差为3 344.33亿元，表明相对应的实际GDP增加4 003.26亿元，实际出口额 x_2 对吉林省经济发展有显著正影响，这一结果与吉林省经济发展的实际情况也是相吻合的。吉林省出口物品主要是农畜产品、服装、汽车零配件等科技含量低、附加值不高的产品，其创汇能力以及盈利能力相当有限。因此，这些产品出口对吉林省的GDP有正向影响，但其拉动能力比较有限。

2. 城市基尼系数对吉林省经济发展有显著影响

实际的基尼系数介于0和1之间，基尼系数越大，则收入分配越不平均，基尼系数越小，则收入分配越接近平均。根据数据算得城市基尼系数的均值为0.298 5，标准差为0.053，标准化后的城市基尼系数 x_5 的系数为0.024，所以城市基尼系数的原始值应该为0.024×0.053+0.298 5=0.299，说明吉林省收入差距比较平均，相对合理，对吉林省经济发展有显著影响。

3. 全社会固定资产投资额对吉林省经济发展有显著影响

标准化后全社会固定资产投资额 x_6 的系数 β 为0.062，表明实际投资额对吉林省的经济发展有很强的拉动作用，即标准化后的吉林省年实际投资每增加1亿元（根据表13—1对应的原始数据增加6 019.6亿元），其实际GDP增加0.062亿元，表明相对应的实际GDP增加4 163.78亿元。这一结果与吉林省经济发展的实际情况是相符合的。新中国成立以来，吉林省经济的发展在很大程度上依赖于生产要素的投入数量来维持运转，特别是依赖于固定投资的不断增加，即吉林省经济发展模式还是粗放型增长模式。

4. 研究与实验发展经费支出对吉林省经济发展有显著影响

研究与实验发展经费支出 x_8 的系数为一0.056，说明研究与实验发展经费支出每增加 1 亿元（根据表 13—1 对应的原始数据增加 68.94 亿元），标准化后的实际 GDP 减少 0.056 亿元，根据数据标准化的结果，GDP 原始数据均值为 3 956.44 亿元，标准差为 3 344.33亿元，则原始实际 GDP 增加 3 756.75 亿元，说明科研能力对 GDP 有显著影响。

5. 民营经济增加值对吉林省经济发展有显著影响

标准化后，民营经济增加值 x_{10} 的系数 β 为 0.989，表示吉林省非农比重增加 1 亿元，则实际 GDP 增加 0.989 亿元，根据计算得民营经济增加值原始数据均值为 1 979.020 5，标准差为 1 679.432 2，相当于原始的民营经济增加值增加 3 658.45 亿元，实际 GDP 年增加 7 263.98 亿元，这个结果与吉林省经济发展的实际情况也是相符合的。因为吉林省非农比重的增加源于不同产业间的比较收益的差异而非农业资源的匮乏。因此，吉林省二、三产业比重的增加促进了其区域经济的增长。

资料来源：《统计与应用》，2015（6）。

简 析

本报告数据真实可信，内容翔实，分析透彻，能真正体现吉林省区域经济发展的特色，并得出了较为合理的结论。

综合训练

根据自己所学专业，对本专业大学生近三年自主创业行为进行统计分析，并写出统计分析报告。所写报告要求包括调查方案设计、调查数据分析、调查总结等部分。

第十四章 经济司法文书

第一节　经济诉讼文书

一、经济诉讼文书概述

（一）经济诉讼文书的概念

所谓诉讼，是指民事或刑事案件中的当事人为解决案件所进行的一系列活动的总称。古人则称之为“打官司”。诉讼文书是公民个人、国家机关、社会团体、企事业单位依据事实和法律而写作的具有法律效力和法律意义的书面材料。

经济诉讼文书是民事诉讼文书的一个重要部分，是公民个人、国家机关、社会团体、企事业单位因经济纠纷而引起诉讼时，依据事实和法律而写作的、具有法律效力和法律意义的诉讼文书的总称。

经济诉讼文书中最主要的就是诉状类文书。诉状类文书依其诉讼程序，可分为经济纠纷起诉状、经济纠纷上诉状、经济纠纷申诉状和经济纠纷答辩状。

（二）经济诉讼文书的作用

经济诉讼文书的作用在于向法院提起诉讼，因此，必须通过诉状，把纠纷事实记叙清楚，把诉讼理由、法律依据讲明白，让法院了解当事人对案件的看法、意见和要求。诉状是法院对案件进行审理和调解的依据和基础。

（三）经济诉讼文书的特点

经济诉讼文书是依法制作的，它有如下特点：

1. 严肃性

这是指一切经济诉讼文书都必须严格依法制作和使用，使其真实地反映适用法律处理案件的实体问题，也应反映是否正确执行了程序法。

2. 规范性

因其自身的严肃性，这就要求在制作和使用经济诉讼文书时，不仅要求文书在格式上规范，也要求在内容上事项齐全、完整，必须根据有关法律的规定进行写作。

3. 准确性

由于经济诉讼文书具有很大的强制力，对当事人具有一定的约束力，因此，其制作和使用都必须十分准确，格式、程序必须准确，引用的法律条文必须准确。

4. 专业性

经济诉讼文书与其他一般性的诉讼文书相比，具有专业性强的特点。因此，在写作经济诉讼文书时，必须具备一些经济方面的专业知识，从而准确地把握经济纠纷中的焦点，做出正确的判断。

(四) 经济诉讼文书的写作要求

在写作经济诉讼文书时，必须满足以下要求：以法律、行政法规及具有法律效力的文件为准绳；实事求是，以客观事实为根据；内容完整，突出中心，结构严谨；叙事清楚，说理透彻，语言准确。

二、经济纠纷起诉状

(一) 经济纠纷起诉状的概念

经济纠纷起诉状是经济纠纷案件的当事人，为维护自身的合法权益，就有关经济权利义务的纠纷，用书面形式向人民法院提起诉讼，从而引起一审诉讼程序发生的一种文书。起诉状的当事人，起诉的一方称为原告人，被起诉的一方称为被告人。

(二) 经济纠纷起诉状的结构

经济纠纷起诉状的内容由首部、正文、尾部三部分组成。

1. 首部

首部由标题和当事人基本情况两部分组成。

(1) 标题。标题是诉讼文书的特定名称，具体说明诉讼案件的性质和文种。如“经济纠纷起诉状”，写在文书上部正中位置，字体稍大。

(2) 当事人基本情况。要分别写明原告和被告的姓名、性别、年龄、民族、籍贯、文化程度、职业和住址等。如果双方或一方是法人或其他单位，则应写明单位名称、地址等。另外，还要写明法定代表人的姓名、性别、职务等；如有委托代理人，也需要写明其姓名、单位和职业等。

书写时注意的问题：

一是按规定的顺序书写当事人，不能颠倒。先写原告，有几个单位写几个，按所受损失的大小顺序分行来写。哪个原告如有代理人，就写在哪个原告的下一行。再写被告，有几个，按责任大小顺序依次来写，哪个被告如有代理人，就写在哪个被告的下一行。最后写第三人，有几个依次写几个。

二是当事人的基本情况应当按照规定的项目顺序来写，不能前后颠倒，更不能随意添加或减少项目。

2. 正文

正文由请求事项、事实和理由两部分组成。

(1) 请求事项由案由和诉讼请求两部分组成。

案由就是案件的性质。在这部分，要简明扼要地写出请求法院解决的经济权益的争议问题，如“赔偿损失”“履行合同”，等等，就是请求法院依法解决原告一方要求的有关经济纠纷的具体事项。

诉讼请求就是原告提起诉讼的具体要求，即要求人民法院判令被告履行什么义务。它是原告所要维护的民事经济权益的具体体现，是原告起诉被告的目的和意图的集中体现。在表达诉讼请求时一定要明确、具体，切忌含糊其辞。如要求赔偿损失的，就一定要写清究竟赔偿什么样的损失、数额是多少，等等，绝不可语言笼统。

(2) 事实和理由。事实和理由是经济纠纷起诉状的主体和核心部分，也是请求事项能否得到法庭支持的决定因素，可以说，原告能否胜诉，关键就在于这部分是否写得充分。这一部分回答“为什么要告”的问题，回答“请求事项的根据是什么”的问题，所以写好这一部分，对于当事人来说是至关重要的。

事实和理由部分主要应写明原告提出上述请求事项的事实依据和对事实的分析、看法以及法律依据。具体来说，应包括事实、理由和证据三个方面的内容。

事实即双方争议的具体问题。在这部分，一是要写清当事人之间纠纷的起因、经过、现状；二是要写清当事人双方纠纷的焦点、具体内容以及与案件有直接关系的实际情况和实质性的分歧；三是要分清责任，在叙述案情的基础上，准确地说明被告人应承担的责任，自己是否应承担责任，或是各应承担多少责任，等等，对被告的错误行为给原告造成的损失，更要写得十分清楚。

理由即诉讼请求的根据。就是在基本事实的陈述和有关证据列举的基础上引用相关的法律条文进行论证，指出被告行为的违法性，以阐明请求事项中所提出的诉讼请求是合法、合理、合情的，最后写请求人民法院予以公正的判决或裁决。

证据是认定事实的客观基础，列举证据应写清下列内容：一是列述能证明事实真相的书证、物证等材料；二是说明各种证据的来源及可靠程度；三是说明证明人的姓名、职业、工作单位等基本情况以及证词内容；四是要说明向法院提交的书证、物证的情况，如是原件、原物，还是副本、复制品。倘若是外文书证，还必须附中文译文并说明附送中文译本的情况。

3. 尾部

尾部由致送人民法院名称、具状人签名盖章、写作时间和附项四个部分组成。

(1) 致送法院名称就是受理此诉状的法院名称，在正文下一行前空两格写“此致”，第二行右起顶格写法院名称。

(2) 具状人签名盖章。具状人就是原告，要写清原告的姓名，要写全名并盖章。如由律师代理，要写明律师姓名并盖章。

(3) 写作时间。在具状人下一行要写明年月日。

(4) 附项。这是经济纠纷起诉状的附加部分，主要写明起诉状的副本份数，证据的种类、名称、数量以及证人的有关情况，等等。这些都应在起诉状写作时间的左下方予以注明。

(三) 经济纠纷起诉状的写作要求

经济纠纷起诉状的写作须满足以下要求：第一，请求的目的必须明确；第二，提出的要求必须合法、合理、合情；第三，写事实和理由时，着重写纠纷的焦点和实质性分歧，阐明因果关系，事件过程尽量概括，力避拖沓、空洞，分析必须有根据，引用法律必须准确。

(四) 写作经济纠纷起诉状的注意问题

写作经济纠纷起诉状时须注意：原告必须是与本案有直接利害关系的公民或法人，要有明确的被告，有具体的诉讼请求、事实和理由，要有针对性，要实事求是。

三、经济纠纷上诉状

(一) 经济纠纷上诉状的概念

经济纠纷上诉状是经济纠纷案件中的当事人或其法定的代理人不服一审法院的判决或裁定在法定的上诉期限内依法定程序要求上一级人民法院进行审理、撤销、变更原裁判所提出的诉讼文书。

经济纠纷上诉状的当事人，上诉的一方称为上诉人，被上诉的一方称为被上诉人，一审程序中的原告或被告都可以成为上诉人。

(二) 经济纠纷上诉状的作用

经济纠纷上诉状有利于保护当事人的合法权益，当事人只要认为一审判决或裁定不符合事实和法律，就可以依照法律规定向上一级法院上诉；经济纠纷上诉状有利于加强上级法院对下级法院审判工作的监督，使各级人民法院能正确地行使审判权，提高审判案件的质量；经济纠纷上诉状有利于维护国家法律的尊严。

(三) 经济纠纷上诉状的结构

经济纠纷上诉状的写作格式包括首部、正文、尾部三部分。

1. 首部

首部由标题和当事人基本情况两部分组成。

(1) 标题写明诉状的性质和文种，即“经济纠纷上诉状”。

(2) 当事人基本情况，即上诉人、被上诉人的基本情况，写法同经济纠纷起诉状。

2. 正文

正文由案由和上诉请求、上诉理由三部分组成。

（1）案由就是上诉的起因，即不服一审法院判决或裁定而进行的上诉。具体地说，就是要写明上诉人因何案不服何处人民法院于何时以何字号做出的判决或裁定而提出的上诉。

（2）上诉请求。这是上诉的目的所在，主要是针对原判决或裁定不当之处，所以要写明请求第二审人民法院撤销、变更原审判决或裁定，或请求重新审理。要一针见血地指出想要达到的目的，不可含糊不清。

（3）上诉理由。这是上诉的核心部分，也是上诉能否达到目的的关键所在。阐述上诉的理由一般可以从四个方面考虑：一是原审判决和裁定对事实的认定有错误，并提出确凿有力的证据；二是原判决或裁定对事实的定性不当，并提出恰当的定性判断；三是原审判决或裁定引用的法律不当，并提出正确适用的法律根据；四是原审判决或裁定适用的诉讼程序不当，并提出纠正的法律证据。

3. 尾部

尾部由致送人民法院名称、上诉人签名盖章、写作时间和附项四个部分组成。

（1）致送法院名称就是受理此诉讼的法院名称。在正文下一行前空两格写“此致”，第二行左起顶格写法院名称。

（2）上诉人签名盖章。由律师代理的，要写明律师姓名并盖章。

（3）写作时间。在上诉人下一行要写明年月日。

（4）附项。这是经济纠纷上诉状的附加部分，主要写明上诉状的副本份数，证据的种类、名称、数量以及证人的有关情况，等等，这些都应在上诉状写作时间的左下方予以注明。

（四）经济纠纷上诉状的写作要求

在写经济纠纷上诉状时，须满足以下要求：

1. 要做到针对性强

由于上诉状是上诉人针对一审法院判决或裁定中的错误或不当、不公平之处而给予否定的书状，因而在写作时，上诉请求和上诉理由必须针对一审判决或裁定的不当之处。

2. 要做到说理性强

要摆事实，讲道理，做到有理有据，以理服人。

3. 要做到逻辑性强

要条理清晰，论证深刻有力。

四、经济纠纷答辩状

（一）经济纠纷答辩状的概念

经济纠纷答辩状就是经济诉讼案件在诉讼过程中，被告人或被上诉人针对原告的起诉状或上诉人的上诉状，为维护自身的合法权益，依法向人民法院做出的答复和辩解的诉讼文书。

经济纠纷答辩状的当事人，一方称为答辩人，另一方称为被答辩人。后者在诉状中也可省去不写。

（二）经济纠纷答辩状的作用

经济纠纷答辩状有利于人民法院全面查明案情，做到公正的判决或裁定，有利于保护被告或被上诉人的合法权益。

（三）经济纠纷答辩状的结构

一审、二审中的经济纠纷答辩状的写作格式基本一致，由首部、正文、尾部三部分组成。

1. 首部

首部由标题和答辩人基本情况两部分组成。

（1）标题写明诉状的性质和文种，即“经济纠纷答辩状”。

（2）答辩人基本情况包括答辩人的姓名、性别、年龄、民族、籍贯、文化程度、职业和住址等。如果是法人或其他单位，则应写明单位名称、地址等。另外，还要写明法定代表人的姓名、性别、职务等；如有委托代理人，也要写明其姓名、单位和职业等。

2. 正文

正文由案由、答辩理由和答辩意见三部分构成。

（1）案由写明对何单位或对上诉的何案进行答辩，即“答辩人于×年×月×日收到××法院交来原告人因××案的起诉状，现答辩如下：”或“答辩人于×年×月×日收到××法院交来上诉人因××案的上诉状，现答辩如下：”。

（2）答辩理由是经济纠纷答辩状的最关键、最重要的部分，要求明确回答原告人或上诉人所提出的诉讼请求，并清晰地阐明本方对纠纷事实的主张和理由。主张通常有两种情况：一是承认诉讼请求；二是反驳诉讼请求。

（3）答辩意见主要包括依据有关的法律规定，说明自己上述答辩理由的正确性；根据客观事实，说明本方法律行为的合法性；通过对事实的概括、归纳，揭示对方当事人法律行为的错误性；根据相关法律说明本方对纠纷的解决意见，请求人民法院依法公正合理地裁决。

3. 尾部

尾部由致送人民法院名称、答辩人签名盖章、写作时间和附项四个部分组成。

（1）致送法院名称就是受理诉讼的法院名称。在正文下一行前空两格写“此致”，第二行左起顶格写法院名称。

（2）答辩人签名盖章。如由律师代理的，要写明律师姓名并盖章。

（3）写作时间。在答辩人下一行要写明年月日。

（4）附项。这是经济纠纷答辩状的附加部分，主要写明答辩状的副本份数，证据的种类、名称、数量以及证人的有关情况，等等，这些都应在答辩状写作时间的左下方予以注明。

（四）经济纠纷答辩状的写作要求

1. 据理反驳

答辩时要用更加充分有力的事实来反驳对方说明的事实，提出解决纠纷适用的新法规，有理有据地加以反驳。运用反驳方法应当尊重客观事实，如实、全面地答复对方的诉讼请求。

2. 抓住关键

答辩时要找到双方当事人在纠纷案件中争执的焦点，抓住影响胜诉和败诉的关键性问题，有针对性地答辩，而不应在答辩中回避要害，答非所问，不得要领。

3. 实事求是

当对方的诉讼请求合理、合法时，答辩状也应实事求是地予以承认，绝不能违背事实和法律，强词夺理。

4. 措词用语

要注意语言朴实、准确、中肯，不盛气凌人。

五、经济纠纷申诉状

（一）经济纠纷申诉状的概念

经济纠纷申诉状是指经济纠纷案件的当事人不服已生效的判决或裁定，而向人民法院或人民检察院提出要求重新审理案件的诉讼文书。

经济纠纷申诉状的当事人，提出申诉的一方称为申诉人，另一方称为被申诉人。后者在诉状中也可省去不写。

（二）经济纠纷申诉状的作用

经济纠纷申诉状有利于人民法院进一步改进审判工作，减少冤假错案，有利于维护申诉人的合法权益。

（三）经济纠纷申诉状的结构

经济纠纷申诉状由标题、首部、正文与尾部几部分组成。

1. 标题

标题一般由事由与文种组成。如“经济纠纷申诉状”。

2. 首部

首部一般由当事人基本情况和案由组成。

(1) 当事人基本情况应当写明申诉人的姓名、性别、年龄、民族、籍贯、职业或工作单位、住所；若申请人是法人或其他组织的，应当写明法人或其他组织的名称、住所、电话，法定代表人的姓名、职务、电话或主要负责人的姓名、职务、电话；若不是当事人本人申诉的，除了要写明该申诉人的姓名、工作单位、职务外，还必须写明该申诉人与当事人之间的关系。特别需要指出的是，经济纠纷申诉状的当事人基本情况中只有申诉人，而没有被申诉人和第三人等。

(2) 案由位于当事人基本情况之下，第一行空两个字书写。

3. 正文

正文是经济纠纷申诉状的核心，由请求事项和事实与理由组成。

(1) 请求事项应当具体明确，合理合法，简明扼要，概括地写明请求人民法院解决的经济问题，即写明申诉所要达到的目的。若请求事项较多，就要分项列明。

(2) 事实与理由。叙写申诉事实时，应概述已经发生法律效力的经济纠纷判决或裁定的主要内容，即概述原判决或裁定认定的事实和证据、适用法律、审理案件程序及其结果。叙写上述内容应当简练，指出原判决或裁定的错误之处，应具体明确。若有多处错误，应当逐一写明，为阐述申诉理由提供依据，打下基础。叙写申诉理由时，应当针对原判决或裁定的错误之处进行分析评论，逐一反驳。反驳应先主后次，即先抓住关键性的问题，用事实、证据和有关法律的条文进行分析反驳，做到有理有据，有的放矢。叙写申诉的事实与理由时，一般从以下四个方面入手：一是认定事实是否清楚、是否正确，情节有无出入；二是认定证据是否确实、是否充分、有无遗漏；三是适用法律是否适当；四是审理程序是否合法。最后一段作为申诉事实和理由的结束语。

4. 尾部

尾部一般由致送司法机关名称、附件、申诉人签名（或盖章）与成文日期组成。

(四) 经济纠纷申诉状的写作要求

经济纠纷申诉状的写作应符合以下要求：要明确地列出证据；要说明正确适用的法律条款；要具体地说明诉讼程序；要避免无理申诉。

第二节　经济仲裁文书

一、经济仲裁文书的概念

仲裁是一种根据双方当事人自愿而采取的争议解决方法，即在争议发生之前或者发生之后，当事人在自愿基础上达成书面仲裁协议，将协议所约定的争议提交约定的仲裁机构进行审理，并由其做出有约束力的仲裁裁决的一种争议解决方式。

经济仲裁文书是根据《中华人民共和国仲裁法》《中国国际经济贸易仲裁委员会仲裁规则》《中国海事仲裁委员会仲裁规则》等法律、法规、规则进行仲裁时使用的仲裁文书。

二、经济仲裁文书的特点

(一) 准确性

准确性就是指认定事实的准确性。在写作经济仲裁文书时，必须以案件的客观事实为根据，坚持实事求是，反对凭主观意志歪曲、篡改案件的客观事实。

(二) 严肃性

严肃性是指适应法律的严肃性。经济仲裁文书从制作到使用都必须依法办事，它不仅要真实地反映适用法律处理案件的实体问题，也应反映是否正确执行了程序法。经济仲裁文书一经形成，将产生法律效力和法律意义，既代表国家强制力，又关系到当事人的法律地位和诉讼权利。

（三）专业性

在市场经济中，生产、流通的各个环节都具有各自的特点，因此，写作经济仲裁文书时，必须具备一些相关专业方面的知识，了解各个环节的具体特征，从而准确地把握经济仲裁中的焦点，做出正确判断。

（四）规范性

要求文书格式规范，要求内容事项齐全，必须根据有关法律的规定，不能凭主观想象判断是非曲直，甚至有意歪曲事实真相。

三、经济仲裁文书的种类

（一）仲裁申请和受理过程中使用的文书

1. 经济仲裁协议书

它是当事人之间订立的同意将争议提交仲裁的书面协议。

2. 经济仲裁申请书

它是指经济纠纷当事人为维护自己的合法权益，根据仲裁协议，向仲裁机关提出解决经济实体权利争议的文书。

3. 经济仲裁答辩书

它是指被申请人为维护自己的合法权益，就申请人在仲裁申请书中所提出的问题和要求，据理向该仲裁机构做出有针对性答复和辩解的文书。

4. 经济仲裁反诉书

它是指被诉人在仲裁协议的范围内对申诉人提出反要求时所制作的文书。

（二）仲裁庭的组成过程中使用的文书

1. 和解协议书

它是指一方当事人申请仲裁后，双方经平等协商，互让互谅，自愿达成的解决纠纷而终结仲裁程序的协议。

2. 撤案决定书

它是指仲裁机构对受理的案件，根据当事人申请准予撤诉而做出的决定书。

3. 仲裁调解书

它是指仲裁机构制作的、记载调解争议结果的法律文书。

4. 仲裁裁决书

它是指仲裁庭根据仲裁规则对争议事项做出审理终结的法律文书。

此外，还有法定代表人证明书、授权委托书、选定仲裁员通知书、仲裁庭组成通知书、撤诉决定书、保全证据申请书、财产保全申请书等。

四、经济仲裁申请书

(一)经济仲裁申请书的概念

经济仲裁申请书，是指经济纠纷当事人为维护自己的合法权益，根据仲裁协议，向仲裁机关提出解决经济实体权利争议的文书。

根据《仲裁法》的规定，当事人申请仲裁应当符合下列条件：有仲裁协议；有具体的仲裁请求、事实和理由；属于仲裁委员会的受理范围。

当事人申请仲裁，应向仲裁委员会递交仲裁协议、仲裁申请书及其副本。

(二)经济仲裁申请书的作用

仲裁申请书的作用主要表现在三个方面：第一，可能引起仲裁程序的开始；第二，是仲裁机构受理案件的依据；第三，是申诉人用它来维护自身合法权益的保证。

(三)经济仲裁申请书的结构

根据《仲裁法》的规定，经济仲裁申请书应当写明下列事项：

1. 首部

首部由标题和当事人双方基本情况两部分组成。

(1) 标题。直接写“经济仲裁申请书”，字体比正文大一些。

(2) 当事人基本情况。即申请人与被申请人的基本情况。公民，就写姓名、性别、年龄、民族、籍贯（国籍）、职业、住址等；法人或者其他组织，写其名称、住址、电话，同时要写法定代表人或主要负责人的姓名、职务。有委托代理人的，还需要写明代理人。具体顺序是先写申诉人，后写被申诉人。

2. 正文

正文由案由、仲裁请求、申请的事实和理由三部分组成。

(1) 案由就是申请的事项和理由。要写明提请仲裁纠纷的实质，具体包括合同签订的时间、编号、内容以及争议内容等。

(2) 仲裁请求就是仲裁人申请仲裁的目的。要明确具体地写明要求仲裁解决的具体问题，一般分条列项写，如要求解除合同、退货还款、赔偿损失等，所提要求必须以事实为依据，不提无理要求。

(3) 申请的事实和理由。事实是仲裁申请书的重点，是仲裁请求得以提出的依据，是取得仲裁请求的关键。写事实，要能反映纠纷的基本情况，包括争议的经过、争议的焦点、证据及其来源、法律依据等内容，要做到主次分明、详略得当、条理清楚。理由就是对事实和证据的综合分析并援引法律，是仲裁申请书的核心。理由的阐释要求简洁明了，要以事实为基础，去揭露对方行为的违法性和对自己造成的损害，再援引相关法律进行对照，论证仲裁请求的合法性和正确性，在写法上以立论为主，叙议结合。

3. 尾部

尾部由致送仲裁机构名称、申诉人签名盖章、日期、附项四部分组成。其中，年月日要写全。附项由申请书副本的份数、证据、名称和数量组成。

（四）经济仲裁申请书的写作要求

1. 要以事实为主，突出焦点

写作经济仲裁申请书时，要抓住被申诉人的违约事实和双方争议的焦点。

2. 要有充分的证据

陈述事实时，应列明依据，做到具体明确，举证有力，尤其是与争议有关的条款一定要写清楚。援引法律的，法律应该准确。

3. 语言准确、朴实、坚定

为维护自己的合法权益和让对方履行义务，必须准确地表达纠纷的起因及经过，态度必须坚决。提出的要求必须合理、合法。文字要简练，语言要中肯，不得有激化矛盾或侮辱人格的文字。

五、经济仲裁答辩书

（一）经济仲裁答辩书的概念

经济仲裁答辩书是被申请人为维护自己的合法权益，就申请人在仲裁申请书中所提出的问题和要求，据理向该仲裁机构做出有针对性答复和辩解的文书。

（二）经济仲裁答辩书的意义

提交经济仲裁答辩书是被申请人的一项权利。根据《仲裁法》《国际经济贸易法》和《海事仲裁法》的规定，被申请人放弃提交书面答辩不影响仲裁程序的进行，也不导致默认仲裁请求的后果。

（三）经济仲裁答辩书的结构

经济仲裁答辩书由首部、正文、尾部三部分组成。

1. 首部

首部由标题和答辩人的基本情况两部分组成。

（1）标题点明仲裁文书的性质，写明“经济仲裁答辩书”，字体比正文大一些。

（2）答辩人的基本情况写明当事人的基本情况，包括答辩人和申请人的基本情况、代理人的基本情况。写法同经济仲裁申请书当事人的基本情况一致。

2. 正文

正文由案由、答辩意见和答辩事实、理由组成。

（1）案由和答辩意见要写明对何人提出的仲裁案件进行答辩，并要针对申请人提出的仲裁请求明确表明自己的观点，提出自己的意见。

（2）答辩的事实和理由部分，被申请人要针对申请书的内容，应提出更有说服力的事实和证据，做出更细致的辩驳。

3. 尾部

尾部由致送仲裁机构名称、答辩人签名盖章、日期、附项四部分组成。

(1) 致送仲裁机构名称。就是受理此争议的仲裁机构名称。在正文下一行，前面空两格写，第二行左起顶格写法院名称。

(2) 答辩人签名、盖章。

(3) 日期。年月日要写全。

(4) 附项。说明答辩书副本的份数、证据名称及数量。

(四) 经济仲裁答辩书的写作要求

1. 要有针对性

要依据案件的具体内容，有针对地反驳对方的具体主张，也可从程序方面提出程序的问题。

2. 了解真相，分清责任

撰写仲裁答辩书之前必须认真研读申请人的仲裁申请书、买卖双方所签订的合同和有关这个案件的来往函电，特别要分析研究申请人提出关于违约的有关条文，以了解真相，分清是非责任。

3. 语言朴实、坚决

答辩书的语言要有论辩色彩，注意确立自己的观点，推翻对方的论点，如果争议问题责任在于双方，要表明自己的诚意，措词用语要注意委婉得体。适当让步，以退为进，往往会起到更好的效果。

[例文 14—1]

经济纠纷起诉状

原告：佳酿果酒厂

地址：××市玉泉街 36 号

法定代表人：李××，佳酿果酒厂副厂长，52 岁，汉族，×市人，副厂长，现住××市×街×号。

联系电话：×××××××

被告：大桥公社酿造厂

地址：××市××区大桥公社

法定代表人：刘××，大桥公社酿造厂厂长，58 岁，汉族，×市人，厂长，现住××市××区大桥公社。

联系电话：×××××××

案由：商标权纠纷

请求事项：

(1) 赔偿经济损失 9 万元人民币。

(2) 支付本案诉讼费用。

事实与理由：原告所产青梅酒系国内名酒，曾获 20××年国内果酒评比第三名，受商业部嘉奖。20××年 3 月 5 日，在省专卖公司给我厂青梅酒颁发“优质产品”奖状时，省外贸局为适应出口需要，为青梅酒设计了新的商标式样（见书证一），经××市工商行政管理局注册后，于同年4月1日正式使用。而原来的商标（见书证二）并未注销作废，只是暂停使用。而被告为了追求非法利润，竟仿制原告青梅酒老商标，将其生产的劣质果酒冒充我厂的青梅酒大肆倾销。6个月来，已销售5万余千克，获利5万余元，严重败坏了我厂青梅酒的信誉，并使我厂在此期间青梅酒的国内销量锐减9万千克，损失9万元（见书证三：原告去年生产、销售情况统计报表；书证四：被告去年生产、销售情况统计报表。以上两件原件存省专卖公司业务处）。根据《商标法》的规定，被告的上述行为已严重侵犯原告权益，损害原告信誉，给原告造成了直接的经济损失。

据上所述，请求法院判令被告立即终止上述侵权行为，赔偿已给我厂造成的直接损失9万元人民币，并支付本案诉讼费用。

此致

××市人民法院

具状人：佳酿果酒厂代表人　李××

（公章）　　（私章）

××××年九月六日

附：

1. 本状副本2份。
2. 书证4份。
3. 证物4件。

简 析

这是以商标权受到侵犯而请求解决损害赔偿为内容的经济纠纷起诉状。事实与理由部分表述明确，具体地陈述了被告侵犯商标权的经过，分析了性质，指明了后果和被告应承担的责任，同时举出了可以证明案情事实的各种证据，用语简明、平实。

[例文14—2]

经济纠纷上诉状

上诉人（原审原告）：王××，女，30岁，汉族，奇县人，系×局干部，现住×县×街×号

被上诉人（原被告）：××县劳动服务公司

法定代表人：陈×，男，42岁，汉族，奇县人，系××县劳动服务公司经理现住×县×街×号

联系电话：×××××××

上诉人因索还借款一案不服××县人民法院〔20××〕民字第××号民事判决，现提出上诉。

上诉理由和请求如下：

原判认为：被告所借原告现款人民币5 000元应如数归还，但就有关逾期由被告偿付原告违约金问题，当时原告和被告双方私下订立，不合法律程序，也不具有法律效力。

故只清还本金，不付月息。

上诉人认为，原判决裁定不付月息是不正确的。尽管上诉人与被上诉人订立的《借款协议书》没有通过有关部门，但根据我国《民法通则》的规定，当事人双方享受权利和履行义务的自觉自愿、公正平等原则，被上诉人在《借款协议书》中承认偿付月息，而有条文规定，也是自愿的。这就是说，上诉人与被上诉人订立《借款协议书》是有法律依据的，也是符合法律有关规定的，再者说，裁定案件应“以事实为根据，以法律为准绳”，偿付月息并非上诉人本人强加于被上诉人的，而是被上诉人自愿的，这是事实。原审以不合法律程序为由，判决不付给上诉人月息，未免武断。为维护上诉人权益，请求二审人民法院撤销原判，重新审理此案，并要求被上诉人限期归还本金和利息。

此致

××市中级人民法院

上诉人：王××（章）

二〇××年×月×日

附：

1. 本状副本2份。

2. 借款协议书1份。

简 析

这是因为索还借款一案，不服一审法院判决而制作的上诉状。该上诉状请求明确、具体。上诉理由针对一审法院“只偿还本金，不偿付月息”的判决，抓住其认定事实上的不当之处，采用摆事实，讲道理的方法，据理反驳，层次清晰，语言简明、平实。

[例文14—3]

经济纠纷申诉状

申诉人：李辉，男，68岁，汉族，××市人，××市××工具厂退休干部

住所：××市××区××胡同11号

申诉人李辉对××市××区人民法院××××年×月×日〔××××〕××判字第3号判决书不服，提出申诉。

请求事项：

撤销××市××区人民法院〔××××〕××判字第3号民事判决书，予以再审。

事实和理由：

申诉人诉被申诉人及第三人继承房屋代管一案，已经××市××区人民法院审理终结，现有〔××××〕××判字第3号民事判决书在案。申诉人认为，该判决不符合法定程序，现依据《中华人民共和国民事诉讼法》第178条的规定提出申诉。申诉事实和理由如下：

1. 原判主文称："……北房从东起第二、三、四间由李冀、李征继承。考虑李冀、李征暂不能居住，该三间房暂由原告李辉代管第四间，被告李驹代管第三间，第三人李御代管第二间……"此节与程序不符，第三人李冀、李征虽在台湾，但多次来信声明委托申诉人代管其二人继承的房屋，而与李驹、李御并没有委托关系。李冀、李征的几次来函申诉人已面呈法庭。但原判不顾上述事实，做出违背第三人李冀、李征意愿之判决，显属不当。

2. 根据《中华人民共和国民法通则》第63条的规定，委托代理是一种民事法律行为。理应受到法律保护。第三人李冀、李征委托申诉人代管其继承之房屋，意思表示明确，且手续完备。原判令李驹、李御代管房屋是违背在台湾的第三人意愿的，故属于程序不符。

综上所述，根据《中华人民共和国合同法》第399条的规定，受托人应当按照委托人的指示处理委托事务。因此，申诉人诉请贵院依法撤销原判，予以再审，以维护法律的严肃性。

此致

××市××区人民法院

申诉人：李辉（签名）

××××年九月二十日

附件：

1. 本状副本1份。

2. 书证3份。

资料来源：刘康乐：《财政应用文写作》，北京，中国财政经济出版社，2002。有改动。

简 析

因为此案涉及台湾同胞的继承财产权益纠纷，所以这是一份涉外经济纠纷申诉书。该文书有以下几个方面值得借鉴：

（1）文书结构完整，格式规范。

（2）抓住原审判决违反法定程序这一关键性问题，运用证据和相关法律进行反驳，有理有据，针对性强，反驳有力。事实和理由是申诉书的核心部分，也是能否引起审判监督程序的重要依据。申诉人先摆出原审判程序不符的具体内容，后摆客观真实情况，使二者形成鲜明对照，谁是谁非，一目了然。在此基础上，直截了当地提出批评意见："原判不顾上述事实，做出违背第三人李冀、李征意愿之判决，显属不当"。随之提出诉讼请求，合情合理。

（3）语言简练，语气肯定，诉讼请求明确具体，不含糊其辞，且能以事实为依据，以法律为准绳，话虽不多，但颇具说服力。

[例文14—4]

经济纠纷答辩状

答辩人：××市烟酒公司

法定代表人：贾××，男，48岁，汉族，××省××县人，经理，现住×市×街×号。

联系电话：×××××××

答辩人于20××年×月×日收到××人民法院送达的××地区茶叶加工厂所诉的拒付茶叶加工费一案经济纠纷起诉状副本一份，现答辩如下：

一、关于我公司拒付茶叶加工费41 300.00元的问题。

我公司于200×年×月×日收到××地区茶叶加工厂发来的由绿茶加工的茉莉花茶123 316千克。我公司在对加工了的茉莉花茶验收时，发现茶叶中含水分过大，香味不够，茶质与样品不符，即与加工厂方联系，厂方两次来人验看，都以双方均未封存样品为由，不予承认。为此，我方曾请××市工商行政管理局裁决，由工商局派出的首席仲裁员郝××、仲裁员李××、王××组成仲裁小组进行审理。由工商局主持双方参加共同取样，感官检验，先由双方确认等级，然后依样对比鉴定，得出结论是花茶含水分过大，香味不够。等级质量二级茶基本符合样品。三、四级含梗和片沫均多于样品。结论为绿茶加工茉莉花茶不符合合同规定的等级质量标准，不能视为合格品。

根据《工业产品质量责任条例》第二条的规定：……根据该条例第十一条第三项的规定：……据此，我们坚决要求将这批加工不合格的花茶退回厂方，重新加工直至合格为止，并要求被答辩人（原告）赔偿因此而造成的经济损失人民币××××元。

二、关于茶叶霉变、除霉费用的承担问题

10 408千克花茶，在短短的两个多月时间内即发生霉变，充分说明这批茶叶加工后所含水分较大，否则是不会霉变得如此迅速的，这恰恰证明了责任在被答辩（原告）一方。按除霉加工费用每千克0.50元计算，共合人民币5 240.00元，这笔费用理应由被答辩（原告）一方负责。

据此，我方要求人民法院合理裁定。

此致

××人民法院

答辩人：××市烟酒公司　贾××

（公章）（私章）

××××年×月×日

附：

1. 本状副本2份。

2. 证明书3份。

资料来源：陈子典：《当代经济写作》，广州，中山大学出版社，2002。

简析

这是一份针对原告起诉的经济合同纠纷案而制作的一审程序的答辩状。答辩针对起诉提出的关于拒付加工费等问题，抓住了关键，澄清了是非，明确了责任。本文条理清晰，具有较强的针对性和说理性。

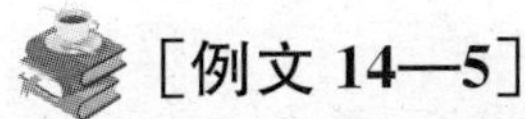

[例文 14—5]

经济仲裁申请书

申诉人：××大理石机械厂

地址：××省××市××路××号

邮编：××××××

电话：×××××××××

法定代表人：詹××，厂长，男，40岁，汉族，×省×市人，现住×省×市×路×号

委托代理人：陈××，××市第三律师事务所律师

被诉人：××花岗石厂

地址：××省××县茂芝乡坑唇村

邮编：××××××

电话：×××××××××

法定代表人：刘××，厂长，男，44岁，汉族，×省×县人，现住×省×县×乡×村

案由：工矿产品购销合同拖欠货款纠纷。

请求事项：

一、付拖欠货款××××万元。

二、偿付延期付款违约金××万元。

申请理由：

20××年×月×日，我厂与××花岗石厂签订工矿产品购销合同，规定：我厂于20××年×月×日前供给花岗石厂TQ1800型锯石机4台，每台单价8.2万元，总计货款32.8万元；我厂代办托运和负责安装技术指导，并对机器保修一年。花岗石厂付定金4万元，收货后，20××年年底付货款××万元。20××年×月×日汇给我厂定金4万元，运费1万元，我厂依合同规定于×月×日将4台锯石机运给花岗石厂。该厂收货后，自行安装，并于同年×月×日试车生产。×月×日给我厂货款××万元，尚欠××万元。我厂多次函电要求该厂付清拖欠货款，该厂却提出了推迟付款的回复，我厂未予同意，仍要求该按约履行。20××年×月×日，花岗石厂致函我厂，要求对该锯石机进行全面检查，如达不到使用要求则退货、退款、赔偿经济损失，并拒付所欠××万元。我厂派人前往该厂协商，该厂仍坚持己见，是完全没有理由的：

一、合同规定锯石机由我厂负责安装和技术指导，花岗石厂违反合同规定擅自安装、投产，对造成设备不能正常运转的后果应当自负，何况我厂在合同约定保修期内，派人员到该厂对锯石机设备进行了维修，保障了运转正常。

二、我国法规明确规定了收货方对供货方所供产品质量提出异议的法定期限。《工矿产品购销合同条例》第十五条第三项规定："对某些必须安装运转后才能发现内在质量缺陷的产品，除另有规定或当事人另行商定提出异议的期限外，一般从运转之日起6个月以内提出异议。"该条第五项规定："如果需方未按规定期限提出异议的，视为所交产品符合合同规定。"合同规定由我厂对锯石机保修一年，但该厂未在机器运转后的一年内即20××年×月×日前提出任何书面异议，而是在机器运转后两年零一个月才提出，则本厂产品质量有问题的理由不能成立。

现依据我方与××花岗石厂仲裁协议向贵会申请仲裁。

此致

××省××县经济合同仲裁委员会

××大理石机械厂（公章）

法定代表人：詹××（签字）

20××年×月×日

附：

1. 本状副本2份。

2. 书证3份。

简 析

这是一篇经济仲裁申请书，以事实为基础，抓住双方分歧的焦点，有理有据地进行辩驳，援引法律条文十分明确，语言准确、中肯。

[例文 14—6]

经济仲裁答辩书

答辩人：××达利贸易公司

地址：长沙市××路××号

法定代表人：潘××，总经理，男，45岁，汉族，长沙市人，现住长沙市×路×号

委托代理人：安××，本公司机电商场经理，联系电话：×××××××

委托代理人：刘××，湖南省第×律师事务所律师，联系电话：×××××××

案由：因申诉人浙江省××县石油设备厂诉我公司拒付加油机货款一案，提出答辩意见如下：

一、合同未成立，拒付货款有理。

二、仓储费只能由设备厂承担。

理由如下：

一、申诉人认为该厂向社会发出的加油机广告是一种要约，而我公司的要货电报是一种承诺，至此双方合同即已成立。这种说法不能成立。

(1) 看本案的主要事实。20××年×月×日，我公司从×月×日××报广告得知申诉人×县石油设备厂有防爆BC—1型自动控制计量加油机现货供应，并代办运输。我公司于当月15日发电报给该厂，同意报上登载的条件，要求接电后即以快件发运3台加油机到长沙北站。10月18日，设备厂回电："加油机有现货，快件不能发，只能发慢件，请回电。"在我公司未回电情况下，设备厂以慢件向我公司发来加油机3台，随即办理托收。12月20日，货才到长沙北站，我公司拒收货物，也拒付货款。

(2) 看合同成立的程序。《经济合同法》第九条规定："当事人双方依法就经济合同的主要条款经过协商一致，经济合同就成立。""协商一致"是指当事人双方意思表示一致。在法律上，就把这种意思表示为要约和承诺的程序。签订经济合同必须经过要约和承诺两个阶段。要约是当事人一方以缔结合同为目的而向对方提出的意思表示，提出的一方，称为要约人。要约必须包括合同成立所具备的主要条款，一般向特定的对方提出。承诺，是指接受要约的一方，对要约人提出的签订经济合同的内容表示完全同意的一种表示。接受要约的一方叫做承诺人。所谓完全同意，是指承诺人对要约人提出的各项条款有附带任何条件表示赞同。

(3) 从本案的事实和合同成立程序结合看，本案涉及的设备厂向社会发出的有加油机供货的广告没有特定的对象，因此只能视为要约人的一种引诱，其本身不具备要约的条件。我们公司见广告后，向设备厂发出要货电报，这是我公司的要约行为。退一步说，核定该厂发出的广告为要约，而我公司复电提出附加"必须发快件"，这也只能是新要约。所以说，认为我公司要货的电报属于承诺是没有根据的。没有承诺，当然合同也就不成立。

二、申诉人又提出在设备厂改变运输要求的新约后，我公司没有根据该厂要求予以答复，对此应视为默认该厂要求，为此拒付货款应承担违约责任。这种说法也不能成立。

如前所述，我公司向该厂发出要约行为，而该厂及时回电，提出"快件不能发，只能发慢件"，显而易见，这不是表示完全同意的意思表示，则是设备厂新的要约。我公司对 10 月 18 日设备厂来电不作答复，正说明了我公司对其新的要约没有做出承诺，而绝非我公司默认设备厂的要求，因此默认必须符合法律规定的要件。由于这宗买卖合同未能依法成立，当然我公司就没有权利收货，也没有义务付款。

三、由于合同并未成立，申诉人要求我公司承担加油机在车站的仓储费，也是无理要求。

还要说明一点，我公司之所以要求该厂用快件发货，是因为我公司与某单位口头约定供应加油机，时间为 20 天内交货。设备厂如用慢件发货，势必影响我公司的利益，这就是我公司对设备厂新要约不作承诺的主因。

此致

长沙市区经济合同仲裁委员会

答辩人：××达利贸易公司（公章）

法定代表人：潘××（签字）

20××年×月×日

附：

1. 本状副本 2 份。

2. 书证 3 份。

简 析

本文是一篇经济纠纷仲裁答辩书。该答辩书能针对申请人的仲裁申请书、买卖双方签订合同的经过、有关这个案件的往来函电，详细分析研究申请人提出关于违约的申请要求，全面介绍真相，分清是非责任，援引法律条文进行充分的说理。全文语言朴实、坚决。

综合训练

一、简答题

1. 什么是经济诉讼文书？它可以分为几类？
2. 经济诉讼文书的写作包括哪些内容？
3. 经济诉讼起诉状、答辩状的写作要求是什么？
4. 经济纠纷申诉状和经济纠纷上诉状的区别是什么？
5. 什么是经济仲裁？经济仲裁的基本原则是什么？
6. 经济仲裁申请书的写作要求是什么？
7. 经济仲裁答辩书的写作要求是什么？
8. 阅读［例文14—4］，具体说明答辩人是怎样据理辩驳申请人的。

二、瑕疵文案

1. 找出下面这份经济纠纷起诉状存在的问题，并进行修改。

经济纠纷起诉状

原告：赵××，男，××岁，×族，××省××县人，××县××乡生产队鸡专业户，住××县××乡××生产队

被告：钱××，男，××岁，×族，××省××县人，××县××乡生产队队长，住××县××乡××生产队

请求事项：要求被告付清鸡款，保证合同继续生效。

事实和理由：

我是一个养鸡专业户。去年春天，我看到生产队饲养棚空关着，就要求租借来养鸡。经协商，我和队长钱××订立了一份为期三年的合同，租用队里的饲养棚，每年付九百元租金。随后，我投资整修，添置设备，养了5 000多只鸡。后来我们队里开了个小厂，不断有人联系业务，队里请客招待，上门送礼都要来我这里捉鸡。我要他们付钱，队里要我先记账，以后一道算。半年多时间，被捉走鸡70多只，每只都在三公斤以上。年终分配时，我提出用被捉的鸡抵租金，队里却说，原来订的租金太低，群众有意见，要增加四百元，这70多只鸡就算抵增加部分，九百元租金还要照付。我不答应，他们就要解除合同，收回饲养棚。我找大队，大队长和稀泥，说我反正收入多，这70多只鸡就不要再计较了。整修饲养棚我花了一千元，我怕队里收回饲养棚，一千元投资就泡汤了，只好违心接受。队里不按合同办事，捉鸡不付钱，侵犯专业户合法权益，是违法行为。根据《经济合同法》第六条的规定：“经济合同依法成立，即具有法律约束力，当事

人必须全面履行合同规定的义务，任何一方不得擅自变更或解除合同。”为此提出起诉，请求法院裁决，责令被告如数付清鸡款，保证合同继续生效，使我安心发展养鸡生产。

此致

××县人民法院

原告：赵××（签名）

二零××年×月×日

附件：

1. 合同抄本1份。

2. 捉鸡清单1份。

2. 指出下面材料存在的问题，并进行修改。

申请人：北京××家具有限公司　　地址：北京市××县××乡

仲裁请求：

1. 被申请人返还申请人货款60万美元。

2. 被申请人承担仲裁全部费用。

事实和理由：

××××年7月，申请人与被申请人订立“家具生产机械设备购销合同”，约定被申请人于20××年12月31日前供给申请人该国产木制家具生产设备一套，申请人分别于同年7月31日之前和收到设备之日支付被申请人该套设备款的60%和40%，共计130万美元。此后，双方各自分别履行了上述约定。

20××年1月，申请人在对上述设备安装调试中得知，该套生产设备的国际公平市场价格只有30余万美元，远远低于被申请人在订立合同时的报价，所以要求被申请人退回多付的款项。为此，请依法仲裁。

此致

中国国际经济贸易仲裁委员会

申请人：北京××家具有限公司

××××年六月二十一日

三、写作训练

1. 根据下面这份加工承揽合同纠纷案例，写经济纠纷起诉状和答辩状各一份。

原告：上海市××科技开发部

被告：芜湖市傻子瓜子公司

20××年12月初，科技开发部与傻子瓜子公司签订了为傻子瓜子公司加工定做400万只塑料包装袋的合同，交货期限为20××年1月15日。但到翌年1月10日止，傻子瓜子公司先后三次要求更改塑料袋上牟广九头像图重要标记，并答应负担改制的费用和推迟交货期限。

20××年1月23日至3月5日，科技开发部分七批将加工定做的400万只塑料包装袋全部交付傻子瓜子公司。当科技开发部要求付款时，傻子瓜子公司拒绝付款，理由是：该合同未经公司经理牟广九签字，塑料袋质量差，延误交货期限。

科技开发部多次派人去芜湖找牟广九协商、催款，均被一一回绝。科技开发部无奈，向上海市静安区人民法院起诉，状告傻子瓜子公司，要求支付拖欠的12万元欠款，并承担延期付款违约金1 100元。

在科技开发部每次交货时，傻子瓜子公司都做过抽样验收，并未提出异议，大部分的塑料袋已使用并投入市场，经上海市印刷技术研究所对塑料袋进行质量鉴定，也认为质量合格。至于交货期限，纯系傻子瓜子公司在一个月内三次变更合同内容所引起，科技开发部不负责任。

2. 根据下面的材料，写一份经济仲裁申请书。

深虹集团公司与自贡塑料总厂签订了一份工矿产品购销合同。合同规定，深虹集团公司购买自贡塑料总厂生产的DTSF-550型复合机组等四台设备，总金额387万元，定金80万元，供货时间从收到需方定金90天发货，货到，且无质量问题，付清所有货款。如有纠纷，由合同签订地仲裁机构仲裁解决。

但深虹集团公司付款100天后，仍未收到任何机械设备，虽经多次联系，也没有任何结果，故深虹集团公司要求仲裁。请求依法判令自贡塑料总厂双倍返还定金及其他经济损失，并承担仲裁受理费、律师费等。

相关链接

经济纠纷申诉和经济纠纷上诉的区别

二者都是在对原审判决或裁定不服的情况下所做的一种诉讼行为，但是，它们有着根本区别，具体表现在：

1. 范围不同

申诉的范围不仅包括已经发生法律效力的一审判决或裁定，还包括二审的终审判决或裁定，甚至包括正在执行或已经执行完毕的判决或裁定；而上诉则只限于尚未发生法律效力的一审判决或裁定。

2. 时限不同

申诉无时限规定，只要在判决或裁定已经发生法律效力之后，无论什么时间均可提出申诉。而上诉则有时限规定。按照《民事诉讼法》的规定，对判决提起上诉的期限为十五天；对裁定提出上诉的期限为十日。上诉期限在当事人接到一审判决或裁定书的第二日起开始计算。

3. 条件不同

申诉的提出能否引起第二次审判监督程序的发生需要满足一定的条件，那就是对原审的判决或裁定，经法院审查确定有错误或有不当之处的，其申诉法院才予以受理，并可以引起第二次审判监督程序的发生，否则，法院将不予受理；而上诉只要在法定期限内，上诉人对原审判决或裁定不服而提起上诉，那么无论理由是否正确，法院都应受理，在这一点上是无条件的。

第十五章

策划书

第一节　策划书概述

一、策划书的概念

根据已经掌握的相关信息，推测判断事物发展的趋势，分析需要解决的问题和主客观条件，在行动之前，对指导思想、目标、对象、方针、政策、战略、途径、步骤、人员安排、时空利用、经费开支、方式方法等做出构思和设计，并形成系统、完整的方案，就叫做策划。由此形成的书面文件，便称为策划书或策划案，也称企划书、策划方案等。

策划书属于计划类文书，它包括计划类文书的基本构成，即指导思想、基本情况、目标任务、步骤措施等。但其各部分形式与内容与一般的计划有着明显的不同，策划书有其明显的专业性。

二、策划书的特点

（一）创意性

创意是专题活动成败的关键。创意是组织者根据调查结论、社会组织形象特性和公众需求所进行的一种创造性思维活动，它是整个活动策划中的画龙点睛之笔。一个富有创意的策划能够吸引和感染公众，能够使专题活动取得良好的效果，达到预期的目的。

（二）可行性

创意再好也必须落实到行动中才能实现。策划方案就是专题活动的具体行动计划，是在实际调研、综合考虑客观条件后形成的，应当具有可行性和可操作性。

（三）严密性

专题活动的策划涉及的人员较多，内容繁杂，任何一个环节的疏漏都会影响活动的效果甚至出现重大的失误，所以必须仔细斟酌，严格把关，做到环环相扣。

三、策划书的作用

在现代社会中，尤其在市场经济活动中，策划是公司或企业在短期内提高销售额、提高市场占有率的有效行为。一份创意突出、具有良好的可执行性和可操作性的活动策划书，无论是对于企业的知名度，还是对品牌的美誉度，都将起到积极的作用。

（一）策划是实践活动取得成功的保证

"凡事预则立，不预则废"。预，是指预备、准备、策划。策划的过程，就是认识、分析客观现实，发挥人的主观能动性的过程。建立在科学基础上的策划，能使人的主观意志更加符合客观现实，同时，为人们的行动提供一个指南和纲领，使人们的行动不再是盲目的、紊乱的，而是有计划、有步骤、有方法的。策划提供的纲领能指引人们的实践行为，使人们从成功走向成功。

（二）策划可以增强竞争力

在策划过程中，人们要对事物的发展趋势、自身的主观条件等进行分析，明确自己的努力方向和目标。策划既要符合客观实际，又要有所创新，对各种不利因素进行回避和克服，对各种有利因素、有利资源进行优化组合，使这些因素、资源发挥更大的效用，从而增强自身的竞争力。

（三）策划可以改善管理

一个好的策划，对改善内部管理起着积极的作用。策划的过程，是发现问题、寻找对策的过程，行动目标、战略、策略、途径、方法等都在这一过程中被提了出来，这些对加强和改善内部管理是很有帮助的。

四、策划书的种类

策划书按不同的标准，可分为不同的种类。按性质的不同，策划书可分为政治策划书、文化策划书、军事策划书、企业策划书等；按内容的不同，策划书可分为市场策划书、专题策划书等。

第二节 专题策划书的写作

一、专题策划书的概念

专题策划书是指针对某项即将开展的专题性活动，为了实现一定的公关目的所制订的具有创意性、可行性的行动计划的文字载体，也称企划书、策划文案等。

二、专题策划书的结构

（一）封面

篇幅较长的专题策划书大多独立设置封面页，一般包括以下内容：策划书的名称，即标题；策划者的名称；完成日期等。篇幅较短的策划书则可以不独立设置封面，将上述信息直接放到正文前作为文头部分即可。除标题外的其他信息也可以放在正文结束之后的右下方。

标题一般有以下几种形式：

（1）组织名称＋活动名称或主要内容＋文种名称，如“××公司成立十周年暨××俱乐部启动仪式活动策划方案”。

（2）活动名称或主要内容＋文种名称，如“爱心捐助活动策划书”。

（3）正标题＋副标题。正标题一般点明活动的主题，副标题一般标示组织名称、活动名称或主要内容、文种名称等，如“生命呼唤绿色——××药业股份有限公司环保宣传活动策划方案”。

（二）正文

正文一般由前言、主题说明、目标说明、宣传媒介、经费预算、应急措施等几部分内容构成。

1. 前言

前言多用于介绍策划的背景资料，如活动基本情况、主要执行对象、近期状况、组织部门、活动开展原因、社会影响、相关的目的及问题的社会环境特征等。

2. 主题说明

主题说明是指用简洁的语言概括活动的创意内容。主题是整个策划的灵魂，是对活动内容的高度概括，统领着整个活动，连接着各个项目及步骤。活动的主题表现是多样的，既可以是一句口号，也可以是陈述式表白。主题设计必须贴近受众心理。

3. 目标说明

目标说明是指用简洁的语言表明本次活动要达到的目的或目标。目标是执行策划的动力，也为活动的评估提供参照。确立目标可以根据组织活动的具体情况选择，如将目标分成总目标与分目标等，还要考虑是否符合客观实际、是否符合活动对象需要等。

4. 活动计划

活动计划是对具体活动的指导，应当周密具体、便于操作，一般由活动的时间、地点、人员安排、活动方式、物品安排等内容构成。

(1) 时间。除了活动举办的具体时间，还包括活动策划的时机，如节假日、组织创办或企业开业之际、企业推出新产品或新服务项目之际、组织发展较快但声誉尚未形成之际、组织更名或与其他组织合并之际、组织在某些方面出现或遭到误解之际、富有价值的信息被捕捉之际等。

(2) 地点。活动地点的选择必须考虑公众分布情况、活动性质、活动经费以及可行性等因素，活动地点选择后，还需要对场地进行布置，在活动策划方案中可以酌情体现，可以为一个要素拟出几条原则性意见和设想，也可以进行较为详尽的说明，还可以另行撰写单独的设计方案并配上专门的设计效果图。

(3) 人员安排。要考虑和安排的人员主要有组织领导、名人明星、媒体记者、工作人员、礼仪人员，领导和嘉宾的信息要清楚，工作人员的分工要明确。

(4) 活动方式。根据活动的需要进行选择，也会因策划者的思路而不同，如节庆活动、新闻发布、赞助活动、展览展销、开放参观、比赛活动等。

(5) 物品安排。专题活动所使用的物品很多，这些物品除了实现其实体功能外，更是烘托活动气氛、宣传组织形象的工具和载体，必须予以合理安排。

(6) 活动程序。活动计划的表现形式要简洁明了，表述方面要力求详尽，列出每一点能够预想到的内容，尽量做到没有遗漏。除用文字表述外，可以适当加入统计图表等。

5. 宣传媒介

有些专题活动还需要借助媒体的配合和宣传，以获得最佳的活动效果，所以要选择有针对性、可行性和有效性的传播策略和宣传媒介，如新闻媒介、广告媒介及宣传单页或宣传手册等。

6. 经费预算

要事先估计可能需要的各种支出，如场地费用、物品费用、礼仪费用、保安费用、宣传费用、餐饮费用、劳务费用及不可预算的费用等。经费预算要合理、全面、留有余地。

7. 应急措施

内外环境的变化，将不可避免地给策划的执行带来不确定的因素，当环境变化时就要有相应的应对措施，这应当在策划书中加以说明。

有的策划方案正文前面设有目录，正文后面设有附件。

三、专题策划书的写作要求

(一) 主题要新颖、单一

专题活动要为广大公众接受，就必须选好主题。活动主题要新颖、富有独特性和个性，要有意义和吸引力。主题看似简单，但设计难度很大，它既要虚拟、拔高，又不能空洞、口号化，必须贴近受众心理。在策划活动的时候，首先要对实际情况做出准确的判断，结合要达到的目标，扬长避短地提取当前最合适的一个主题，而且也只能是一个主题。在一次活动中，不能做所有的事情，只有把一个最重要的信息传达给活动，正所谓“有所为，有所不为”，这才是“专题”活动，才能引起受众的关注，并且受众能比较容易地记住活动所要传达的信息，明白活动的意义。

（二）活动要集中、精简

很多策划书在策划活动时往往希望执行很多的活动项目，认为只有丰富多彩的活动内容才能够引起公众的注意，其实不然。

首先，这容易造成主次不分。很多活动搞得很活跃，似乎反响非常热烈，但是在围观或参与者中，有不少人是看完了热闹就走。其问题就在于活动的内容和主题不符，所以很难达到预期效果。在目前的策划活动中，有些活动既热闹，又能达到良好的效果，就是因为活动都是紧紧围绕主题进行的。

其次，这会提高活动成本，执行不力。在一次策划中，如果加入了太多活动，不仅要投入更多的人力、物力和财力，直接导致活动成本的增加，而且还有一个问题，就是容易导致工作人员执行不力，最终导致策划活动的失败。

因此，策划的活动内容要紧紧围绕主题进行，并且要尽量做到精简。

（三）策划要具体、可行

一个好的创意是否能成功执行，最关键和最根本的是策划书的可操作性。策划要做到具有良好的执行性，除了需要进行周密的思考外，详细的活动安排也是必不可少的。活动的时间和方式必须考虑执行地点和执行人员的情况，在具体安排上应该尽量周全。另外，还应该考虑环境如天气、民俗等的影响。

（四）写作风格要多样

一般来说，策划人员在策划书的写作过程中会积累自己的一套经验，这种经验也表现在策划书的写作形式上，所以每个人的策划书可能都会有自己的模式，但是往往这样的模式会限制策划者的思维。一个很好的主题，如果组织的相关活动与一般的活动内容和形式类似，就很可能会被认为缺乏创意和吸引力。

（五）言论切忌主观臆断

在策划书的写作过程中，应该避免主观想法，切忌出现主观类字眼，因为策划书没有付诸实施，任何结果都可能出现，策划者的主观臆断将直接导致执行者对事件和形势产生模糊的分析。不仅如此，策划书上出现的一些主观字眼，会使人觉得整个策划都没有经过实在的分析，只是主观臆断的结果。

［例文 15—1］

关于在国际志愿者日组织募书活动的策划书

志愿服务是一项高尚的事业。志愿者所体现和倡导的“奉献、友爱、互助、进步”

的精神，是中华民族助人为乐、扶贫济困的传统美德和雷锋精神的继承、创新和发展。中南大学信息物理工程学院青年志愿者协会准备在2005年国际志愿者日到来之际与海外中国教育基金会（Overseas China Education Foundation）合作，组织一次为贫困地区的中小学生捐助图书的活动。（附：海外中国教育基金会是一个助学组织，其宗旨是帮助中国贫困地区中小学生的义务教育，在中国的主要项目是为贫困地区的中小学募捐图书和建立图书室，其所有工作人员都是义工，不从海外中国教育基金会获得任何报酬。）

一、活动背景

1985年12月17日，联合国大会通过40/212号决议，确定每年12月5日作为国际志愿者日，其目的是为了在世界范围内弘扬志愿者精神，宣传志愿者在社会和经济发展中的作用。每年的这一天，世界各国都开展庆祝活动，以推动志愿者服务活动的开展。

二、活动目的

弘扬志愿者精神，为贫困地区中小学生的教育事业贡献一份力量。

三、活动简介

院青协计划于2005年12月5日左右举行一次大型的宣传活动，并借助此次宣传将募书活动持久开展下去（考虑到同学们手中适合中小学生阅读的书籍较少，我们计划将第一阶段的活动延续至下学期，以保证同学们能利用放假回家的机会带来一些合适的书籍；预计第一阶段活动将持续到2006年3月）。如果各方面条件成熟，可以考虑将此项募书活动作为信息物理工程学院青协的传统逐届开展下去。

四、活动地点及负责人

宣传活动地点：校本部饮食文化中心前、中南大学南校区七食堂前。

校本部负责人：戴××。

南校区负责人：吴××。

五、活动步骤

（一）前期准备

（1）活动申请。

（2）设计宣传板。OCEF组织有特制的宣传板报，可供直接使用。

（3）设计及复印海报和宣传单。可参考OCEF组织的特制海报和宣传单。

（4）在校园网BBS发表募书帖。借助网络对募书活动在网上进行积极宣传。

（5）大力开展本院的内部宣传。通知全院各班青协负责人务必在班级内做好宣传工作，让他们将此次活动的精神和意义详实地传达给班级每一位同学，争取在本院同学中募到更多书籍。

（6）制作书籍募集明细表，供集书负责人登记捐书者个人以及所捐书籍的详细信息。

（7）为捐书者准备小纪念品若干，如OCEF组织特制的书签等。

（二）活动实施

（1）12月4日前完成前期宣传工作，将海报贴在所有学生宿舍楼下及人流密集区（食堂、教学区和宣传栏）。

（2）12月4日（周日）组织大型的宣传活动。宣传板分别于南校区七食堂前、本部饮食文化中心前展出，志愿者派发宣传单，并向大家介绍本次活动具体流程及开展意义。

（3）确定固定的收书时间和收书地点，由专人负责收书和书籍信息登记工作，便于该活动的长期开展。

（4）书籍的托运工作。在募集到一定数量的图书之后，分类整理托运到 OCEF 组织的受助学校。

（三）注意事项

（1）海报尽可能持久地保留，避免被覆盖。

（2）南校与本部的协调。

（3）图书的管理和保存。

（4）由于活动规模较大，历经周期较长，所需人手较多，可考虑让 2004 级或 2005 级的一个班级来承办此次活动。

（5）在书籍质量上严格把关，以适合农村中小学生阅读为标准。如果收到一些不合要求的书籍，我们将作为旧书变卖，所得现金将购买适合的图书或者作为包装费用。

（6）关于图书托运，要事先找好运输公司。

（7）所有费用一律以发票作为报销凭证。

六、活动预算

活动各项费用预算如下：

（1）横幅：2 条，10 元/条。

（2）宣传板：2 块，70 元/块。

（3）海报：A3 纸张，80 份，0.15 元/份。

（4）宣传单：A4 纸张，1 000 份，0.07 元/份。

（5）书籍募集明细表：A4 纸张，70 份，0.05 元/份。

（6）纪念书签：200 份，由 OCEF 供给。

（7）书籍托运费用：铁路慢运，300 公斤，费用由 OCEF 供给。

合计：$10\times2+70\times2+0.15\times80+0.07\times1\,000+0.05\times70=245.50$（元）。

七、预计影响

（1）预计募书 500 本左右，为农村中小学提供可贵的精神食粮。

（2）弘扬志愿者精神，扩大了我院青协在全校的影响，达到“双赢”的效果。

第三节　市场营销策划书的写作

一、市场营销策划书的概念

市场营销策划书是指企业根据市场发展状况，对自身某一项目的营销思路进行整体规划，为企业营销行为提供周到的事前安排的文字载体，也称为策划文案。

营销策划在竞争激烈的市场环境下具有巨大的作用，它能够使企业更好地定位于市场，借助种种营销组合手段去占领市场；营销策划使未来的营销活动具有计划性，使其在操作上有条不紊；营销策划能够对费用的支出做最优化的组合安排，可以避免盲目活动造成的巨额浪费。好的营销策划甚至能够使企业绝处逢生，从劣势走向优势。

二、市场营销策划书的结构

（一）封面

篇幅较长的市场营销策划书大多独立设置封面页，一般包括以下内容：策划书的名称，即标题，多采用“事由（营销内容）＋文种名称”的形式，如“××手机××地区市场营销策划书”；被策划的客户名称；策划机构或策划人的名称；策划完成日期及本策划适用的时间段等。篇幅较短的策划书则可以不独立设置封面，将上述信息直接放在正文前作为文头部分即可。

（二）正文

正文一般由前言、当前营销环境分析、市场机会与问题分析、营销目标、具体营销方案、费用预算、方案调整等几部分内容构成。

1. 前言

前言一般简要概述基本情况，包括策划目的、背景材料、问题点与机会点、创意的关键等。

2. 当前营销环境分析

当前营销环境分析是指对同类产品市场状况、竞争状况及宏观环境要有一个清醒的认识，为制订相应的营销策略、采取正确的营销手段提供依据。具体包括：第一，当前市场状况及市场前景分析，包括产品的市场性、现实市场及潜在市场状况，当前市场状况即产品目前处于市场生命周期的哪一阶段，消费者的接受性及根据已掌握的资料分析产品市场发展前景；第二，产品市场影响因素分析，主要是对影响产品的不可控因素进行分析，如宏观环境、政治环境、居民经济条件、消费者收入水平、消费结构变化、消费心理等，对于受科技发展影响较大的产品还要考虑技术发展趋势的影响。

3. 市场机会与问题分析

这一分析包括以下方面：第一，目前营销问题分析，如企业知名度不高、企业形象不佳、产品质量不过关、产品功能不齐全、产品外在包装太差、产品价格定位不当、销售渠道不畅、促销方式不当、服务质量太差、售后保证缺乏等；第二，针对产品特点的优劣势分析，即从问题中找出劣势予以克服，从优势中找出机会进而发掘其市场潜力。分析各目标市场或消费群特点，对不同的消费需求尽量予以满足，抓住主要消费群作为营销重点。找出与竞争对手的差距，把握利用好市场机会。

4. 营销目标

营销目标即在策划目的任务基础上企业所要实现的具体目标，如总销售量、预计毛利、市场占有率等。

5. 具体营销方案

具体营销方案包括：第一，营销宗旨。一般是以强有力的广告宣传攻势顺利拓展市场，为产品准确定位，突出产品特色，采取差异化营销策略；以产品主要消费群体为营销重点，建立起广泛的销售渠道，不断拓宽销售区域等。第二，产品策略，即通过市场机会与问题分析，提出合理的产品营销策略与方案，包括产品定位、产品质量、产品品牌、产品服务等。第三，价格策略。如拉大批零差价，调动批发商、中间商积极性；给予适当数量折扣，鼓励多销；以成本为基础，以同类产品价格为参考，使产品价格更具竞争力。第四，销售渠道，即产品目前销售渠道状况如何，对销售渠道的拓展有何计划，包括制定刺激销售的优惠政策等。第五，广告宣传。针对产品定位、目标消费群、宣传主题等，选择报纸、杂志、广播、电视、网络、传单、户外广告等媒体，要注重树立产品形象和企业形象。第六，具体行动方案。即根据策划期内各时间段特点，推出各项细致、周密、操作性强的具体行动方案，同时考虑费用支出，尽量以较低的费用取得良好效果。

6. 费用预算

费用预算即整个营销方案推进过程中的费用投入，包括营销过程中的总费用、阶段费用、项目费用等，原则是以较少投入获得最优效果。

7. 方案调整

方案调整即对策划方案予以补充。在方案执行过程中，可能会出现与现实情况不相适应的地方，所以必须根据市场的反馈及时对方案进行调整。

三、市场营销策划书的写作要求

（一）要有逻辑性

策划的目的是为了解决企业营销中的问题，谋求更大的利润，所以编制营销策划书的过程就是提出问题、分析问题、解决问题的逻辑思维过程。

（二）要有操作性

营销策划是为营销行为提供周到的事前安排，用来指导具体的营销活动，所以必须在深入分析的基础上提出可行的、具有可操作性的对策。

（三）要有创新性

营销策划要做到创意新、内容新、表现手法新，这样才能够吸引客户的注意，进而带来销售利润，也因此才能够体现营销策划书的价值所在。

［例文 15—2］

JQZC 精英之夜

——JQZC 客户联谊会活动方案

一、活动目的

目前房地产市场竞争异常激烈，各开发商都使出浑身解数争夺客户资源，本项目也需要采用多种营销手段强化、优化项目形象，促进楼盘的销售，稳定、扩大客户群。通过活动可以有效地达到这一目的。

开盘 5 个月来，JQZC 已销售约 200 套，尚未与客户进行过大范围的联谊、沟通与交流。我们希望通过大型客户联谊活动，更广泛地面对签约的客户和对项目感兴趣的客户，体现开发商的雄厚实力及对客户的关心、体贴与尊重，利用已有客户资源扩大客户群。

下一阶段的销售工作有待推动，项目需进一步扩大知名度和美誉度。通过这次客户联谊，可体现开发商的优异形象，显示旺盛、热销的购买人气，营造火爆、热烈的购买气氛，强有力地为到场客户增添购买信心，增进开发商与客户的感情，从而树立开发商的良好社会公众形象，提升项目品位，进一步促进销售工作。

二、联谊会活动安排

（一）时间

取得销售证后，联谊会活动暂定为 10 月 14 日（星期日）16:00—19:00（秋天是北京最美的季节，适宜举办大型活动，客户参与的情绪会较为高涨，现场气氛也会更热烈。此时举办活动对销售也十分有益，有利于抓住售房时机。时间安排在周末晚上，主要考虑客户参加活动比较方便，参与热情会更高）。

（二）地点

香格里拉饭店。

（三）人员

客户：签约客户，保留客户，对项目感兴趣的潜在客户。

总人数：预计 500 人（客户及其家属和亲友）。

与客户联系：活动方案确定后，在 9 月底由业务人员电话通知客户，向客户告知内容及奖项，了解客户参与意向，统计参与人数。之后，将请柬和信函邮寄给客户，活动前三天两次电话确认客户意向和所带亲友人数。将人数统计后，根据人数订餐。

嘉宾：开发商代表、代理公司代表、银行代表、政府职能部门主管人员、律师、建筑设计师、施工单位代表、物业公司代表、环艺公司代表等。

记者：《北京青年报》《精品购物指南》《北京晚报》《北京晨报》《北京经济报》《青年周刊》及北京电视台、北京有线电视台《京城广厦》栏目，购房相关网站等。

主持人：邀请北京电视台著名节目主持人 1 人。

（四）活动

抽奖，自助酒会，咨询，参观样板间。

(1) 16:00—16:30，来宾签到，向儿童赠送糖果和能烘托气氛的小玩具。业务员接待客户；收集回执；乐队演奏音乐。(30 分钟)

(2) 16:30，主持人宣布联谊会正式开始。主持人请所有来宾起立，请大家与邻桌来宾握手并交换名片，可以借这样的机会让大家熟悉起来，交换名片最多的几个人到台上来，看谁的名片最多。名片最多的来宾可以得到一份礼品（如一个大的毛绒玩具）。这个小活动结束后，主持人向大家介绍嘉宾。(15 分钟)

(3) 开发商代表发言，介绍项目近期情况。内容：工程进展；热销情况；介绍“客户带来户”的优惠购房方法。(10 分钟)

(4) 演唱英文歌曲一首，曲名：shalala 或 didadi。(10 分钟)

(5) 第一次抽奖，由嘉宾抽出三等奖 15 人，公布奖品及领奖方法（到领奖处领取）。(8 分钟)

(6) 演唱歌曲《亲密爱人》。(5 分钟)

(7) 真情互动：准备五束鲜花，客户可举手要求发言。发言者要当众说出把花送给谁，并要对对方说“我爱你”或“对不起”，并简要说明原因。主持人适时调节气氛，调动观众情绪。

(8) 配合观众情绪再演唱一首歌曲《你是幸福的，我就是快乐的》。(5 分钟)

(9) 第二次抽奖，抽出二等奖 6 人。当场发放领奖牌。(5 分钟)

(10) 项目知识有奖问答（由主持人出一些与项目有关的问题，客户自由回答，对者发小奖品一份）。(10 分钟)

(11) 第三次抽奖，一等奖 2 人。当场发放领奖牌。请获奖者发表讲话，谈对项目的感受与此刻的心情。(7 分钟)

(12) 选择一位当天生日的客户，为其送上蛋糕，由开发商向其表示祝贺。点燃蜡烛，由客户许愿，吹熄蜡烛。乐队伴奏下唱生日歌。(10 分钟)

(13) 澳洲风情舞蹈表演。(10 分钟)

(14) 第四次抽奖，特别大奖 1 人。当场发放领奖牌。彩色喷花筒喷出彩花，达到高潮。(5 分钟)

(15) 宣布自助餐开始，客户用餐，向专家咨询。(60 分钟)

(16) 餐后客户可以去现场参观样板间。(共 190 分钟)

注意：活动内容以讲话、抽奖和节目为主，主要是为了营造一种高雅、轻松、活跃、热烈的现场气氛，增强客户的参与感。大奖的设立有利于吸收更多客户参与，极大地活跃现场气氛。现在各开发商联谊会设奖的较多、较大，其中不乏以汽车、房屋为奖品的项目，故建议我们的联谊会奖品丰富并具较高层次，以吸引客户，并与项目品质对应。节目安排主要考虑优雅、时尚的风格，加深客户对项目高品位的印象和对项目的好感。

（五）抽奖安排

(1) 奖项设置：

特等奖：1 人，送车位一个。

一等奖：2人，各送价值10 000元进口空调柜机一部。

二等奖：6人，各送价值3 000元防盗门一个。

三等奖：15人，各送价值1 000元厨房小家电。

(2) 获奖者于现场签订获奖协议，奖品可在入住装修时统一领取。

(3) 只有签约客户才具有拍奖资格。

三、后勤工作

(1) 报纸杂志、网络的新闻报道，监督刊发、播发，样报收集。

(2) 电视报道：专题节目（如“京城广厦”）报道，收集录像资料，保留完整活动录像。

(3)《客户通讯》详尽报道活动情况。

(4) 广告：写文章报道，渲染联谊会热烈气氛和热销场面。

四、活动经费预算

(1) 请柬印制：20元×500人=10 000元。

(2) 邮资：1元×500人=500元。

(3) 餐饮、场租等：180元×500人=90 000元。

(4) 报纸、杂志、网络记者（发稿）：500元×10人=5 000元。

(5) 电视记者：3 000元×2人=6 000元。

(6) 电视台著名主持人：10 000元。

(7) 灯光：6 000元。

(8) 儿童玩具、胸牌、桌牌、彩花筒等：3 000元。

(9) 现场录像：5 000元。

(10) 歌唱明星出场费：35 000元。

(11) 乐队劳务费：5 000元。

(12) 领奖牌制作：116元×9个=1 044元。

(13) 澳洲风情表演劳务费：5 000元。

(14) 生日蛋糕、鲜花：500元。

共计237 550元。

(15) 奖项价值：

50 000元×1＋10 000元×2＋3 000元×6＋1 000元=103 000元。

五、日程安排

3日：确定场地、时间、奖品。请柬设计定稿。

4—6日：确定菜单；确定活动程序；确定主持人、演员；背景板、展板、现场布置方案设计定稿；请柬印制完成；业务人员电话通知客户活动事宜并向客户确定请柬的送达方式；发言稿准备；关系单位的口头邀请；新闻通信稿的写作；礼品玩具的制作。

7—8日：业务人员给客户邮寄、送达请柬，部分客户到售楼处取请柬；过生日客户的确定。

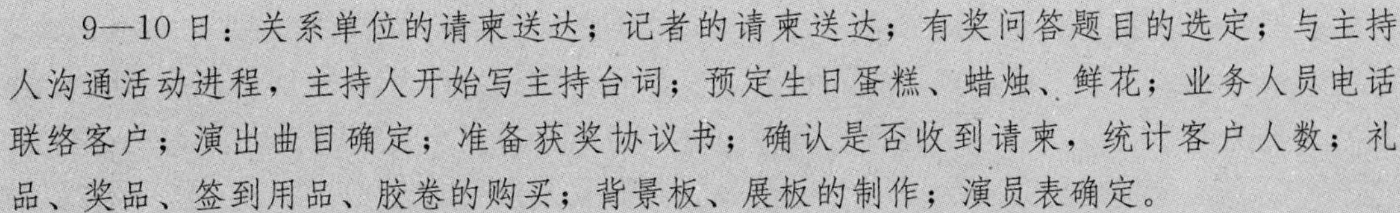

9—10日：关系单位的请柬送达；记者的请柬送达；有奖问答题目的选定；与主持人沟通活动进程，主持人开始写主持台词；预定生日蛋糕、蜡烛、鲜花；业务人员电话联络客户；演出曲目确定；准备获奖协议书；确认是否收到请柬，统计客户人数；礼品、奖品、签到用品、胶卷的购买；背景板、展板的制作；演员表确定。

11日：与主持人再次沟通活动进程；背景板、展板制作完成；礼品文具制作完成；活动工作人员分工、安排、准备；售楼书、客户通信等资料。

12日：准备劳务费现金；确定嘉宾名单。

13日：现场布置；调试灯光音响；演员、主持人、乐队现场试音；工作人员到位。

简析

活动策划和实施是公关工作常用的技术手段。本策划书正文内容较完整规范。策划书就活动目的、意义和目标简要地做了介绍，主题鲜明突出，目的明确。对资源需要、人员的组织配置、经费预算等各个细节都进行了比较具体周密的安排和计算，有较强的操作性。

可以专门给策划书制作封面，封面力求简单，凝重；策划书可以进行包装，如用设计的徽标做页眉，图文并茂等。如有附件，可以附于策划书后面，也可单独装订。策划书需从纸张的长边装订。

[例文 15—3]

“渴能”饮料营销策划书

一、饮料行业现状分析

近几年来，我国软饮料年产量以超过20%的年均增长率递增，达到1 300多万吨。在产量增长的同时，品种也日趋多样化，为消费者提供了更多的选择余地。我国饮料品种已由单一的汽水发展成为包括碳酸饮料、果汁饮料、蔬菜汁、乳饮料等八大类。

20××年包装饮用水的消费量大幅下降，而果蔬类饮料走俏，同比上升了5.60%；碳酸饮料和功能性饮料的消费量略有下降，分别降低了1.7%和1.9%；不过，包装饮用水、茶饮料和碳酸饮料的实际消费量仍比预测的乐观。这说明人们在饮料的消费上呈现替代性，而果蔬汁饮料对传统水、饮料的替代进程较为缓慢，对竞争产品的冲击仍不强烈。

专家预计到20××年夏，果蔬汁、茶饮料和功能性饮料将成为消费者主要购买的三大种类饮品。果蔬汁饮料消费量将小幅增加，功能性饮料将大幅增长，茶饮料、含乳饮料、咖啡及酒精饮料不会有太大变化，碳酸饮料和包装饮用水的消费将大幅减少。消费者对含乳饮料和功能性饮料的要求更高，要求生产厂商保证其天然性，这不仅仅是对新产品研发的要求，更是对饮品安全性的重视。

有资料显示，到20××年，全球果汁及碳酸饮料将增至730亿升，未来产品的品质及创新是饮料企业获利的关键因素，企业间的并购也将是占有市场的良方。一般来说，软饮料产品技术含量不高，市场进入相对比较容易，因此竞争特别激烈。目前已上市的几家公司优势不明显，只有那些拥有资源优势、品牌优势、生产特色产品且内部经营管理水平较高，达到规模效益的企业才能获得较高的收益水平。

二、饮料市场的现状分析

当今饮料市场活跃着八大类产品，包括：包装饮用水、碳酸饮料、果蔬饮料、茶饮料、功能型饮料、乳饮料、酒精饮料、咖啡饮料等。

最常购买的几大品牌中，碳酸饮料品牌占到三个，可口可乐仍是消费的主流。在消费者最常购买的品牌中，“可口可乐”“雪碧”“酷儿”三个品牌合计占有34.9%的份额，霸主地位无人能及，老对手“百事可乐”的经常购买频率只相当于它的1/7。

价位比较高的100%果汁由于营养丰富、低糖、低脂、高钙，也成为消费者购买的热点。“汇源”是主要的被购买品牌。“统一鲜橙多”“康师傅每日C果汁”“农夫果园”等低浓度果汁经过几年对市场的培育，也已经占据了一定的份额，使人们将喝果汁、蔬菜汁变成一种习惯。

原来号称中国瓶装水第一品牌的“娃哈哈”，在包装饮用水市场已经江河日下，被“农夫山泉”取而代之。

功能性饮料逐渐归于平静，“脉动”这一品牌略占上风。

三、“渴能”饮料的产品定位

经过分析和研究，可将“渴能”定位为一款“80后一代的功能型饮料”。为什么如此定位？其原因如下：

（一）功能型饮料

“渴能”从品牌诉求上来说，不太适合做果汁、乳饮料。“渴能——创造一切可能”这样充满个性的品牌诉求，给人带来一股强有力的能量，更适合做碳酸饮料、功能型饮料和包装饮用水。碳酸饮料市场在逐年缩小，而两大巨头的广告、营销大战已经将此市场的竞争推向极致。同时，消费者的品牌忠诚度很高。对于新品牌来说，进入壁垒很高，风险极大。包装饮用水市场没有达到完全垄断，但是“规模效应”在这一市场表现明显，要求企业的灌装点分布合理，配送半径较小，严格控制成本。这些方面的要求，对于一个新品牌来说难度较大，不利于尽快抢占市场。功能型饮料近年来的购买力虽然没有达到人们的预期，但是其发展趋势良好，潜力巨大。在国内，除了“脉动”声誉较高之外，其他品牌市场份额都不大，这就为新品牌的进入留有很大的空间，特别是一些地方性品牌很容易成活，如红牛、苹果醋等。

通过以上分析，“渴能”饮料应该大打功能型饮料的牌，可以把其定位于一种新型营养素水。

（二）关于“80后一代”的定位

以往的品牌策略只注重了产品功能属性的宣传，例如：“迅速平衡体液，增强免疫力”等，这只是品牌内涵几个层次中比较低的层次，在价值、文化、个性等品牌更深层次的内涵上，以及使用者的定位方面都没有考虑。在新的竞争形势下，要扩大消费群体，就必须去扩大品牌内涵，而随着品牌内涵的扩大，消费人群也就会扩大了。

“80后一代”是当今社会的一个重要群体，受到社会各界的关注，他们具有较高的文化素质，同时具有相当强的购买能力。这一代人更加追求个性和张扬自我，有着自己的判断、自己的感受，为了实现自己的梦想敢于挑战，相信只要有梦想，生活就会闪亮。这些特点恰好与“渴能——创造一切可能”这一饮料诉求相吻合。“渴能”饮料就可以作为“80后一代”人群特点的物化，大大地拉近了饮料与消费者之间的距离，这也就是近两年流行起来的“体验式营销”。

四、“渴能”策划

通过上面的详细阐述，关于“渴能”饮料的基本构想已经表达清楚。下面将通过传统的营销4P组合来介绍一下“渴能”饮料的入市策略。

（一）产品

本产品既然定位于“80后”消费群体，就要准确把握这一群体对饮料产品的消费特点。据北京零点调查公司的一项针对青少年的产品测试的调查数据显示，这一群体对品牌本身的敏感性并不强，在大部分产品领域，他们会仅凭产品的外观魅力和品牌特性就完成对新的产品或服务的购买，追求新颖时尚、追求个性化、注重感情和直觉，冲动性购买色彩强烈，这一部分群体几乎占到了总样本量的61.1%。

既然如此，“渴能”饮料在研发和生产过程中一定要抓住重点。虽然“渴能”定位于功能型饮料，但是强调的重点应该是饮料，而非功能，一旦强调功能之后，消费者对饮料的期望值就会大大增加，很容易让消费者产生不满情绪。

那本产品的真正重点是什么呢？口感和外观。采用差异化的饮料包装，口味要能够和普通饮料竞争，这是成功推广功能型饮料的基础。“渴能”的目标消费群为“80后”，这一代的人对个性看得格外重要，所以在包装设计上要精益求精，尽可能打破传统的饮料罐体、标签等的样式，建议打破常规，采用多色彩、曲线瓶体。

（二）定价

价格对于消费者来说也有着很强的制约，不过，对于“80后”来说，价格的敏感性不强，只要符合他们的喜好，他们往往不在乎价格的高低。“渴能”便可以利用这一优势定价，价格不要过于大众化，可以略高于一般的功能型饮料。至于具体定价，还要进行详细的市场调查。

（三）分销渠道

一说到渠道，无外乎卖场、超市、便利店，这些对于任何一种饮料产品都可以采用。不过，面面俱到往往结果却是“面面具丢”，对于一个新品牌、小品牌，进超市费用高昂，还会受到竞争对手的强力打压，效果并不好。“渴能”上市后应该采用蒙牛出道时的销售策略——走进社区，让“渴能”贴近终端用户，学校、小区、街道的各种便利店、冷饮摊才是“渴能”饮料的主战场，要将主要的人力、物力、财力都投入到巷战当中去。

（四）营销

现如今，体育营销、体验营销、爱心营销、新闻事件营销等，营销手段各式各样，如果企业在资金雄厚的情况下，多开展营销、促销活动肯定会带来好处。这里想强调的是，营销活动一定要符合品牌特征和消费群体的特征。不是任何一种营销方式都适合“渴能”，比如说“农夫山泉”所采用的“爱心一分钱”就不大适合“渴能”。笔者为“渴能”饮料设想的一个营销策略是限量发行策略，主动向外界宣布，“渴能”饮料在每个销售点每周的销售数量是有限制的，定量销售。

1. 将自己的劣势作为卖点

这是一般被奢侈品营销所采用的战略，目前还没有人在饮料行业提出。在大多数人看来，饮料生产最好是达到规模效应，拼命降低成本，为定价占据主动。而对于新兴的饮料品牌“渴能”来说，在规模上肯定无法与“乐百氏”“娃哈哈”等大品牌相比，在短时期内要依靠规模降低成本不太现实，依靠价格与竞争对手进行竞争的能力还不足。其他品牌肯定也会通过其规模生产与“渴能”进行价格战，力求将“渴能”消灭在萌芽时期。在这种情况下，企业干脆顺水推舟，将“渴能”的劣势转化为卖点，主动打出“限量发行”的口号，制定“每个销售点每周销售的‘渴能’产品数量有限，先到先得，售完为止，下周依然按定额重新配货”的销售政策。

2. 迎合目标消费群体的心理

“大家都买不到，只有我能买到；大家都没有，而我有。”这样的饮料会给很多消费者带来自豪感。像现在的可乐、矿泉水随处可见，不会给大家带来什么附加价值，而“渴能”不仅仅具有饮料的功能，还可以给人们带来优越感、满足感，很大程度上能增加消费者的购买欲望。

3. 广告效应强

此种营销策略可谓一个行业创举，“限量发行”本身就是一个爆炸新闻。只要开个新闻发布会，各大电视媒体、报刊、网络将会争相报道，并且会迅速引发全行业内的大讨论，也会极大地引起消费者的关注，广告效应远远大于去做媒体广告。

以上所说的只是一个构想，还不够完善，具体实施上还有待商榷，不过，这正是“渴能”的追求——创造一切可能。

简 析

本策划书正文内容完整规范。策划书就饮料行业现状、饮料市场的现状、“渴能”饮料的产品定位、“渴能”策划做了介绍，主题鲜明突出，目的明确。对产品、定价、营销方法等各个细节都进行了比较具体周密的安排和计划，有较强的操作性和创新性。

可以专门给策划书制作封面，封面设计力求简单、凝重；策划书可以进行包装，如用设计的徽标做页眉、图文并茂等。如有附件，可以附于策划书后面，也可单独装订。策划书需从纸张的长边装订。

综合训练

一、简答题

1. 什么是策划书？它有什么作用？

2. 专题策划书的写法？写作要求是什么？

3. 市场营销策划书的写法？写作要求是什么？

二、瑕疵文案

1. 请分析下面这份专题活动策划书存在的问题，并进行修改。

20××年春节联欢晚会活动策划书

一、活动目的

为了加强企业员工的凝聚力，丰富企业文化生活，表达企业对员工节日的关怀与问候，使员工开开心心、快快乐乐过好2006年春节。

二、活动时间

20××年2月9日下午14:00—22:20。

三、活动地点

公司卡拉OK室。

四、活动内容简述

（一）员工总结大会

总结大会时间为下午14:00—17:20。

（二）全体员工集体聚餐

（1）在×××餐厅包席。

（2）按10（人）×14（桌）计。

（3）时间：18:00—19:30。

（三）“金猴贺岁　团结奋进”为主题的2006春节联欢晚会

（1）由主持人宣布晚会开始。

（2）首先请董事长致辞。

（3）节目表演：节目以健康、欢快的小品、歌舞、相声等内容为主。

（4）节目表演设集体一等奖1名（现金1 200元）、集体二等奖1名（现金800元）、集体三等奖1名（现金400元）；个人一等奖1名（现金100元）、二等奖1名（现金80元）、三等奖1名（现金60元）；参加节目的人均设参与奖（食用油一瓶）。

（5）礼品派送，由企业统一购买礼品，所有到场的人员都有一只金猴公仔。

（6）有奖问答：在节目表演及礼品派送的过程中穿插进行，设问题30道（题目内容应涉及每个部门的规章制度和工作内容），答对者奖胸章一枚，或公司产品一份。

（7）有奖游戏：为促进春节晚会的娱乐性及员工的参与性，特设有奖游戏活动。在节目中穿插进行，获胜者奖高档组合毛巾一盒；参与者奖精美相册一个以及闪光胸章一枚。

（8）幸运大抽奖：特等奖1名（价值1 500元一条的金项链）；一等奖3名（24K金戒指一枚）；二等奖2名（格兰仕微波炉一台或“美的”电磁炉一台）；三等奖9名（金正复读机、美的电饭煲、高级蒸锅）；鼓励奖40名（5升金龙鱼食用油一桶）。在节目中穿插进行。

五、具体工作人员安排（略）

2. 请分析下面这份市场营销策划书存在的问题，并进行修改。

××果汁进入××职业技术学院营销策划书

一、市场状况分析

人民的消费意识有所提高，追求绿色、营养，注重健康。我们的产品占尽了优势，富有购买力！商社、酒店、宾馆以及会议将日益青睐我们的产品。

营销策略：

产品定位：争做果蔬饮料行业领路者。

目标：打响知名度，树立品牌形象，强势闯进职院市场并让该市场彻底了解产品。

卖：绿色、营养的“自然果汁”。

传：先进技术设备以及企业品牌。

导：绿色、营养、时尚的消费习惯。

赢：市场以及消费者的口碑。

二、具体营销方案

（一）登门拜访计划

推荐单品：含量为10%的猕猴桃汁、胡萝卜汁和番茄汁（可以同时满足解渴和营养两方面的要求）。

拜访时间：20××年4月25日—5月12日

注意事项：注意本团队的形象；拜访以不打扰各位领导的正常工作为前提；不得对其死缠烂打，引起客户的反感；认真、如实地回答客户的问题。

经费预计：55元（五套产品，院组带两套，系组带三套）

（二）现场促销计划

促销产品：含量为10%的猕猴桃汁、胡萝卜汁、番茄汁、矿泉水。

促销时间：20××年5月8—12日

促销活动规则：一次性购买两套产品（五种单品各二瓶）的，即可获得由××公司提供礼品A；一次性购买一套产品（五套单品各一瓶）的，即可获得由××公司提供的礼品B；一次性购买五瓶产品的，即可获得由××公司提供的礼品C；凡是购买顺序号的个位数为九的，即可获得由××公司提供的礼品D；凡购买产品者，均可获得参加现场趣味游戏的权利并获得游戏奖品（详情请见游戏规则）。

成本预计：海报：20元，要求打印彩色；传单：50元，大概500份；横幅：30元。

三、写作训练

1. 请根据下列背景材料，试为××学院撰写一份校庆活动策划书。

××学院即将迎来建校60周年，学院拟举办一次庆典活动。在庆典期间，除举行隆重的庆典仪式外，还要通过各种方式把学院60年的辉煌发展历程展示给来宾，引导来宾参观校史馆及校内实习实训基地，以联欢会的形式向领导和来宾汇报学生的学习成果等。

2. 请选择市场上某一品牌的家用电器，通过市场调研等收集相关背景资料，然后试为其撰写一份以国庆节为营销背景的市场营销策划书。

相关链接

策划书和计划书的区别：一是用途不同，策划书通常是项目的前期规划，计划书则是接近实施阶段的工作安排；二是策划书偏重方案策划和设计，计划书偏重流程和操作方面。

第六编

科技论文

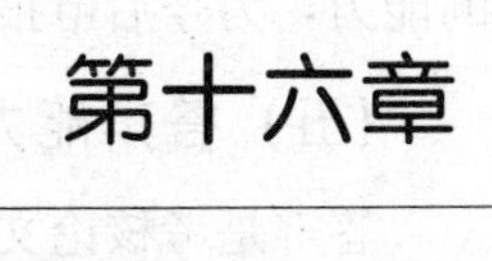

第十六章 学术论文

高等院校是培养高层次人才的摇篮。提高学生的科研能力，就是系统地对高校学生进行科学研究方面基本知识的传授和基本技能的训练，锻炼他们运用所学专业知识观察、分析、解决实际问题的能力，为今后的工作打下坚实的基础。

第一节 学术论文概述

一、高校学生科研能力培养的内容

（一）科研资料的收集、整理、分析、运用能力的培养

资料是科研的前提。要掌握获得科研资料的技巧、方法，要学会阅读、筛选、鉴别、甄别、整理、积累、取舍、使用资料，就需要进行资料检索、整理、分析和运用能力的培养。

（二）科技论文选题能力的培养

选题是撰写学术论文、从事科研活动的第一步。俗话说："题好文一半"。提出研究问题的选题能力训练在培养我们的科研能力中具有重要的意义。

（三）论文的撰写、修改技能的训练

论文的撰写、修改技能是专、本科学生的一项科研的基本技能。在学校学习期间，甚至学生毕业以后，论文的撰写、修改都是必备的技能。

（四）科研项目的申报、实施能力的培养

科研课题的申报和实施也是学习期间和毕业以后工作中经常遇到的科研任务。学生要掌握科研课题的申报程序；学会撰写课题论证报告、填写课题申请书；训练实施课题研究的能力，为今后申报相关类型的研究课题做好基本能力储备。

（五）答辩能力的训练

答辩是考核论文水平、完成教学任务的重要环节，它决定论文能否通过、学生能否毕业或授予相应的学位。同时，毕业答辩也有利于检验创新见解、研究思路、论证过程和方法等的科学性，有利于文章的进一步提高，有利于今后科研主攻方向的选择。

除了毕业论文或学位论文答辩以外，我们在今后的工作中还会遇到其他的答辩，比如竞聘某一职位、职务的面试答辩，晋升职称的答辩，等等。只要这方面的能力提高了，无论遇到哪种类别和形式的答辩，我们就都能应付自如了。

二、学术论文的写作要求

（一）学术性

何谓学术？学界认为：学术，就是对学科问题的科学研究。其基本含义有二：一是研究的对象范围是某一学科领域内的问题，不仅是学科领域中的理论、应用、历史问题，而且包括了与本学科相关的所有问题；二是这种研究必须对某一学科的建设有直接的或间接的价值意义。

什么是学术性呢？学界认为，学术性是指在学术研究中追求未知的探索性和超越现实的非直接应用性。用通俗的话说，学术性即是为学术而学术的特性。

根据以上关于学术和学术性的界定，科技研究中，所选择研究的问题越重大（属本学科中带有基本性质的重要问题或某一当前人们普遍关心的焦点、难点问题）、越先进（属本学科中前沿的尖端问题），理论的分析论证越深入、透彻（坚持理论联系实际、逻辑与历史相统一），资料越翔实、可靠（尤其是发掘、使用了前人未发现的新资料），该研究的学术价值就越大，学术水平就越高。反之，学术价值就不大，学术水平就不高。

（二）创新性

创新性是学术研究最重要的特质，也是其学术性最集中的体现。要在学术研究过程和结果中充分体现创新性，应该从以下几个方面着眼：一是新颖性；二是独特性；三是超越性。

（三）专业性

学术研究的专业性是指研究者的研究活动应了解所在专业的发展概况，在已有的专业知识基础上，运用本学科、本专业特有的研究方法、概念体系、专业术语，对研究对象进行观察、分析、探索，以得出带有专业特点的学术见解。学术研究的专业性并不排斥综合性。相反，当代许多重大学术成果往往是在两种或多种学科综合交叉的基础上取得的。

（四）科学性

学术研究活动的科学性具体表现在：一是分析问题有理论根据和事实根据；二是所引资料全面、准确、可靠；三是无知识性错误。知识性差错是影响学术论文学术水平的“硬伤”。

三、学术论文的种类

关于学术论文的种类，不少写作学专著和教材都做出了可贵的探索，提出了一些不同的意见。概括起来，目前大致有以下几种分法：

（1）从大的领域把学术论文分为自然科学论文和社会科学论文两大类。

（2）根据适用对象不同把学术论文分为普及性学术论文和专业性学术论文两类。前者旨在普及某种比较新颖、专门化的学科理论和知识，较为通俗易懂，适合广大读者阅读；后者专业性、理论性很强，只局限于一部分专业人员阅读、参考。

（3）按作者的不同身份，把学术论文分为各类专业教学科研人员发表在报刊上的专业论文和攻读学士、硕士、博士学位的本科生、研究生写作的学位论文、学年论文。

（4）从写法着眼，把学术论文分为以下几种不同体式：论、说、谈、议、笔、辨、考、述、记、释、笺。

（5）按性质把学术论文分为专题性学术论文和综合性学术论文两种。前者是对某一学术问题或某一学术问题的某个方面进行分析研究，得出明确结论的论文；后者是把某一学术问题或某一学术问题的某个方面的研究结论加以综合，摆出问题，以引起社会重视，促进对这一问题的探索研究的论文。

（6）从表现形式着眼，把学术论文分为研究报告、调查报告、商榷性论文三类。

（7）从表达方法角度（或从学术研究的多样性）考虑，把学术论文分为八类：第一，论证类：摆事实，讲道理，运用推理论证自己的新鲜见解，说服读者赞同或接受；第二，说明类：学术研究的目标着重于资料的收集、整理、鉴别、注解和编排等方面时，其表达就偏重于说明方面。如对古籍的钩沉辑佚、校勘注释、摘录汇编、综合述评等，都偏重于说明，一般不具有论证关系；第三，叙述类：指着眼于事件或人物发展概况的研究成果，如年谱与大事记，性质也如说明类，既是学术研究成果，又是资料性成果；第四，描写类：指着眼于事件或人物的动态描述，如人物传记、历史小说等。描写类与论证类论文写作的不同在于：论证类的事实论据是浓缩了的，而描写类则较详细地展开，论点、论据和论证方式在描写类学术成果中都必须具备；第五，实验类：为检验某一科学理论或假说，或为创造发明和解决实际问题，有计划、有目的地进行科学实验，得出结论并向社会公布；第六，观测类：是对自然界的各种现象和事物进行观察和测量，将所观察、测量的结果进行准确、具体的描述，从而给人以明确、完整的认识；第七，报告类；第八，评述类。

（8）按学科的不同，可以把学术论文分为九个门类，即：自然科学、社会科学、数学科学、系统科学、思维科学、人体科学、军事科学、文艺科学和行为科学。

上述八种对学术论文的归类，能给人以启迪。

四、学术论文的选题

（一）选题概述

1. 什么是选题

选题就是选择论文的论题，即在研究资料的基础上，经过选择确定所要研究论证的中心问题。一般来说，选题主要包括两个方面的内容：一是研究方向的确立；二是研究论题的选择。前者决定了研究者在较长时间内进行科学研究的主攻方向和目标，后者则是在研究方向确立后选定突破口，即制订较为具体的计划。

2. 课题、论题与题目

这三者既有联系又有所区别。首先，论题不同于课题。课题通常是指某一学科的科研项目，它的研究范围比论题要大得多，而论题所涵盖的内容较为单一或更专门一些。比如，高等职业教育的建设就是一个大课题，其中包括许多论题，如高等职业教育的地位、高等职业教育的内容和特点，等等。其次，论题又不同于题目。题目是指论文的标题，它的研究范围一般比论题要小。对于大学生而言，一般应先确定论题，具体题目可以在拟定提纲、起草初稿、修改定稿过程中加以明确。

3. 选题基本要求

在论文选题时，一是要注意选题的正确性；二是选题的先进性；三是选题的适应性；四是选题的可行性；五是选题的独特性。

总之，论文选题是决定论文质量高低的首要因素，对论文的撰写具有重要意义。

（二）选题的途径和方法

1. 选题的途径

大学生可以考虑从下列途径选择研究课题：

（1）从专业课程的学习中形成论文选题。

（2）从社会实践中发现研究课题，形成论文选题。

（3）从学科发展的前沿去选题。

（4）从自己兴趣出发去选题。

（5）从新的角度去深化、补充或重新认识已有的研究成果。

（6）从日常生活中寻找选题。

2. 选题的方法

为了帮助同学们选好题，我们这里介绍几种常见的选题方法：

（1）浏览捕捉法。就是快速地、大略地阅读所占有的文献资料，在比较中确定选题。浏览捕捉法一般可按以下步骤进行：第一步，广泛地浏览资料；第二步，在总体上对资料进行分类、排列、组合；第三步，体会分类。

（2）追溯验证法。这是一种先确定准备研究的方向、题目或选题范围的“拟想”，然后再通过阅读资料加以验证来确定选题的方法。但这种想法毕竟没有经过实践的检验，它是否真正可行，还需要按照“拟想”的研究方向跟踪追溯。追溯可从以下几方面进行：

第一，了解有关的学术动向，看“拟想”是否与别人重复。如果重复，就应马上改变“拟想”，重新考虑；如果部分重复，就应在非重复方面做深入的探讨研究。

第二，看自己的“拟想”是否对别人的见解有补充作用。如有，并且能以足够的理由来证明，则可以立即把“拟想”确定下来。

第三，如果自己的“拟想”是别人没有论及或者论及较少的，只要条件允许，通过努力，能够对这一题目做出比较圆满的回答，则可以把“拟想”确定下来作为论文的题目。

第四，如果自己的“拟想”虽然别人尚未谈到，但自己又缺乏足够的理由来证明，那就应该中止，留待以后有条件时再做研究。

第五，要善于捕捉灵感，深入研究。因为灵感往往是在对某一问题做了大量研究之后的理性升华，如果能及时捕捉，并顺势追溯下去，最终形成自己的观点，将是很有价值的。

追溯验证的选题方法，是以主观的“拟想”为出发点。需要明确的是，这种主观的“拟想”绝不能“凭空想象”，必须以客观事实、客观需要等为依据。

(3) 调查法。调查法是在占有一定的资料，进行一定研究的基础上，向所要开展研究的对象进行调查、咨询，通过分析综合确定课题。其具体方式有调查、访问、问卷调查、集体访谈、专家征询，等等，然后通过比较、分析、论证，从中得出合适的课题。一般来说，调查法分为口头调查（晤谈法）和书面调查（问卷法）。

(三) 选题应该注意的几个问题

1. 选题应以掌握必要的学术信息为前提

(1) 占有丰富的资料。资料是进行科学研究的基础，占有资料要做到三点：一是资料的真实性；二是资料的具体性；三是资料的新颖性。

(2) 立足于专业基础知识。专业基础知识是写好论文的前提条件，只有紧密结合专业选定论文题目，才能做到扬长避短，写好论文，达到撰写论文的目的。因此，大学生在选题时，必须要在专业范围内或紧密联系所学专业来选题。

2. 选题要找准突破口

论文选题要适合自己的学科特色，找准突破口，这样才能进行论题的深入研究与论文的写作。

(1) 选题要有新意，即新思路、新技术（方法）、新结论。

具体来说，新意包括以下几个方面：

一是选题应是前人未曾解决或尚未完全解决的问题，通过研究应有所创新，并把论题放在总结和发展过去相关科研领域的实践成果和理论的基础上，没有这个基础，论文的新发展和新突破是不可能实现的。

二是以新的材料论证旧的课题，从而提出新的或部分新的观点、新的看法。如职工思想政治工作这个题材是前些年研究的“热点”问题之一，已出了大量的研究成果，可以说是老题材了，可有的人敏锐地抓住企业实行改制后，职工思想出现的波动和变化，收集了大量新的第一手材料，写出了《股份制企业职工思想政治工作的特点及方法》一文，读后使人有耳目一新之感。

三是以新的角度或新的研究方法重做已有的课题，从而得出全部或部分新观点。如同样是职工思想政治工作这个题材，有的学生针对近几年来城市有关企业大量使用农民合同工、职工队伍结构发生变化的情况，研究农民合同工从自然半自然经济向商品经济的转化，从小生产者向产业工人的转化，从农村向城市的转化等不同的角度，分析论证了农民合同工的思想特征以及对整个职工队伍思想的影响，探索思想政治工作的方法和措施，这样的文章同样颇有新意。

四是对已有的观点、材料、研究方法提出质疑。这虽然没有提出自己新的看法，但能够启发人们重新思考该问题。

以上四个方面并不是对新意的全部概括，但只要能做到一点，就可以认为文章的选题有了新意。

（2）选题要符合社会发展的需要。

一切科学研究的最终目的，归根到底是为了促进社会发展和科学进步，是为了满足人们日益增长的生产、生活的需要。符合社会发展需要的选题大致有三个来源：一是社会主义现代化建设事业中急需回答的重大问题。二是群众普遍关心的问题。如城市居民的菜篮子问题、蔬菜保鲜问题、农药残留问题等。三是虽未引起社会重视，却代表一定倾向的问题。如青年的消费时尚现象、网络用语的发展趋势、亚健康问题；等等。

（3）选题要有学术价值。

论文作为大学教育的重要环节，应当体现出较浓厚的学术气息，具有较强的学术价值。一般来说，首先，考虑选题有无理论和认识上的价值。其次，选题还应以研究领域的基本原理为依据，没有一定的科学理论依据，选定的论题必然起点低、盲目性大，会导致研究方法上的不当，甚至使研究失败。

3. 选题应考虑自己的主客观条件

大学生选题应当与自己的知识积累、分析问题和解决问题的能力、写作经验等方面的条件相适应。

（1）充分估计到自己的知识储备情况。

（2）充分估计自己分析问题、解决问题的能力。这是选择课题、写好论文的重要条件。

（3）要充分考虑自己的特长和兴趣。“兴趣是最好的老师”。选择有浓厚兴趣的研究课题，能激起强烈执著的探求欲望和创作冲动，是学术论文得以充分开展的重要保证。

（4）要考虑到现有的资料是否完备。资料是研究工作的基础，占有资料越充分、越丰富，越有利于研究的开展。

（5）要了解指导老师的科研情况。指导老师是大学生撰写学术论文的指路人，对刚开始写论文的人来讲，有一个得力导师的指导，无论是对论题，还是对研究工作，都是十分有利的。

4. 选题要适中

选题适中表现在以下几点：

（1）难易要适中。在选题过程中，学生和指导教师要从实际情况出发落实选题的难易程度，一方面，不要选择那些不花气力就能完成的课题；另一方面，要在力所能及的专业领域内选择那些需要花费一番努力才能完成的选题。

（2）大小要适度。作为学术论文的选题，应当注意大小适中。论题过大，如果能力不够，只能蜻蜓点水，浮光掠影。反之，如果论题太小，也写不出多少内容来。对于初次进行科学研究的大学生来说，论文的选题一般说来宜小不宜大。

五、学术论文提纲的编写

提纲的编写是学术论文写作的必要环节，因为论文篇幅较长，这就需要作者对论文进行总体布局。所以拟定论文的写作提纲，就是我们动笔写作论文时首先应做好的工作。

（一）拟定提纲的意义

1. 提纲是作者思路的定型

拟定提纲，就是作者把全文的谋篇布局、层次设置和逻辑顺序等多方面因素，借助文字符号使之系统化、定型化的过程，进而为论文写作提供一个遵循的依据。

2. 提纲是论文格局的形态化

提纲是论文的前期形态的简化形式，是论文格局形态化的过程，是论文的总的纲目。

3. 提纲是论文写作和修改的依据和参照

没有提纲，拿起笔就写，很容易出现问题，最终可能会导致写作失败。相反，如果精心拟定了论文提纲，写起来有章可循、得心应手，就能最终拿出自己满意的论文来。

4. 提纲是工作繁忙的作者或多人合作者撰写的依据

有时作者不能连续工作而中断写作，提纲可以帮助其在重新写作时恢复原来的思路。当课题是多人合作，分工撰写时，提纲就可以成为每一个作者合作的依据，避免各自为战、工作重复或留白。

（二）编写提纲的方法

编写论文提纲一般要经过构思、编写和修改几个步骤。

1. 构思提纲

构思提纲包括思想内容和方法两个方面。首先，从思想内容方面来看，构思的过程，实际上就是作者如何阐述自己的观点、如何安排自己的材料进行论证、论文分几个部分，等等，考虑透彻后，提纲的大小纲目也就自然而然地会在脑海中形成了。其次，从论文构思方法方面来看，构思就是如何将零乱的思想梳理伸展、组织成篇的问题，主要从以下两方面入手：一是根据客观事物变化发展的规律来考虑，找到材料间的内在联系和规律性；二是根据写作意图来构思文章，由于作者看问题、研究和阐述的角度不同，表达主题的需要不同，谋篇布局的思路也不一样。

2. 编写提纲

提纲的编写要注意三个方面：一是要思考论文的写作意图；二是围绕中心思想、总论点确定分论点，考虑论文的层次、结构、逻辑联系等；三是将上述思考写成内容纲要。

下面以“关于培育和完善建筑劳动力市场的思考”为例介绍提纲的写法：

“关于培育和完善建筑劳动力市场的思考”写作提纲

一、绪论

（一）提出中心论题

（二）说明写作意图

二、本论

（一）培育建筑劳动力市场的前提条件

1. 市场经济体制的确立，为建筑劳动力市场的产生创造宏观环境

2. 建筑产品市场的形成，对建筑劳动力市场的培育提出现实的要求

3. 城乡体制改革的深化，为建筑劳动力市场的形成提供可靠的保证

4. 建筑劳动力市场的建立，是建筑行业用工特殊性的内在要求

（二）目前建筑劳动力市场的基本现状

1. 供大于求的买方市场

2. 有市无场的隐形市场

3. 易进难出的畸形市场

4. 交易无序的自发市场

（三）培育和完善建筑劳动力市场的对策

1. 统一思想认识，变自发交易为自觉调控

2. 加快建章立制，变无序交易为规范交易

3. 健全市场网络，变隐形交易为有形交易

4. 调整经营结构，变个别流动为队伍流动

5. 深化用工改革，变单向流动为双向流动

三、结论

（一）概述当前的建筑劳动力市场形势和我们的任务

（二）呼应开头的序言

3. 修改调整提纲

提纲写好后，还需要对提纲进行推敲和修改。这方面要注意把握以下两点：一是推敲题目，包括大小标题是否合适，是否体现了论文的主题，是否反映了论文要表达的主要学术信息，等等；二是推敲提纲的结构，这方面应先围绕所要阐述的中心论点或者说明的主要议题，检查划分的部分、层次和段落是否可以充分说明问题，是否合乎道理；各层次、段落之间的联系是否紧密，过渡是否自然；然后再进行客观总体布局的检查，最后对每一层次中的论述次序进行“微调”。

（三）编写提纲应注意的几个问题

一般来说，编写论文提纲需要注意以下四个方面的问题：一是充分考虑各部分之间的逻辑关系；二是详略得当；三是尽可能详尽具体；四是从中心论点出发，决定材料的取舍，并将相应的材料填入提纲。

第二节 学术论文文献

文献是一切科学研究的基础，是构成文章的要素，包括文献的收集和鉴别、文献的阅读和积累、文献的选择和使用几个环节。

一、文献的概念

文献也称资料，是人类的科学文化知识、各种思想和各种实践活动赖以记录、保存、交流和传播的一切印刷品和视听文献的统称，通常指书籍、报纸、期刊、科技报告、专利说明书、历史档案、技术标准、产品目录、产品样本、设计图纸、文件和文告、光盘、微缩胶卷以及实物样品等。

二、文献的种类

文献的分类法很多，具体有以下几种：

（一）按来源分

1. 直接文献

直接文献又称活文献，是指在科学研究中经过反复观察、调查、实验证明后获得的第一手资料。这种来自实践所获得的真实可靠、丰富生动的直接文献，可以使科学研究和文章写作更富有成效。

2. 间接文献

间接文献又称死文献，是指通过各种传播媒介所获取并转录下来的他人实践和研究成果的文献。这是第二手或第三手文献。

3. 发展文献

发展文献又称新文献，是指在上述两种文献的基础上，经过认真分析、综合、研究、加工后获得的文献。

（二）按文献载体形式分

文献按载体形式可分为：印刷型、缩微型（胶卷、胶片、缩微卡片等）、机读型（磁带、磁盘等）、声像型（幻灯片、唱片、录音带、录像带、电影等）。

（三）按文献印刷出版形式分

文献按印刷出版形式可分为：图书（专著、论文集、教科书等）、期刊、特种文献（指图书、期刊以外的文献）。

(四) 按对文献的加工深度分

文献按加工深度可分为：一次文献（指原始性文献）、二次文献（也称检索工具书）、三次文献（指进展性、评论性、综述性、参考性文献）。

(五) 按文献作用、出版形式分

文献按作用、出版形式可分为：原始文献、综述文献、学习文献、参考文献、科学普及文献、编年史文献、指令性文献、指导性文献、技术标准文献。

三、文献信息检索途径

文献信息检索通常从内容特征与外表特征这两大特征出发去检索文献。

(一) 内容特征检索途径

内容特征检索途径是从文献所包含的信息内容特征来检索文献。按照所使用的信息检索语言的不同，可分为分类检索和主题检索两种。

1. 分类检索途径

分类检索途径是按文献学科的内容属性，利用分类检索语言，检索文献信息的途径。分类检索的实施需要使用各种分类目录或索引。我国目前使用的是中国图书馆图书分类法，简称“中图法”。中图法由 5 个类，22 个大类，6 个总论复分表，30 多个专类复分表，4 万个条类目组成。中图法分类检索的基本过程为：首先分析提问的主题概念，选择能够表达这些概念的分类号，然后按照分类号的顺序，在分类目录或分类索引中进行查找，进而得到所需的文献信息。例如：要查找有关“法兰西政治制度”的文献，其主题概念为“政治制度—法国”，然后按照检索工具使用的分类检索语言，将主题概念转化成分类检索语言，即为：“D756.52”，再到分类检索工具或分类索引中依照转化的分类号检索所需要的文献。

2. 主题检索途径

主题检索途径是利用主题检索语言检索文献信息的途径。其基本过程为：首先分析提问的主题概念，选择能够表达这些概念的主题词，然后按照主题词的字顺，从主题词索引中进行查找，进而得到所需要的文献信息。我国目前主要使用“汉语主题词表”来检索文献。

(二) 外表特征检索途径

外表特征检索途径是利用文献的外表特征来检索文献信息的途径。反映文献外表特征的信息通常有题名、著者、序号、引文等。

1. 题名途径

题名途径是指按照书名或文章篇名的汉语拼音或笔画等排列的目录检索的途径。如：通过书名目录、刊名目录、篇名目录等检索。

2. 著者途径

著者途径是指按照著者姓名的汉语拼音或笔画等排列的目录检索的途径。只要知道著者姓名，就可以利用各种著者索引、团体著者索引、机构索引、专利权人索引等查到所需文献资料。

3. 序号途径

序号途径是按照文献所具有独特的编码或标识号码查找文献的途径。如：图书的国际标准书号（ISBN）、期刊的国际标准刊号（ISSN）、专利说明书的专利号、国标或行业标准的标准号，等等。序号途径检索的实施需要利用各种序号索引，如专利号索引、标准号索引等。

4. 引文途径

引文途径是指使用引文语言进行信息检索的途径。它可以采用两种操作方法：一是利用成套的检索工具，如“中国社会科学引文索引”等，通过对被引用文献的检索，查找引用文献；二是利用引用文献的检索，查找被引用的文献。

5. 其他途径

除上述四种常见的外表特征检索途径外，还可按照其他外表途径实施检索。如出版类型、出版机构、语种、国别等。

四、文献信息检索方法

在检索途径确定以后，需要针对检索课题的具体内容和要求，选择正确的检索方法进行检索。科学的检索方法有助于快速、准确、全面地获取需要的文献资料。常见的文献检索方法有下面几种：

（一）常用法

常用法是目前最常用的直接利用检索工具查找文献的方法。该方法适应面广，比较容易掌握，检索效率较稳定，但易受检索工具体系和质量等因素的影响。常用法又分为顺查法、倒查法、抽查法三种。

1. 顺查法

顺查法是指根据有关检索课题的起始年代，利用选定的检索工具，按文献发表的顺序，由远及近、追根寻源的查找方法。此方法所查得的结果全面、系统，能有效地防止遗漏，但费时费力。例如：查找某一研究课题的文献时，要首先了解其渊源，然后了解其发展，最后了解其现状和当代水平。

2. 倒查法

与顺查法相反，倒查法是按文献发表的顺序，在时间上由近到远检索文献的方法。即从近期的文献查起，逐年向前推移，直到查够所要资料为止。此方法可节省时间，提高效率，但可能遗漏有价值的文献资料。

3. 抽查法

抽查法是指针对有关检索课题的学科发展特点，根据检索要求、重点抓住文献发表数量较多的年代，抽出一个或几个时间段进行逐年查找的方法。采用这种方法的前提条件是必须十分了解有关学科专业的发展状况，否则时间段选择不当，就可能发生严重的漏检，产生不利的检索效果。

（二）回溯法

回溯法也称跟踪法或跟踪追击法，是以某一现有文献后的注解或后面所附录的参考文献为线索，跟踪查找其他文献的查找方法。使用回溯法的第一步是找出并阅读文后参考文献；第二步是找出这些参考文献及其后面所附的另一批参考文献；第三步、第四步以此类推。从而检索到一批能满足课题需要的文献。此法如同滚雪球，可不断扩大查找范围，在检索工具不足的情况下，此方法能较快地获取一些必要的文献资料，但漏检的可能性较大。

（三）循环法

循环法是综合常用法与回溯法的一种检索方法。其检索方法是利用检索工具，用常用法检索出一批相关文献，再利用原始文献后所附的参考文献，进行回溯检索，以此分阶段、按周期地交替使用，以获取需要的文献。循环法在检索操作时可采用两种方式：一种先使用常用法，然后再使用回溯法，不断循环交替；另一种是先使用回溯法，再使用常用法，不断交替。

五、文献信息检索步骤

在进行文献检索时，一般要遵循下列步骤：

（一）对研究课题进行分析

在进行课题检索前，首先要对课题进行认真、细致的分析，明确检索目的与要求，以便取得较好的检索效果。具体可从以下几个方面入手：

（1）分析主题内容。通过主题分析，形成检索所需要的主题概念，以便确定主题与分类检索途径。

（2）分析课题所涉及的内容及学科范围，以便确定需要使用的检索工具。

（3）分析课题所需要的文献信息类型，如出版类型、语种、年代、需要获取的文献量等。

（4）确定检索目的和要求。检索目的可分为三种：第一种检索目的是获取一定时期内有关某一主题所有的相关文献，强调检索的全面性，检索时要特别注意同义词、准同义词、相关学科领域、同书异名、著者异名等的选取和检索，防止漏检；第二种检索目的仅仅是为了获取某一主题的相关文献信息，强调检索的准确性，检索时要特别注意主题概念提取的准确，防止误检；第三种检索目的在实际检索工作中最为常见，它介于前两种检索之间，既要全面又要准确。这种检索在实施时也较为复杂，要谨慎处理，通常检索的全面性与准确性不能同时得到很好的满足。

（二）选择检索工具

通过上述研究课题的分析，选择合适的检索工具（系统）时，一方面要根据课题的检索要求，另一方面还要根据各种检索工具（系统）的特点。

(三) 选择检索方法

选择检索方法时，要根据现有的检索工具（系统）的情况以及课题的检索要求。一般来说，在检索工具（系统）比较齐全的情况下，采用常用法比较合适；在检索工具（系统）比较短缺时，可采用循环法；如果没有或严重缺乏检索工具时，只采用回溯法。若检索课题要求全面检索相关课题，可使用顺查或抽查。若检索课题仅要求检索近几年的相关文献，则使用倒查法较为合适。

(四) 确定检索途径

根据检索要求，依据文献的内容和外表特征及已经掌握的文献线索，结合检索工具（系统）提供的索引种类，确定检索途径。

(五) 获取原始文献

在研究分析了检索课题，选择确定了检索方法、途径、检索工具（系统）后，即进入了利用检索工具（系统）进行具体文献信息的查找阶段，以获取相关的文献信息资料。通过信息检索工具（系统）获取的文献信息有两种：一种是原始文献信息；另一种是文摘、题录等信息。对于文摘、题录信息，要根据其线索进一步查获原始文献。对于本馆没有收藏的原始文献，可通过其他馆或联合目录的检索，了解文献的收藏地，再通过图书馆信息部门或个人直接利用馆际互借的方法或文献传递服务等手段，去获取原始文献。

上述文献信息检索过程中的五个步骤，并非每个检索课题都要逐一经过，在实际检索操作时可区别对待，灵活使用。

六、计算机信息检索

下面重点介绍全文数据库检索系统。

(一) 主要中文全文检索系统介绍

1. 中国学术期刊全文数据库（网络版）

中国学术期刊全文数据库是目前国内再建数据库中投入最大、收入报刊文献最完善的数据库工程。它是目前我国使用率最高的一个大型综合性学术期刊全文数据库。该库除主站网以外，还在国内设有16个镜像站点，其主站网的地址为：http://www.cnki.net；华东南的镜像资源站点为：http://www.sh.cnki.net/。检索方法是：主站网或镜像站点——→用户名和密码——→安装全文浏览器——→学科范围和检索时限——→检索词——→检索。如：选择的是“关键词”，检索词为“终身教育”，检索范围为“教育与社会科学”专辑，检索时间为“2000—2002”，选择某篇文章，在其下半部即可看到该篇文章的出处及文摘，点击“原文下载”，可阅读、保存、下载、打印全文。如果一次检索结果过多，可进行二次检索，还可进行高级检索。

2. 中文科技期刊数据库（网络版）

该数据库由重庆维普资讯行研制开发，收录1989年以来的自然科学、工程技术、农业、医药卫生、经济、教育和图书情报等学科8 000余种期刊刊载的600余万篇文献，并以每年 100 万篇的速度递增。主站网址为：http：//www. cqvip. com/。该数据库由江苏省高等教育文献系统与国家科委西南信息中心、重庆维普资讯行共同建设，在江苏南京大学、苏州大学、中国矿业大学设有三个镜像资源站，向江苏省范围内的高等院校提供服务，网址分别为 http：//211. 70. 215. 32/（中国矿大镜像站）；http://202. 195. 136. 17/（苏州大学镜像站）；http：//202. 119. 47. 6/（南京大学镜像站）。检索也须输入用户名和密码，同时要下载、安装全文浏览。检索方法同中国学术期刊全文数据库。

3. 中国优秀博硕论文全文数据库（网络版）

该数据库是由中国学术期刊（光盘版）电子杂志社与清华同方光盘有限公司共同研制开发的数据资源库。该库按学科划分了 9 个专辑，涵盖了社会科学、理工、农林、医卫等众多学科领域，是目前我国覆盖面最广的中文全文博硕士学位论文数据库。网址为：http：//www. cnki. net。另有中国学位论文全文数据库（镜像站点），是由中国科技信息研究所提供、万方数据公司加工开发的博硕士论文全文数据库，学科划分为五大类，涵盖了理工、医卫、社会科学与人文科学各领域，是我国目前学位论文数据含量最大的数据库。

（二）主要外文全文检索系统介绍

1. SDOS 全文期刊数据库

SDOS 是设在荷兰 Elsevier Science 公司的电子全文学术期刊数据库。该数据库共收录 1 559 种 Elsevier 出版的期刊，涉及社会科学、自然科学等 12 个学科领域，是国内使用率较高的外文期刊数据库。该数据库在使用前必须下载 Adobe Acrobat Reader 浏览器。我国目前建有两个镜像站，分别设在清华大学图书馆和上海交通大学图书馆，网址为：http：//elsevier. lib. tsinghua. edu. cn（清华大学镜像）；http：//elsevier. lib. sjtu. edu. cn（上海交通大学镜像）。

2. Kluwer 全文期刊数据库

该数据库是由荷兰 Kluwer Academic Publisher 出版发行的数据库。该库共收期刊 800 余种，内容涉及经济学、工商管理、材料科学等 24 个学科领域。文件全部采用 PDF 文件格式，使用前须下载 Adobe Acrobat Reader 软件。CALIS 文理中心已引进该数据库，在北京大学图书馆建立了镜像站，网址为：http：//Kluwer. calis. edu. cn/。

3. EBSCOhost 数据库

EBSCO Publishing 于 1984 年成立，1994 年推出了网上全文数据库——EBSCOhost。该库内容涉及文学艺术、商管财经、生物科学、环境科学等众多学科。文件采用 PDF 文件格式，网址为 http：//search. china. epnet. com。

七、利用 Internet 信息检索

因特网，又称国际互联网，英文是 Internet。它是一个开放的、由位于全世界不同地方的众多网络和电脑相互连接而成的、能够实现多媒体通信的广域网络，蕴藏着极为丰富的信息资源，取之不尽，用之不竭。通过因特网，撰写论文所需的文献资料就会源源不断地出现在你的面前。为了方便人们在因特网上查找信息，各种搜索引擎应运而生，下面主

要介绍几个常用的搜索引擎。

(一) 国外常用搜索引擎

1. Alta Vista（http：//www. altavista. digtal. com/）

该搜索引擎是专门为查询 WWW 和 Newsgroup 全文检索的搜索引擎，提供基本检索和高级检索两种检索界面。

2. Yahoo!（http：//www. yahoo. com）

Yahoo! 是目前最著名的搜索引擎之一，由斯坦福大学电子工程系研制，为大型综合性搜索引擎。在关键词检索上，提供简单与高级两种检索方式。

3. Excite（http：//www. excite. com）

该搜索引擎是目前常用的一种搜索引擎，集 5 000 多万个网页。

4. Infoseek（http：//www. infoseek. com）

Infoseek 标引了 5 000 万个 URL 的全文，提供 Infoseek Guide 免费搜索工具和 Infoseek Professional 收费的搜索工具。

5. Google（http：//www. google. com）

该搜索引擎是由斯坦福大学的两名博士生设计的，是一个全自动搜索引擎。

(二) 国内常用搜索引擎

1. 搜狐（http：//www. sohu. com. cn）

搜狐是一个大型的中文网系统，由北京爱特信公司于 1998 年 2 月推出。

2. Yahoo! 中国（http：//www. yahoo. com. cn）

Yahoo! 中国是为全球中文读者开发的网站，除提供主题式分类目录查询外，还提供关键词的网页搜索。

3. 悠游北京（http：//www. goyoyo. com. cn）

该网站提供分类和关键词检索。

4. 天网（http：//162. 105. 205. 253/eventsearch/）

天网由北京大学计算机系研究开发，其优点是查询速度较快，搜集的网页较多。

5. 百度（http：//www. baidu. com）

百度是全球最大的中文搜索引擎之一，2000 年由李彦宏创立于北京中关村，致力于向人们提供“简单的、可信赖的”信息获取方式。

八、直接文献的收集

有的选题，仅仅利用间接文献是不够的，还必须收集直接材料。直接文献来源于科学观察、实地调查和科学实验。

(一) 科学观察

科学观察，就是有目的、有计划、有选择和能动地对自然条件下所发生的某种特定过程和现象做系统、细致的考察，以获取事实文献。在实际观察中做到：一要全面，二要客观，三要细心，四要用心，五要做好观察记录。科学观察记录是观察的结果和心血的结晶，是科学研究的依据，记录要准确无误、周密完整、详细有序。

（二）实地调查

实地调查就是深入社会实际生活中去获得最真实可靠、最丰富生动的第一手文献。

1. 调查的途径

采取何种途径进行调查，要根据调查的内容、对象、时间、条件来决定。这里主要简述座谈会、个访法、问卷法三种调查途径。

（1）座谈会。开会前应把调查题目告诉了解情况的参加者，以便他们有目的地做好发言准备。每次人数不必多，5～6 人即可。人少便于把问题谈清、谈透。会上，调查者可口问手写。

（2）个访法。调查者分头找各行各业的人个别谈话、询问，了解某个问题的全貌和细节。根据情况可运用两种不同形式：一是提问式，即按照事先准备好的调查表或调查提纲上的顺序，一面问，一面记，逐项谈完为止；二是漫谈式，即自由交谈。

（3）问卷法，就是以问卷形式请调查对象书面作答。它有两种形式：一是封闭式，即调查对象只能选择卷面上所列的几种答案中的一种，其长处是回答方便，要求统一，便于研究和整理，但因限制太死，不能把复杂情况阐述详细；二是开放式，即调查对象对问题可自由发挥，详细阐述自己的观点，其长处是可使调查资料丰富，参考价值大，但不易整理，难以进行数学统计和定量分析。

2. 调查的方式

按调查的范围分，有普遍调查、典型调查、抽样调查等。

（1）普遍调查也称全面调查，就是在一定的调查总体范围里对所有对象进行调查。此法能直接取得比较接近实际的全面文献，但由于涉及范围广，要花费大量的人力、物力、财力。

（2）典型调查，就是在一定的调查总体范围里，选择有代表性的典型样本对对象进行调查。此法能了解总体的一般情况，集中地反映同类事物的共同特征，但难以得到总体的全面精确的文献。

（3）抽样调查，就是在一定的调查总体范围里，抽出部分样本为对象进行调查。此法是普遍调查和典型调查的结合形式，兼有两者的优点。因为此法是以概率论作为理论基础的，所以它对总体的推论结果只能是大致的、近似的，与实际情况总会有一定的误差。

此外，按在调查过程中的作用分，有初步调查、试验性调查、反馈调查、正式调查、补充调查、追溯调查、追踪调查等。

（三）科学实验

科学实验就是根据选题需要，人为地控制或模拟客观现象，排除各种干扰，在有利的条件下获得事实材料。它是在观察方法的基础上发展而来的，是观察方法的延伸和补充。

任何实验都有三个基本要素：实验者、实验装置和实验对象，根据三要素各自不同的特征，可划分为不同的实验类型，主要有定性实验、定量实验、对照实验、模拟实验等四种。

(1) 定性实验就是划定研究对象具有哪些性质，鉴别某种因素是否存在，判定某个假说或方案是否成立，决定不同假说或方案的取舍，以及某些因素之间是否具有某种关系的一种实验方法。

(2) 定量实验就是用来测定某个研究对象的性质、组成及其他影响的数量值的一种实验方法。

(3) 对照实验就是通过比较来揭示研究对象的某种性质或某种原因的一种实验方法。这种方法是将研究对象作为试验组，同时另外设置一个条件尽可能一致的对照组，以此作为比较的对象和标准，然后通过某种实验步骤及对实验结果进行比较，从而判定试验是否具有某种性质或影响。

(4) 模拟实验就是根据研究对象（原型）的本质特征，人为地建立或选择一种与之相似的模型，再在模型上进行实验研究，然后将实验结果类推到原型中去，以揭示研究对象本质和规律的一种实验方法。

九、文献的阅读和积累

(一) 阅读文献

阅读文献就是根据选题的需要，阅读文献资料和第一手材料。阅读时要做到：一是把握范围，认真选读；二是紧扣选题，数量适度；三是循序渐进，随读随记。

1. 阅读的基本方式

阅读的基本方式主要有以下三种：

(1) 略读，其特点是只求了解文献的梗概，不求深、细。略读应着重注意下列部分：第一看书名、作者、出版者和印数，粗略了解文献所属范围及其价值；第二看文献的大小题目或段旨、主题句或目录；第三是看两头，即序言（前言、绪论）和后记（跋、附记），了解作者的写作意图、写作经过和文献来源以及作者的得失自评、今后研究意向等；第四是只看内容提要；第五是通览全篇。略读完后，选取有用的文献，并根据选题范围编上分类号，然后分门别类放置备用。

(2) 速读，就是全面地、不加删减地读完文献全文。在阅读过程中，并不过多地停留、推敲，只求对整个文献内容有个系统、全面的了解。速读后将文献大略地分成三类：第一类是一般参考价值或有待斟酌的；第二类是值得引用和内容精辟、观点新颖的；第三类是没有参考价值或观点前后矛盾的。分类后，要分别做上相应的记号。

(3) 精读，即用心地、理解地读。精读一般是选读，将略读和速读选择出来的、与选题关系密切的文献，深入地阅读。精读要逐字、逐句、逐段详细地读，逐节、逐章研究和思考，通过精读，达到融会贯通、消化吸收，形成朦胧轮廓的文章构架。一个精读的过程，必须经过反复研究、深入理解、消化领会几个阶段才能完成。

(二) 文献积累

文献的积累包括两个方面的工作：

1. 记录文献

记录文献就是把阅读中的收获、感受和认为有用的文献随时记录下来，是记忆文献、占有文献的重要手段。

记录的内容范围：有启发性的论点、见解、意见和看法；新鲜、典型、能说明问题、有证明力量的论据；阅读过程中引发的心得、感受和思想火花或在实验观察中发现的奇异现象，都要立即详细记下；名家的争论性观点，或作者与别人有争议的内容，也要摘录。

阅读笔记的类型分为两大类：一类是摘录式笔记，专门摘引原著和原始文献的有关内容，包括引语、索引、摘要、提纲四种；另一类是评注式笔记，重点是记下阅读者阅后的认识、感想及看法，是较为灵活的高一级阅读笔记，包括批注、札记、概述、感言四种。

记录的方法有：卡片记录、活页记录、本式记录、剪辑记录。

2. 疏理文献

疏理文献就是把收集得来的文献，按照选题的要求和文献的性质，通过科学分析、汇总和加工，把分散零乱的、错综复杂的文献变成比较系统的、条理分明的文献。

十、文献的整理和运用

（一）文献的整理

文献的整理就是把初选出的文献，进一步加工提炼，精心选择出更充实、更丰富、更适合研究和写作的文献，实际上它是对文献的优选和精选。选择文献，重在一个“精”字，要精细精当，以一当十。整理文献的原则是十个字：确凿、切题、典型、新颖、充分。整理文献的方法是：宏观把握、反复筛选；微观审视，逐个精选；综合提炼、认真挑选。

（二）文献的使用

文献的使用就是把精选出来的文献“化为己有”，科学地、灵活地用于课题研究和文章写作之中，充分发挥文献应有的作用。使用文献，重在一个“活”字，要活取活用。使用文献一定要认真把握好以下几点：一是安排好文献的先后顺序；二是确定好文献的详略程度；三是处理好文献和观点的统一。

综合训练

一、简答题

1. 按照学术论文的基本结构格式和编写提纲的要求，结合自己所喜爱的学科内容，寻找一个自己满意而又切实可行的论文题目，拟定一份详细提纲。

2. 找一期常看的学术刊物，研究该期所发表的论文的选题，看作者是如何选题的。

3. 选题应注意哪些问题？根据选题的要求试选三篇学术论文的题目。

4. 利用中国学术期刊网，利用关键词，检索本专业2003—2004年相关文章目录。

二、写作训练

结合自己的专业选择和兴趣，撰写一篇学术论文。

第十七章

毕业论文

毕业论文是带有学术研究性质的理论分析文章，是培养学生综合运用知识分析问题、解决问题的能力，并检验学生学习效果和理论研究水平的重要手段。毕业论文的写作与答辩是在老师的指导下进行的。毕业论文的指导、答辩、评价过程都要遵循一定的规范和程序。

第一节　毕业论文概述

一、毕业论文指导

（一）毕业论文指导的必要性

毕业论文是高校学生在毕业前为检验学习成果、锻炼独立分析问题和解决问题的能力，根据专业培养目标，在老师指导下撰写的专业学术论文。写作毕业论文是检验学习效果并判断教学质量好坏的手段，考查学生是否达到了专、本科毕业的水平。因此，毕业论文的写作实际上是一种教学活动，是高校专、本科教学中的重要环节。作为一种教学活动，论文的写作不能超出专业教学的范围，必须在老师的指导下进行，并按教学计划规定的时间完成，质量要求决定于学生所在专业的培养目标与规格，并最终由指导老师和答辩老师予以评价。

（二）毕业论文指导的内容

毕业论文要指导的方面很广，归纳起来，主要有七项：一是指导选题；二是指导搜集材料；三是指导立意；四是指导谋篇布局；五是指导起草；六是指导修改；七是指导答辩。

二、毕业论文答辩的目的和提问原则

（一）毕业论文答辩的目的

答辩的目的是：一是考查课题研究情况；二是了解写作过程和内容；三是测试学生的思维能力、应变能力和口头表达能力；四是帮助学生提高科学研究和文章写作的能力；五是评定最终成绩。

（二）答辩时提问的一般原则

答辩小组或答辩委员会由三至五位老师组成，论文答辩提问应遵循以下原则：

（1）目的性原则。提问的目的主要是检测学生对所选论题理解的程度、学生掌握专业知识及应具备能力的情况，应防止偏离这些目的。

（2）针对性原则。提问应针对所写论文的主要内容及答辩会上所作自述，避免提出无关或关系不大的问题。

（3）明确性原则。提出的问题应鲜明、准确，如学生不解或误解了题意，应及时指出并对题意作进一步阐明。

（4）适中性原则。所提问题的难易程度要适中，符合对专、本科毕业生的要求。既不宜提过于深奥的学术问题，也不宜提过于浅显的问题。

（5）启发性原则。所提问题应能启迪学生思维，促使学生在积极思考后做出陈述，而不应提仅要学生回答“是”或“否”这样简单的判断题。

三、毕业论文答辩的程序与注意事项

（一）答辩的一般程序

参加答辩的学生和老师应共同依照一定的步骤和方式进行。以下是论文答辩的程序。

1. 答辩前的准备工作

学生必须在答辩会开始的若干天前，将经过指导老师审查定稿的毕业论文若干份交给答辩委员会，答辩委员会的老师在审读毕业论文后，拟定答辩题目（保密），以备答辩时使用。

2. 答辩会的一般程序

（1）学生进行答辩陈述。答辩会开始时首先由答辩学生用 10～15 分钟的时间说明论文的题目、指导老师和写作动机，并对论文的主要观点、论据、论证方式等作简要介绍。

（2）提问与答辩。学生陈述后，由主持和参加答辩的老师进行提问，学生回答。老师提出问题的数量一般为二到三个。老师提问后，一般让学生稍做准备后回答。学生回答过程中，老师也可针对学生的回答和论文内容提出相应的问题，让学生进一步说明。当然，如果学生自己认为有把握，也可以不做准备即时回答老师提出的问题。

（3）评定成绩，结束答辩。学生答辩完毕后，答辩委员会的全体老师应对每个学生的论文质量、水平和答辩情况逐一进行综合评议，指出其优点和缺点或不足之处，给出成绩评定意见。

（二）答辩的准备

学生参加论文答辩需要进行两个阶段的准备工作：一是答辩会之前；二是答辩过程中，老师提问之后。

1. 答辩会之前的准备

这一阶段应做好以下几个方面的工作：

（1）检查自己的论文有无抄袭的嫌疑，确保答辩时老师们能一致认为该论文是学生自己辛勤劳动的结晶。否则，在审查和答辩中一旦被发现抄袭，就要受到相应的处分，影响学位的获得甚至不能毕业。

（2）仔细审查论文的观点、内容和结构有无问题，如有错误或不当之处，要及时予以修改。

（3）进一步熟悉与论文相关的知识和材料，在答辩前做到心中有数，以便对老师提出的相关问题对答如流。

（4）模拟老师提问情景，并对这些可能提出的问题做好应答准备。根据专、本科学生的知识水平、答辩能力和对论文质量、水平进行考查的需要，老师一般从以下三个方面提出答辩问题：一是围绕毕业论文的真实性提出问题；二是围绕毕业论文本身的薄弱环节或文章中涉及的有关基础知识和基本理论方面的内容提出问题；三是围绕和毕业论文主要内容相关以及能够探测学生水平高低、知识深度和广度方面的内容提出问题。学生应围绕这些方面，做好应答准备。

（5）做好答辩的辅助准备。如照片、插图、表格、实物模型，以及毕业论文的说明提要、答辩提纲、主要参考资料、供记录提问与意见用的纸和笔等要事先准备好。

2. 老师提问后的准备

老师提问之后，学生的准备时间一般只有 10 分钟。针对老师的提问应做以下两方面的准备：

（1）认真审题，准确理解题意。只有题意理解没有发生错误，才能正确作答。学生在答辩审题时，容易出现的失误有：一是对题目所涉及的基础概念理解错误，答非所问；二是抓不住问题的主要方面，造成回答时本末倒置。在答辩时要注意避免这些失误。

（2）构思回答内容，写好回答要点。如重点阐述什么，从哪几个方面阐述，用什么方法阐述等。同时拟出回答提纲，供答辩时使用。

（三）答辩时应注意的问题

毕业论文答辩，应从以下几个方面加以注意：一是仪容整洁、礼貌大方；二是沉着自信、不卑不亢；三是注意力集中、认真倾听；四是冷静思考、充分发挥；五是应答精当、要言不烦；六是应变机智、不慌不忙。以上是论文答辩时必须重点注意的一些问题，实际上这也是答辩的一些技巧。当然，要注意的问题也不限于以上这些，还有如声音不能太高或太低，语速不能太快或太慢等也是要注意的。

四、答辩报告的撰写

毕业论文答辩报告应包括以下内容：

（1）介绍选题。如说明所选论题的价值和意义，选定此题的理由，完成这一论题的可能条件等。

（2）陈述写作过程。应陈述从搜集资料、构思和形成观点、接受指导老师指导到成文定稿的全过程。

（3）说明论文的主要内容。应说明论文的中心论点、论证方式、下位论点及主要论据，以及由此而得出的结论。

（4）对论文创新的自我评价。应说明文中解决了什么问题、解决到何种程度、尚有何不足，还应对文章布局谋篇、逻辑结构、文字表述方面的优缺点进行实事求是的评价。

如果有机会，可事先设想答辩委员会的老师可能会问什么问题，进行预演。

第二节　毕业论文的写作

一、实验型毕业论文的写作

（一）实验型毕业论文的性质

实验型毕业论文，就是理、工、农、医科各专业的毕业生，为检验某一科学理论或假说，或为创造发明和解决实际问题，有计划、有目的地运用相应的物质手段（实验仪器、设备等），主动干预或控制对象，模拟自然现象或自然过程，以便在典型环境中或特定条件下对事实或现象进行观察、分析、综合、判断，得出科学的结论，然后如实地将实验过程和创造性成果加以归纳、总结，向社会公布。

科学实验的构成要素是实验者、实验对象和实验手段，三者缺一不可。实验型毕业论文，它既可以表述作者依据特定的研究目的，设计出一套全新的实验方案，利用外加的因素去干扰实验对象，看它将会产生什么样的结果；也可以表述运用新的原理、设备和方法，验证前人、他人已有的实验及其成果（理论或假说）是否正确；还可以表述运用前人、他人的实验原理、设备和方法，做出更高的精度测定，进一步加深对研究对象某些性质和规律的认识，将研究工作引向纵深发展。

（二）实验型毕业论文的特点

1. 确证性

确证性是科学实验以及实验型毕业论文最本质的特点。实验的结果不但要经得起自己的验证，而且要经得起任何人的复验。即在相同的实验条件下，任何人在任何时间、任何地点进行实验，都可取得完全相同的结果。

2. 纪实性

实验型毕业论文对实验过程和结果一定要如实记录，实验者看到什么就记录什么，是什么结果就表述什么结果，不得有任何的加工和虚构。绝不能为了一己私利去修改数据，假造实验现场。实验型毕业论文数据要运算到小数点之后的四位、五位甚至更多，才能反映出实验的真实情况，并有可能从中获得意外的收获。

3. 创新性

实验型毕业论文必须具有创新性，一定要有个人独到的看法。它不必包括实验过程的详细叙述，也不必描述过多烦琐的具体观察所得，所有的实验工作都可写成实验报告，但没有必要都写成论文，这最终取决于见解是否具有独创性。

(三) 实验型毕业论文主体部分的结构

1. 引言

实验型毕业论文的引言要求交代清楚此项实验的缘由、目的和重要性，具体包括：做的是什么实验？为什么要做这个实验？问题是怎样提出来的？有什么理论和实践的依据？到底要解决什么问题？提出该项实验的背景是什么？前人或他人已做了哪些工作？尚有哪些问题未得到解决？本实验要达到的预期目标是什么？实验的范围、设备、方法及最终取得的结果怎样？有哪些拓展、突破和创造性的成果……这部分要写得概括精炼，条理清晰。上述内容不必全写，视需要而定。在引言里，要客观评述前人在这方面所做的工作，但不要过多地引用和堆砌前人论文的内容。

2. 正文

正文内容大体可分为以下几个小的项目：

(1) 实验原理。简要说明实验所依据的基本原理，实验方案、实验装置的设计原理等。除以下两种情况外，实验原理可以省略：一是实验原理或实验方案、装置是自己设计的，实验内容是新颖的；二是实验条件是复杂的、读者难以理解和掌握的，有必要对实验原理做出扼要说明。

(2) 实验材料（设备）和方法。这是实验型毕业论文的核心。其主要内容是：介绍实验用的材料（含原料、样品、添加剂、试剂等）的来源、产地，材料的制备、加工方法，材料的性质、特性，材料的代号、命名等。介绍实验的设备、装置和仪器的名称、型号、精度、生产厂家等。介绍实验的方法，包括创造性的实验、观测、检验方法和对其结果的运算处理方法和公式，实验过程中出现问题的处理方法，操作中应注意的问题等。对于常规的材料、设备和传统的方法简单提及。如果是仿制并有改进的，应详述改进的部分；如果是自行设计制作的实验装置或采用新的实验方法，应详细说明这样设计和所用方法的理论依据、原理、结构、条件以及所使用的设备型号、原材料规格、性能、测试手段和操作步骤等（并附实验照片）。

(3) 实验经过。也称实验过程，或称实验方法、操作步骤等。此部分主要说明制定的实验方案和选择的技术路线，以及实验的具体操作步骤，还要说明实验过程中实验条件的变化因素及其依据等。实验过程通常采用实验工作的逻辑顺序，而不采用自己实验的时间顺序。要抓住主要环节，只需叙述那些关键的、非常用的、不同于一般同类型的实验设备及操作方法，从而使实验结果所表现的规律性更加鲜明。要从成功与失败、正确与谬误、可能性与局限性等方面加以分析，表现出严谨的科学性和逻辑性。如系采用别人的实验方法，只需指明方法并标明参考文献即可，不必详述其实验程序。如实验程序有改动，则必须说明改动的原因。

（4）实验结果分析（讨论）。也称各种因素分析。实验结果分析是论文的“心脏”部分。这一部分是论文中最难写的，一般应包括以下内容：一是主要原理或概念，对实验结果进行综合分析；二是实验条件，尤其是人力未能控制的缺点更应说明；三是本实验结果与他人结果的异同，突出自己在实验中的新发现和新发明；四是解释因果关系，说明其必然性和偶然性；五是指出本项实验结果在理论研究或生产实践中的价值和意义；六是尚需进一步探讨的问题。

在这一部分，对实验结果和具体的判断分析要逐项探讨；数据的计量单位名称、代号，必须遵循统一的国际单位制的规定；突出本课题研究的新发现和经过证实的新见解，作者在实验中得出的虽未充分证明但足以列为具体结论的某些见解也可阐明；有些实验结果出现的异常情况无法解释，但不影响论文的主要观点，也应说明，以供未来的研究者借鉴。

最后，还可提出本课题下一步拟作进一步研究（实验）的设想，或未来的工作大纲，这对读者是有启发和帮助的。

3. 结论

这是实验型毕业论文最终的、总体的结语，是作者通过实验所获得的创造性成果和独到见解在结论中的如实表述。它是整个实验过程的结晶，是全篇论文的精髓。结论用词要恰如其分，既不能把问题说得模棱两可，又不要说得太死、太大、太绝对。要突出中心，揭示事物内在的有机联系。在作结论时应充分考虑各种主、客观因素，不能将实验室的成效等同于实际生产中的成效。结论的文字要与引言相呼应，与正文紧密联系，不要复述前面的结果和讨论。这样才能做出充分和合乎逻辑的推理与判断，所作结论才能令人信服。

（四）实验型毕业论文的写作要求

1. 要以科学的世界观和方法论为指针

科学实验是一种由不知到知、由现象到本质的认识活动。要以马克思主义的世界观和方法论为指针，指导我们撰写实验型毕业论文，对实验结果进行科学的分析和综合，才能将感性认识上升为理性认识，揭示其本质、规律及与其他事物的内在联系；才能对实验做出正确的评价，肯定实验的创造性成果，实事求是地指出实验中可能出现的缺陷或错误。

2. 要准确表述实验设计

科学实验包括设计、实施和解释三个步骤。所谓实验设计，指的是在正式进行科学实验之前，根据一定的目的和要求，运用有关的原理、定律，对研究方法和步骤的预先制定。如果实验设计合理、周密、科学，便可事半功倍；反之，如果实验设计存在缺陷，就会造成浪费，甚至一无所获。所以，一定要准确表述实验设计，尤其对实验设备、方法所作的新的设计，或对旧的设计所作的重要修正、补充和完善，都要准确、具体地表述出来。

3. 科学解释实验结果

这里的解释，指的是依据已有的知识从因果关系上去理解通过实验所获事实、结果的积极思维活动。如果论文对实验结果不能做出科学的解释，仅仅只是列出实验过程和有关数据，这样的论文是没有太大的理论价值和实用价值的。

二、观测型毕业论文的写作

（一）观测型毕业论文的概念

观测型毕业论文，就是理、工、农、医科各专业的毕业生，综合运用所学专业的基础理论、专门知识和基本技能，对自然界的各种现象和事物，对动植物的生理和心理机制、基因、病理等进行观察和测量，将所观察、测量的结果进行准确、具体的描述，从而给人以明确、完整的认识。

观测包括观察、测量两个方面。所谓观察，就是有目的、有选择地运用人的视觉器官对客观对象进行认真、细致、客观地仔细观看。所谓测量，就是用科学仪器对客观对象进行观测和度量，以精确测定空间、时间、性质、结构、温度、速度、功能等有关数值。观察和测量经常是结合在一起的。

（二）观测型毕业论文的特点

1. 直观性

观测的直观性，一是指主体直接接触对象，感受对象（亲自听、亲自看、亲自抚摸、亲自闻、亲自尝），不要任何中间环节，也不能由旁人替代；二是指所获得的认知一般不需经过逻辑判断和理性思维，是由人的感官从所观测对象的直观形象上直接获得的，具有生动、具体、形象的特征。观测型毕业论文是通过如实记录和描摹观察、测量对象所获得的感性直观印象。

2. 客观性

撰写观测型毕业论文，要始终坚持客观性原则，反对主观性，尽可能缩小因主观因素造成的误差，不管由什么人，在任何时间和地点，采用相同的观测方法，均可获得相同的观测结果。要真正做到客观性：一是要一切从客观实际出发；二是坚持在自然状态下进行观测；三是要系统、全面、动态地进行立体观察；四是观测要从整体着眼，从细处着手，善于抓住细节，捕捉特征，发现观测对象与其他事物的相同点和不同点。

3. 选择性

科学观测是一种有意识、有目的、有计划、有指向的观测。要做好观测前的充分准备，明确观测目的，对观测对象、环境条件、观测工具和观测方法都要有所选择，只有这样，才能达到预期的目的。

（三）观测型毕业论文主体部分的结构

观测型毕业论文与实验型毕业论文有着大体相似的结构形式，在主体部分，除引言和结论外，正文一般可细分为观测设备和方法、观测经过、观测结果和讨论三个小题目，写作时可参考“实验型毕业论文主体部分的结构”的有关内容。

引言主要交代观测的对象、目的、范围，所用的观测设备和观测手段，通过观测所获得的结果或结论等。

正文要对观测进程及其成果做客观、具体的描述。描是描摹，指的是用语言文字表现人或事物的形象、情状、特性等，使其鲜明、生动地呈现在人们的面前；述是叙述，指的是对人物、事件、环境所作的概括性的交代和陈述。将这两种表现手法结合起来，就是描述。观测型毕业论文正文的描述不同于文艺作品的典型造型和场景描摹，它不追求一种如临其境、如睹其物、如见其人、如闻其声的审美效果，而是要真实、具体、准确地描述观测对象的形体大小、形态特征、动作情态、生活环境、分布状况以及颜色、声音、亮度、气味等，力求精细具体，分毫不差。描述的目的是说明这一事物或现象是什么、不是什么，它与相似、相近的事物或现象的主要区别。在结果和讨论中，不必做过多的逻辑论证和推理，只需作扼要的归纳即可。

结论要客观、科学，切不可将自己的解释同事实混在一起，更不应将自己的解释和推测当成观测的实际结果。在结论部分，还可说明该课题研究的作用和意义，提出今后有待进一步解决的问题。

(四) 观测型毕业论文的写作要求

1. 做好观测记录

要获取第一手真实、可靠的材料，就必须认真、及时、准确、翔实地做好观测记录。没有准确、详细的观测记录或记录残缺不全、支离破碎，那是根本无法撰写观测型毕业论文的。

2. 充分运用所学专业知识

如果不具备该专业的基础知识，就难以完成任务。作者的专业素质高，熟练掌握本专业的基本原理和基础知识，从事科学观测和撰写论文也就得心应手；否则，要写出高质量的观测型毕业论文，那是根本不可能的事情。

3. 量化观测数据

在观测型毕业论文写作时，一定要将观测得到的各种数据加以量化，进行科学的数理统计和计算。量化时还可使描述和分类精细化、具体化和简化，促成严谨、精密的科学假说、理论的诞生，以及对科学的假说、理论做出严格的检验和印证。

三、评述型毕业论文的写作

(一) 评述型毕业论文的概念

评述型毕业论文，就是理、工、农、医科各专业的毕业生，依据所学专业的基本原理、基础知识和国家的经济、科技政策，对特定领域里的某一学科、专业或产品、技术、技术经济的研究成果以及科技发展动向进行综合性叙述和评论的论文形式。

科技述评依据所涉及内容的宽广度，可分为综合性述评和专业性述评两大类；依据评述的不同对象，可分为文献述评、讨论述评和会议述评三大类；依据评述所采用的方法，可分为事例介绍分析型述评、事例对比分析型述评、系统分析型述评、评论性述评四大类。

为了检验理、工、农、医科各专业学生理解和掌握本专业基础理论、专门知识、基本技能的深度和广度，让学生切实了解本学科、专业某一重大课题的发展现状、水平和发展趋势，加强科学研究基本功的训练，已将评述型论文列入毕业（学位）论文的选题范围之内，而且越来越受到人们的重视。

（二）评述型毕业论文的特点

1. 综合性

科技述评以科技综述为基础。所谓综述，就是综合已有的研究成果，并以其为对象作进一步的研讨。写作科技述评或评述型毕业论文，首先要针对所评述的课题全面搜集国内外的有关科技文献，通过整理、鉴别、分析、综合、加工、提炼，全面、系统、完整地加以介绍，给人一个总体的认识，然后在此基础上再加以评价和评论。

2. 浓缩性

评述型毕业论文撷取的是那些新鲜的、本质的、有代表性的、有价值的信息，并进行高度的集中和浓缩。它应该综合所有原始科技文献的主要思想、基本观点和最重要的信息精髓。有的科技述评或评述型毕业论文时间跨度大，涉及的专业横向面十分宽广，信息量极大，这是只集中报道某项研究成果的学术论文和科学技术报告所无法比拟的。

3. 评论性

这是科技述评和评述型毕业论文最本质的特征，也是它与科技综述的根本区别之所在。科技综述只对原始文献、会议、数据、情况、观点等作纯客观的介绍和分析，不作评价、评论、预测或建议，即只“述”不“评”。而科技述评，包括评述型毕业论文在内，其重点在“评”，是述、评结合。

（三）评述型毕业论文主体部分的结构

1. 引言

主要介绍述评对象的基本情况和述评的缘由、目的、意义，它是在哪些文献资料（或会议发言、资料）的基础上撰写的？课题在国民经济发展、社会进步中的作用和重要性如何？有时也可能说明述评的内容、性质、适用对象和范围等。

2. 正文

正文是评述型毕业论文的核心部分，它包括以下内容：

（1）发展史。以时间为序，纵向叙述本课题在各个历史时期的发展情况，尤其指出重大进展阶段是在什么条件下发生的，其实质、特点、意义是什么，达到了什么水平，国内外发展状况，各学派的主要分歧，尚存在哪些悬而未决的问题。

（2）现状分析。按地域分别介绍。着重介绍各国、各地区对本课题研究的成就、现有水平、发展特点，并与国内作横向比较，进行具体分析，指出国内对本课题研究的现实水平、现有条件、所取得的成就，以及国家在政策、体制、投入等方面需要解决的问题等。

(3) 趋向预测。这是对未来的展望，是一种前瞻性判断。它大致有三种类型：一是发展趋向预测；二是影响与效益预测；三是对新问题的预测。

(4) 具体建议。建议有四种类型：策略性建议、技术性建议、推荐性建议和改进性建议。要讲清楚采用该项建议的根据、理由、主客观条件和适用范围等，并作可行性论证。

3. 结论

结论是对正文中的主要内容做出归纳总结，阐明课题的总体判断、意义、作用、技术经济评价和前景展望等，并指出若干注意事项。如果结论在本论中阐述清楚，也可不要结论部分。

4. 参考文献

在评述型毕业论文中列出参考文献有着特别重要的意义，因为人们阅读、利用评述型学术论文（包括评述型毕业论文在内）的主要目的就是根据其提供的线索去查找原始文献资料，以便作进一步的深入研究。

5. 附录

作为附录的可以是重要的文献原文，有些是评述型毕业论文中的图表、数据、技术经济指数等。

(四) 评述型毕业论文的写作要求

1. 具有深厚的专业基础理论和专门知识

作者应具有深厚的专业基础理论和专门知识，并且在专业学习和科研实践中，不断更新知识，了解和掌握本学科、本专业和邻近、边缘学科的最新动向；同时，作者还要懂得一些科技情报学知识，善于利用各种渠道和方法随时随地去捕捉信息，这样才能抓住文献的核心，有针对性地进行评论，真正做到观点和材料的有机统一。

2. 选择有重大价值的主题

选择评述型毕业论文的主题，应注意以下几点：力求与国家制定的经济技术路线、方针和部门制定经济技术政策、法规的需要，以及长远规划、近期目标或研究项目的需要相结合来选择主题；与生产和科研建设中的重要关键问题相结合来选择主题；评述国际上的新理论、新技术、新材料、新方法，并探讨在我国应用的可能性；虽然在我国尚为空白，但在国际发展趋势中值得注意的动向或苗头也可作为主题；总结在某一历史阶段、某一学科或某一技术领域的发展变化状况；探索多学科交叉的新概念、新思想、新技术、新方法的形成及应用等。

3. 认真做好主题的综合分析

选择主题后，对课题所涉及的文献资料要认真做好综合分析，从文献资料或会议发言中找出相同、相似看法和分歧意见，探究观点产生分歧的主要原因，形成评论的焦点。综合分析的方法主要有：

(1) 列举法。即将课题研究中的几个方面逐一进行介绍。

(2) 阶段法。即将历史年代分段进行对照比较，探究事物发展的内在规律。

(3) 层次法。即按课题的逻辑层次，层层深入地进行论述和说明。

(4) 典型法。即以课题中的几个典型的、关键性的问题作为重点进行具体分析、阐述。

以上方法，作者可根据实际情况灵活运用，目的是：既要了解本课题研究情况的全貌，又为表述作者的评论性意见提供坚实的基础。

4. 下工夫写好评论

评述型毕业论文重在评论，在进行评论时，可先述后评，可边述边评，还可述评交错，层层逼近。自己要对评述对象有准确独到的认识，并提出新颖正确的见解，具有自己鲜明的特色。成文时，不能将文献观点和作者述评的观点混为一谈，更不能进行自我评价，肆意美化和吹捧。

综合训练

1. 以本专业一篇真实的毕业论文为例，说明并分析论文的指导、答辩、评价过程。
2. 以老师为组长，学生参与，组成答辩小组，进行 3～5 篇毕业论文答辩模拟训练。
3. 根据毕业论文答辩报告的内容，撰写一篇毕业论文。

第七编
礼仪公关文书

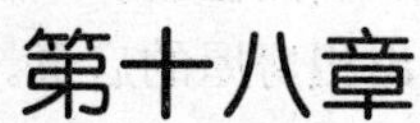

第十八章

张贴类文书

第一节　启事的写作

一、启事的概念

启事是个人或机关、企事业单位、团体，需要向公众或公众中的特定对象说明某事或请求协助办理某事时使用的一种事务文书。启事是以公开方式广泛传播信息的文字材料，是人们日常生活和工作中使用较为普遍的一个应用文种。

“启”是叙说、陈述的意思，“启事”，即告知事情的意思，所以“启事”不能写作“启示”。

写作启事的主体主要是个人，少部分是单位。当个人使用时，它的应用范围十分宽泛，凡需公之于众的事项，都可使用启事；当单位使用时，启事的使用范围要狭窄得多，因为公务性、管理性较强的事务要告知公众，另有专门对应的文种，比如通告、公告、布告、广告、通知等。

二、启事与其他相关文种的区别

（一）启事与通告的区别

个人不能使用通告。单位的重大事项、有约束性内容的事项、针对员工的事项，一般用通告；行业管理性的内容用通告，如城管部门贴出的《菜市场迁址通告》；单位中有公关性质的事务用启事，比如开业启事、厂庆启事等。

（二）启事与广告的区别

如果是固定的、长期的、大批量的商品、贸易信息，则可视做广告；如果是临时性的、偶然性的、个别的信息，则用启事。如大学生毕业前出售旧书、旧车等的启事，某居民出租房屋的启事。

（三）启事与通知的区别

启事的诉求对象要么是公众，要么是不确定的。如果受文对象比较明确，有行政隶属关系，则用通知。比如，某厂要让员工来换工作证，就可用通知，因为对象是明确的。如果是要让公众提供自己珍藏的该厂历史资料，则可用启事，因为对象不明确，不知道谁手上有需要的历史资料。

三、启事的作用

启事的作用，表现在它能在多种情况下实现信息交流。

（一）向众多对象陈述信息

当某个信息涉及众多的相关人员时，为简便省事，就用启事这种集约方式告知。这类启事的告知对象是明确的，但由于数量众多，或通信不便，一一告知有一定的困难。在媒体上用启事告知，其信息可以迅速、广泛地传播。例如，某学校要举办校庆，要让遍布各地的校友得知此消息，就得到报纸上刊载启事。企事业单位遇到告知对象众多这类情况时，如果事情重大，会用通告；如果事情细小，或者想低调处理，则用启事。

（二）向隐没对象陈述信息

当某个告知对象不知踪迹，隐没在茫茫人海中时，利用启事就可以大海捞针。寻访对象有可能是作者本来认识，但现在音讯杳然的人，如某些寻人启事中的对象；也有可能是作者本来并不认识该对象，而现在要依据某个特征去寻找，如招领启事中的寻访。由于启事张贴在街头巷尾，或由广播、电视或报纸等媒体广泛传播，所散发的信息就会传递给所要告知的对象。这类启事也许真正要告知的对象只有一两个（有时就单以这一两个人为诉说对象），但具有众多的表面告知对象（知情者），这些表面告知对象会主动传递信息，增强启事的传播效果。

（三）向潜在对象陈述信息

像招聘启事、招生启事、征文启事、征婚启事等具有征召性质的启事，所告知的对象是不确定的，发布者根本就不知道他们姓甚名谁、身处何方，只要符合某些特征或条件，他们就属于征召对象或寻访对象。启事中所列写的特征和条件是比较宽泛的，也许有一大批人具备该征召特征和条件。这在征婚启事中表现得最为明显，该类启事诉求的对象很多，但真正要选取的只有一个。

（四）表示郑重声明

有些报纸上刊载的启事，并没有真正的诉说对象，它的对象只是一个抽象的概念——公众。声明类启事大多如此。之所以要将某个信息公之于众，是因为这个事实非常重要，启事撰写者觉得须得到社会的鉴证、验证和认可，有见证于社会、取信于社会、立誓于社会的意思。例如：断绝关系的声明，是为见证于社会；关于正宗品牌的声明，是为取信于社会；宣布缔结关系的声明，是为表述一个强烈的誓愿。

（五）表示深挚情意

有些启事，如鸣谢启事、致歉启事、恭贺启事、志哀启事等，它们不是表述一件事情，而是表达一种情感。这类启事大多有明确的写作对象，而且有当面致意、一一致意的可能。撰写者之所以要以启事的方式公开、广泛地倾诉，目的是加强致意的效果，让人觉得其所传达的情感更为真诚、深切、强烈。写作这类启事多出于社会交往的礼仪需要，所以，文中用词典雅，多传统的套话。例如恭贺新婚的启事，就可以这样写："恭贺××先生、××小姐结秦晋之缘，共百年之好。"这类启事多刊载在比较正规的媒体上。

四、启事的种类

按写作启事的内容分类，启事有十多种，这里介绍较为重要的几种。

（一）寻找类

写启事的目的是寻找遗失的物品或走失的亲人。如寻物启事、寻人启事等。寻物启事一般张贴在物品（可能）丢失的地点，或捡拾者可能出现的住处和路口。寻人启事的受文对象可能是被寻人自己，也可以是其他知情人。

（二）招领类

因发现他人遗失的物品或发现他人走失的亲人而写的启事。写启事的目的是希望物归原主或走失的人回到亲人身边。

（三）征求类

写启事的目的是征收到某种物品或征求到某种人员。如征稿启事、征物启事、招聘启事、征婚启事等。

（四）聚会类

写这类启事的目的是邀集亲友、校友、会友、社会同仁集会到一起共同举行某种活动。如校庆启事、厂庆启事、婚礼启事、祝寿启事等。

（五）通知类

厂家、店铺、机关团体的办公地址或者个人住址等迁移新址时，如认为有必要向社会公开告白，也常采用发表启事的方式；对已公布的事项作某些文字或表述上的更正，也可使用启事。

（六）声明类

这类启事可用于遗失证件、支票，更换厂名、印章，社团成立、新店开张，等等。发表启事向社会有关方面说明，以作为作废声明或变更声明。

（七）陈情类

有些启事是陈情的，如道歉启事、鸣谢启事、祝贺启事等。用启事公开道歉更为郑重其事，用启事公开道谢更为情深意切，用启事祝贺更为热烈隆重，后二者也兼有表彰、宣传之意。

（八）海报类

海报也是一种启事，多用于宣传娱乐性活动，如电影、电视、讨论、演讲、球赛、联欢会、舞会等。它的特点是娱乐性、自愿性、集体性、艺术性，一般都以张贴的形式发布。

以上八类启事，我们可以按写作启事的目的将其分为两大类：请求协作型和声明知照型。前四类为请求协作型，写启事的目的是希望得到别人的帮助和配合，这类启事的事务性、实用性很强；后四类为声明知照型，写启事的目的仅是让别人知晓某件事或某种心意，不需要别人采取相应的行为，这类启事多带有公关宣传性质。

五、启事的结构

（一）标题

居中写“××启事”，如“寻物启事”。去掉“启事”二字，单写目的亦可，如“寻公文包”，但单写“启事”不是很妥当，因为别人从题目中得到的信息太少，不太会引起注意。

（二）正文

直接写正文，不必像写信一样写出收文对象，因为启事属于周知性告示，没有明确的收文对象。正文一般不分段落。

启事正文部分的内容根据写作目的有所不同。

第一种，请求协作型启事。

先写发生了什么事。这部分要写好事件的时间、地点、相关物品的特点等，原因不要过多写。比如：“因本人不慎，今天上午在学校食堂遗失手提包一只，内装钱包一个，手机一只，以及若干考研资料。”然后，写要求别人怎么做。重点写要求、做法以及做后的回报条件等。如“望拾到者尽快归还本人，请打电话××××联系，本人将赠送 100 元手机充值卡作为酬谢！”

第二种，声明知照型启事。

先写事件的背景、缘由。如迁移启事中，写因为要满足市政工程需要等。然后写知照事项。写需要别人知道的事情，如迁移、更名、感谢、道歉等。最后写关联事项。写与知照事项相关的次要事项。如“更改商标启事”中的“务请认准××图案的商标，谨防上当受骗”，这些话就属于关联事项；再如“开业启事”中的“本店新开张，部分商品优惠供应三天”，这些话也属于关联事项。

（三）致谢

这部分内容是表示感谢。如果是道歉启事，则写“谨此启事以致歉”。

（四）落款

个人写“启事人：×××”，单位直接写单位名称，再加上写作时间。

六、启事的写作要求

针对不同内容的启事，写作时应该注意以下几个方面：

（1）寻物启事、寻人启事要把相关人或物的特征写明。这是便于别人鉴别和验证，防止领取时出错。要着重写外在的、大家很容易注意到的特征，比如写什么颜色的包比写什么皮质的包更管用。

（2）招领启事中写物品特征要有所保留。招领启事中写物品特征既不能太笼统，也不能太详细。太笼统，丢失物品的人就难以判断；太详细，容易被人冒领。但是，如果物品中有足以鉴别的东西，如证件，则可详细写。

（3）征招类启事要注意宣传鼓动。这类启事不能满足于说清事情，还要通过述说事件的意义等追求一种劝说效果。

（4）海报要注意艺术性。海报本来就是多用于艺术活动的，所以海报在语言上应体现艺术性，多用修辞手法，追求生动、形象、典雅的效果。

（5）请求类启事要注意礼节。既然要请求别人协作，那就必须礼貌待人，否则就达不到写启事的目的。

［例文 18—1］

××商城招商启事

××商城位于××花园高级住宅小区，由三层全框架的临街建筑组成。集购物、娱乐、康乐、餐饮、服务于一体，拥有大小百余间充裕铺位，可经营酒楼、宾馆、舞厅、桑拿、健身、游艺、百货，乃商家投资经营之最佳选择。购买××商城享有户口优惠政策，即购买 500m^2 以上可办理户口 10 名，凡购买 1 000m^2 以上可办理户口 20 名。

××房地产开发有限公司
地址：××市××路 83 号
电话：（略）
售楼时间：9:00—18:00

简析

这是××房地产开发有限公司用于招请客商经营的启事，正文中交代清楚了招商场地的情况，如地理位置、建筑面积、场所用途、配套设施、招商办法等，写出了优势和特点。而且写清楚了具体的招商办法，使客商明白要做什么和怎样去做。

第二节　海报的写作

一、海报的概念

海报又名招贴或宣传画，属于户外广告，分布在街道、影剧院、展览会、商业闹区、车站、码头、公园等公共场所。国外也称之为“瞬间”的街头艺术。海报相比其他广告具有画面大、内容广泛、艺术表现力丰富、远视效果强烈的特点。为什么叫海报？据说，早先戏院中观众座位叫池子，舞台叫海子，演员正式登台演戏叫下海。这么一来，张贴在戏院门口报告戏名的红纸也就叫海报了。

海报多用于电影、戏剧、比赛、文艺演出等活动。海报中通常要写清楚活动的性质，活动的主办单位、时间、地点等内容。海报的语言要求简明扼要，形式要新颖美观。

“海报”这个名词含有通告给大家看的意思，海报并非现代才流行的公告形式，它远在古埃及时代就已出现。据考古学家发现，在埃及废墟残存的墙、桩子上都有壁画存在，这种壁画意味着公告当地百姓将有某种事情发生，这可以称得上是世界上最早的海报。到了罗马时代，海报的运用就更为普遍了。每当竞技场上有比赛、决斗时，各处都会张贴海报来宣传。印刷术发明之后，海报出现的形式更灵活便捷，不仅可以张贴，而且可以人工分发。1796年平版印刷术的问世，给海报加上了各种色彩和图案，更加强了宣传效果，海报从此也增添了无穷的艺术魅力。

二、海报的特点

（一）尺寸大

海报张贴于公共场所，会受到周围环境和各种因素的干扰，所以必须以大画面及突出的形象和色彩展现在人们面前。其画面尺寸有全开、对开、长三开及特大画面（八张全开）等。

（二）远视强

为了使来去匆忙的人们留下视觉印象，除了尺寸大之外，海报的招贴设计还要充分体现定位设计的原理。以突出的商标、标志、标题、图形，或对比强烈的色彩，或大面积的空白，或简练的视觉流程使海报成为视觉焦点。

（三）艺术性高

就海报招贴的整体而言，它包括商业招贴和非商业招贴两大类。其中，商业招贴的表现形式以具有艺术表现力的摄影、造型写实的绘画或漫画形式表现为主，给消费者留下真实感人的画面和富有幽默的感受。

（四）广告宣传性

张贴海报的目的是希望社会各界参与，它是广告的一种。有的海报加以美术的设计，以吸引更多的人加入活动。海报可以在媒体上刊登、播放，但大部分是张贴于人们易于见到的地方，其广告色彩极其浓厚。

（五）商业性

海报是为某项活动做的前期广告和宣传，其目的是让人们参与其中。演出类海报占海报中的大部分，而演出类广告又往往着眼于商业性目的。当然，学术报告类海报一般是不具有商业性的。

三、海报的种类

海报按其不同的用途可以分为以下几种。

（一）商业海报

商业海报是指宣传商品或商业服务的商业广告性海报。商业海报的设计，要恰当地配合产品的格调和受众对象。

（二）文化海报

文化海报是指适用于各种社会文娱活动及各类展览的宣传海报。展览的种类很多，不同的展览都有它各自的特点，设计师只有了解了展览和活动的内容，才能运用恰当的方法表现其内容和风格。

（三）电影海报

电影海报主要是起到吸引观众注意、增加电影票房收入的作用，与戏剧海报、文化海报等有几分相似。

（四）公益海报

这类海报具有特定的对公众的教育意义，其海报主题包括各种社会公益、道德的宣传，或政治思想的宣传，或弘扬爱心奉献、共同进步的精神等。

四、海报的结构

海报一般由标题、正文和落款三部分组成。

（一）标题

海报标题的写法较多，大体可以有以下几种形式：单独由文种名构成，即在第一行中间写上“海报”字样；直接将活动的内容作为题目，如“舞讯”“影讯”“球讯”等；可以是一些描述性的文字，如“×××再显风采，××寺旧事重提”。

（二）正文

海报的正文要求写清楚以下内容：

（1）活动的目的和意义。

（2）活动的主要项目、时间、地点等。

（3）参加的具体方法及一些必要的注意事项等。

（三）落款

要求署上主办单位的名称及海报的发文日期。

以上格式是就海报的整体而讲的，在实际的使用中，根据类型不同有些内容可以少写或省略。

五、海报的写作要求

海报一定要具体真实地写明活动的地点、时间及主要内容。文中可以用些鼓动性的词语，但不可夸大事实。海报文字要求简洁明了，篇幅要短小精悍。海报的版式可以做些艺术性的处理，以吸引观众。

[例文 18—2]

一元钱存款

用手掬一捧水，水会从手指间流走。很想存一些钱，但是在目前这种糊口都难的日子里，是做梦也不敢想的。女士们、先生们，如果你们有这种想法，那么请您持一本存款簿吧，它就像是一个水桶，有了它，从手指间流走的零钱就会一滴一滴、一点一点地存起来，您就会在不知不觉中有一笔可观的大钱了。我们千代田银行是一元钱也可以存的。有了一本千代田存款簿，您就会因充满希望而满足，您的心就能在天空中飘然翱翔。

简 析

第二次世界大战后，日本经济很不景气，财阀、财团被迫解体或更名，享有盛誉的三菱银行也更名为千代田银行。名字的陌生，带来的是生意的冷清。业务部的岛田晋苦闷不已，整日苦思冥想，终于有一天想出了“一元钱存款”的策略。但一元钱实在太少了，没有顾客上门存款，在此情况下，千代田银行才发出了这份海报。“一元钱存款”海报能够历经数十年而流传下来，被人们称颂，它的独到之处是有目共睹的。这则海报具有广告宣传性、商业性的特点。银行要发展生存，必须有社会各界的积极参与，人们的参与无疑会给银行带来生机与新生。这则海报形象地把存款比作水桶，把零钱比作点滴水珠，积少成多便可成为可观的大钱；拥有存款会使人们获得希望与满足。这便是这则海报的成功之处，于微小处见阳光。这则海报由千代田银行发布，用充满希望、自信及诚恳、热情的语言来调动人们参与的积极性。简洁明了的文字、短小精悍的篇幅是这则海报的又一特点。

第三节　倡议书的写作

一、倡议书的概念

倡议书是集体或个人发动群众，动员社会力量共同去完成某些任务，开展某种公益及竞赛活动时向有关方面和群众提出的某种建议性的文书。倡议书的对象范围相对来说很广泛，而且不要求对方必须明确表态。

二、倡议书的作用

倡议书具有广泛发动群众，调动集体和大多数人团结互助、群策群力、共同奋斗的作用。使用倡议书是传达贯彻上级组织和有关领导指示精神的一种有效途径。

三、倡议书的种类

从作者角度划分，倡议书分为个人倡议书和集体倡议书两种；从传播角度划分，倡议书有传单式倡议书、张贴式倡议书、广播式倡议书和登载式倡议书。

四、倡议书的结构

倡议书由标题、称谓、正文、署名和时间构成。

（一）标题

倡议书的标题通常只写“倡议书”三个字，但有时也可把倡议的内容或倡议的单位写在标题上。如“关于无偿献血的倡议书”“教育部、国家语言文字工作委员会等十五个部门提出大家都来说普通话的倡议书”。标题要在首行居中书写。

（二）称谓

有明确倡议对象的，要写上倡议对象的名称，如“全国未婚的青年朋友们”“××毕业班全体党员”。有的倡议书的倡议面很广，可以写“亲爱的朋友们”，或省略称谓，在正文中体现出来。

（三）正文

正文是倡议书的主体部分。这部分内容主要包括倡议目的和倡议事项。倡议目的包括倡议的原因、意义。这里的理由要说得充分，只有说清讲透才能引起公众关注，赢得响应。倡议事项关键是写得具体、可行。倡议事项简单的，可以紧接着倡议目的之后写；倡议事项多的，可分条书写。

（四）署名和时间

有的倡议书采取集体署名的方式，如“2014 级数学班全体共青团员”；有的倡议书可让每个倡议者亲笔署名，以示真实和广泛的群众基础；若几个单位共同倡议，谁牵头谁排在前面，然后逐行签写倡议单位名称。按一般书信格式，在署名下行书写年、月、日。

[例文 18—3]

倡议书

——致广大同学的一封信

亲爱的同学们：

当前，在党中央、国务院的领导下，全国人民正在同“非典”这一突发性的重大灾害进行艰苦、顽强的斗争。党和政府全力部署，医护人员忘我工作，各行各业都在为抗击“非典”付出自己的努力。四月中旬以来，我校党政领导更是对此高度重视，成立了“非典”防治领导小组，全面指挥我校“非典”防治工作，学校为此投入了大量的人力、物力、财力，兰大校园内已经形成了一套上至学校、下至各院系乃至各个宿舍的严密的疫情防治体系。此外，校医院、各校内媒体都对“非典”的基本情况进行了相关的宣传和报道，使广大同学对疫情有了一个基本了解，并采取了相应的措施。

面对“非典”这场突如其来的灾害，我们每个兰大学子要有足够的信心和勇气，以实际行动抗击“非典”，众志成城、沉着应对、依靠科学、团结一心，向全国人民和社会各界展现我们兰大学子的良好精神面貌。为此，兰州大学学生会、兰州大学研究生会特发出以下倡议：

我们要团结一致，在党和政府的领导下，在学校“非典”防治小组的具体指导下，严守各项规章、纪律，听从指挥、统一行动，以我们集体的智慧和力量共抗“非典”；严于律己，关爱他人，相互扶助，共闯难关；要以科学求真的态度和实事求是的精神对待“非典”，充分重视，不轻信谣言和不实新闻，驳斥任何无根据的消息，共同营造健康、稳定的校园氛围；在学习生活中保持积极乐观的心态，朝气蓬勃、健康向上。

在日常生活中，我们要正确理解及积极配合学校的各项措施，服从学校的门卫制度，不随意离开学校，不去诸如网吧等公众聚集的场所；保持宿舍卫生和通风良好，定期喷洒消毒药水，外出要佩带口罩；注意均衡饮食，根据天气变化增减衣服，多做户外运动，保证充分睡眠，不食用不卫生的食品；出现不适症状要及时报告学校有关部门。

我们坚信在全校师生的共同努力下，我校的“非典”防治工作一定会取得最终的胜利，向“做西部文章，创一流大学”的目标迈进！

兰州大学学生会
兰州大学研究生会
2003 年 4 月 30 日

简析

在上述倡议书中，首先介绍了倡议内容的背景以及当前抗击“非典”的具体情况，并把学校的安排也做了介绍，为了体现兰大学子的精神风貌，积极响应党中央和学校的号召，兰州大学学生会、兰州大学研究生会向全体学生发出倡议；其次叙述了倡议的具体内容，倡议的内容具体可行，可操作性强，符合学生的实际情况；最后表明对取得这场没有硝烟的战斗的胜利充满了信心。该倡议书结构合理，层次清楚，倡议内容符合实际，语言流畅、通俗易懂。

综合训练

一、瑕疵文案

分析下面四篇文书，找出结构、内容、语言等方面存在的问题并加以修改。

寻物启事

本人不慎于元月 25 日乘七路公共汽车时，将工作证、驾驶证、部队复员证、复员介绍信遗失。有拾到者请与××机械厂机修车间×××联系，必有重谢。

电话：××××
启事人：×××

××中学校庆启事

××省××县××中学定于 2006 年×月×日隆重举行建校 60 周年庆典，敬请海内外历届学子及曾在本校工作过的教职工互相转告。为编写校友录和便于联系，希望各位校友见此启事后，尽快向学校寄信，写明姓名、性别、毕业时间（高中、初中、班名）、现工作单位、职务（称）、成就、通信地址、电话等情况。

学校热忱欢迎各位校友届时返校同庆。

联系人：赵×× 李××
邮编：××××××
电话：××××××

××市中心医院（市二院）特邀请俄罗斯卫生部重点心血管病专科医院医务人员一行7人，于2000年3月10日到我院讲学、进行手术示范，共10天。欢迎各类先天性心脏病、瓣膜病、冠心病需冠脉搭桥术者及各类主动脉瘤病人速来我院联系住院检查，安排手术治疗，安排满为止。

联系电话：×××

联系人：×××

地址：××市××中路288号市二院住院部四楼心脏外科

大学生文明修身倡议书

——致学院全体同学

亲爱的同学们：

中华民族有五千多年的文明史，自古就是礼仪之邦。孔子说："仁者爱人""仁者，人也"，讲究的是"老吾老，以及人之老；幼吾幼，以及人之幼"的亲亲之道，这已形成了优良的民族传统。皇皇华夏，集聚五十六个民族，孕育出内涵丰富的人文资源；泱泱中华，谱写五千多年历史，创造出举世瞩目的文明成果。文明是有素质的前提，没有了文明，就如唇亡齿寒，素质就不能保证，就无法成为一名合格的大学生，更别说担当社会主义建设的建设者和接班人。作为当代大学生，肩负着中华民族伟大复兴的重任，我们必须要贯彻"三个代表"重要思想，开拓创新，与时俱进，对新时期、新要求下的文明有更深刻、全面的认识。作为高年级学生，我们01级同学有责任起好"讲文明、树形象"的模范带头作用，从自身做起，带领全体同学争当优秀大学生，为此我们郑重倡议：

一、在教室专心学习，杜绝大声喧哗、打电话、吃东西等不文明现象的发生，保持教室卫生。

二、讲究诚信，以正确的心态对待考试，将考试舞弊行为驱逐出校园。

三、注意公共卫生，不随地吐痰、乱扔垃圾、随意践踏草坪，不吸烟、不酗酒。

四、科学上网，杜绝痴迷网络，合理利用时间，争做网络道德模范、文明使者、安全卫士。

五、尊敬师长，团结同学，互相帮助。

六、按时上课，不迟到早退、不旷课，保证上课纪律。

七、遵守实验室准则，安全使用实验器械，避免误伤自己或他人。

八、遵守公共规则，维护正常的课堂、实验室秩序。节约使用实验用品，实验做完及时清洗实验器械及桌面。

九、自尊自爱，举止文明，言行得当，男女同学不在公共场合有过分亲密的行为。

十、认真领会"五心"内涵。

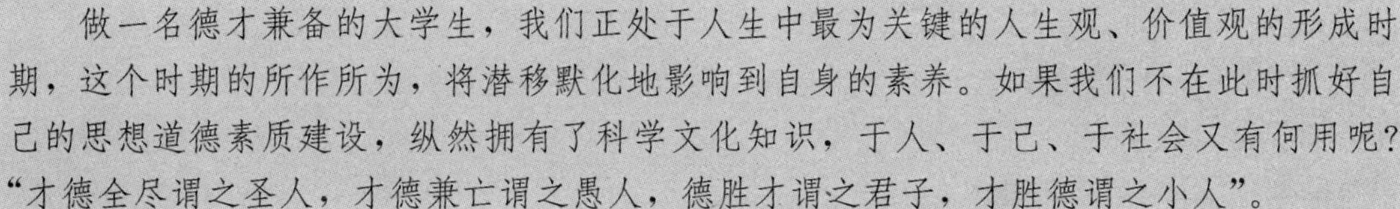

做一名德才兼备的大学生，我们正处于人生中最为关键的人生观、价值观的形成时期，这个时期的所作所为，将潜移默化地影响到自身的素养。如果我们不在此时抓好自己的思想道德素质建设，纵然拥有了科学文化知识，于人、于己、于社会又有何用呢？“才德全尽谓之圣人，才德兼亡谓之愚人，德胜才谓之君子，才胜德谓之小人”。

所以，我们应该严于律己，在博闻、睿智的同时，更要注重修身养性，不做德才兼无的愚人，更不要去做才胜德的小人，而要努力成为一个德才和谐发展的人。亲爱的同学们，让我们从自我做起，从身边的小事做起，把道德规范落实到每一个人的言行中。让我们争做文明大学生，共创文明校园，展示当代大学学子的风采！

院学生会

20××年×月×日

二、写作训练

1. “东风炼铁厂”“星火炼钢厂”和“大逐轧钢厂”三个单位，经上级公司研究决定加以合并，合并后厂名改为“建华钢铁厂”，并从2016年5月28日起启用建华钢铁厂新公章，开户银行改为工商银行大名路办事处，账号是7489625。请代建华钢铁厂拟写一份准备登报的启事稿。

2. 某高校团委准备出一期校庆专刊，请以此为题材写一则征稿启事。

3. 吉林农业科技学院动物科技系将邀请该院兽医学科客座教授、中国工程院院士金宁一博士作学术报告，请你以动物科技系的名义设计一份该学术报告的海报。

4. 请以校学生会名义写一封关于节约用水的倡议书。

第十九章

自荐信和推荐信

第一节　自荐信的写作

一、自荐信的概念

自荐信，就是自我介绍信，是个人向有关部门、用人单位以及个人推荐自己的专用书信。

自荐信是目前个人求职择业时一种比较常用的也是非常重要的手段。用人单位一般出于节约人力、物力和时间的考虑，多数不采用大范围直接面试的形式，而是要求求职者先寄送自我介绍材料，由他们进行比较、筛选，然后才通知求职者是否参加面试。因此，自荐信对于自荐者来说就显得十分重要。

自荐信的主要作用在于表达自荐求职愿望。它通过介绍自己的基本情况，重点陈述自己的特长和优势，给有关部门、用人单位以及个人以良好的印象，从而获得聘用或面试的机会。

二、自荐信的种类

自荐信作者身份不同，阐述问题角度不一样，自荐信的内容、重点也各不相同。因此，可将自荐信分为毕业自荐信、待业人员自荐信和从业人员自荐信三种。

三、自荐信的主要内容

一般来说，自荐信应包括以下几个方面的内容：

(1) 说明个人的基本情况和用人信息来源。首先要介绍个人的基本情况，如姓名、性别、年龄、政治面貌、就读学校和专业等，注意详略得当，最好能附有近期全身照片。其次，说明用人信息的来源，做到师出有名。假如你并没有信息作为依据，而且不知道对方是否要招聘人员，但你又非常希望到该单位工作，也可写信投石问路，应注意，必须说明你对该单位的印象和你愿意到该单位从事某种工作的强烈愿望。

(2) 说明胜任某项工作的条件。这是自荐信的核心部分，主要是向对方说明你有知识、有经验；有专业技能、有与工作要求相符合的特长、性格和能力。特别要突出你胜任所求岗位的特长和个性，不落俗套，起到吸引和打动对方的作用。

(3) 介绍自己的潜能。如介绍自己的专长，曾经担任过的职务、从事过的工作及取得的成绩，预示自己有管理方面的才能，有发展、培养的前途。

(4) 附上有关材料或文件。应当说明信中所附的有关资料文件，如毕业证书、学位证书、获奖证书的复印件，发表作品的复印件，学校的推荐信或毕业生推荐表等，给对方以办事认真、考虑周全的印象。

(5) 表达面谈的愿望。要表达出希望得到回信，并且热切地希望有面谈的机会。要写清楚自己的详细通信地址、邮政编码和电话号码，必要时还应说明何时打电话较为合适等，以便相互联系。

四、自荐信的结构

自荐信的重点在于“荐”，在构思上一定要围绕“为何荐”“凭何荐”“怎么荐”的思路来安排，其格式一般分为标题、称呼、正文、附件和落款五部分。

(一) 标题

标题是自荐信的标志和称谓，要求醒目、简洁。要用较大字体在首页上方中间标注“自荐信”三个字。

(二) 称呼

这是对主送单位或收件人的称呼。如用人单位明确，可直接写上单位名称，称呼前应以“尊敬的”加以修饰，后以领导职务或统称“领导”落笔；如单位不明确，则用统称“尊敬的贵单位（公司或学校）领导”领起，最好不要直接冠以最高领导职务，这样容易引起第一读者的反感，反而难达目的。

(三) 正文

正文是自荐信的核心，开头应表示向对方的问候或致意。主体部分一般包括简介、自荐目的、条件展示、愿望决心和结语五项内容。

1. 简介

简介是自我情况的说明，包括自荐人姓名、性别、民族、年龄、籍贯、政治面貌、文化程度、所学专业、家庭住址、任职情况等内容，要针对自荐目的作简单说明，忌冗长烦琐。

2. 自荐目的

自荐目的要写清信息来源、求职意向、承担工作等项目，要写得明确具体，但要把握分寸、简明扼要，既不能要求过高又不能模棱两可，给人以自负或自卑的不良印象。

3. 条件展示

条件展示是自荐信的关键内容，主要应写清自己的才能和特长。要针对所求工作的应知应会内容去写，充分展示自身的条件，包括基本条件和特殊条件两个方面。基本条件又包括政治表现和学习活动两方面内容。

4. 愿望决心

在愿望决心部分，要表示加盟对方组织的热切愿望，展望单位的美好前景，期望得到认可和接纳，言语自然恳切，态度不卑不亢。

5. 结语

结语一般在正文之后按书信格式写上祝语或“此致敬礼”“恭候佳音”之类的词语。

(四) 附件

自荐信附件主要包括个人简历、证书及文章复印件，需要附录说明的材料也可作为附件一一列出。

(五) 落款

落款处要写上“自荐人×××”的字样，并注明年月日。同时，要在随文处写明回函的地址、邮政编码、信箱号、电子邮件及电话号码等。

五、自荐信的语言要求

(1) 语气自然，语言简单明了。语气要正式但不僵硬，语言要直截了当。写信就像你说话一样，清楚明了。至于你的履历表，词语要生动，句子要有力。但这绝不是词语的堆砌，而是使你的自荐信更加充实、完整。

(2) 通俗易懂。写作时要考虑读者对象的知识背景。人事经理不是你这个专业的行家，所以，你不能用太过专业的字眼，这是因为：一是人事经理会对自己看不懂的东西失去兴趣；二是有卖弄之嫌。切记不要使用生僻词语、专业术语。

(3) 言简意赅，切忌面面俱到。负责公司招聘工作的人员多半工作量大、时间宝贵，冗长的简历反而会增加招聘人员的反感。所以，写作自荐信时，在重点突出、内容完整的前提下，尽可能简明扼要，不要堆砌无关紧要的说明，多用短句，每段只表达一个意思。

(4) 具体明确，不要使用模糊、笼统的字眼。多使用实例、数字等具体的说明。如“我设计的生产日程安排系统，为公司创收超过十万美金”就比“我设计的日程安排系统为公司创收颇丰”有说服力。

六、自荐信写作注意的问题

（1）要实事求是介绍自己。既不要讲大话和空话，过高地宣扬自己，也不要过于谦虚，将自己的能力说得平平，这都不利于自荐和用人单位的挑选。最好是用成绩和事实来代替华而不实的修饰语，恰如其分地介绍自己。

（2）要重点突出，有针对性。一般来说，自荐信以 1 000 字左右较为合适，要突出重点，有针对性，或针对某一单位的某一人选，或针对某一单位的某一职位，效果会更好。

（3）要文笔顺畅，字迹工整。自荐信是用人单位对求职者的一次非正式考核，用人单位可以通过信件了解求职者的语言修辞和文字表达能力，可以说，自荐信是用人单位对求职者获得第一印象的凭证。字迹工整、干净、美观，给人以愉悦的感受，可形成良好的印象。相反，如果自荐信字迹潦草，难以辨认，就会给对方留下办事马虎、草率、不认真的感觉。如果你的字写得不好，最好打印。如果你写得一手好字，就工工整整地自己写，并落款“亲笔敬上”等字样，这样不仅可以给对方以办事认真负责的印象，也可以显示你的书法特长。

（4）不要引起对方反感。有些自荐信虽然文笔通顺、字迹工整，但对方看起来总有些不悦，甚至反感。最常见的问题有：一是给对方限定答复时间，如“敬请某月某日前复信为盼”等，表面上看相当客气，可是客气之中给对方限定了时间，容易引起反感；二是给对方规定义务，如“盼望获得贵单位的尊重和考虑”等，好像对方如果不接收你就是不尊重你，这当然是对方难以接受的；三是以上压下的口气，如“贵单位总经理（或某级领导）某先生要我直接写信给你”或“某领导很关心我的求职问题，特让我写信找你”等，会给人一种“既然如此，何必多此一举”的感觉，你的自荐信很可能就进了废纸篓。

（5）学会用多种文字求职。如果你在少数民族地区求职，最好将自荐信用汉语和少数民族语言各写一份；如果你向三资企业求职，应用中文和英文或外方通用语言各写一份，既可自荐又可展现外语水平，可谓一举两得。

（6）不宜“漫天撒网”。在现实生活中，常常会见到许多油印、铅印或复印的求职信，往往给用人单位留下一种态度不诚恳、心猿意马的印象，因此被录用的概率可能很低。

七、高校毕业生自荐信中常见的问题

高校毕业生自荐信中常见的问题主要表现在：

（1）用词不准确。如有的毕业生这样写道：“感谢您在百忙中亲阅此函。”函是同级国家机关事业单位之间联系工作的一种应用文体，毕业生与用人单位之间不是同级的国家机关事业单位，毕业生犯如此低级的错误，恐怕会失去很多就业的机会。再如“为了能更好地适应当今竞争激烈的社会环境，我有意识地让自己深入社会底层去锻炼适应能力。”请问何谓社会底层？恐怕应该是社会基层吧。

（2）论据不充分，讲半句话。如有的毕业生写道“为了提高个人修养，我阅读了大量的文学读物。”是不是阅读了大量的文学读物就可以提高个人所有的修养？此话应修改为“阅读大量的文学读物，参加音乐、美术学习班，参加社会机构举办的提高个人能力的专项学习班等”，也能够证明如何提高了个人修养。又如“为使自己成为一名合格的毕业生，我在多方面严格要求自己：在思想上，我积极进取，及时向党组织递交了入党申请书；在学习上，我更是勤奋刻苦，先后认真学习了各门专业课程。”既然叫做多方面，怎么只有两项？

（3）逻辑不清。如“为了完成学业，首先我以一丝不苟的态度对待专业课的学习，我认为，只要是学校开设的专业课都是为将来工作准备的必要的知识，所以，我各种专业课的学习都均衡发展，决不偏废其中任何一科。因此，在几年的各科考试中，没有一门考试补考或重修，而且取得了相当不错的成绩。”这位毕业生想表达的是专业课学习努力，各门成绩优良，但是大家看完这一段话只有猜测他（她）的意图了。

（4）重点不突出。用人单位招聘的绝大多数高校毕业生一般是从事专业技术职务，由于高校毕业生人数的剧增，现在非本专业的毕业生跨专业已经十分困难，因此用人单位对于毕业生的专业素质及专业能力、专业实践能力等方面尤其看中，所以毕业生应该用大部分的篇幅回答用人单位这一问题，但是很多毕业生这样写道：“在学习上，我勤奋刻苦，先后认真学习了各门专业课。”从这句话中，用人单位是无法比较全面了解你的专业知识结构和专业能力结构的，这样的自荐信也就没有看的必要。

（5）结构不合理。作为高校毕业生，一般情况下都是从高中读到大学，人生的轨迹都差不多，大家写推荐材料无非也就是在校期间的学习、工作、社会实践、专业实践以及参加各类学校活动等，本来区分度就不够，假如毕业生又是按照常规写法在思想上、学习上、工作上等几方面的结构来写，用人单位根本就不能从自荐信中了解你的优势，如何叫用人单位在众多的应聘者中选择你呢？因此应该跳出这样一种写作结构，把自己最有优势、最拿手的东西放在最显眼的地方，让用人单位领导一眼看到。

（6）无谓的重复和过度的引用。如有毕业生写道：“十年寒窗苦，报得一校香，我真诚希望能为贵校的发展尽一份微薄之力。请您相信：给我一个机会，我的才能便会得以展示；给我一个机会，我能还您满园桃李芬芳；给我一个机会，我会百分之百让您满意！”毕业生满以为这样的排比可以增加自己的文采，殊不知全是废话一大通。

［例文 19—1］

自荐信

尊敬的校领导：

您好！

首先，感谢您在百忙之中阅读此信！

我是××大学历史系××届毕业生，经过四年的学习和拼搏，我已具备了系统的专业知识和一定的社会实践能力，并通过了国家英语六级考试和全国计算机等级二级考试。通过对计算机理论的深入研究，以适应竞争激烈的社会，我已能独立的制作课堂教学软件，在外语和计算机方面打下了坚实的基础。现在正准备以高昂的热情与所学的知识服务社会，去实现自身的价值，报效祖国，希望贵校能给我提供一个这样的机会。

在大学四年中，本着自强不息、学以致用的原则，我一直以一丝不苟的精神对待学习，力图把知识学得扎实、明白、透彻。由于我的不懈努力，在每次考试中都取得了优异的成绩，连年获得奖学金，在班级名列前茅。在认真学好专业课的同时，注重综合知识和综合能力的提高。我相信只有问题、没有学科，所以所读书籍范围颇广，利用课余时间广泛涉猎了文学、哲学、经济学等方面的书籍，还特别认真地学习了教育学和心理学方面的知识，极大的开阔了自己的视野，丰富了自己的知识，也为我日后能够成为一名合格的人民教师打下了坚实的理论基础。

我相信未来社会需要的是高素质的复合型人才，成功的学习者在充分认识到书的价值的同时，也应认识到书的无价值。因而我在学习之外，积极参加了各种各样的课外活动，如教师技能大赛、“行走在团旗下”知识竞赛活动、深入中小学的实践活动等。所有这些活动都有利于我提高自身的表达能力和语言组织能力，为我2×××年成功走上人民教师的岗位提供了必备的条件。

作为师范类学校的学生，我在加强教师基本技能和职业技能训练的同时，也很注意在教育实习中的实践。在这方面我严格要求自己，无论是在试讲阶段还是在实习阶段，我都按着备课—试讲—讲课—总结的步骤一丝不苟地进行，一步一个脚印，不敢有半点懈怠。听课达30多节，讲课达20多节，并利用现代化的教学手段——课件来配合教学。我讲的一堂公开课，得到在校师生的一致好评，从而得到了“优秀”的评分成绩，使自己的能力得到了大家的认可。

在努力使自己成为知识、能力上的富有者的同时，我也时时不忘提高自身的精神修养。大学四年中积极向党组织靠拢，关心集体，团结同学，和全班同学一起，为使我们班成为全校的优秀班集体而奋斗！

我将贵校作为首选目标，是因为贵校拥有优美的教学环境和积极进取的拼搏精神。我相信在贵校领导的帮助和指导下，我一定会学得更多、做得更好。

相信您对我已有了初步的了解，我或许不是最优秀的，但我相信依靠我的努力，我将成为最适合的人选。如果贵校能将这一宝贵机会授予我，将是我莫大的荣幸，而我也必将以我的行动证明：贵校的选择是明智的，我将不孚众望！

望回函为盼！

×××

××××年××月××日

这是一封毕业生求职自荐信，信中首先介绍了自己在四年的求学生涯中所获收益，接着系统介绍了自己四年当中所学专业知识和具备的专业素质，在学校讲公开课后得到了

"优秀"的成绩。同时，通过参加各种集体活动锻炼了自己，提高了自身修养。在对自己应聘该单位的原因加以简明扼要的说明后，对自身也进行了适当的肯定。整个自荐信的结构合理，层次分明，语言简练而不简单，语气诚挚恳切，态度不卑不亢。

第二节　推荐信的写作

一、推荐信的概念

推荐信，又叫推荐书，是向有关部门、用人单位或个人推荐有关人才的专用书信。

推荐信可以是个人写给个人，也可以是个人写给单位或单位写给单位、单位写给个人。推荐信一般是由第三者写给对方，是对求职者的人品、能力、性格等个人情况予以客观介绍，带有褒扬倾向的一种事务性信函。到有关部门、用人单位谋职，推荐信是求职者求职时必备的材料。找人写推荐信，这是一种求人引路的就业方法。在条件大致相等或相差不大的情况下，如果有推荐人为你推荐，面试往往会占优势。因为在条件、素质、学历、背景都大致相同，录取谁难以定夺的情况下，如果推荐人是值得信赖的专家、学者或本单位熟悉的人，其意见将会受到重视。

在求职的过程中，要找到一名合适的有助于求职成功的推荐人需要认真考虑。假如你要去宾馆应聘公关先生或礼仪小姐，或到影视文艺部门应聘节目主持人，推荐人最好是学校管理专业和公关专业的专家或教授、公关杂志或报社的编辑和记者、文艺界的歌星和影星；如果要去工厂搞技术工作，推荐人最好是科技行业的厂长、经理，或有权威的工程师、技术人员；若想去政府部门当公务员，推荐人当然最好是政界要人。

二、推荐信的结构

推荐信一般包括称谓、正文、结尾、落款和日期几部分。

（一）称谓

第一行顶格写收信单位的名称或个人的姓名，个人姓名后可加"先生""经理"等，再加上冒号。

（二）正文

第二行空两格写正文。一般包括：（1）被推荐者的基本情况，包括姓名、性别、年龄、业务水平、工作能力、身体状况等；（2）说明推荐的理由，要求写得具体、充分；（3）写明推荐者和被推荐者的关系。

（三）结尾

用"此致敬礼""祝工作顺利"等词语，表达问候之意。

（四）落款和日期

在右下方署上姓名，姓名之前可以加上工作单位。署名的下方写上日期。

三、推荐信写作的程序、要求和内容

（一）推荐信写作的程序、要求

（1）须征得推荐人同意，方可在有关表格上填写推荐人姓名。

（2）与推荐人进行一次谈话，讲述你求职的目标和应聘的实力。

（3）准备好有关材料，如成绩表、所学课程、任课教师（知名度大的）、撰写过什么论文、发表过什么作品、当过什么学生干部、获过什么奖等，最好带上复印件。与求职有关的特长，如英语水平、普通话和粤语能力等方面的证明材料也应附上，材料越具体，推荐人写起来也就越顺手、越容易。

（4）不要主动要求推荐人将推荐信给你看，或自作聪明地帮他寄出。当然，推荐人主动给你看，那是另外一回事。

（5）过一段时间可询问推荐人是否还需要资料，借以提醒他别误了时间。常言道："贵人多忘事"，也许因为他的工作很忙而一时耽搁了。这里要注意，只可以提醒，一般不要催促。同时，提醒的频度不宜过高。

（6）要提供求职单位的邮编、详细地址，尽量不让推荐人为一些小事而耽误时间。

（7）如果推荐人职位高而文化水平不高，也可含蓄地告诉他推荐信要写的内容。要委婉地向他说明推荐信不等于介绍信，推荐信除起介绍作用外，还要推荐被推荐人的长处、性格、学历、能力、经历，以免推荐人将推荐信写成一般介绍信，因而减轻了分量，达不到推荐的最佳效果。

（二）推荐信正文的内容

推荐信的正文应包括下列各项：

（1）推荐人与被推荐人的关系。

（2）推荐从事何种工作。

（3）被推荐人的人品、能力、经历、特长介绍。

[例文 19—2]

推荐信

××学院人事处负责同志：

您好！

得知你院正需一名分子光谱方面的教师，我很高兴有机会向您推荐××研究院硕士生××同志。

××同志本科于××××年毕业于××大学物理系。毕业后一直从事激光光谱研究，××××年考入××研究院攻读分子光谱方向硕士学位，先后与我合作发表过两篇专著。

××同志性格开朗，为人正直，善于团结同志，工作努力，有较强的事业心，业务方面有出色的成绩。我曾多次邀请他来我校为本科学生举行专题讲座，他善于把高深抽象的知识深入浅出地表述出来，很受学生们的欢迎。××同志将于今年4月份毕业，他曾向我表示很愿意到贵校工作，为教育事业出一份力。

如果您需要有关××同志更详细的材料，我将愿意提供。

此致

敬礼！

××××学院

×××

××××年×月×日

简 析

这是一位教授为某位即将毕业的研究生写的推荐信，此推荐信语言精练，语气适中。既简单介绍了这位研究生的经历，又对其人品、能力、特长进行了简明扼要的概括。态度诚恳，既不高高在上，也不卑躬屈膝。

综合训练

一、瑕疵文案

分析下面两篇文书，找出结构、内容、语言等方面存在的问题并加以修改。

自荐信

尊敬的领导：

您好！

我是××大学××系的一名学生，即将毕业。××大学是我国××人才的重点培养基地，具有悠久的历史和优良的传统，素以治学严谨、育人有方而著称；××大学××系则是全国××××学科基地之一。在这样的学习环境下，无论是在知识能力还是在个人素质修养方面，我都受益匪浅。

四年来，在老师的严格要求及个人的努力下，我具备了扎实的专业基础知识，系统地掌握了××、××等有关理论；熟悉涉外工作常用礼仪；具备较好的英语听、说、读、写、译等能力；能熟练操作计算机办公软件。同时，我利用课余时间广泛地阅读了大量书籍，不但充实了自己，也培养了自己多方面的技能。更重要的是，严谨的学风和端正的学习态度塑造了我朴实、稳重、创新的性格特点。

此外，我还积极参加各种社会活动，抓住每一个机会锻炼自己。我热爱贵单位所从事的事业，殷切地期望能够在您的领导下，为这一光荣的事业添砖加瓦，并且在实践中不断学习、进步。

收笔之际，郑重地提一个小小的要求：无论您是否选择我，尊敬的领导，希望您能够接受我诚恳的谢意！

祝愿贵单位事业蒸蒸日上！

×××

××××年××月×日

推荐信

××兄：

上次你来信，叫我推荐一两个人到贵公司工作。眼下物色了两位。二人学业、品德均佳，很有上进心，并且都毕业于工科，我认为十分符合你的要求。现附上二人自传，如你有意，可约二人面谈。

此致

敬礼！

弟：×××

××××年×月×日

二、写作训练

1. 请以一名大学文科毕业生的身份向某单位人事处写一封应聘秘书职务的自荐信。
2. 请以某单位人事处的名义写一封向另一单位推荐某同志的推荐信。

第二十章

开幕词和闭幕词

第一节 开幕词的写作

一、开幕词的概念

开幕词是党政机关、社会团体、企事业单位的领导，在会议开幕时所作的讲话，旨在阐明会议的指导思想、宗旨、重要意义，向与会者提出开好会议的中心任务和要求。

开幕词一定是用在会议开始的时候。会议的规模有大有小，开幕词也就有长短和正式、非正式的区别。通常，在大中型会议上发表的有正式文稿的致词才称为开幕词，而一般性聚会场合的即兴开头语则称为开场白。

二、开幕词的特点

（一）简明性

开幕词文句要简洁明了，篇幅短小精悍，最忌长篇累牍，言不及义。多使用祈使句，表示祝贺和希望。

（二）口语化

开幕词旨在阐明会议的指导思想、宗旨、重要意义，语言应该通俗、明快、易上口。

（三）启迪性

应通过开幕词，向与会者提出开好会议的中心任务和要求，调动与会者参与会议的积极性。

三、开幕词的种类

开幕词按内容可以分为侧重性开幕词和一般性开幕词两种。侧重性开幕词往往对会议召开的历史背景、重大意义或会议的中心议题等作重点阐述，其他问题一带而过。一般性开幕词则只对会议的目的、议程、基本精神、来宾等作简要介绍。

四、开幕词的结构

开幕词由首部、正文和结束语三部分组成，各部分的内容与写作要求如下。

（一）首部

一般包括标题、时间、称谓三项。

1. 标题

一般由事由和文种构成，如“中国共产党第十二次全国人民代表大会开幕词”；有的标题由致词人、事由和文种构成，其形式是“×××同志在××××会上的开幕词”；有的采用复式标题，主标题揭示会议的宗旨、中心内容，副标题与前两种标题的构成形式相同，如“我们的文学应该站在世界的前列——中国作家协会第四次会员代表大会开幕词”；也有的只写文种“开幕词”。

2. 时间

时间在标题之下，用括号注明会议开幕的年、月、日。

3. 称谓

一般根据会议的性质及与会者的身份确定称谓，如“同志们”“各位代表、各位来宾”“运动员同志们”等。

（二）正文

一般包括开头、主体和结尾。

1. 开头部分

一般开门见山地宣布会议开幕，也可以对会议的规模及与会者的身份等作简要介绍，如“参加这次大会的代表有×××人，其中有来自……”，并对会议的召开及与会人员表示祝贺。需要说明的是，开头部分即使只有一句话，也要单独列为一个自然段，将其与主体部分分开。

2. 主体部分

这是开幕词的核心部分，通常包括以下三项内容：

（1）阐明会议的意义，通过对以往工作情况的概括总结，以及对当前形势的分析，说明会议是在什么形势下、为了解决什么问题和达到什么目的而召开。

(2) 阐明会议的指导思想，提出大会任务，说明会议主要议程和安排。

(3) 为保证会议顺利举行，向与会者提出会议要求。

3. 结尾部分

提出会议任务、要求和希望。

(三) 结束语

开幕词的结束语要简短、有力，并要有号召性和鼓动性。写法上常以呼告语领起一段，用“预祝大会圆满成功”来结尾。

五、开幕词的写作要求

开幕词是在一些大型会议开始时由会议主持人或主要领导所作的开宗明义的讲话。它具有宣告性、提示性和指导性，因此在写作中要求篇幅简短，快速切入正题；内容切忌重复、啰唆；语言既要口语化、富有感情色彩，又要生动活泼；语气要热情、友好，也要激昂、慷慨。

[例文 20—1]

吉林农业科技学院第九届田径运动会开幕词

2013 年 9 月 27 日

各位领导、老师、同学们：

在这满载收获的金秋时节，乘着我国第十二届全运会的强劲东风，我校第九届田径运动会隆重开幕了。我代表学校领导，向精心筹备本届运动会的工作人员表示诚挚的谢意，向全体运动员、裁判员致以亲切的问候和良好的祝愿！

近年来，学校始终坚持“以科学发展观为统领，以本科教育为主，以教学为中心，以育人为根本，以质量求生存”的办学指导思想，秉承“以人为本，内涵发展，突出特色，服务社会”的办学理念，在全体师生员工的共同努力下，学校办学实力不断增强、办学水平日益提升，在人才培养、科学研究、社会服务及文化传承与创新等方面都取得了显著的成绩。党员承诺、践诺活动的深入开展，为我校科学发展提供了有力的思想和组织保证；高等教育强省建设的贯彻实施，为提升我校办学实力注入了强大的生机和活力。学校的发展前景更加美好，发展空间更加广阔。站在新起点，实现新梦想，学校将继续朝着建设特色鲜明的应用型大学的奋斗目标不断前进！

本届运动会，适逢我国第十二届全运会胜利闭幕之际，习近平总书记在全运会前夕曾经指出，发展体育运动，增强人民体质，是我国体育工作的根本方针和任务。全民健身是全体人民增强体魄、健康生活的基础和保障，人民身体健康是全面建成小康社会的重要内涵，是每一个人成长和实现幸福生活的重要基础。多年来，学校始终关注广大师生的身心健康，组织了丰富多彩的健身运动，成立了多个健身协会和组织，受到广大师生的欢迎和积极参与。田径运动会更是展示我校师生竞技体育素质的良好平台，希望大家发扬主人翁精神和集体主义精神，积极参与本届运动会的各项比赛，充分展示我校体育健儿的竞技才能和意志品质，有力体现参赛单位的竞争意识和团队精神。希望全体运动员、裁判员严格遵守竞赛规则，认真履行权利与义务，赛出竞技水平，赛出道德风尚。

老师们、同学们，让我们以本届运动会为契机，以贯彻省委、省政府高教强省意见精神为强大动力，以更加奋进的精神状态、更加饱满的工作热情、更加出色的工作业绩，不断开创学校各项工作新局面，全面推动学校更好、更快向前发展！

最后，预祝大会圆满成功！

谢谢！

简析

这是学校领导在运动会开幕式上所做的开幕词。开头部分，开门见山地宣布运动会开幕；正文部分阐明了运动会的意义，通过对以往工作情况的概括总结，以及对当前形势的分析，说明此次运动会是在什么形势下、为解决什么问题和达到什么目的而召开的，并说明运动会的主要议程和安排，也向全体运动员、裁判员提出要求和希望。全文语句通顺，格式规范，符合开幕词的写作要求。

第二节　闭幕词的写作

一、闭幕词的概念

闭幕词，是会议的主要领导代表会议举办单位在会议闭幕时的讲话。其内容一般是概述会议所完成的任务，对会议的成果作出评价，对会议的经验进行总结，对贯彻会议精神提出要求和希望。

二、闭幕词的种类

凡是重要会议或重要活动，与开幕词相对应，一般都有闭幕词，这是一道必不可少的程序，标志着整个会议或活动的结束。闭幕词的种类与开幕词相同，按内容可以分为侧重性闭幕词和一般性闭幕词两种。闭幕词通常要对会议或活动作出正确的评估和总结，充分肯定会议或活动所取得的成果，强调会议或活动的主要精神和深远影响，激励有关人员宣传会议或活动的精神实质和贯彻落实有关的决议或倡议。

三、闭幕词的特点

(一) 总结性

闭幕词是在会议或活动的闭幕式上使用的文种，要对会议内容、会议精神和进程进行简要的总结并作出恰当评价，肯定会议的重要成果，强调会议的主要意义和深远影响。

(二) 概括性

闭幕词应对会议进展情况、完成的议题、取得的成果、提出的会议精神及会议意义等进行高度的语言概括。因此，闭幕词的篇幅一般都短小精悍，语言简洁明快。

(三) 号召性

为激励参加会议的全体成员实现会议提出的各项任务，增强与会人员贯彻会议精神的决心和信心，闭幕词的行文应充满热情，语言要坚定有力，富有号召性和鼓动性。

(四) 口语化

闭幕词要适合口头表达，写作时要求语言通俗易懂、生动活泼。

四、闭幕词的结构与写作要求

闭幕词的结构与开幕词基本相同，可以分为首部、正文和结束语三部分，各部分的内容与写作要求如下。

(一) 首部

一般包括标题、时间、称谓三项。这部分的写法与开幕词基本相同。

(二) 正文

一般包括开头、主体和结尾。

1. 开头部分

首先说明会议已经完成预定任务，现在就要闭幕了；然后概述会议的进行情况，恰当地评价会议的收获、意义及影响。

2. 主体部分

该部分为闭幕词的核心部分，要写明以下几方面的内容：会议通过的主要事项和基本精神；会议的重要性和深远意义；向与会人员提出贯彻会议精神的基本要求；等等。一般来说，这几方面内容都不能少，而且顺序是基本不变的。写作时要掌握会议情况，有针对性地对会议内容予以阐述和肯定；同时可以对会议未能展开的、与会人员都已认识到的重要问题作出适当强调或补充。行文要热情洋溢，语言要简洁有力，起到激发斗志、增强信念的作用。

3. 结尾部分

一般先以坚定语气发出号召、提出希望、表示祝愿等，然后郑重宣布会议闭幕。

（三）结束语

闭幕词的结束语要简短、有力，写法上常以呼告语领起一段，最后表示感谢。有时，结束语部分可以省略，写完正文部分就可以结束。

闭幕词出现在会议终了，因此，要与开幕词前后呼应、首尾衔接，以示大会开得很圆满、很成功。

［例文 20—2］

吉林农业科技学院第九届田径运动会闭幕词

2013 年 9 月 28 日

各位领导、老师、同学们：

我校第九届田径运动会，在全校师生员工的积极参与下，在大会组委会的精心组织下，经过大会工作人员、裁判员的不懈努力和全体运动员的顽强拼搏，圆满完成了各项预定赛事，充分展示了我校广大师生员工追求卓越、突破自我、顽强拼搏的精神风貌。在此，我代表学校领导，向在本届运动会中取得优异成绩的代表队和运动员表示热烈的祝贺！向为筹备本届运动会付出辛勤劳动的工作人员和积极参加各项赛事的全体运动员、裁判员以及所有为本届运动会付出努力的教职员工及同学们表示衷心的感谢！

长期以来，我校始终高度重视体育工作，坚持把体育工作放在重要位置，在提高学校全民健身运动水平和广大师生的身体素质，推动学校群众体育和竞技体育的全面发展等方面都取得了明显的成效。多年的重视和积累，在本届运动会上得到了充分的展示，各代表队和广大运动员发扬团结拼搏、友谊竞争的精神，表现出了良好的体育道德风尚和竞技水平。比赛进程有序，气氛热烈，成果丰硕。在本届运动会上，共有×人打破了×项校记录，×人平了×项校记录；评选出×个精神文明先进集体。

在运动会进行过程中，大会全体工作人员、裁判员始终严格要求自己，认真负责，坚持标准，以身作则，坚持公平、公正的原则和严谨扎实的工作作风，保证了运动会各项赛事的圆满完成；各教学单位的团体操表演精彩纷呈、热情洋溢，为运动会增添了无数亮色，展现了我校教职员工的青春活力和动感风采；广大同学积极为大会投稿、献歌，涌现出了很多团结互助、拾金不昧的感人事迹，体现了我校学生可贵的精神品质和高尚的道德情操，有力地传递了正能量。这是一次团结的大会、胜利的大会，是一次凝聚力量、鼓舞人心的大会！

今后，我们将继续保持优良传统，扎实抓好学校的各项体育工作，充分发挥体育在提高广大师生身体素质和健康水平，丰富广大师生精神文化生活，推动学校持续健康发展等方面的重要作用。

老师们、同学们，让我们以本届运动盛会为契机，在学校党委的统一领导下，团结奋进，求真务实，恪守“厚德图本，励学笃行”校训，不断强化教学中心地位，切实提高人才培养质量，努力构建文明和谐校园，为早日把学校建成特色鲜明的应用型大学而不懈奋斗！

谢谢！

简 析

这是学校领导在运动会闭幕式上所做的闭幕词。文中强调了运动会的重要性和取得的成绩，并向全体师生提出了希望和要求，与开幕词前后呼应、首尾衔接。全文语句通顺，格式规范，符合闭幕词的写作要求。

综合训练

一、瑕疵文案

分析下面两篇文书，找出结构、内容、语言等方面存在的问题并加以修改。

开幕词

尊敬的各位领导、各位来宾、广大的市民朋友们：

下午好！

春回大地，生机勃勃，风光无限。××区××广场文化活动“春之韵”文艺晚会系列“××中学专场演出”即将开始。在这里，我谨代表××中学全体师生向前来观看演出的各位领导、各位来宾、广大市民朋友们表示热烈的欢迎！

××中学已有××年的历史，××××年××月，在市委市政府的亲切关怀下，学校整体搬迁至××路××号，地处××××××。随着素质教育的实施和新课改的推行，学校站在21世纪对人才需求的高度，确立了“高起点、高标准、可持续发展、争创一流”的办学思路，面向每一个学生，面向学生的每一个方面，力争使在××中学就读的每一个学生在德、智、体、美等方面得到全面发展。同时，学校以信息技术、音乐教育和英语教育为三个切入点，对不同学生的教育做到特长加全面、全面加特长，努力构建具有××中学特色的校园文化。

一流的教学设施、勤奋的师资队伍、严格的教学管理，以人为本、全面发展的教育理念，使得××中学的办学水平和教学质量有了跨越式的发展，社会声誉显著提高。目前，学校在职教师××人，在校班级××个，在校生××人。其中：初中开设有音乐特长班、英语特色班，高中开设有……××××年××中学高中招生分数线超市招生分数线××分，××××年超市招生分数线××分；××××年高考上线率××%，升学率××%；考入国内重点大学人数有很大突破，理科最高分××分、文科最高分××分；中考最高分××分。

今天，我们在这里演出，是落实贯彻《中共中央关于进一步加强未成年人思想道德建设的若干意见》精神，积极构建学校、社区、家庭“三位一体”的教育网络，推动社区文化建设。此次活动不仅是为了丰富××市民的业余文化生活，促进××社区文化的建设，也是我校艺术教育成果的一次展示，同时是我校实施素质教育的一次社会实践。希望各位来宾、广大市民朋友们对我们的活动予以支持。我们坚信：态度决定成效、定位决定地位、细节决定成败、思路决定出路、理念决定道路。

预祝××中学“春之韵”专场演出圆满成功！

谢谢大家！

学校教职工代表大会闭幕词

各位代表、同志们：

大家好！在全校教职员工的关心和支持下，经过大家的共同努力，我校第×届第×次教职工代表大会圆满完成了预定的各项议程，即将顺利闭幕了。

这次会议的召开正值全国各族人民喜庆新中国成立65周年之际，也是我校发展的机遇和压力并存的关键时期，因此，大家都倍加关注，投入了极大的热情，认真、仔细地听取并审议通过了×××校长作的学校工作报告、×××副校长提案答复报告、×××副校长的教职工绩效工资考核方案、×××的学校财务工作报告。会议期间，全体教职员工按年级、行政后勤职员等六大组展开了热烈讨论，本着主人翁的精神，结合各年级组、学科组和学校发展的具体情况，对上述报告进行了广泛、深入的讨论。大家一致认为，×××校长的学校工作报告比较全面、客观地回顾、总结了一年以来在全体教职员工辛勤努力之下取得的各方面成果。报告中的回顾与总结是实事求是的，既肯定了成绩、总结了经验，又指出了我校目前存在的不足及面临的挑战，同时理清了下一年度的工作思路，对以后的工作重心有了比较明确的认识，为学校的进一步发展指明了方向。

在大会组织的讨论中，全体教职员工都认真履行教代会赋予的职责，正确行使自己的民主权利，解放思想、实事求是，紧紧围绕会议的中心议题，特别是针对×××校长的学校工作报告展开了讨论，大家集思广益，献计献策，畅所欲言，共商大计，不仅体现了大家的主人翁精神，而且充分体现了同志们致力于学校建设和发展的信心与决心。

可以说我们基本达到了预期的目标，即开成了一个统一思想、坚定信心的大会，一个民主和谐、团结奋进的大会。本次大会可以说是一个面向新世纪、加快改革和发展的动员会，尽管时间不长，但会议开得富有成效，大家在热烈、愉悦的探讨中、争论中统一了思想、提高了认识，更鼓足了干劲。这次大会必将对进一步深化教育改革、打响我校教育品牌、提升学校号召力、增强学校的凝聚力、促进学校的建设与发展产生重大的作用。

在本次教代会上，大家表达了加快学校发展、建设的共同心愿，并对学校今后的工作提出了许多好的意见和建议，这充分体现了我们高度的责任感，也体现了大家对学校工作的关心和支持。学校会认真对待每一个提案，逐项研究，提出解决办法。对于能够解决的立即着手解决，对于一时还不能解决的也作了说明，做到件件有落实，事事有回音。

现在我代表大会主席团宣布第×届第×次教职工代表大会胜利闭幕，真诚地祝大家身体健康，全家幸福！

二、写作训练

1. 请你以学校领导的身份为校园招聘会写一份开幕词。
2. 请你以学校领导的身份为校园招聘会写一份闭幕词。

第八编

申　　论

第二十一章

申论概述

第一节 申论简介

一、申论概述

申论是在2000年第一次进入中央国家机关公务员录用考试。当年公务员考试的笔试部分由“公共基础知识”“行政职业能力倾向测验”和“申论”三部分构成。其中，申论部分是新增加的内容，因此更为广大考生所关注。在此后的2001年、2002年中央国家机关公务员考试中，申论接连两次出现。2002年公务员考试分为A、B两大类，B类不参加申论考试，但大多数考生都需要参加A类的申论考试，而且考试内容和形式基本上没有大的变化。根据人力资源和社会保障部对公务员考录工作的安排，申论将作为国家公务员考试的固定内容。

增加申论部分，是公务员考试所做的一种尝试。“申论”一词，来自孔子的“申而论之”一语，是指根据所给材料引申开来，发出议论。申论含有申述、申辩、论述、论证之意，是为完善国家公务员录用考试而新设的一种笔试科目。这种考试是根据目前机关工作的需要，对考生阅读能力、文字水平及分析、解决实际问题能力的一种综合考查方法。在市场经济条件下，国家公务人员更需要具备搜集、分析、概括、解决问题的能力，而通常情况下的写作考试基本上已形成了固定的模式，很难真实地体现出考生的实际能力。

在中国古代科举考试中，有一种八股文考试形式，要求就给定题目论证某项政策或对策，撰写论文，称为“策论”。申论与策论和传统的作文有些类似，但又有很大的不同，从一定程度上说，它比作文的难度要大一些。申论考试的内容、方法及产生的测评功能涵盖了作文和策论两种考试的基本方面。申论把阅读理解和写作有机地结合起来，形式新颖、灵活，能够更好地测评考生的综合素质，可有效地防止“高分低能”现象的产生。

申论的载体是文字，类似于作文方式的一种——给材料作文，但是申论的形式比较灵活，内容难度大得多。在考生反复阅读试卷上所给出的约 1 500 字的资料和提出的有关问题后，考生应用心分析，然后根据涉及的问题与线索进行阐述和论证。与传统的作文考试相比，申论要求考生摒弃那些套话，分析、解决问题要更加透彻、全面、精辟、清晰，因此也更能让考生发挥自己的潜能。

申论作为一种对考生实际能力的考查，从某种意义上说，考生好像不必做更多的复习准备，因为只要你“功底”深厚，肚子里有内容，就会在应试中挥洒自如，取得令人满意的成绩。但兵法有云：“知己知彼”才能“百战不殆”。正像其他考试一样，事前有一定程度的了解和准备，对于应考是大有好处的。实践证明，无准备之战败多胜少，凡有备而来都远胜于无备之战。考生在参加考试之前，必须仔细研究分析申论考试命题，多看有关辅导资料，这对考试不无裨益。

二、申论考试的特点及命题发展趋势

（一）申论考试的特点

根据中央国家机关公务员考试申论试题、人力资源和社会保障部及权威人士的分析总结，申论考试主要有以下几个基本特点。

1. 规范性

申论作为严格的公务员录用考试，试题一般不会出现偏差。试题表述标准明确，不论涉及哪方面的内容和观点基本上都无争议，让每个应试者均有话可说。因此，对于一些难以定论的问题，一般是不会考的。

2. 考试形式具有灵活多样性

相对于传统写作考试，申论考试形式显得非常灵活。它由概括部分、方案部分、议论部分组成。就文体而言，概括部分既可能属于记叙文、说明文、议论文中的某一种形式，又可能综合了多种文体形式，还可能是公文写作中的应用文写作；方案部分则纯粹是应用文写作；议论部分就不必说了。因此，从这个意义上来说，申论既考查了考生的普通文体的写作能力，也考查了公文写作能力，考试形式非常灵活，考查内容实用，这样就更能体现考生的实际能力。

3. 考试内容具有资料的普遍性

目前，我国正在大力提高公务员的综合素质。因此，作为选拔国家公务员主要途径的录用考试，就更加注重国家公务员的实际能力。为反映这一现实要求，公务员考试内容一般都侧重于考查应试者解决问题的能力。出于考查考生综合素质和能力的需要，申论所给定资料的范围极其广泛，内容涵盖了政治、经济、法律、教育等社会问题的诸多方面，从这个意义上说，考生再想像从前那样事先押题，对题目进行充分的准备就很难了。因此，事先对考试的具体形式、内容结构等基本情况有所了解，就显得尤为必要。需要说明的是，给定资料所反映的问题一般都已经有定论，主要立足于考查考生的分析和判断能力，只要分析判断无误，就不会得很低的分数。同样，要想得到很高的分数，难度也不小。还存在这样一种可能性，即给定的资料所反映的问题尚无定论或存在争议，让考生以自己的理解来进行判断和分析并做出结论，这恰恰最能考查出考生的分析和判断能力。

4. 考查目标及考试题目具有较强的针对性

申论考试由于形式灵活多样和涉及内容广泛，从而又具有相对的不确定性，但考生大可不必为此发愁。因为申论考查的目标是明确的，针对性很强，即主要考查考生阅读、概括以及分析、解决问题的能力，体现在题目中主要是分析、概括两个方面，然后在此基础上进行论述，这主要是考查考生的思辨能力。在应考时，考生要仔细阅读材料，理清其内在的逻辑关系，对其中的复杂事件，要抓住主要问题；对尚有争议的事件，要分清各方意见。在抓住主要问题的基础上，考虑给出的条件、环境，结合社会现实，进行综合考虑，做出正确的判断，提出可行的解决方案，力争做到合情合法，切忌提出一些理想化的、超越现实的建议。

同时，需要指出的是，在应考申论时，考生不要把申论要求的三个部分割裂开来分别作答，而是应当统筹考虑，前后衔接。概括的过程既是熟悉资料的过程，也是分析判断的过程，提出方案的过程就是解决问题的过程，也是进行思辨的过程。三部分应协调一致、相互配合，并彼此印证。

申论背景资料涉及面广、内容复杂，但重点突出是国家公务员录用申论考试命题的一个最大特点。考生务必要拿出足够的时间（一般 40 分钟左右），认真仔细地阅读给定材料，不要匆忙地提笔作答和写作。在阅读材料的过程中，要先理清材料间的逻辑关系，就一个较为复杂的事件，要抓准主要问题，然后把握住给定材料所反映事件的环境和条件，因为这种既定的条件是提出的对策是否具有可行性的重要依据。抓准了主要问题，解决问题的方案就有了针对性。弄清给定资料所提供的环境、条件，提出的解决问题的方案才有可行性，针对性和可行性正是申论考试中两个主要的基本要求。

5. 拓展性

目前，我国比较注重公务员的实际能力，因此录用考试内容一般都侧重于考查应试者解决问题的能力，涉及不断变化的政治、经济、文化、法律等多方面内容，出题角度更加灵活。在复习时，对一些细小的知识点或不大考的知识点，都不可掉以轻心。

(二) 申论考试命题的发展趋势

(1) 注重考查考生综合运用所掌握的知识解决实际问题的能力。“素质教育”是当前教育界一致强调的话题，公务员考试命题的这一发展趋势是与此相适应的。

(2) 出题角度更加灵活。自 2000 年以来，作文考试的传统题型逐渐被淘汰，考生很难直接答题，而需要结合背景资料作出判断和归纳。

(3) 涉及的知识面在逐步拓展。考生在复习时，应全面、广泛地涉猎相关知识，即便对一些细小的知识点也不可掉以轻心。

三、申论考试的基本内容

中央国家行政机关公务员录用考试大纲指出：申论考试主要测查应试者对给定资料的阅读理解能力、分析归纳概括能力、提出和解决问题能力，以及文字表达水平。

（一）注意事项部分

（1）申论考试与传统作文考试不同，是分析、驾驭材料能力与表达能力并重的考试。

（2）作答时限：阅读材料 40 分钟，作答 110 分钟。

（3）仔细阅读给定的材料，按照提出的要求依次作答。

（二）资料部分

给出约 1 500 字的材料，内容可能涉及政治、经济、法律、教育等社会现象的诸多方面。

（三）申论要求部分

（1）用 150 字的篇幅，概括出给定材料所反映的主要问题。

（2）用不超过 300 字的篇幅，提出给定材料所反映问题的方案。要有条理地说明，体现出针对性和可操作性。

（3）就所给定材料反映的问题，用 1 200 字左右的篇幅，自拟标题进行论述。要求中心明确，论述深刻，有说服力。

要求部分近几年来每年的具体情况略有不同，但大致是相同的。

四、申论考试的四个环节

申论考试的全部过程，可归纳为阅读材料、概括要点、提出对策、进行论证四个主要环节。

阅读给定的材料，是申论考试的基础性环节。这个环节虽然不用文字在答卷上直接反映，却是完成其他三个环节的前提条件，而且在时间顺序上居于首位，不能放在最后进行。申论考试，对给定材料的阅读一定要给予充分的时间。如果考试时间为 150 分钟，那么对给定材料的阅读一般不会少于 40 分钟。也就是说，花 40 分钟阅读，对着手文字作答只有好处，绝不会导致文字作答时间不够用。只有细读给定材料，真正掌握材料内容，才能保证以后三个环节的质量。

概括要点是一个承上启下的重要环节。一方面，它是阅读材料环节的小结；另一方面，这个环节完成得好不好，会直接影响下一环节——提出的对策是否更具针对性，影响将进行的论证是否有扎实的立论基础。概括要点的目的在于准确把握住给定材料，以进一步着手解决问题。能不能有效解决面临的主要问题，取决于对复杂情况的准确判断。有时候情况复杂，问题较多，彼此交错，就得分析出主要症结所在，才能着手解决问题；有时候问题比较集中，但反应（或反映）千差万别，就得具体问题具体分析，否则解决问题就难以把握适当的分寸和尺度。

提出对策是申论的关键环节，重点考查应试者思维的开阔程度、探索创新意识、应变能力和解决问题的能力。它给应试者提供了充分发挥的自由空间，应试者可根据自己的知识和阅历，对同一问题各抒己见，“仁者见仁，智者见智”。

注意：必须结合给定材料所涉及的范围和条件，才可能提出切实可行的对策或方案。

进行论证是申论的最后一个环节。它是“论”的能力的充分体现，要求应试者充分利用给定材料，切中主要问题，全面阐明、论证自己的见解。前面三个环节尽管非常重要，不容任何懈怠，但相对于最后这个环节来说都还是铺垫。论证环节，需要浓墨重彩、淋漓尽致地表达。这不仅是因为它所占字数多、分值相对较高，而且一个人的知识基础、能力水平、思维品质、文字表达都将在这个环节得到更全面、更充分的展示。

第二节　申论语言表达

一、申论语言表达概述

语言是文章表达思想的工具。对于写作活动来说，语言是十分重要的，申论写作自然也不例外。

语言是思想的表现形式，思想和语言是内容与形式的关系。语言依附于思想，但是，离开了语言，赤裸裸的思想是无法存在的。由于申论考试题目的特殊性，语言就更加重要了。所以，参加申论考试的考生，提高自己的语言水平，是取得理想成绩的关键之一。

目前，申论考试的题目基本都是主观性试题。也就是说，给考生发挥的空间很大，而要发挥得好，没有较高的语言水平是不可能的。从申论考试的题目来分析，考生的阅读理解能力、综合分析能力、提出和解决问题的能力也都要通过文字表达来体现，因此，语言表达能力是申论考试中的一个重要测评要素，在各个题目中都会赋予其一定的分值。对于这一点，考生应有明确的认识，要弄清题目的要求，在备考过程中通过必要的训练，提高、优化自己的书面语言表达能力。

申论考试，要求考生能够依据给定材料做片断陈述和成文论述。无论是片断还是成文，申论考试内容都属于文章类，而不是文学类，也就是说，要求考生掌握的是议论型、说明型和实用型语体，而不是描写型的审美语体。所以，在平时的练习中，考生应以说明、陈述、议论等语言表达方式为主体，锻炼自己概括、分析的能力和提出问题、解决问题的能力。申论作答，不能“借题发挥”，不能抛开材料写成随笔。有些申论作文得分不高的原因不是文章不好，而是不符合议论文的语言要求。

对于申论考试来说，遣词造句应当准确、简明、规范，联句成文，条理清晰，道理与依据要和谐一致。

所谓准确，是指语言传输的信息绝不能有歧义。其中涉及的时间、地点、人员、范围、性质、程度等必须明确，解释要具有唯一性。赞同、反对、肯定、否定必须鲜明，不能含糊其辞。

所谓简明，就是要剔除语言中的一切冗余信息，将主要的信息突现出来，力求用最精要的文字、符号实现预定的表达目的。

所谓规范，有两层含义：一是文章中使用的词语要符合说话者的身份，适于审阅者需要；二是要语出有据，不用方言，避免俗语，力戒生僻用语。语言应以得体、郑重为上。

所谓清晰，是指文章条理清晰，能分清主次，辨明因果，从表达目的出发，安排句序、段次；语句之间、段落之间都要体现出合理、严谨的逻辑关系，力求将意义表述清楚。

所谓和谐，是指文章的理、据相谐。理，是观点、意见；据，是材料、实际情况。后者是对前者的支撑，二者要有必然的、内在的联系。“理”之正确与“据”之充实，互为表里，相辅相成。

二、申论考生答卷分析

这里我们以2000年2月26日中央国家机关与海关、公安边检系统从高等学校2000年应届毕业生中考试录用国家公务员《申论》试题（卷）（试卷A）、中央国家机关2002年考试录用机关工作人员和国家公务员《申论》试卷（试卷C）部分考生的片段陈述与成文论述的答案为例，并对其进行评点。

试卷（A）第1题

答卷之一：

(1) 城市建设规划不好，居民住宅区与××印刷总公司毗连就是个错误。

(2) 工厂，或对环境、对居民生活干扰性强的企业不应建设在人口密集的繁华地带。

(3) 环保局、区法院、中级人民法院并未作出对当事双方来说都较妥善的处理，相互矛盾。

(4) 市中级人民法院的不敢轻易断案反映了当前市区建设的混乱性及带来的严重后果。

(5) 区国有大型企业带来严重环保问题。

【专家评点】

这份答卷言简意明，钉是钉，铆是铆，可以说一点也不含糊。第一句开宗明义，直言“城市建设规划不好”，抓住关键问题一语道破。“毗连”一词使用准确，但“错误”一词使用得有些欠妥，似可改用“失误”；另外，“不好”也可改为“不合理”。

这份答卷可评为一类卷（中）。

答卷之二：

某省某市红星新村5号楼居民H状告××印刷总公司一事，法院久拖难决。具体情况是：该村5号楼与该印刷总公司车间仅距1.8米，车间内机器噪声严重超标，令附近居民不堪忍受。区环保局曾责令其限期整改，但无效。居民H患脑出血，经查，超标噪声是致病诱因之一。H以此为由将××印刷总公司告上法庭。一审H败诉。H上诉，但市中院因多种原因久未判决。

【专家评点】

这一答卷没有掌握“概括”的语体，而是以转述材料代之。所以作答中传输的信息量很少，自己的观点更少，不能满足命题者的要求，这与考生语言表达能力差是有直接关系的。

文章中“但市中院因多种原因久未判决”中的“市中院”属于不规范的简称，在政务类文件中不宜使用。

这份答卷可评为四类卷（中）。

试卷（C）第1题

答卷之一：

该材料反映了网络建设的问题。互联网是20世纪后半期新科技革命的产物。它的出现和迅速扩展带来了人们信息传播领域的一次革命性飞跃，深深影响着人们生活的各个层面，包括精神层面。互联网作为信息技术革命的产物，具有两重性。对我国社会主义精神文明建设来说，它是把双刃剑。一方面，互联网的发展和普及有助于我国社会主义精神文明水平的提高；另一方面，由于网络信息传播的全球性、交往行为的虚拟性等特征，也会给我国社会主义精神文明建设带来巨大的挑战。

【专家评点】

应该说，这份答卷的内容没有多大失误。但如果从语言角度来看，文章的标点符号使用有些不当，如“互联网是20世纪后半期新科技革命的产物”后的句号改为逗号较好；“它是把双刃剑”后的句号改为冒号较好。有些地方含义不明，如：“互联网作为信息技术革命的产物，具有两重性”，“两重性”具体所指不明确。“另一方面，由于网络信息传播的全球性、交往行为的虚拟性等特征，也会给我国社会主义精神文明建设带来巨大的挑战。”这句话内在的因果逻辑关系也值得商榷。

这份试卷可评为一类卷（下）。

试卷（A）第2题

答卷之一：

（1）××印刷总公司应依照环保局作出的处理决定，赔偿居民H直接经济损失的30%，即21 500元。

（2）××印刷总公司应立即对四台最新设备进行防范噪声处理，并立即设置隔音墙，禁止夜间生产。

（3）市政府有关部门应立即作出规划，将××印刷总公司的厂房迁出人口密集的市镇，将厂房设在人口相对稀少的郊区。

（4）如果迁出厂房有困难，应尽快采取措施，重新安置红星新村5号楼的居民，使他们远离噪声源。

【专家评点】

这一方案中的语言规范，信息点比较准确，这是作答的突出特点，而且数字的使用严密，各条意见陈述简明。

这份试卷可评为一类卷（上）。

答卷之二：

因为此事影响较大，又较为典型，并且事实已经发生，H身心受到损害，责成市政府督促环保局处理：印刷总公司承担部分责任，赔偿居民 H 人民币 21 500 元。

总体方案如下：第一，政府制定关于目前许多相关问题的解决办法的条例，健全法律规范，以强制执行；第二，加快进行机构改革的力度，明确划分政府机构职能；第三，提高办事效率，说办就办，马上就办，办就办好；第四，树立改革的长期性信心，要求宣传部门作好宣传，得到人民的支持和理解；第五，法院内部要提高执法力度；第六，国有企业自身在布局上进行调整，要与环境保护相协调。

【专家评点】

这份答卷，语言表达质量较差。起句“因为此事影响较大”模糊不清，所指不明。总之，开头一段十分突兀，不符合方案写作的基本要求。而且所谓方案，根本没有明确的内容，只是些口号和空话，这些都是申论考试中必须摒弃的不适宜语言。

这份试卷可评为四类卷（下）。

答卷之三：

（1）同意环保部门于 1998 年 9 月份做出的规定，即限期整改的通知，并限定在当日 22 时至次日晨 6 时不得进行作业；同时要立即设置隔音墙，降低噪声的分贝。

（2）在工厂比较集中的地区，政府可以为该印刷总公司总车间选择一个合适地址，同时可以采取一些优惠措施，并限定该车间定期撤离红星新村。在选址搬离期间必须执行第一条规定。

（3）要求××印刷总公司限期赔偿居民 H 经济损失 21 500 元。

（4）对××印刷总公司，今后要在征收其他税的基础上，征收其高额噪声税。

（5）作出如下规定：

1）地处居民生活区的工厂、车间，若严重扰民必须迁址；

2）建筑工地不得在夜间 21 点至早晨 7 点进行作业；

3）对上述行业征收高额噪声税；

4）对违反规定的任何组织予以处罚。

【专家评点】

这份方案写得比较具体，所提出的问题都有解决的办法。

第一条意见，可以立即着手办理，难度不大，但抢占了化解矛盾的一个落脚点。善于把可以早见成效的有益于民的事情办好是政府机关行政的要诀之一，这一点在申论作答中可以适情、适度体现。

第二条意见，有一笔写得很老练——“在选址搬离期间必须执行第一条规定”。这是针对在解决问题时可能出现的新问题而提出的对策，体现了方案的严密性。

不足之处是第五条的内容太琐碎，处处点到、大而化之的意见往往难以指导操作。

这份试卷可评为一类卷（下）。

三、申论语言表达存在的问题

通过以上对申论考试答卷的分析，我们可以清楚地看出，有一部分考生，他们分析问题的能力、概括问题的能力都较强，但是，由于语言水平不高，所写出的文章却不很理想。语言水平不高，要想在一个较短时期内提高不很现实，但是，如果我们分析一下这些考生语言水平不高的情况，找出原因，然后有针对性地解决一些可以解决的问题，就会避免出现上述问题。

一部分考生的语言水平不高，并不是因为在语言方面的素质太差，而是因为语言表达上存在着一些问题，或者是存在一些习惯性的毛病，这些就导致了其运用语言时产生的问题较多，而这是通过短期的努力完全可以解决的。

就申论考试的答卷来看，考生语言表达存在的问题大致可以分为以下几种类型。

(一) 语体不合适

所谓语体不合适，是指语言不符合申论文体的要求。所谓语体，是指语言在不同题材的文章中长期形成的体式特征。语体与语言既有联系又有区别。语体要遵循一般语言的语法规则和逻辑规律，采用相同的修辞手法等，但语体在遣词造句的方式方面、在与文章体裁的关系方面又有着明显的不同。就申论而言，申论的概括说明部分以说明为主，而且概括的是给定材料所反映出的问题，不是概括给定材料所给出的事实。在申论试卷中，我们不难发现，有的考生以叙述语言为主，把事实材料略述一遍。申论的第二部分，要求考生就给定材料中所反映的问题提出解决问题的方案和对策，有的考生没有按照题目所设定的虚拟身份，甚至所讲的内容都超出了材料范围，写一些与虚拟身份不符的话语，这就是语体不合适、不合体。申论考试的第三部分，要求考生就给定材料所反映的主要问题自拟题目进行论述，实际上就是要求考生写一篇议论文，再具体一些就是写一篇评论。而有的考生不是写评论，而是抛却材料，写成了随笔，文不合体。有的考生不是就主要问题来谈，而是就一个非常次要的问题谈，虽然这不仅仅是语言表达问题，但与考生的语言水平直接相关。

(二) 词不达意

考生在语言表达方面存在的另一个问题就是词不达意。所谓词不达意，是指考生对给定材料中所反映出的问题虽然能理解，也能顺利想出解决问题的方法，但是当把自己的想法变成语言表述出来时，却是心有余而力不足，常常言不及义。具体地说，就是考生虽然写了很多话，但是没有说到关键上，没有击中问题的要害。虽然我们明白他在说什么，也明白他想说什么，但是阅卷者不是依据你想说什么来给你评分，而是要看你说出来的是什么。一些考生由于其语言驾驭能力比较差，不能一语中的，影响了申论写作，也影响了自己的前途。要解决这一问题，唯一的途径就是要认真地学习语言，不要把掌握一门语言看得太简单，在平时的工作和学习中要认真对待，真正弄清楚我们遇到的每一个问题，用不了多久你就会发现，你的语言水平已经有了明显的提高。

(三) 遣词造句能力差

遣词造句能力，其实是语言最基本的能力。一个人的语言素养如何，语言水平是高是低，语言表达能力是强是弱，其实从他的遣词造句方面就可以清楚地看出。有的考生基本功不扎实，造句能力差，用词不当，词不达意。例如在申论试卷中，有的考生分不清“规模”与“规划”，尽管这只是一字之差，但完全是两个不同的意思。再如，“本案即是一例因印刷噪声为诱因，致人脑出血，要求经济赔偿的典型案例。城市规划，管理问题应得到充分重视和有效解决。”短短一句话，其中“噪声”一词用得莫名其妙；“本案即是……案例”，这是有语病的句子；“城市规划，管理问题应得到充分重视和有效解决”，这句话也缺少主语。类似这样的问题还有很多，限于篇幅，这里不再一一列举。要提高我们的遣词造句能力，只有平时多做一些写作练习。

(四) 语言冗长啰唆

语言的冗长啰唆，表面上看起来是一个语言问题，其实是一个思维问题。语言的冗长啰唆，是由于思维不清晰造成的，一些用简洁的语言就可以清楚表达的意思，考生却啰里啰唆写了一大堆，翻来覆去地说，结果是越说别人越不明白，甚至是越说别人越糊涂。如考生的申论答卷中写下的这段文字：

“鉴于此案已进入二审程序，故市中级法院应依法予以审理。我国法律中有集体诉讼的制度，故多方利益可以在法定的程序中予以协调（另外法院考虑：此案的审理会对其他案件造成影响，这是必要的，但因为我国不实行判例法，故法院所考虑的影响并不是绝对的）。”

从这段文字来看，这位考生对法律很熟悉，所以对法律问题大谈特谈，而对“主要问题”却避而不谈，这我们姑且不论（之所以会出现这种情况，是因为学生的语言水平低，对问题的理解有一定偏差），仅就语言问题加以分析：“鉴于此案已进入二审程序，故市中级法院应依法予以审理”一句，可改为“此案已进入二审程序，故市中级法院应依法受理”；“故多方利益可以在法定的程序中予以协调”，可改为“多方利益可以在法定的程序中协调照顾”；“此案的审理会对其他案件造成影响，这是必要的，但因为我国不实行判例法，故法院所考虑的影响并不是绝对的”，可改为“此案的审理会对其他案件造成一定的影响，但也并不是绝对的”。

要解决语言冗长啰唆的问题，除了上面所说的要从思维上解决以外，平时无论是说话还是写作，都要养成不啰唆的习惯；在阅读时可以有选择地选取一些作家的作品，锻炼自己的语言表达能力。

(五) 文理不通

一些考生所答的卷子，读起来莫名其妙，文理不通。造成文理不通的原因是多方面的，但缺少必要的过渡是一个重要方面。

我们看一段考生答卷中的文字：“先从发展经济的目的说起吧，发展经济，发展生产力，归根结底，目的是提高人民的生活水平，而人民的生活环境如果是恶劣的，人民的心情是不愉悦的，人民的生活质量、生活水平的提高又从何谈起呢？这样的教训世界上曾有过许多。20 世纪 60 年代的日本，畸形儿的比例很高，原因就是不注意保护环境，水中含有过量的重金属元素，现在日本好多中老年人还在谈‘汞’色变。我国现在正处于经济飞速发展的时期，也是经济转型的时期，完善法律法规，保障经济与环境协调发展十分重要。”

应该说，这段文字有三层意思：一是说明发展经济的目的是提高人民的生活水平；二是 20 世纪 60 年代日本不注意环境保护，发生了汞污染；三是我国在现阶段应完善法律法规，保障经济与环境协调发展十分重要。问题是这位考生所答的这三段意思之间缺乏必要的交代与过渡，比如，我国当前的时代背景与日本20世纪60年代是否有相似之处？我们对日本所走的弯路是否要予以高度重视？因为没有作必要的交代与说明，所以使得这三层意思之间不够连贯。这与考生平时的行文习惯有很直接的关系。

（六）乱用标点符号

标点符号是语言的一个重要组成部分，绝不是一个小问题。在考生的申论答卷中，乱用标点符号或标点符号使用不当的问题比比皆是。请先看下面的这段文字：

“不可否认，现代社会经济的飞速发展给人们生活带来了日新月异的变化，人们的生活水平大大提高。同时也诱发一味追求经济效益的片面做法，物欲横流，金钱至上。君不见，市面上各种医药公司琳琅满目，柜台上的药品更是多如牛毛，种类齐全。当然，这正反映了我们的医药技术正在逐步提高，人们的物质生活正在丰富。但是我们也不可否认，这里面也存在着大量的所谓奇药、怪药乃至邪药。有这么一句话，‘一项专利养活三代人’。于是，很多如PPA般药品的专利犹如雨后春笋，纷纷占据着药品柜台上的一角。这些‘闭门造药’的发明人，他们不是不明白药里面有对人们产生危害的成分，但是利字当头，明知药有‘毒’，偏向‘毒’中行。而这些药，往往又钻了药品市场机制的空子，疏于检验，良莠不分。”

在这段文字中，“……人们的生活水平大大提高。”这里的句号应该改为逗号才能与“同时也诱发一味追求经济效益的片面做法……”联系得上；“……人们的物质生活正在丰富。但是我们也不可否认……”这里的句号也应该改为逗号，因为这两句表达的是一个完整意思，不能分开。

申论答卷中的语言问题当然不止这些，如语言生僻拗口，不够平易近人，不够生动形象等，这些都直接影响了考试成绩。

综合训练

1. 翻阅古书，查找古代有关的策论文章，比如贾谊的《论治安策》《论积贮疏》，魏征的《谏太宗十思疏》，辛弃疾的《美芹十论》等，进一步了解古代策论和当代申论的异同。

2. 查找近三年国家公务员申论考试的真题，每十名学生为一组，集体完成试卷中所要求作答的题目，并进行分析，注意申论答题的技巧和方法。

第二十二章 申论考试的思维能力训练

申论写作不同于传统作文，主要考查考生的平时积累和理论功底，所以考试前进行应考准备是非常必要的。文化知识、道德修养对写作能力有影响，但它们并不是一回事，不经过写作训练，平时的知识和修养就不会转化为考试能力。相反，从历年公务员录用考试的应考效果来看，事先进行必要的准备显得非常重要。申论考查的写作能力是多方面的，主要可以分为提出问题的能力、分析问题的能力、解决问题的能力和引申思考的能力。说到底，就是分析和思考问题的能力。完成考试过程的基本思维环节，大体包括审题和拟题思维、立意思维、选材思维、结构思维、文字表述和修改加工思维等内容。

第一节　申论考试审题思维能力训练

在申论考试中，最重要的一点就是审题。

所谓审题，就是审视题目的含义和要求。只有审清题意，才可根据题意去立意构思，使写出来的文章做到文题相符。如果审题产生错误，一开始就会步入歧途，出现偏题或走题等错误。如 2002 年申论考试所给的材料是关于 2000 年 PPA 问题成为全球热点问题，首先，要求考生对这些材料进行概括，提炼出主题，然后才能提出相应的对策，最后进行议论。这些材料从根本上说都是强调加强药品监督检验，提高安全用药的管理水平，对人民群众的生命负责。要想用一句话或者几句话对这些材料内容做出概括，就要善于归纳，善于总结。这一步概括得准确与否，决定了整个申论考试的成功或者失败。

申论审题的对象，不但包括命题者所给出的文章标题，也包括命题者给出的有关材料和所限制的条件。审题所要达到的基本目的就是明确题目的含义，明确题目规定的材料内容、范围和文体限制，以及命题者的其他限制和要求。

申论审题思维的主要过程是对材料的理解过程，即抽象思维的理解和形象思维的理解。

申论考试中，需要利用抽象思维理解命题和材料，即通过对材料的理性分析去理解材料的意义。对提供的文字材料，需要通过分析、比较、综合、归纳等方法来理解其内容，把握其实质。

申论考试中还需要利用形象思维理解题意和材料，即通过对材料内容的联想和想象去理解其意义。在材料作文中，除了文学性的语言材料需要形象的理解外，所提供的图画材料同样需要通过联想和想象去理解其意义。

在审题的实际操作过程中，这两种思维的理解是互相渗透的。理性的分析常常需要联想和想象的帮助，联想和想象也需要理性分析的参与和支持，两种方法经常是互相结合运用的。

申论考试，就是要通过思维训练来提高审题的能力，主要表现为对题目和所给材料的理解能力。下面我们从对标题的理解和对材料的理解两个方面来谈谈审题思维能力的训练。

一、对材料标题的理解

标题是文章的“眼睛”，把握住标题，就能够把握住文章的内容。从近几年情况来看，申论考试材料没有给出标题，但是，没有明确地给出标题并不等于没有标题。所给材料具有某种内在联系，标题是隐含在材料内容之中的。作为一般的给材料作文，了解和掌握一些标题的基本知识是必要的。由于标题具有高度的概括性和隐含性，因而它对理解能力有着较高的要求。考生应着重掌握以下两种方法。

(一) 思考分析法

除了少数半命题性质的标题和一部分带有寓意或比喻意义的标题外，大部分标题的语言结构是完整的，命题者的意图也是明确的。对于这样的标题，可采用思考分析法。对标题做理性的分析，主要包括以下两方面内容。

1. 对标题概念的思考

有些标题本身就是一个单独概念，如“理想”（议论文）、“认识”（议论文）、“信息”（议论文），就需要对标题的概念进行深入的思考；有些标题虽然在概念前面加上了“试说”“浅谈”“略论”等词语，如“试说理想”“浅谈认识”“略论信息”，但是重点需要对后面的概念进行深入思考，然后做出理性的分析；有些标题尽管重点在于理解概念之间的关系，如“成功与失败”“空想与理想”“困境与顺境”，但对这种相反概念的理解应该是审题的基础，必须先对这些概念进行深入思考，然后做出理性的分析。对于这些标题，考生要一方面明确概念的内涵和外延，另一方面又要运用辩证分析的方法去揭示概念辩证的内涵。

2. 对标题内在关系的思考和分析

对于用短语或短句来表达的标题，要在明确概念的基础上，着重通过对内在关系的分析去理解题意。从标题的语言结构来看，有主谓结构的标题，如“企业如何发展”“网络世界影响我们的生活”；有并列结构的标题，如“前进与后退”“自卑和自信”“继往开来，与时俱进”“先天下之忧而忧，后天下之乐而乐”；有偏正结构的标题，如“未来世界的秘密”“精神家园”“入世后的挑战与对策”；有动宾结构和动补结构的标题，如“相信自己”“走进新世纪”等。对这些标题，要将语法意义和逻辑意义相结合进行思考，看它们到底存在怎样的内在联系，运用辩证思维的方法看到事物之间的矛盾性，通过对这种矛盾的对立性、联系性和转化关系的分析，以达到理解题意的目的。

（二）想象和联想法

想象和联想法，是指通过对标题内容的想象和联想来理解和把握题意的方法。它主要适用于以下几种类型的标题：半命题性质的标题，如“我的……”“从身边的……说起”；比喻和拟人性质的标题，如“生命的激流”“情感的浪花”；象征性质的标题，如“一个人的村庄”“万里长城”；类比性质的标题，如“红花和绿叶”“玫瑰与爱情”等。对于这些标题，要在做理性分析的同时，做必要的联想和想象。有些题目要做发散性的联想，或是纵向的、横向的联想；有些题目要做相似性的联想，或做对比性的联想、类比性的联想、因果性的联想；有些题目则需要展开充分的想象。

二、对所给材料的理解

申论考试主要考查的是对材料的理解，因为据此最能够检验一个人的思维水平和发现问题、解决问题的能力。所以，进行这方面的思维训练是非常必要的。对所给材料的理解包括两个方面，即对文字材料的理解和对图画材料的理解。

（一）对文字材料的理解

申论考试中所提供的文字材料，有的是一篇文章，有的是文章的片段，有的是内容提要或提纲，有的是一则或一组事实材料，有的是一则或一组观点材料等。无论是根据材料缩写、扩写、改写，还是写读后感、评论，或是自己拟题作文，首先要读懂材料。而申论考试要求的是概括出材料的含义，这是按条件和要求拟写作文的前提。只有充分地理解了材料，才能按照要求去处理材料、运用材料。例如，所提供的材料是一篇文章，要求缩写、扩写、改写或写读后感，考生就必须对文章的内容进行分析、综合、抽象、概括，弄清文章的内容要点、中心思想、层次结构、写作方法等，这样在拟写作文时才可以按照要求对材料进行合理的取舍、提炼和加工。在这个问题上，考生切忌草草过目、不求甚解，或者由于思维方法的问题，不能对材料进行科学的抽象和概括，以致做出表面的、片面的甚至错误的理解。对文字材料的理解问题，归根到底是阅读理解问题。因此，要解决这个问题，还必须依靠平时阅读理解能力的训练。

（二）对图画材料的理解

虽然近几年申论考试都是提供文字材料，但是考生也应该注意对图画材料理解能力的培养。图画材料，包括各种美术作品、摄影作品等。按照所提供的图画材料及题目要求写文章，就是平时所说的看图作文。看图作文，可以根据题目要求写成记叙文、说明文或议论文，但看懂图画是拟写作文的前提。

对图画材料的理解能力，包括对图画的观察能力、想象能力和分析能力。第一步，要仔细地观察图画，看看图画是单幅的还是多幅的，是以刻画人物为主还是以描绘自然景物为主，画面是由哪些基本因素或基本部分组成的。第二步，要在观察时发挥自己的空间想象力和联想力，使画面的内容在头脑中转化为具体的形象；同时要结合生活经验去丰富形象，并合理地补充情节和内容。第三步，在上述基础上对图画进行认真的分析，结合说明文字，准确理解图画所反映的思想内容及主题。

随着申论考试的深入发展，图画材料也有可能出现，即使不出现，进行这方面的训练也可以培养思维能力，特别是抽象概括能力。图画是没有文字说明的材料，完全靠考生的想象力和理解力，而且需要用准确形象的语言进行描述，难度会比文字材料更大，这就需要考生平时注意加强训练。

第二节 申论考试拟题思维能力训练

申论考试是根据考生对材料的理解来进行立论作文的，所以，考生必须自己拟定题目。拟题，就是给文章确立标题（含正标题和副标题），也包括给文章的各部分确立小标题。在实际写作中，多数情况下是根据所要表述的中心思想先拟定好标题，再运思成文。有时是先写好了文章，再给文章加上标题；当然还有拟了标题后，在写作过程中或成文之后重新修改的。但无论哪种情况，最后所定的标题应当在意义上涵盖文章的整体内容。

因为标题言简意赅，具有高度的概括性，所以拟题的过程主要表现为对文章内容高度概括的过程。一般地讲，文章标题产生的思维过程，是作者先产生了写作的动机，接着确定了所要表达的中心思想，然后根据中心思想选择一定的角度进行概括而形成标题。申论考试中，标题是在理解材料的基础上拟定的，所以必须在理解的基础上进行，不能脱离对材料的抽象概括。如果先写好了文章再拟题，或者是由命题者提供了文章的内容要求拟题，这就需要先看文章表达了怎样的中心思想，在此基础上再概括出文章的标题。

申论文章标题的拟定，除了要求考生具有高度概括的能力外，还要求其思维具有高度的灵活性，甚至需要具有一定的直觉和灵感。一篇文章到底要拟定怎样的题目，往往是一个发散的寻找过程。既要符合对材料的理解，又要具有一定的吸引力。一个好的题目，应该做到贴切、简洁、新颖、醒目。因此，拟题时一般都要经历一个发散、比较、选择的过程。考生思维越开阔，思维的触角越灵活，可供比较和选择的机会也就越多，这就使考生有可能从多方面的机会中寻求，最终得到一个满意的题目。同时，在思维发散、寻求的过程中，思维的灵活性又能激发某种直觉和灵感，最终得到一个最佳的题目。

可见，拟题时既要求考生有高度的概括力，又要求其思维有高度的发散性和灵活性。拟题对人的思维要求相当高。

一个好标题的基本标准是：贴切、简洁、新颖和醒目。所谓贴切，就是标题要切合文章的内容，做到题目和文章相符；所谓简洁，就是标题文字要简练，言简意赅，高度概括；所谓新颖，就是标题要有创造性；所谓醒目，就是标题要鲜明、突出，引人注意。拟题要符合这些要求，就必须从语言和思维两个方面同时加强训练。在这里，我们重点谈谈概括能力。

申论拟题需要概括能力。首先，应该明确申论的中心思想，因为只有明确了中心思想，所拟的标题才会正确体现中心思想，或有助于表达中心思想。申论的中心思想是你对材料的理解和所提出对策的体现，是围绕材料形成的。其次，要从中心思想出发，选择合理的和新颖的概括角度。有的题目可以对中心思想直接进行概括，让题目直接体现中心思想，如“政府与企业合作建设网络”。有些题目则从中心思想出发，只概括地表现内容的范围和特点，如“论发展经济与保护环境”；有些题目则从中心思想出发，只是泛指某一题材的范围，或作者的某种感情和希望，如“为康泰克鸣不平”。最后，在概括的基础上，用恰当的语言形式把标题表达出来。

申论标题的拟定，应该注意拟题方法经验的积累，实现知识的迁移。这就需要考生在平时多掌握拟题方面的知识，并加强这方面的训练。以议论文为例，有的是直接点出作者的正面主张和看法，有的是直接点出作者反对什么，有的是指出论述的范围，有的是提出所要论述的问题，有的是指出所要论述的关系等。如果能够掌握议论文标题的这些知识和方法，就会在头脑中逐渐形成各种议论文标题的基本模式，这样，在选择标题时就会凭借直觉而发生知识的迁移，较快地确定标题。

第三节　申论考试立意思维能力训练

申论写作要针对所给材料进行议论，所以，必须确立申论的论点，也就是确立文章的中心思想。中心思想是文章思想体系中起主导作用的思想，在议论文中一般叫做中心论题或总论题，在说明文中叫做说明中心，在记叙文中叫做主题思想或主题。中心思想是文章思想内容的高度概括，是作者的立场、观点、对事物的认识和态度的集中体现，它是文章的灵魂。形成或确定中心思想，是申论写作过程中最为重要的一个环节。

一般文章的中心思想是在所掌握材料的基础上形成的。在生活实践中有所见、有所闻，进而有所思、有所感，于是产生了写作的动机和愿望。这时就要对所见、所闻的材料以及与此相关的其他材料进行分析，看看这些材料到底可以说明什么样的问题、表明什么观点、表现怎样的情感等。这种分析的过程，就是从已有的材料出发逐步形成中心思想的过程。通过所见、所闻获取的材料是感性的、具体的，而中心思想则属于理性的认识。从材料的分析到中心思想的形成，便是一个由感性到理性的思维加工、整理的过程。这种思维加工主要是通过分析、综合、抽象、概括等方式来进行的，当感性认识上升到理性认识，明确了自己所要表述的思想、观点、情感、态度，申论的中心思想也就形成了。

申论写作，确定论点是受命题者制约的。对考生来说，经常面临的是在命题者所限定的条件下写作文。命题者所限定的条件是多种多样的，或直接命题，或提供材料并规定要求，或看图作文，等等。在这种情况下，考生需要认真审题，应当了解命题者的意图，明确题目要求的内容和范围。只有领会了命题者的意图，才能很好地把握中心；只有搞清楚题目的思想重点和规定范围，才能在正确的方向上把握中心思想。当然，从中心思想形成的角度来说，一方面我们要看到中心思想受到题目的制约，否则文章就会走题、偏题；另一方面也要看到审清题目只是为立意确定了方向和范围，而所给定的材料才是立意的依据。因此，申论作文中心思想的形成，是在题目要求和给定材料两种因素的作用下完成的。它既包含对题意的理解过程，又包含对给定材料的理性概括过程，是在理解题意的前提下通过对材料的概括而完成的认识，并达到认识正确，思想明确、集中而富有新意的目的。

一、要有正确的思想观点

申论考试的目的是为国家选拔公务员，所以，文章思想观点的正确与否就很关键。一个人平时对各种事物的基本认识和所持有的观点，直接影响着他写作时中心思想的形成。这是因为人们在认识具体事物时，总是要以反映事物一般本质或规律的认识（如原理、规律、法则等）作为演绎的前提。如果前提有误，必然导致错误的结论。中心思想是对文章所谈的具体事物或所要解决具体问题的抽象概括，其形成应以普遍性的原理或一般性的思想为前提。如果缺乏对一般事物的正确认识，那就难以形成对具体事物的正确思想。这就需要考生在平时加强理论方面的学习和思想方面的锻炼，使自己能在正确的立场和世界观指导下形成对一般事物的正确观点。考生有了正确的观点，立意在根本上就有了保证。

二、掌握一定的逻辑方法

申论写作需要对自己的观点进行论证，就是要以理服人。在论证过程中，需要运用逻辑推理的方法。在对材料进行分析、综合的过程中，只有掌握了逻辑推理的思维规律，才能够正确运用归纳、概括和演绎的方法。

归纳法，就是从个别的、特殊的事实出发，得出相关事物的一般性结论的方法。要从命题者所提供的具体事实和自己所掌握的具体事实材料中找到事物的一般本质或规律，从而形成文章的中心思想。归纳法是由具体材料形成中心思想的最基本的一种方法。在还不能自觉地运用这种方法之前，我们头脑中的中心思想往往是模糊不清、游移不定的。因为没有明确而集中的思想做指导，所以文章的内容也只能是事实的堆砌和现象的罗列。运用归纳法所形成的中心思想，应该是具体材料本身具有的本质特征的概括反映，它应该与每部分的材料的本质特征均保持同一性。在这个问题上，考生容易犯的错误就是缺乏对所有材料的全面分析和综合，归纳时以个别代替一般，以局部代替整体，以特殊代替普遍，使中心思想所反映的观点较为片面。例如，PPA 事件是一个全球性事件，如果只是看到康泰克的问题，而没有从全球角度出发，这就犯了以偏概全的逻辑错误。因此，认真地研究每个具体事实，并合理地抽取这类事物共同的属性或特征，是运用归纳法形成中心思想应注意的问题。

概括法，是从认识事物所属的“种”到认识事物所属的“类”的一种推演方法。通过概括，我们可以认识事物的性质或在关系方面更为广泛和深刻的意义。在申论写作时，经常通过概括的方法来揭示具体事物所具有的性质或意义，使文章的中心思想明确而深刻。在还不善于运用这种方法时，在中心思想的形成上容易出现两种问题：一种是不能将具体事实纳入所属的类，不能从更高的层次上认识具体事实的性质或意义，从而就事论事，使中心思想缺乏深刻性。另一种则与此相反，即对具体事实无限度地概括而造成结论的夸大性，这就是我们平时所说的任意“拔高”主题。如把在劳动中表现出的不怕苦、不怕累的精神说成是英雄主义的高贵品质，把体育比赛中的偶然失利说成是缺乏集体荣誉感，这都不是对具体事实的合理概括。很多人写作时常常出现说大话、不符合实际的情况，这是任意“拔高”主题的一种表现。它貌似思想深刻，实际上见解浅陋，并且会造成一定的危害。因此，我们既要注意让自己能够从更高的层次上去概括具体事实的性质或意义，加强中心思想的明确性和深刻性，也要注意概括适当，防止由于无限度地概括而“拔高”或偏离主题。

演绎法，是把一般本质或规律的认识引申到个别事物中去的推演方法。它是我们以某一原理为依据去认识具体事物时经常采用的一种方法。如果我们从一定的原理出发去考查具体的事实或问题，从而形成文章的中心思想，就要应用演绎的方法。运用演绎的方法形成中心思想，首先所依据的理论前提必须正确，这就需要考生在平时加强理论学习和思想锻炼；其次要懂得演绎的规则，只有不违背这些规则，才能得出正确的结论。

上述三种思维推演方法，在中心思想的形成过程中经常是综合运用的。我们应该就三种思维方法先进行一些单纯性的训练，再逐步过渡到综合性的训练。

三、培养辩证思维和创造性思维

申论论证的过程，应该体现出考生的创造性。一篇文章要做到见解深刻并富有新意，考生在思考过程中还必须注意运用辩证思维和创造性思维。我们每写一篇文章，都是为了解决现实生活中的某一问题或者面对某一事物有感而发。我们所要解决的某一具体问题，或者所思考的某一具体对象，因为它本身就是矛盾的对立统一体，所以我们在思考这一问题或对象时也必须运用哲学中矛盾的、联系的、发展的观点。在这种由抽象思维上升到具体思维的认识过程中，辩证思维应当成为形成中心思想的主要思维形式，尤其像《网络与社会生活》《论发展经济与环境保护》《药物管理与人民健康》这样一类的作文题，题目所涉及的两种或两种以上的事物之间都体现着辩证的关系。只有运用辩证思维去思考，才能形成比较深刻的见解，否则就会出现认识上的表面性、片面性。

申论论证的论点应该力求新颖，避免陈旧和一般化，这就需要进行创造性思维。人们之所以会对同一事物产生不同的看法，从根本上说取决于各自的立场和世界观。而单从思维方面来说，文章的中心思想能否富有新意，的确和思考问题的角度有很大的关系。如何多角度地思考，是确定论点训练中的一个重要方面。

例如，2000年2月26日，中央、国家机关与海关、公安边检系统从高等学校2000年应届毕业生中考试录用国家公务员《申论》试题（卷）第三题中，有这样一份答卷：

经济与环境

某市发生了这样一件事：某小区居民与邻近一家工厂一直因噪声污染问题而存在矛盾。一位居民因脑出血而住院并留下后遗症，经查，那家工厂的噪声是罪魁祸首之一，事后该居民申请赔偿并获得批准。工厂不服，将批准方——环保局告上了法庭，而后该居民因不服法院做出的撤销决定又进行了上诉，双方“你来我往”。居民认为厂方的噪声污染使其致病，赔偿理所应当；而厂方认为两事无因果关系，而且为了国家经济发展，居民也应理解支持。一时之间，法院也难下结论。其实事情并不复杂，但是发展经济与保护生活环境谁该先行一步呢？这还真是个难题，合理的观点是两者应该和谐统一地共同进步、共同发展。

社会主义的主要目的是发展生产力，而发展生产力难以离开经济的持续发展，这是大家普遍接受的观点，但发展经济就可以将生活环境、自然环境置之不顾吗？答案是否定的。先从发展经济的目的来说，发展经济，发展生产力，归根结底是为了提高人民的生活水平，而人民的生活环境是恶劣的，人民的心情是不愉悦的，人民的生活质量、生活水平又从何谈起呢？这样的教训世界上曾有过许多。20世纪60年代的日本，畸形儿的比例很高，原因就是不注意保护环境，水中有过量的重金属元素，现在日本好多中老年人还在谈“汞”色变。我国现在正处于经济飞速发展的时期，也是经济转型的时期，完善法律法规，保障经济与环境协调发展十分重要。

环境如此重要，是否为了保护环境一定要牺牲经济呢？那也未必。随着科学技术的飞速发展，一大批以牺牲环境为代价的产业也都找到了合理利用资源、保护环境的新技术，例如冬天取暖，已经经历了从烧木头到烧煤再到烧油几个阶段，现在北方的一些城市甚至还用了天然气、电等无污染燃料，相信在不久的将来，太阳能、核能说不定也会融入我们的生活中。

另外，从另一角度来看，优美的环境本身就是一种经济矛盾，古代有人归隐山林，现代的人更热衷外出旅游，热衷于花钱买健康，这些行为充分说明了这一点。良好的环境能使人精神愉快，身体健康，以更充沛的精力投身于经济建设中去。这样看来，清新的空气、静谧的氛围本身就是带动经济持续稳定增长的一种保证。

那么，如何解决现实中发展经济与保护环境的矛盾，使它们统一呢？首先，要使保护环境的思想深入人心。一方面要加强保护环境的教育，使可持续发展的思想观念更加普及，使人人具有保护周围环境的意识；另一方面，要加强法律法规的建设，使环境保护有法可依，同时加大执法的力度。其次，要积极发展有利于环保的技术，加快科技成果产业化，以出现更多的环保产业、无污染产业，尽快淘汰不利于可持续发展的产业。最后，要推动环境产业化的进程，利用环境发展经济，大力发展旅游经济等无公害经济。

人类社会的发展离不开经济发展，也离不开环境的保护，这就好像人的双腿一样，只有共同发展，共同努力，我们才会少摔跟头，少走弯路，大踏步地奔向美好的未来。

根据上面介绍的有关立意的知识可以看出，这篇文章抓住了资料给出的一个大问题——经济与环境，发表见解，立意很可取。起笔交代了谈这个问题的缘由，与材料相结合。文章联系了现实，有实在的意义，不仅力陈“经济与环境”协调发展的意义，而且用实例说明这项艰巨的大工程是可以进行和完成的。文中也提及了解决问题的方法，虽然没有进行详细的叙述，但总比没有要好。从整体上看，这篇文章基本符合立意的要求。

第四节　中论考试选材思维能力训练

申论写作要论证自己的论点，就需要运用一定的材料，而材料就是在所提供的资料范围内进行选择，这个选择过程也是思维过程，了解这个过程的规律，加强训练，就会提高选材的能力。文章的材料，就是用来表现中心思想的客观事实。材料和中心思想有着密切的联系，一篇文章如果没有明确的中心思想，材料就会失去中心；如果只有中心思想而没有具体的材料，中心思想就会显得空洞。一篇文章只有做到既有鲜明、深刻的中心思想，又有充实、感人的材料，才会有较强的说服力和感染力。

申论写作中的选材，是要从所提供的材料中选取那些能够表现中心思想的材料。写文章之所以要选材，是因为平时所积累的各种材料性质、类别各不相同，只有经过认真地鉴别、选择和加工，才能使所选取的材料更好地为表现中心思想服务。

选材的第一步，就是要对所占有的原始材料进行分析和比较，从中选择出能够表现中心思想的材料。一般来说，在中心思想确定之后，写作时都会围绕中心思想联想起种种材料。但是，不可能把所有材料都写进文章里，因为你确定的中心思想是独特的，这些材料有些与中心思想关系密切，有些则不一定有关；有些是主要的，有些则可能是次要的。这就需要对这些材料进行分析和比较，通过鉴别并保留那些与中心思想关系密切的、主要的材料，去除那些与中心思想关系不大的、次要的材料。只有这样，我们才能得到表现中心思想所需要的材料。

选材的第二步，就是对所选取的材料进行再加工，使其更真实、更典型。第一步所得到的材料虽然可以用来表现中心思想，但它本身仍是原始的、粗糙的。为了使所选取的材料更真实、更典型，能够更充实、更有力地表现中心思想，就需要对它进行再加工、再提炼。这个过程，就是对材料进行去粗取精、去伪存真的改造整理过程。经过这样的思维加工，使材料舍弃了那些偶然的、表面的、片面的、枝节的成分，保留了最有代表性的、最富有特征性的、最能反映事物本质和规律的成分。这是对材料“质”的方面的进一步改造。由于这些材料具有了较高的真实性和典型性，因而也就更有效地突出了文章的中心思想。

选材，就是要对众多的原始材料进行选择和加工，使那些真实又典型的材料用于表现或说明文章的中心思想。根据选材的基本要求，考生可从以下三个方面来锻炼思维能力。

一、发挥主体意识，在给定材料的基础上，在中心思想指导下选材

申论写作的中心思想是在原始材料的基础上酝酿而成的，中心思想一旦确立，它又成为选材的依据和出发点。只有做到所选取的材料与中心思想一致，才能使材料有效地表现或说明中心思想。

申论写作最基本的要求是围绕中心思想来选材，但在历年的申论考试中，材料偏离中心思想或与中心思想无关的情况是经常发生的。出现这种情况的原因是多方面的。从思维方面来看，缺乏思维的主题意识，在选材过程中不能自觉地用中心思想来调节和控制自己的思维，这是一个重要原因。思维主题意识不强的人，不仅选材容易偏离中心思想，而且平时说话也经常会出现东拉西扯、不着边际的情况。这说明考生的思维结构是不完善、不准确的。要做到能够围绕中心思想选材，从根本上说应该强化思维的主体意识，即无论是说话还是写文章，时刻要想着“我要表达一种什么思想”，并在这一思想的指导下来提取相关的材料，形成在思维主体严格控制下的思维过程。

二、申论选材要做到去伪存真，达到真实性的要求

申论材料是一个大的范围，有些材料需要进行辨析、加工、整理才能使用。写作应该具有丰富的材料，但是由于给定的材料仍带有一定的原始性，因而并非每个材料都是文章要用的。选材，首先要通过对原始材料的分析和比较，鉴别哪些材料是可用的，哪些材料是无用的，去伪存真，选择真实可用的材料。从不同文体来说，议论文的材料亦即论据，必须选择经过检验或反复调查核实证明为真的事实或观点，否则用它作为论据，就会犯逻辑错误。要求材料真实可靠，就需要对原有材料进行认真的分析、比较和选择。从文学作品来说，尽管它不要求题材必须真实，其真实性表现在要真实地反映事物的本质和规律，但是，文学作品的题材来源于现实生活的具体素材，作者在将素材提炼为题材的过程中，也必须从真实性出发，经过一番分析、比较和选择。

三、申论选材一定要去粗取精，达到典型性的要求

申论考试给考生提供的材料是多方面的，而论证过程只能使用极少的材料来论证自己的观点，材料的典型性，关系到文章的题材能否足以表现或说明中心思想。如果所选取的材料仅是客观的、真实的，但不具有一定的代表性，不能真正反映事物的本质，那么文章的题材就不是充实的，在表现或说明中心思想上便缺乏说明的力量。去粗取精，就是要在材料真实的基础上，选择具有代表性的材料表现中心思想。

综合训练

2015 年国家公务员考试《申论》真题卷
市（地）以下综合管理类和行政执法类

（满分 100 分　时限 180 分钟）

题号	（一）	（二）	（三）	（四）	（五）	总分	核分人
得分							

一、注意事项

1. 申论考试与传统的作文考试不同，是分析驾驭材料的能力与表达能力并重的考试。

2. 仔细阅读给定的资料，按照后面提出的作答要求依次作答在答题纸指定位置。

3. 答题时请认准题号，避免答错位置影响考试成绩。

4. 作答时必须使用黑色钢笔或圆珠笔，在答题纸有效区域内作答，超出答题区域的作答无效。

二、给定资料

1. 1867 年，约瑟夫在加利福尼亚州的一个牧场工作，常常一边放羊一边看书。在他埋头读书时，牲口经常撞倒放牧的铁丝栅栏，跑到附近田里偷吃庄稼。牧场主对此事十分恼怒，扬言要将约瑟夫辞掉。约瑟夫经过观察发现，羊很少跨越长满尖刺的蔷薇围墙。于是，一个偷懒的想法浮上心头：何不用细铁丝做成带刺的网呢？他把细铁丝剪成小段缠在铁丝栅栏上，并将铁丝末端剪成尖刺。这下，想要偷吃庄稼的羊只好“望网兴叹”，约瑟夫再也不必担心会被辞退了。

约瑟夫恐怕做梦也没有想到，他的小发明竟然造就了这样宏大的景观，也没想到他最初用来限制羊的带刺铁丝网，不久就被用来限制人了：带刺铁丝网除了在监狱、集中营、战俘营中用来圈住人外，还在战场上得到了广泛应用。有人把这种铁丝网列为“改变世界面貌的七项专利之一”，因为这项技术的创新，带来了制度的创新。有经济学家说，铁丝网催生了美国西部的早期产权制度（铁丝网帮助牧场确定了边界，并因此推动了经济和社会的发展），这才是铁丝网最大的贡献。

铁丝网的发明由此启示人们，新技术的创意和发明，与人们的生活方式以及制度的改变有着直接的关联性。

近百年来，人类的科技只能用突飞猛进这样的词汇来形容，如果让一个生活在 1900 年的发明家来看今天的世界，他会认得汽车、电话、飞机，也能想象出宇宙飞船、深海潜艇，但他绝对会对计算机、互联网、基因工程、核能一无所知。现在，知识爆炸给人类带来前所未有的自信和乐观，有位作家这样写道：“我真诚地相信，我们生活在人类历史上最伟大的知识时代，没有任何事物我们不了解……只要是人能想到的事，总有人能做到。”20世纪是科学技术空前辉煌的世纪，人类创造了历史上最为巨大的科学成就和物质财富。这些成就深刻地改变了人类生产和生活的方式及质量，同时深刻地改变了人类的思维、观念和对世界的认识，并继续改变着世界，也使人类思考的方向有所变化。由此带来的，是对人类不断创新的深刻认识。而技术的更新具有一种加速度的特质，尤其是新世纪以来，电子产品如计算机、手机等的更迭，更是呈现出几何级数的速度，更新换代往往在两三年内就得以完成。以致有人认为：新技术是一种创造性的毁灭力量。

习近平在2014年6月9日召开的中国科学院第十七次院士大会、中国工程院第十二次院士大会上强调，我国科技发展的方向就是创新、创新、再创新。实施创新驱动发展战略，最根本的是要增强自主创新能力，最紧迫的是要破除体制、机制障碍，最大限度地解放和激发科技作为第一生产力所蕴藏的巨大潜能。要坚定不移走中国特色自主创新道路，坚持自主创新、重点跨越、支撑发展、引领未来的方针，加快创新型国家建设步伐。习近平强调，今天，我们比历史上任何时期都更接近中华民族伟大复兴的目标，比历史上任何时期都更有信心、有能力实现这个目标。而要实现这个目标，我们就必须坚定不移贯彻科教兴国战略和创新驱动发展战略，坚定不移走科技强国之路。科技是国家强盛之基，创新是民族进步之魂。中华民族是富有创新精神的民族。党的十八大作出了实施创新驱动发展战略的重大部署，强调科技创新是提高社会生产力和综合国力的战略支撑，必须摆在国家发展全局的核心位置。这是党中央综合分析国内外大势、立足我国发展全局作出的重大战略抉择。面对科技创新发展新趋势，我们必须迎头赶上、奋起直追、力争超越。历史的机遇往往稍纵即逝，我们正面对着推进科技创新的历史机遇，机不可失，时不再来，必须紧紧抓住。

2.（标题）____________________

9月28日上午，在××博览中心，第七届大学生I-CAN物联网创新创业大赛中国总决赛颁奖仪式举行。本次比赛共有来自全国63所学校的267支队伍参加了角逐，野战“活点”沙盘、意世界、笔记本防护装置、蜜蜂之家等作品获得了特等奖，另外，全息3D成像、仿生鲶鱼、防丢宝、煤气智能报警系统、安全小车系统、太阳光雨水发电等颇为接“地气”的作品获得一、二、三等奖。据主办方介绍，今年参加大赛的作品涉及面更广，专业领域包括了家居、医疗等多方面，并且评委在评分中更加注重作品的市场潜力和应用价值。

（小标题一）____________________

上午9点，颁奖仪式如期举行，依次颁发了60个三等奖、40个二等奖、15个一等奖与5个特等奖。一个个充满活力的年轻获奖队员鱼贯上台领奖，对于他们来说，得到更多的是一种团队参赛的快乐和创意成真的成就感。某工程大学的一位参赛选手告诉记者：这次参赛他们从创意设计到做成成品总共花费了8个月的时间，前前后后少不了同学们通宵达旦的钻研，“在团队合作中，大家都听队长的，对自己负责的活认真仔细，遇到难题一起研究。现在获得了三等奖，非常有成就感。”

在会场上，也有不少企业代表对这些创新技术非常感兴趣。一位企业家表示，年轻人有梦想，敢想敢干，看好他们作品的市场前景，鼓励他们创业，如果有机会会与大学生团队开展合作。

（小标题二）______________________

“太阳光雨水发电器，非常适合多雨的南方。”“交通事故警报 APP，发生事故后，软件会自动发信息给你的家人。”看到这些品种繁多的获奖作品，真让人有种只有你想不到，没有你做不到的感觉。记者在采访中发现，今年的获奖作品中出现了不少新颖有特色、生活味道十足的作品，不仅有防丢钥匙的智能锁，还有各种趣味盎然的新发明。北京某大学的发明团队发明了一款“M-Fish 智能鱼缸”，这款鱼缸可以与手机联通，使用者可以通过手机发送信号，控制鱼缸的充氧量，精确把握鱼食喂养。

某大学分校的参赛团队研发的“舒心电风扇”，是利用物联网技术制造的感应风扇，如果人体皮肤靠近，风扇就会自动关停，这样可以预防小孩子不小心将手伸进电风扇之中受伤，或者距离太近造成感冒。太原某大学团队设计的煤气智能报警系统，通过计算火焰、煤气流量等，能够及时发现煤气有没有泄露，从而报警。

（小标题三）______________________

获奖作品中，有几款与人身安全相联系的作品尤为引人注目。获得一等奖、由湖北某师范学院团队研发的安全校车系统，就是从新闻中校车闷死儿童的事件有感而发、创造出的一款防止在校车中遗落儿童的软件。据获奖团队介绍，他们 4 个伙伴用四五个月的时间，从多套方案中挑选了 2 套，这款作品应用了物联网技术，根据探头、座椅压力等信号综合计算，判断车内是否有人。

具有市场潜力并且经过市场验证的作品更是脱颖而出，获得特等奖的“蜜蜂之家”作品是某科技大学团队研发的。他们曾经将自己的作品带到田间地头，“我们去湖北的蜂农农场待了 3 个月，就是想实地检测一下这款产品到底有没有用。”团队队长小程说，他们通过实地检验，发现作品真的可以解决蜂农养蜂中的温度控制问题。该作品的实用性得到了评委的一致好评，成功摘金。

3. 长三角地区生猪的重要产区 P 市，其养猪业正处在转型升级的关键期。记者走进 P 市，探寻信息化时代养殖模式究竟改变了什么。

“村里以前有 34 000 到 35 000 头猪，每天都有猪仔出生、肉猪出栏、病猪死去，具体有多少就不清楚了。”P 市某村村委会李主任说。

该村有 2 000 多户村民，位置比较偏僻。养殖是村里的传统产业，也是不少农户的收入来源之一。以前村民随意倾倒猪粪，随意处理病死猪，村里环境越来越差。要恢复环境，拆除违建猪舍，起码要知道村里有多少头猪。这个简单的问题，却难倒了很多村委会主任。

据 P 市畜禽养殖污染治理办公室工作人员林先生解释，以前，如果上面要求统计生猪养殖的某一项数据，他们就要将任务派到各镇、街道，镇、街道再把任务派到村、社区，由村、社区的工作人员到每个养殖户家中询问情况，汇总统计之后，逐级上报。一般来说，完成一项统计最快也要 1 个月。

除了费时费力，准确度也是个问题。等到各村农户一家家跑下来，数据交上去，实际情况总会和报上去的不太一样，因为生猪数据是动态的。要对生猪养殖户进行管理，还涉及诸多相关的问题：猪舍面积是多少，沼气池、沼液池、三格式化粪池建设情况如何，是否按照生猪数量收取养殖污染处置费……必须利用现代化信息技术，对生猪养殖进行精细化管理。

下午2时，该村村委会工作人员小徐来到二组村民老曹家。猪舍里，一窝刚生下来没几天的小猪仔见到生人来了，吓得挤成一团。

"一、二、三……"小徐一只只数了起来。前两天，老曹家的母猪生了12头猪仔。而一周前来统计的时候，这窝猪仔还没出生。

跑了十几家农户的猪舍后，小徐回到村委会，登录进入电脑上的"P市生猪信息化管理系统"，找到老曹家的档案。档案里，农户基本信息、联系方式、治污设施、猪舍面积、养殖规模、存栏头数、出栏、出生、仔猪、母猪、肉猪情况等清清楚楚。

小徐动动鼠标和键盘，将仔猪数量从"0"改成了"12"。接着根据刚刚走访了解到的情况，逐户进行修改。随着老曹家仔猪数量的变化，全村、全镇、全市仔猪数量也随之发生了变化。"现在实时更新，效率高，更准确，而且每家农户都建立了一个档案，方便管理。病死多少，出栏多少，存栏多少等一清二楚。"小徐对新系统赞不绝口。

截至目前，系统里有"一户一档"养殖基本信息2.45万户，其中，现有存栏生猪养殖户0.94万户，退养户1.51万户。整个系统里包括养殖生猪管理、动物防疫管理、动物检疫管理、流通监管、溯源管理五个模块，涵盖50类数据情况的记录统计，还能实时导出线形图和柱状图，变动情况也很明晰。

为了配合这套系统，P市在人员配置方面建立了市、镇、村三级网络，96个行政村里，村村都有1名专职管理人员，负责基础信息的收集、更新。从上到下，构建了一张信息网。

除了一些类似于"人口统计指标"的基本情况，生猪养殖业要减量提质，生猪养殖污染和养殖安全问题必须要解决。这套系统在这方面也大有作为。

生猪养殖污染曾经让老百姓苦不堪言。根据"谁污染谁治理"的原则和"村规民约"的要求，村民们按照自家养殖的生猪数量，向村里缴纳费用来治污，养几头猪交多少钱。虽然已经有"村规民约"的约束，但由于以前生猪数量不明晰，因此在执行上存在一些问题。

现在，通过将缴费信息录入系统，对照养殖户的生猪存栏数等基本情况，如果出现数字对不上的情况就能及时发现，杜绝村民随意处置病死猪和畜禽废弃物的可能性，确保了制度的全面推行和长效管理。

小徐向我们展示了一张生猪养殖污染处置费缴纳证明，在系统里，记者看到，和纸质证明相对应的，该农户的收费金额、存栏头数、收费标准、收费凭证编码等信息很清楚。继续点开，还能看到该农户在这段时间的所有养殖行为详情，比如母猪产下猪仔情况，出栏前检疫证明情况等，都可以随时查看。

最近一个月，系统内记录了1 053户养殖户的生猪养殖污染处置费缴费登记信息、

57户养殖户能繁母猪的收费登记信息，同时由于数据实时更新，系统基本实现了仔猪出生免疫、出售检疫、屠宰检疫的全程实时动态管理，为相关部门提供翔实可靠的决策依据。

此外，该系统已与农业部动物追溯系统联网，能更大限度地保证猪肉来源的可靠，一旦出现问题，也能更准确、迅速地追溯到源头。

4. 如果说50后、60后是“广播一代”，70后是“电视一代”，那么80后、90后则是“网络新一代”。有人说，与他们的“前辈”相比，“网络新一代”其实是更有希望的一代。

过去很多做父母的可能都有这样的经历，小孩子稚气地向你提问：“我是怎么来的?”而今天，向家长提出这种问题的小孩子已经越来越少了，因为“网络新一代”更愿意在网上寻找答案。实际上，自主的社会观察是“网络新一代”的普遍特点。网络给青少年提供了自由探索的渠道，也培养了他们自由探索的思维方式，因此，他们更愿意对社会现象和公共事件形成自主的观察。

毫无疑问，这是一种社会进步的表现，但同时给青少年的教育引导工作带来了巨大挑战。“网络新一代”生活在一个传统与现代交替、民族文化与外来文化激荡的时代，这种社会现实为当代青少年提供了多元价值观的选择；同时，社会上存在的一些弊端尚未得到有效治理并暴露在网上。在这种情况下，在青少年中建构起来的主流价值体系、道德观念将受到冲击。

“网络新一代”可以毫无顾虑地在网上批评任何人、任何事，毫不掩饰自己的观点。他们在网络上善于用最直白的语言来表达自己的思想，而且在思想表达上形式活泼，善于使用讽刺和调侃。他们通过自编或改造的歌曲、视频以及网络签名等方式来表达自己的观点和态度。他们创作的许多段子在诙谐幽默中闪耀着智慧的光芒，表达出对人、对事的鲜明态度，让人拍案叫绝。

同时，正因为网络表达的自由随意，“网络新一代”在网络表达中偏激言论较多，甚至使用网络暴力语言。有些人发帖时使用的过激言论和污言秽语，其恶俗程度让人震惊。

在有“印度硅谷”之称的班加罗尔，有一家世界知名的软件企业印孚瑟斯信息技术有限公司，该公司现有员工12万多人，平均年龄只有26岁。我国的互联网行业也是如此，腾讯是世界排名第三的互联网企业，其1万多名员工，平均年龄也不过26.8岁。许多互联网企业的创办者和管理层都是20多岁的年轻人。可以说，互联网是真正由“网络新一代”所掌握的产业。

在农业社会和工业社会，成人具有明显的体力优势和社会经验优势。而在信息社会中，对信息和新技术的掌握已经成为比体力、经验更为重要的资源和力量，成人的经验和体力优势在青少年的信息和技术优势面前，其比较优势弱化甚至丧失了。相对于父辈，青少年在互联网应用方面的水平普遍更高。

在近些年的一系列公共事件中，“网络新一代”都显示了自己的力量。在青少年经常使用的一些网站论坛上被顶起来的帖子，很快就会被几十万、几百万人看到，并迅速向整个互联网传播开来。随身携带的手机或其他手持电子设备可以使青少年随时随地上网，任何时候都可以发出声音、表明态度，并汇聚成强大的公共意见。

进入新世纪以来，我们已经看到“网络新一代”多次利用互联网进行的成功动员。现在，网上活跃着数不清的规模不一的青年组织的QQ群、论坛、网络游戏等。“网络新一代”形成的新动员方式对我们的挑战是巨大的，但也提供了难得的机遇。

5. 塑料的发明曾经给人的生活带来了相当大的便利，但也带来了一系列的环境问题。塑料在垃圾中占相当一部分比例，而且大大增加了垃圾处理的难度和费用。由于废塑料几百年都难以降解，若丢弃在自然环境中，会给蚊子、苍蝇和细菌提供生存繁育的温床；若埋在地下，则容易污染地下水，妨碍植物根系生长，破坏土壤品质；若焚烧处理，将产生多种有毒气体。“白色污染”已成为危害环境的一大公害。

汽车的尾气、空调和电冰箱中的氟利昂都在破坏大气层。埃博拉病毒的爆发和流行也使全世界更加关注生物安全问题，并将其作为国家安全的组成部分。全球数以万计的原子弹更是高悬在人类头上的达摩克利斯之剑。

20世纪的信息技术将人类活动的效率提升到了一个新的高度，但同时，就像著名学者刘易斯·芒福德指出的那样，为了获得更多、更丰富的物质，人们牺牲了时间和当前的快乐，只是将幸福简单地与拥有汽车、浴缸和其他机械产品的数量画上等号，芒福德将之称为“无目的的物质至上主义”。在计算速度越来越快、人工智能程度越来越高的潮流之下，人类的个性开始被故意忽略和遮蔽，陷入的是追求更高、更快、更强的单向度技术目标的误区。有评论家因此指出：“当发展着的物质科技生产力忽略、脱离开民众精神力的时候，就会丧失它应受人控制并为人服务的真正本质，而变成与人对立的异化力量。”

观察家认为，未来科技最关键的发展方向是走人性化之路。闪烁着“人性”之光的产品将越来越多地出现，高科技产品也将被进一步赋予灵动的生命，在科技和人性之间搭建桥梁。人性化的科技反映的是人类以下的思考：科技产品如何为人服务？它给人们的生活带来了怎样一种新的积极的变化？科技如何人性化？在盲目的物质化导向这一危途中，人性化之路将赋予高科技产品以新的价值观，那就是用大写的人性的光芒去逼视高科技这一之前高贵神秘、自视甚高的怪兽，使其形秽，让普通人也能看到这中间的无知和愚蠢来。

人性化的科技是在科技和人文、个性化与大众化、商业目标和社会使命之间去追求平衡，这种平衡不仅是一种美，也是一种智慧和态度。

6. 日前，世界知名未来学家、《连线》杂志创始主编、被看作是“网络文化”的发言人和观察者的凯文·凯利接受了采访，其间，凯利围绕着自己的《科技想要什么》等在技术思想领域的重要著作，回答了“新技术”与“人性”的关系等一系列问题，现摘要整理如下：

A. 在《科技想要什么》中我想表达的是，我对技术本质的疑虑以及人与技术的矛盾关系。世界上每天都有新的技术诞生，但我们还没有理论和框架，让我们来理解科技面对的是什么。我们一直在发展科技，但我们是否要考虑：我们会不会有一天被科技征服？科技是宇宙的一部分吗？它是好的那部分吗？我们是该限制它还是要发展它？

B. 正如哲学家海德格尔对于技术的批判理论所描述的那样：这种貌似宿命的技术现实，本质上是人所无法控制的，但获得拯救的机会也恰在于此："救赎即植根发育于技术的本质之中。"技术元素向共生性发展，这种发展也推动我们去追逐一个古老的梦想：在最大限度发挥个人自主性的同时，使集体的能力最大化。

C. 技术是进化的延伸，就像进化是宇宙的延伸那样，我们会认为技术对生命是种挑战，但事实上科技也是一种生命。技术也有像进化一样的历程，毕竟技术对宇宙、对生命都有积极的好处。技术具有生命的普遍特征，理解了技术的理论也就能理解了进化论。

D. 技术元素的确准备操纵物质，包括人类，重组各种内部结构，但是技术将为其注入感知能力和情感，注入更多"非工具性"的东西。我认为我们应该培养科技的感情。目前，科技还不具备感情，但我认为今后我们会赋予科技感情。"科技的生命化"已成为现实世界无法根除的特征。科技将具备人性。

E. 科技是一种"新文化"，或者说，"科技是第三种文化"，这意味着科学家们可以直接和大众进行对话，而不是通过人文知识分子。传统知识分子所占领的媒体一直控制着舆论方向，他们说："人文是精彩的，科学是呆板的。"今天，倡导"科技是第三种文化"的思想家们却更倾向于绕过中间人，致力于用关注知识的读者们能够理解的形式，向公众传达他们最深邃的思想。

F. 在过去二十年，互联网给人类的生活带来方便。而现在，是另一个起点。今天是人类历史上最好的时代，之前的所有成果都是今天的基础，我想激励年轻人，告诉他们现在就是创造新事物最好的时代，不仅是互联网，对所有领域来说，现在都是创造新事物的最好时代，创造新事物，离不开技术创新。我在《科技想要什么》一书中，特别强调一句话：科技想要的，就是人类想要的。

三、作答要求

（一）结合给定资料1，谈谈你对文中画线句子"新技术是一种创造性的毁灭力量"的理解。（10分）

要求：（1）准确、全面；（2）不超过150字。

（二）阅读给定资料2，在横线处填入这则资料的标题和三个部分的小标题。（10分）

要求：（1）准确、精炼；（2）标题和三个小标题须分条写，小标题要标注序号；（3）每条不超过20字。

（三）P市某村的生猪养殖进入了信息化时代。假如你是该村驻村干部，要向其他市、县养殖村的管理人员介绍经验，请根据给定资料3写一篇在经验交流会上的讲话稿。（20分）

要求：（1）全面准确，符合实际；（2）语言得体，有感染力；（3）不超过500字。

（四）为了清除社会上对"网络新一代"的疑虑，某报特邀市科协工作人员为该报"时评"栏目撰文。假如你是这位工作人员，请根据给定资料4为该报写一篇题为"正

确看待‘网络新一代’”的短文。(20分)

要求：(1) 观点明确，简洁有力；(2) 紧扣材料，层次分明；(3) 语言流畅，有逻辑性；(4) 不超过500字。

(五) 给定资料6中画线句子写着：“人文是精彩的，科学是呆板的。”请结合你对这句话的思考，联系历史和现实，自拟题目，写一篇文章。(40分)

要求：(1) 自选角度，立意明确；(2) 参考并结合给定资料，但不拘泥于给定资料；(3) 思路清晰，语言流畅；(4) 总字数为1 000～1 200。

参考文献及阅读书目

1. 张文编著. 商贸文秘写作全书. 北京：中华工商联合出版社，2001.
2. 张文编著. 外贸文秘写作全书. 北京：中华工商联合出版社，2001.
3. 全国中专学校语文教材编写组编. 语文（第三册）. 北京：高等教育出版社，1981.
4. 周正，刘贵富主编. 中国现代应用写作大辞典. 延吉：延边大学出版社，1992.
5. 张德实主编. 应用写作（第二版）. 北京：高等教育出版社，2003.
6. 王景丹主编. 实用文体写作 200 例. 延吉：延边大学出版社，1996.
7. 余国瑞，彭光芒主编. 实用写作. 北京：高等教育出版社，2002.
8. 欧阳周，彭小平编著. 现代实用经济写作. 长沙：中南工业大学出版社，1997.
9. 陈纪宁主编. 现代应用文写作大全. 北京：中华工商联合出版社，2003.
10. 胡安周主编. 文秘办公百事通. 北京：中国经济出版社，1998.
11. 邵守义著. 演讲学. 长春：东北师范大学出版社，1991.
12. 洪文明，杨成杰主编. 财经应用写作教程. 北京：经济科学出版社，2001.
13. 万鄂湘，莫洪宪主编. 实用法律应用文写作大全. 武汉：湖北辞书出版社，2000.
14. 张鸣芳，徐康平编著. 常用司法文书写作. 北京：民主与建设出版社，2001.
15. 朱悦雄等编著. 公文写作教程. 广州：广东高等教育出版社，2008.
16. 夏京春，郗仲平编著. 新编应用文写作教程. 北京：首都经济贸易大学出版社，2007.
17. 杨文丰主编. 现代经济文书写作. 北京：中国人民大学出版社，2008.
18. 张振昂等编写. 应用文写作教程. 广州：中山大学出版社，1990.
19. 李德芳等主编. 应用文写作. 北京：北京师范大学出版社，1999.
20. 刘大林主编. 现代实用文写作. 成都：西南财经大学出版社，2001.
21. 张达芝主编. 应用文写作教程. 杭州：浙江大学出版社，1990.

22. 陈桂良主编. 大学应用文写作. 杭州：浙江大学出版社 ，2002.

23. 孙宝水主编. 应用文写作. 北京：高等教育出版社，2000.

24. 陈延斌等主编. 高校文科科研训练与论文写作指导. 北京：中央编译出版社，2004.

25. 王乾都主编. 学术研究与论文写作. 北京：军事科学出版社. 2002.

26. 袁雪良等主编. 新编应用文写作实用教程. 北京：北京邮电大学出版社，2014.

27. 刘康乐主编. 财经应用文写作. 北京：中国财政经济出版社，2002.

28. 陈子典主编. 当代经济写作. 广州：中山大学出版社，2008.

29. 金常德主编. 大学生应用写作实践教程. 北京：北京大学出版社，2011.

30. 尹依主编. 新编财经写作. 北京：中国商业出版社，2009.

31. 曾辉等主编. 应用文写作. 北京：高等教育出版社，2011.

后记

《新编大学应用文写作教程》由以下六位撰稿人共同完成，他们的简历如下：

王凤（1972— ），吉林省吉林市人。1994年毕业于吉林师范学院中文系，东北师范大学博士。现任吉林农业科技学院副教授、吉林省语言学会会员。发表过《论应用文写作中的常见病》《“饥”“饿”之辨》《於陵子仲之为人》《木冰考》《再谈“雨木冰”》《“白衣”溯源》《爱情的风在飘》等20多篇论文，立项省级课题多项。教授过“古代诗歌赏析”“文学欣赏”“演讲学”“影视赏析”“经济写作”“大学语文”“应用文写作”等课程。

金清子（1975— ），吉林省舒兰市人。1997年毕业于吉林师范学院中文系，吉林大学在读博士。现任吉林农业科技学院副教授。发表过《应用文体写作中数字使用的常见病》《如何应付演讲中内容重复的情况》等论文。教授过“演讲学”“应用写作”“大学语文”等课程。

乔丽敏（1969— ），吉林省吉林市人。1990年毕业于吉林师范学院中文系，东北师范大学硕士。现任吉林农业科技学院副教授、吉林省写作学会会员。撰写过《语文基础》《文学阅读与欣赏》《演讲与口才》等教材；发表过《口语训练——为农业技术人才插上腾飞的翅膀》等论文；其撰写的《应用语文能力培养（课堂教学改革）》获省级课题三等奖。教授过“文学欣赏”“演讲口才”“大学语文”“应用文写作”等课程。

韩雪（1977— ），吉林省吉林市人。2000年毕业于吉林师范学院中文系，吉林大学硕士。现任吉林农业科技学院讲师。主要从事中国现当代文学、经济写作、中国文化、对外汉语的教学研究；主持参与各类课题10余项；参与研发“大学语文”“应用文写作”两门校级优秀课程；发表论文10余篇。为本科生主讲“大学语文”“经济写作”“中国现当代文学欣赏”“社交礼仪”“中国传统文化”等课程。

王英洁（1976— ），吉林省吉林市人。2000年毕业于吉林师范学院中文系，吉林大学硕士。现任北华大学讲师，主要从事现当代文学的教学工作。

刘起政（1973— ），吉林省吉林市人。1997 年毕业于吉林师范学院中文系，吉林大学硕士。现任吉林农业科技学院副教授。发表过《浅析李商隐的爱情诗》《浅议演讲与演讲稿的关系》《应用文体写作的语言要求》等论文。教授过“演讲学”“应用写作”“社交礼仪”等课程。

上述编者的分工情况为：

应用文概述、合同、市场调查报告和预测报告、经济活动分析报告等章节由王凤撰写；党政机关公文写作、几种常用党政机关公文的写作、新闻、统计分析报告等章节由韩雪撰写；学术论文、毕业论文、申论等章节由王英洁撰写；经济司法文书、计划、总结、策划书等章节由乔丽敏撰写；调查报告、述职报告和讲话稿、简报等章节由金清子撰写；自荐信与推荐信，启事、海报、倡议书，开幕词、闭幕词等章节由刘起政撰写。由王凤、乔丽敏负责全书的组织、策划和最后整理定稿等事宜。

书末开列了参考文献及阅读书目，供读者进一步学习时参考。

编 者

图书在版编目（CIP）数据

新编大学应用文写作教程/王凤等主编. —北京：中国人民大学出版社，2016.6
ISBN 978-7-300-22876-1

Ⅰ.①新… Ⅱ.①王… Ⅲ.①汉语-应用文-写作-高等学校-教材 Ⅳ.①H152.3

中国版本图书馆 CIP 数据核字（2016）第 099113 号

21 世纪通识教育系列教材
新编大学应用文写作教程
主 编 王 凤 金清子 韩 雪
Xinbian Daxue Yingyongwen Xiezuo Jiaocheng

出版发行	中国人民大学出版社		
社 址	北京中关村大街 31 号	邮政编码	100080
电 话	010－62511242（总编室）		010－62511770（质管部）
	010－82501766（邮购部）		010－62514148（门市部）
	010－62515195（发行公司）		010－62515275（盗版举报）
网 址	http://www.crup.com.cn http://www.ttrnet.com(人大教研网)		
经 销	新华书店		
印 刷	北京东君印刷有限公司		
规 格	185 mm×260 mm 16 开本	版 次	2016 年 6 月第 1 版
印 张	22.5	印 次	2019 年 2 月第 2 次印刷
字 数	510 000	定 价	39.00 元